U0126710

唐君毅全集 卷九

中華人文與當今世界補編（上）

臺灣學生書局印行

目錄

中華人文與當今世界補編（上册）

人文學術與歷史文化

人文教育

中華人文與當今世界補編

（上）

本書乃全集編輯委員會輯集作者歷年關於學術、文化、教育問題之單篇著述、演講詞及若干未發表之文稿編成，內容與作者自編之「中華人文與當今世界」相近，故以「補編」名之，並分爲上下册四輯：「人文學術與歷史文化」、「人文教育」（上册）；「東西文化與時代問題」、「人物紀念與書評序跋」（下册）。每輯中之文以寫作或發表之先後爲次序（「人文教育」則分通論與新亞教育兩組）。全書經全集編輯委員會校訂。

人文學術與歷史文化

中國哲學對於中國文學之一般的影響（註）

哲學之於文學，無論在何國度裏都是有很大影響的，所以有人說哲學是文學的母親，不過在中國，哲學對文學的影響尤大，這大約有左述二因：

（一）中國哲學家蓋均爲文學家。在西洋哲學家也有許多同時是文學家的，文字做得很美的，但是同時也有許多文章作得極壞的，如康德、黑格耳、孔德、李洛未的文字都是非常艱窘晦塞的。然而中國的哲學家卻差不多都是文學家。我們把中國哲學家的哲學著作，或文學著作來看，差不多都是很美的。他們雖是如昭明太子所謂「蓋以立意爲宗，不以能文爲本」（註一），然而他們文字之美，都超過許多以能文爲本的人而上之，所以中國的重要哲學論文在中國文學的選本裏面差不多都有地位，中國重要的哲學家在文學史上也一定跑不掉的。我們所能找的例外，只有墨子著的墨子、宋明儒者的語錄，是莫有多大文學價值的，但是墨子之所以不重著文是因恐學子之以文害用（註二），宋明儒者

註：本篇發表時署名唐毅伯——編者

之不重作文也因恐學子之玩物喪志（註三），這都是特別情形。並且就是墨子、宋明語錄比起康德、黑格耳之作也流暢得多呢！

（二）中國的文學家常想修於哲學家。在西洋文學家中也常不免有由文學家變爲哲學家如哥德之流，但西洋文學家中也有主張文學至上論，如開茨之以美卽眞，王爾德之以文藝爲絕對不受任何思想之規範，很少以文學家而看不起文學的。然而在中國文學家中卻無一人以文學爲至上。中國文學家之第一等多看不起文學而欲爲哲學家，如揚雄是漢代頭等文人，但他看不起他的文學著作，以爲「雕蟲小技，壯夫不爲」（註四），而努力著太玄法言以便「自比於孟子」（註五），想比孟子，不是想當哲學家嗎？又如曹子建是三國頭等文學家，但他也不願以「翰墨爲勳積，辭賦爲君子」而想「採庶官之實錄，辨時俗之得失，定仁義之衷，成一家之言」（註六），成一家之言，不是想當哲學家嗎？又如杜甫是唐代第一詩人，韓愈是唐代第一文人，然杜甫他理想中人是「不露文章世已驚」（註七）者，他是「許身一何愚，竊比稷與契」（註八）的，想比契不是想當契一樣的、宣敷五倫的道德哲學家嗎？韓愈也不願「以術鳴」而欲「以道鳴」（註九），努力著原道、原性以便傳「軻之死不得其傳」（註十）者，想傳軻之死不得其傳者，又不是欲爲承堯舜以來之道統的哲學家嗎？此外還有許多文學家也有欲爲哲學家的言語，但我記不十分清楚，只就我這些憑一時記憶所得來看，也就可推測出中國大文學家欲爲哲學家的一般傾向了！

這兩者都使中國文學受中國哲學的影響增大：前者使哲學家於作文時無意識地用哲學影響了文學；後者使文學家於企慕哲學中有意識地被哲學影響其文學。

中國哲學對於中國文學的影響雖大，但歸納起來重要者不外六點，可說是中國哲學對中國文學之一般影響。此外中國哲學對中國文學雖有不少影響，然係各派哲學對於各派文學之特殊影響，不在本文討論之列，茲將此六點列後：

內容方面：（甲）善的文學　（乙）含蓄的文學　（丙）自然的文學

形式方面：（丁）形式之特別重視　（戊）中國之特殊文體

文學批評方面：（己）哲學的文學批評

現在我可依次論之

（甲）善的文學　中國的人生哲學，均以善爲人生理想，以人生之理想便在實踐道德。儒家固不用說，老莊雖鄙棄一般的仁義，然老子三寶中第一是慈，莊子也講至仁，晉竹林七賢，雖鄙棄禮法，但他們只說禮豈爲我輩設，非根本反對禮法。在中國的人生哲學中，找不出以獲得智慧，爲人生最高目的的。也找不出以遁入象牙之塔、藝術之宮爲人生最高目的的。也找不出以與上帝接觸，爲人生最高目的的。在中國的人生哲學中，差不多只有道德哲學，所以中國文學所受於中國哲學的第一點影響，就是以善爲文學之歸宿，中國最大的文學批評，系統的著作是文心雕龍，但文心雕龍第一章原道，第二章徵聖，第三章宗經。至於從一般詩話文評中所表現的文學批評的論調，那嗎我們從中古子夏詩序「溫柔敦厚詩教也……先王以是經夫婦或孝敬，厚人倫、美教化，移風俗」之言，數到近古韓昌黎、柳子厚、周敦頤文以載道之論（註十一），再到近代桐城派之「義理詞章考據合一」之文章觀，中國主張以善為文學之歸宿的話，真指不勝屈，什麼「文應旣形四方之風，復彰君子之志」，不應「淫文破典，斐爾為工，無被乎管弦，無止乎禮義」（註十二），什麼「古今人詩……工則工矣，而於世道未云補也」，什麼「作文本以明義理適世用」，什麼「文不可絕於天地間者，明道也」的論調（註十三）隨處可見。雖然也有例外，如梁簡文帝所謂「立身應謹重，為文應放蕩」（註十四），但到底是很少的。同時中國文學作品中不含道德意味的純文學很少，如西洋十九世紀之寫實主義自然主義對人生的醜劣作客觀全面的描寫，在中國幾乎莫有，至於像波特萊爾之積極讚美罪惡，在中國文學作品中，簡直絕對找不着。中國的小說戲劇，照例是以勸善懲惡移風易俗為目的，中國的所謂誨淫小說表面都是以戒淫為旨；所謂誨盜的小說，也不是重在寫「逼民反之貪官」之可惡，便在寫打富濟貧的俠客的故事，都是含有道德意味的。中國的戲劇大半是以子孝臣忠為內容，連男女戀愛都少寫——張君勱先生曾說中國戲曲十之七八均不與戀愛相關，此話誠未必對，但他也有相當的考證（註十五）。就是寫戀愛的也通常暗示夫義妻賢的教訓。至於中國的詩歌，其中誠然比較多純文學作品，但其中除大部田園山水文學是以自然為對象，不能加以道德的意義外，中國詩人之作愛情詩是常常拿來象徵忠君愛國的，或敎人發乎情止於禮義的，（雖然有時古人並非別有懷抱，而全係後人以其道學眼光誤認古詩人「楚雨含情俱有托」〔李義山詩句〕，但至少有許多時不是誤認，如屈原賦中一部便是一例）。就是純粹以愛情爲對象的中國詩也很少寫超出倫常以外的愛情的。難怪李義山要用隱晦的典故來寫他的戀愛，朱竹垞的風懷詩有人勸他刪去了！

（乙）含蓄的文學　中國的人生哲學重視和諧中庸、不爲已甚的人生態度，這不用講儒家全部哲學均是如此，就是道家所講之「因循」、「適得」、「應化」也是一種所謂不求澈底的人生態度。墨家非命，比較有一種徹底幹的精神，法家也是一種反對一切妥協的政治哲學，但墨家法家在中國哲學史上無大勢力，所以中國的人生哲學影響到中國文學的第二點，就是中國文學比其他任何國之文學特別注重含蓄，所以中國文學作品中很少痛快淋漓的作品，所謂「樂而不淫，哀而不傷」（論語八佾）所謂「國風好色而不淫，小雅怨誹而不亂」（史記屈原列傳），所謂「濃盡必枯，淡者屢深」（司空表聖詩品），所謂「梅止於酸，鹽止於鹹，而味在酸鹹之外」（司空表聖文語），所謂「羚羊掛角，無跡可求。故其妙處，透徹玲瓏，不可凑泊。如空中之音，相中之色，水中之月，鏡中之象，言有盡而意無窮……」（嚴羽滄浪詩話），所謂「立言貴含蓄意思」（程頤），所謂「含不盡之意於言外」（梅聖俞語），所謂「言有盡而意無窮者，天下之主言也」（蘇東坡語），所謂「意以不盡爲奇，言以不費爲貴」（叔苴子），所謂「詩文要含蓄不露，乃爲好也」（漫齋語錄），所謂「意到處言不到，言盡處意不盡」（劉大槐語），所謂「天上有文曲星而無文直星」（袁子才語），這一類文學批評的論調遍於中國文壇上，所以中國文學作家常常行文若「將軍欲以巧示人，盤馬彎弓故不發」。中國文學作品特別注重弦外之音，唐詩重神韻，宋詩重意境，二者均重在「其文約其旨遠」。通常謂南宋詞婉約，北宋詞豪放，實則南北宋詞均婉約，豪放者僅辛稼軒、蘇東坡、劉過、劉克莊等數人詞之一部，並且後世詞家均以豪放非詞之正宗（註十八）。至於中國的曲也無論南曲北曲，散曲雜劇，也都是以婉轉纏綿紆回曲折為宗。你看著名的傳奇不管是西廂記、琵琶記，長生殿、桃花扇、玉茗堂、四夢：那一種不是情詞悱惻哀感頑豔見長?只有中國的小說有不少窮形極相繪摹盡致的描寫：如儒林外史之寫社會，紅樓夢之寫家庭，都是能曲盡其趣的。但是中國小說所寫者大抵均限於平凡的經驗，不肯寫非凡超拔的特別人格，只寫現實的人間社會中的人格，不肯寫極端的情感底衝動、意志底追求，如哥德之寫浮士德，阿戚巴瑟夫之寫沙甯！這仍然表現一種非徹底的精神！也可說是一種含蓄的精神，

（丙）自然的文學　假如我們把文學分為人事與自然，那麼自然的文學與人事的文學可以分庭抗禮的，恐怕只有中國，在世界各國中也恐怕只有中國是自然文學最多的了！在西洋詩人中如 Wordsworth 差不多是鳳毛麟角，然而中國詩人幾乎一半都是自然詩人，陶淵明以降，六朝有謝靈運、謝玄暉，唐有王（維）、孟（浩然）、韋（應物）、柳（宗元），宋有尤（袤）、楊（萬里）、范（成大）、陸（游），此外唐代的儲光義、白居易、賈島，宋代的朱熹、梅堯臣，明代的高啓、李東陽，清代的王漁

洋，也都是自然詩人。中國的詞通常分爲寫情寫景，然大率以景來烘托情，而少以情烘托景，溶情入景時多，溶景入情時少，這我們只要多讀詞便可證實。中國的文中游記也佔一大部，著名的如酈道元之水經注、柳子厚之山水記，都淸雋絕倫。中國的自然文學之多，一層誠由於中國是以農立國，歷代開科取士文人都來自田間，但中國哲學之重與自然合一，也大有關係。中國哲學中儒家哲學常講天人合一，以自然卽可象徵人，天地卽如人之父母，此種說法易經倡其端，後來董仲舒更擴而充之（註十九）。道家更要教人返於自然，以「天地與我並生，萬物與我爲一」，以「人法地，地法天，天法道，道法自然」。故儒家的理想生活是「冠者五六人，童子六七人，浴乎沂，風乎舞雩詠而歸」（註二十）。道家要人「君其涉於江而浮於海，望之而不見其崖，已往而不知其所窮，送君者皆自崖返，君自此遠矣！」（註二十一）這些話都可表示儒道二家之忻慕自然。這種忻慕自然的儒道哲學，比起西洋中世紀之鄙棄自然（註二十二），近代之征服自然的哲學，當然要多產生些自然的文學了！

（丁）形式之特別注重　中國文學我們知道是規律最嚴的，中國詩六朝時有四聲八病之說，使作詩的人受到一種嚴重的束縛。雖後來八病少人講，然四聲之限支配了中國文學千餘年。近人如胡適之等說中國文學自唐以後是不斷的解放，唐之歌行解放了七古句的字數，詞更使歌行之句之長短變化多，曲可添襯字，更自由了。其實這話並不對，我們只能說歌行比七古較解放，詞句長短變化雖多，然平仄及句字數限定，實加一重束縛，曲雖可加襯字，然平聲分陰平陽平，仄聲分上去入，實又加一重枷鎖。所以中國詩人常有所謂苦吟，所謂「吟妥一個字，撚斷幾莖鬚」，「句向夜深得，心從天外歸」，「吟成五字句，用破一生心」，「夜吟曉不休，苦吟鬼神愁」，「二句三年得，一吟雙淚流」，「髮任莖莖白，詩須字字清」（註二十三）。苦吟的原因，一層也許只爲字句之簡練，一層不能不說是平仄限制之嚴，中國的文中如八股之類，我們可說純是皇帝用來壓制人民自由思想的工具，但桐城義法之嚴，我們卻不能不說由重形式之故。我們推測中國文學之所以重形式，這自然有求形式美的原因，但是中國人生哲學之重禮也有關係。本來孔子之教是禮樂並重，論語禮記中許多地方都是禮樂並論，不過後來卻只有禮教，而無樂教。禮教顯然是重形式的，我們看儀禮周禮，是多麼的瑣碎而繁難！然而中國過去的人的生活，常常都是遵禮而行。這一種重禮的精神，在日常生活上是重禮；在文學上當然就是重形式。所以在日常生活上不依禮儀的詩人，如李太白、蘇東坡，在文學上也就不肯依規矩準繩。而在現在，一般人都喊打倒禮教的時候，同時也反對舊文學之規律之嚴格。

（戊）中國之特殊文體　中國的一切文體在外國都可找相當的，然而中國有一種特殊文體是外國所莫有的，這就是中國的駢文對聯和律詩——對偶文學。中國爲什麼會有對偶文學：假如純是因對稱是一稱美形式，那西洋何以莫有？有人說這是因中國文字是單字便於配合，這說比較近理，但這只是對偶文學產生之一因，而非唯一之因。因爲中國人之重對偶不僅表現於文學，且表現於地方，最顯著的是房屋的建築與屋內之佈置上。中國的古式房子無論大小，總是左右前後間數相當，非常整齊。西式房子稍小則不如此的。房內之佈置也是左半堂椅，右亦半堂椅。其他對聯、像片、花瓶……等之佈置，亦左右均分，這我們只要到中國舊式家庭裏面去看便可知道。所以中國之對偶文學之盛不是偶然。在我看來，也是與中國哲學有關係的。我覺中國對偶文學之盛，是受了中國形而上學的影響。中國的形而上學只有儒道二家比較有系統。儒家就相對以言本體，以本體卽在相對中；道家超相對以言本體，以相對包於本體內。不過他們之不同，此處姑不細論，以非短言所能決，不過我們至少總能說儒道兩家形而上學都是同着眼在宇宙之相對性上，都可謂形而上學的相對論者。易經一部書所講，不外乾坤、陰陽、剛柔、動靜、健順、吉凶；老子一書所講，不外有無、難易、長短、高下、前後、剛柔、禍福、強弱，我曾統計老子八十一章有三十七章專講相對的。莊子也愛講「因是因非，方生方死，方可方不可」這一種形而上學的相對論。應用之表現，於道家人生哲學上就是齊物我、等生死的人生觀，表現於道家儒家之倫理學上，就是注重雙方平等道德的絜矩之道，表現於什麼房屋之建築、屋內之佈置上，就是處處講對稱；……表現於文學上，也就促成一種對偶的文學。

以上是推測對偶文學之心理起原可歸一因於中國形而上學。我們若再問對偶文學之歷史的起原，也與中國這種形而上學有關。我們知道對偶文學中的駢文是始原於易經之繫辭，但是文言之所以用駢文，許多地方都是爲表現這種形而上學的相對論，如像「乾以易知，坤以簡能；易則易知，簡則易從；易知則有親，易從則有功；有親則可久，有功則可大；可久則賢人之德，可大則賢人之業」，又如「成象之謂乾，效法之謂坤。夫乾，其靜也專，其動也直，是以大生焉；夫坤，其靜也翕，其動也闢，是以廣生焉」，……都是不能不用駢文的形式的。易經之駢顯然是受這種形而上學的決定。雖然我們不能說無易經之繫辭，則駢文當不產生，但是因爲中國過去任何讀書人都要小時讀易經繫辭之駢文，對於歷代駢文家好作駢文之暗示，總是有的。

（己）哲學的文學批評論　假如有所謂哲學的文學批評論——那麼中國的文學批評論，眞可算哲學的了。中國文學批評，據郭紹虞先生說，不是道論（註二十四），便是神氣說（註二十五）。這話我覺得非常之對。但是我們看無論道之觀念、神或氣之觀念，那一個不是自中國哲學上來的?!道不用講，神之觀念最初從周易來，什麼「精義入神」、「鼓之舞之以盡神」……。後來莊子常談「神遇」（養生主）、「神之又神」（天地）、「用志不紛乃凝於神」（達生），於是用到文學上去了（參考中國文學史上之神氣說）。中國歷代的哲學都愛講神（註二十六），歷代的文學批評論也愛講神。至於氣，最初從孟子公孫丑篇來，所謂浩然之氣，後來曹丕典論應用起來成文學批評之重要觀念。中國後來之哲學也愛談氣化，理氣一元二元之論。中國文學批評家以氣輕濁評文，當然也是受了中國哲學之影響的。

以上六點，我認爲是中國哲學對中國文學重要的各種影響，不過在本文結束之前，我有兩點須聲明：（一）就是本文旨只在敍述事實而未加評價，文中也許不免有帶評價語氣的話，但那未必是我的意見。（二）我這文只是對於本題暫作一簡單的答案，許多詳細的意見我尚未寫出，所以不免有晦澀的地方，望閱者原諒。

（一九三二年五月・「建國月刊」第六卷第六期）

原　註

註一：見昭明文選序「姬公之藉，孔父之書，蓋以立意爲宗，不以能文爲本；今之所集皆所不取。」然其說後人多不從之。

註二：韓非子外儲說左上篇謂：「墨子若辯其詞，則恐人懷其文而忘其用，直以文害用也。」

註三：此語爲程子所言，然宋明學者多徵引之。

註四：見法言吾子篇。

註五：見法言。

註六：見曹子建與楊德祖書。

註七：見杜甫古柏行。

註八：見杜甫自京赴奉先縣詠懷五百字。

註九：見韓愈與孟東野書。

註十：見韓愈原道。

註十一：韓昌黎題歐陽生哀辭柳子厚答韋中立書周敦頤通書均有文以載道一類之語。

註十二：見李諤上高祖革文華書。

註十三：前者見眞西山文章正宗序中者見劉大櫆論文偶託後者見顧亭林日知錄。

註十四：梁簡文帝與子書。

註十五：見人生觀之論戰卷一十頁及九十五頁及卷二丁在君評科學與玄學張君勱謂戲考中三百餘劇只六十與戀愛有關，丁在君雖駁張說，然亦謂元曲選百種中有六十餘種與戀愛無關。

註十六：李義山詩之所以堆陳典故，稱爲獺祭魚，據蘇雪林李義山戀愛義跡考蓋由其戀愛多不合道德，故隱晦其詞也。

註十七：朱竹垞風懷詩爲述其與其姨妹之愛者，當朱竹垞自編其詩集時人有勸其删去者，朱謂我甯不食兩廡豚——言不必死後得祀於文廟——不删風懷詩也。

註十八：王世貞藝苑巵言謂：「詞須宛轉緜麗，淺至儇俏，挾春月烟花於閨幨內奏之，一語之艷，令人魂絕；一字之工，令人色飛，乃爲貴耳！至於慷慨磊落，縱橫豪爽，抑亦其次不作可耳！作則甯爲大雅罪人，勿儒冠而胡服也！」徐複卿文體明辨亦謂：「論詞則有婉約者，有豪放者，婉約者欲其辭情醞藉；豪放者，欲其氣象恢弘；要當以婉約爲正，否則雖精工，終乖本色，非有識者之所取也！」紀昀於四庫全書提要亦論東坡詞謂：「詞自晚唐以來，以清切婉麗爲宗，至柳永而一變，如詩家之白居易；至蘇軾而一變，如詩家之韓愈，遂開南京辛棄疾一派，尋源溯流，不能不謂之別格。」

註十九：參考春秋繁露。

註二十：論語先進子路曾皙侍坐章。

註二十一：莊子山木篇。

註二十二：中世紀以自然爲罪惡之淵藪，以自然之美爲足以誘惑墮落者。故中世紀之僧至瑞士有不敢仰視山水之美者。

註二十三：參看說詩樂趣苦吟門。

註二十四：參考武漢大學文哲季刊一卷一期中國文學批評史之文以載道貫道說。

註二十五：參考小說月報十九卷第一期中國文學批評史上之神氣說。

註二十六：關於中國歷代哲學家之重視神，簡單者可參考民鐸四卷一期朱謙之泛神的宗教。

註：本篇發表時署名唐毅伯。——編者

治中國學術應改變之幾種態度（註）

今後中國人治中國學術有幾種態度是應改變的。這幾種態度在以前也許是必須採取，但以後似應改變。這幾種態度之應改變，似多未為國人所認識。所以我特別把它們提出，並略述其應改變的理由，及改變後我們應採取的態度。

（一）應從以西洋眼光、印度眼光看中國學術的態度到以中國眼光看中國學術的態度：近數十年中國人對於中國學術都好以西洋眼光或印度眼光來看；所以一般出版的中國學術的研究著作，差不多都是標明採西洋思想或印度思想為參考系的。這不必我舉例。我們可以武斷說：從章太炎以佛法釋諸子評儒家（評儒家多見其蓟漢微言），康有為以西方無政府主義講孔子以來，至少十分之九的中國學術的研究著作是以西洋思想印度思想為根據的。「不見廬山眞面目，只緣身在此山中」，以不同的思想為背景來研究中國學術，誠然可有某一意義的較正確的認識。然而「霧外江山看不眞」，站在西洋印度思想的立腳點來了解中國學術，將只能了解其與西洋印度思想相似之一部。其結果不過證明中國也有幾分相像的菩薩的思想，也有進化論，功利主義……，而對於中國學術之特殊精神，仍完全發現不出。然而在我們看來，中國學術與西洋印度之學術比較，其相異之處實遠逾其相同之處。中國學術之根本精神，實與西洋印度截然迥異。惟此根本精神之截然迥異，致其一切相同之點，皆成小枝末節。故我們將中國學術與西方學術比量而觀，由同處着眼，實遠不及由異處着眼之重要，所以過去國人之純以西洋印度眼光來研究中國學術之態度，雖有相當成績，然以恆不免忽略異處之故，實應放棄；而應代以由中國眼光研究中國學術之態度，然後才能深入中國學術內部而洞見中國學術特殊精神所在。

（二）從所謂「整理國故」的態度到學中國學的態度：我們可以說五四以後的中國學術研究至少有一半是在整理國故的口號下進行的，在這口號下進行中國學術研究的態度，在我看來是很不好的。這一種態度可從整理國故這口號中看出。我們假設着重在此口號之後二字，我們便可知道這種態度是把中國學術，當作「過去了的」，「已故了的」，與古董同樣看待的。我們假設着重在此口號之前二字，我們便可知這種態度是把中國學術當作只是待「被整理的」，「無生氣的」，與濫字紙一般的。所以一般自居整理國故者，大多是最看不起中國學術的，決不想從中國學術研究中了解什麼現代學術以外的新的東西的。他們之看中國學術，不過是他們運用他們所謂的科學方法去耕種的一塊園地而已。只要是可耕的園地，無論那一部都是一樣的，所以中國學術的任何部份，在他們看來都是同樣可爲研究的重心的。所以孟姜女的研究，鬍髮爪的研究，禹是否蟲的研究亦可以成爲最主要的中國學術研究。我以爲假設這種研究中國學術的態度是正確的，則中國學術大可不必研究，因從其中根本不能學得什麼現代學術以外的新的東西。至少不必現在研究，因爲玩古董摺濫字紙，早遲都是可以的。我以爲我們不提倡中國學術則已，若要提倡中國學術研究，就必先有誠意學中國學，承認中國舊有學術中有値得我們硏究的，我們研究之，可發現許多現代人不知道的有價值的新東西；並且從中國學術中最主要的部份，最中心的部份，最可希望發現許多有價值的東西部份，下手！而絕對不應當先假設「中國學術都是已過去了的，決不能從中學得現代學術以外的什麼的」，因而認爲中國學術的任何部份，都可以作爲研究的重心！

（三）從先有結論後尋證據的態度到先尋求假設後搜集證據的態度：先有結論後尋證據，是許多人評胡適之中國哲學史大綱的按語。然而事實上近年研究中國學術者之好先有結論後尋證據實遠甚胡適之先生。近年中國社會史之研究，曾盛極一時。這一批中國社會研究者，便無不是先有結論，後尋證據的。他們都是先有中國社會史的發展與西洋社會史的發展，是依着一樣的程序的結論，中國某時代的社會是相當西洋經濟發達的某階段的結論，中國某時代的那幾個思想家是代表某階級，那幾個又代表另一階級底結論，然後按照着所謂辯證的唯物論底方法，去尋求證據。他們決不懷疑他們先入爲主的結論也許是錯誤，中國社會結構可與西洋根本不同，中國的思想可不代表任何階級，至少那一個思想不一定代表你所認定的階級。這些對於他們是不成問題的。所以他們對於足以推翻他們結論的事實，全不注意，以至於中國社會的眞正本質他們全發現不出。他們只是拿許多「成見套」套一些史料而已。此外許多研究中國學術者也常有先有結論後尋證據的態度。這我們可以從他們的著作中，找出痕跡來。這一種態度，我認爲對研究中國學術最需要根本放棄。因爲中國學術史料本來豐富，你先有結論後去找證據，總可找着一些，但是這樣的結論，總是偏而不全的，總是不免顧末遺本的。所以我們特別要取消這種態度而應代以先尋求假設後搜集證據的態度。爲什麼我不用先作假設後搜集證據的態度？因爲我以爲在作假設以前還應有尋求假設的階段。凡是未經尋求而作的假設都是「現代的」「已有的」，因而不一定是當下用得着的。這一種假設常常無異於一種先入爲主的結論，而使我們不能認識當前的事實。我們不能由作假設開始而應由尋求假設開始。尋求假設的態度怎麼樣？這種態度就是劈開成見，不先作假設，而只是去認識當下的事實，讓當下事實來啓示假設與我們，這就是我們所要尋求的。然後，本這假設去搜集證據。用這種態度來治中國學術，就是不先存中國學術是如何如何而把中國學術當作中國學術研究的「純」客觀的態度。（先作假設與先尋求假設其差至微而極重要，將另爲文論之。）

（四）從先懷疑批判的態度到先同情的態度：還有一種近人治中國學術的態度也是根本錯誤的，即對於中國學術，動輒肆意懷疑批判的態度。這種態度本是治西洋學術極好的態度，然而治中國學術首先存這種態度，卻決不能達到治中國學術的目的。因爲中國學術方法與西洋不同，中國學者立言目的亦與西洋有迥異處。中國學術方法重在直覺的體驗，而西洋學術方法則重理智的分析。中國學者立言多係爲啓廸來者教導弟子，西洋學者立言則多係攻擊前人與朋友辯論。所以中國學者，作文多係直截抒寫其心靈達極高境界時所證悟之眞理，而西洋學者作文則多係曲折辯護其「層累之推理歷程之嚴整可保證其結論之無誤」，中國著作之多短篇而西洋著作之多拖沓殆由於此。所以治西洋學術非持懷疑批判的態度不可。蓋其反覆錯糾之論辯正係爲應付人之懷疑批判者，我們唯持懷疑批判之態度讀之，方覺其若引人入勝；否則將徒爲其疊牀架屋之名詞所迷。然而治中國學術則不應如此，因中國學者之作文，既係直述其所證悟之眞理，彼既無反覆錯糾之論辯，若首先便對之持懷疑批判之態度，勢必處處若覺其論據不充分，而無暇細心體會其眞意所在。譬如老子、論語、宋明諸儒語錄、禪宗語錄，蓋均含有宇宙無窮之最高意蘊者。然而因爲近人治中國學術先存懷疑批判態度之故，致使它們常蒙「獨斷」、「太玄妙」、「證明太少」之惡名。所以我以爲用懷疑批判的態度來治中國學術是根本要不得的，我們應該改爲先同情的態度來治中國學術。我們應該先對中國學術作同情的研究，我們應先用一副溫暖柔嫩的心，來認識這莫有許多鋒利的論辯武器底中國學術。待認識了之後再來懷疑批判，那種懷疑批判才是關切的，而不是不相干的。

（五）從分析的研究態度到綜合的研究態度：近數十年來研究中國學術者因感于過去中國學術之太籠統，所以竭力主張分析的研究，分析中國學術爲許多小問題來研究。這也是我們很容易從近數十年關於中國學術的出版物中所看得出的。這一種研究態度，我本認爲極需要且願提倡。但是我發見持這種研究態度的人常常誤以爲中國學術可同西洋學術一樣的分析研究，這卻是錯誤。因爲西洋學術不主合而主分，愈分愈細，常至數典忘祖。中國學術主合而不主分，雖子史紛繁，而必宗於經。所以西洋有眞正的科學分類，目錄學的目的在按類求書。而中國則無眞正科學分類，目錄學的目的在「辨章學術，考鏡源流」（章學誠語），因此研究西洋學術可劃開領域，隔離研究，而研究中國學術則大大不可。譬如研究西洋哲學可只注意其抽象之論辯，而如此研究中國哲學則不行。而必須將哲學家之思想與載「哲學家之生活形態及行爲方式」之哲學家傳記及中國文學中表現之中國哲學，中國社會制度之哲學涵義，一併綜合研究，方能眞有所得。此外如研究中國史學文學亦無不應如此綜合研究。然而一般研究中國學術者，以習於西洋學術主分而不主合之故，多不知此；譬如研究中國哲學者便只知採取研究西洋哲學之辦法，將中國哲學視作若干孤立的哲學問題來研究，而不知注意其他，以便一併作綜合研究。此外研究文學史學者，見及此者亦殊罕。然而研究中國學術實非採綜合態度研究不可，所以我最末提出由分析的研究態度到綜合的研究態度。

這幾種態度應改變的理由，已簡單述完。我知道這裏還包含一些更根本的問題。但是我無法轉移論點去討論那些問題。所以只得暫告結束。（二月四日）

（一九三四年二月「文化通訊」第一卷第二期）

註：本篇發表時署名「君毅」。——編者

詩人與詞人——杜甫與李白（註）

唐朝自貞觀至天寶是中國文化盛極的時代，思想文學藝術都開了最燦爛的花，武宗以後，便漸漸的衰落了。我們單就文學一方面來看，開元天寶之間，既產生了一個傑出的詩人杜甫，同時又有一個傑出的詞人李白。

從來人對有韻語而整齊排列的文字，如四言五言七言之類，都說他是詩，對於做這一類文字的人，都說他是詩人，其實是一種錯誤。詩和詩人都須以他的精神上來看，不可專就形式上來定的。詩人既確有大超過普通人的地方，同時也和單有文字藝術的手腕，而才氣縱橫的詞人，頗不相類。同樣是一篇所謂五言詩或七言詩的文字，我們果從精神上看時，可以有詩和詞的不同，那末，做這篇文字的人，自然有詩人和詞人的分別了。

詩人與詞人的分別，究竟何在呢？照我的意思來講，詩人的作品是性情的流露，詞人的作品是才氣的表現。他們最不同的地方，前者是發於自然，後者便出於有意了。因此，我們見到詩人最好的作品，總覺得是天眞爛漫，有敦厚醇樸的風味，我們見到詞人最好的作品，便往往覺得是精心結構，有莊嚴燦爛或細膩玲瓏的氣象。因爲詩是詩人性情自然的流露，所以每一首詩，是詩人人格的整個表現，詩和詩人是渾成一片而不可分的；至於詞便不同了，他只是詞人的創作，是詞人手下產生的另一種東西。

我們若用德國人 Spengler 所著的西洋文化之衰落(Decline of Western Culture)一書中所分的民族歷史來看，可說詩是文化 Culture 期中和文明初期的產物，詞當是文明 Civilization 期中和以後的產物了。文化期中的民族是幼年期中的民族，所以他們的作品，總有渾渾噩噩的氣象，而是天眞的，自然的，近於綜合的。文明期中的民族，便是壯年了，他們的智識逐漸發達，減少了幼時蒼茫的趣味，他們的作品，就不得不是想像的，意造的，着重分析的。由此詩人的作品的長處，總是主觀的熱烈的表現，詞人的作品的長處，總是客觀的冷靜的描寫。同時每見一個詩人，往往是富於情感而不通世故的幼孩，或是世俗所稱的呆漢，每見一個詞人，卻是聰明放達，而熟於應付的成年者了。

詞人是富於才幹的人，他想像力非常豐富，他對於自然的環境和人情的冷熱，都能作閒雅冷靜的欣賞，深切入微的描寫。尤其是一類才氣極盛的詞人，我們在他們的作品中，能感到縱橫噴薄的氣象。但是總因爲他們是客觀的冷靜的描寫的緣故，我們不得不說他們畢竟是詞人而不是詩人。

中國的文人，大都是富有詞的欣賞和描寫的能力，號稱風流的名士就是這一類的人，所以大部分的所謂詩，其實都是詞，大部分的所謂詩人，其實都是詞人罷了。爲什麼中國多諸詞人呢？因爲中國的民族，是世界上文化開得極早的民族，虞夏商周，正是幼年蓬勃的時候，秦漢而還，便漸漸成熟，至於唐代，已是最強盛的壯年了。所以我們讀到三百篇的時候，確實覺得有一種敦厚醇樸的趣味，楚騷漢詩，仍舊都是性情的流露。直到建安以後所說的詩便承着馬班一類的辭賦，漸漸增厚詞人作品的趣味，六朝隋唐，實際上所稱的詩人，大半已都是詞人了。但是文化和文明兩個時期，祇是在民族歷史的大體上分，並非可以絕對劃爲毫不相通的兩塊的，文化期中既容有文明期應有的產物，文明期中自也有文化期應有的產物，不見得有了詞後，便不許有詩了。六朝詞人盛行的時候，同時也有阮嗣宗陶淵明一類的詩人，最奇怪的便是產生自古詩人中最傑出的唐朝的杜甫。向來人稱杜甫是詩聖，果然不錯了，但同時又說李白是詩傑，那便犯了上面所說分不淸詩和詞的弊病。其實李白祇得說是自古詞人中的最傑出者吧了。杜甫以後，詩人漸衰，李白以後，詞人正盛，所以我們也可說杜甫是詩人的殿帥，李白是詞人的中軍。

我們試讀杜甫的文章，只要有能欣賞詩的能力，自然感到醇樸眞誠熱烈自然的旨趣；我們又試讀李白的文章，便將感到縱横奔放深切入微的風味。前者確是主觀的熱烈的表現，也就是性情的流露，後者雖不僅是冷靜的描寫，但也總是才氣的使用，才氣是不同於性情的，才氣總是浮於性情以外的，所以他的文章，畢竟是他手下產生的另一種東西。

因爲杜甫是一個性情醇樸的人，他對於人類萬物，有眞誠的愛好，所以他的作品中，充滿着熱烈的情感，流露出生命眞實的意義，顯示着人生眞正的價值，這是合得稱做詩人的。李白是一個理解高明而才氣奔放的人，他對於人類社會的種種情僞，觀察得極清楚，理會得人生的許多無聊，因此以消極而轉爲任放的樂天，利用他的才氣，來一方面描寫外面環境的隱秘，一方面抒瀉自己裏面的塊磊。他所注意的，是注意人類的虛僞鄙俗種種惡的方面。杜甫所注意的，卻是注意人類向上的善的方面。所以他們雖同是抱着現社會不足的悲觀，一面確有悲天憫人的聖人之懷，一面就未免有些玩世不恭的態度了。我們若將他們全部的作品來細細玩味，自然感到上面所說的不同之點。

照此看來，李白似乎是及不上杜甫，但他們畢竟是詩人與詞人的不同，就是幼年與成年的不同。李白總得是詞人中的傑出者，我們自也應有相當的重視，同時也知道，詞人又不是通常玩弄文字的人，玩弄文字的人，至多是彫琢文字的工匠，他們差不多是祇能鋪排出死物質的文字，而沒有自己裏面的性靈的，他們當然不能嗅着詩人的氣息，同時也何能想望詞人的項背呢。（二月三日）

（一九三四年二月「文化通訊」第一卷第二期）

註：本篇發表時署名「野」。——編者

雜論哲學（註）

易簡與支離

陸象山和朱晦庵詩，有「易簡工夫終久大，支離事業竟浮沈。」之句，其意蓋謂晦庵之學不免支離。然以晦庵之書與今之西哲書比，則晦庵之易簡，西哲之支離，又相別天淵。余昔讀西哲書，輒不禁念及此二語，常嘆其何不開門見山，而必渡此萬水千灣。唯及讀西哲書既多，則知西哲之支離，恆只爲其文字之支離，說法之支離，其學說本身之支離決不如一般初讀西哲書者所言之甚。蓋西哲之立論大約兼對中才之人，且於一切不同之說，均欲一一加以對治，故不容不「帆隨湘轉，望衡九面」。其實西哲所立之說，其本身之簡易直截，正多在中國思想家之上。唯以中國學人習於簡截之言，不耐轉折之思，不能隨彼逶迤，故總不免以支離責之。其實支離固爲陷溺于虛妄計度之中，然徒知易簡，以此斬斷疑難，不加駁斥，則所謂易簡者亦終孤立無依。至於以此孤立無依者，爲冥心獨契，無待扶持。則不知才作是念時已陷溺于不耐煩難之習氣中。斯意也，昔之宋明理學家蓋未能識之，或識之而未行之。不然，何以以其證悟境界之高，而終無博大精深之系統思想留示後人也。

哲學態度與哲學精神

讀西方哲學書，見大多哲學家，當其生時，均自謂其哲學爲過去一切哲學問題之總解決，其哲學爲最後之哲學。但未及其歿，同樣自謂其哲學爲最後之哲學者已大有人在。然相繼而出之哲學家，雖明見前車既覆，明見人之自信不必與事實相應，然終必自謂其哲學爲眞正之最後之哲學，決不相信同樣之悲劇將臨其自身。此事余念及之，輒生無窮趣味。蓋余自己有時亦有此妄想。然余終敢斷言此爲妄想也。蓋嚴格論之，哲學只爲一種態度或一種精神，唯此態度此精神乃哲學家當下返求而自足者，亦死而不亡者。至于凡此態度精神之流露所表現之思想或文字，則無不死者也。蓋思想文字無論如何周遍，無不爲固定物，無不爲哲學態度或精神之礙。故凡有眞正之哲學心靈者，無不欲跳出以前人之思想文字。非好爲標新立異也，其哲學心靈覺有一種桎梏，非另覓其新生命不可也。此所以在西方哲人中，創造力最大者，其反抗前人之氣亦愈盛，以致流于過度亦不顧。如亞里士多德之反抗柏拉圖，黑格耳之反抗康德，卽多過度之處，然彼等非如此不可，蓋在以前大思想家壓迫之下，最不易跳出桎梏也。雖然，其欲跳出前人之桎梏則是，其自以爲宇宙在握，遂加桎梏于後人則非。然爲大思想家者恆不知此。蓋其已竭心盡智于其思想系統之創造，遂不知覺間而以自己心智之竭盡爲眞理之竭盡。以爲吾當以道自任，佈此眞理于千萬世。而不知自執其眞，已成大妄。自執其眞非妄，自執其眞而以爲更無他眞，斯爲妄矣。然曠觀古今哲人誠知此義者幾人耶？誠能如牛頓之自視如拾蚌殼于眞理海畔之小孩者幾人耶？誰在中宵望天上繁星，蒼茫無際，當知此宇宙之無盡，卽眞理之無盡。哲人惟當互爲師，互爲友，以共航此眞理之海。以無盡之哲學態度哲學精神，彌綸此無盡之眞理。態度精神非一、非在內，眞理亦非多、非在外。外非有餘，內非不足。人類之哲學態度哲學精神不亡，哲學史終綿延不斷，日進無疆。而惟此哲學態度哲學精神，惟先聖後聖之所共同，故雖千百世之相距，其心意仍能感召流通，此豈彼以一己之所見斬斷未來人類之思想史者，所可同日語耶。誠如彼等之自信，勢必縱使其自身萬古不老，其于宇宙人生之所悟，終不出此數十年內之所得，此彼等恐亦不能甘心矣。

因讀黑格耳書，旣讚其思想之豐富，復痛惜其獨斷與抹撥後學之態度，因生其他聯想，隨筆書此。

哲學之窒礙

人類之一切罪惡，無不生於生命之懈弛。才一懈弛，使覺滿足；才覺滿足，卽是死亡。哲學之用，蓋在于使人刻刻自反，不稍自滿。然哲學同時正爲最易使學者生自滿之感之學，一般聰敏之士，從事他學，本可有爲，才學哲學，略知妙論，使自矜喜。蓋覺宇宙人生，已可任我觀念揮馳。故世間諸學使人日新不已者，無如哲學，而使人安于浮薄之矜恃者，亦莫若哲學。哲學之中以變化之哲學爲最高，蓋變化之哲學正以日新不已爲教，然西方思想家最獨斷者乃爲最重變化之黑格耳。中國宋明理學家亦最重變化，然除數大師外，一般理學家之論變化正所以道斷其他思想之進行。其論變化之語愈重復，正表示其執着「變化」自滿足于「變化」之深，此時自以爲最活潑潑地之生命，正是已懈弛之生命。蓋嘗自省，覺生命向上自強之念與向下懈弛之念，其間彼此爭長之情，至爲微妙。懈弛之念才爲自強之念克服于意識之前，恆卽轉而來襲于意識之後，且卽以此自強之念爲其工具。然意識前之懈弛易知，其病輕；意識後之懈弛難識，其病重。此蓋道高一尺，魔高千丈一語之微意。故生命誠欲自強不已，惟有念念反觀，念念自求，始能絕懈弛之根。此惟實踐事，非談說事。談說自強不已，談說變化無常，正可全反其道而行之，如上述專論變化的哲學家是。孰有論變化而不自陷溺于其所論之變化者乎，誠眞知變者矣。

培養哲學精神

去年國內論壇上文化之論爭，盛極一時，多主張中國今日需要創造一種新哲學。斯言亦是亦非，蓋古今中外凡新文化之誕生，無不以哲學爲前驅，此但曾略讀文化史者無不共認。由此而言中國需要創造一新哲學固是。然哲學爲物，非如奴僕，麾之卽去，呼之卽來者。哲學對于文化之價値，亦不在其思想系統，而在含蘊之哲學精神。故中國今所需要者，亦非特一派一宗之哲學，而爲一種普汎的愛眞理愛智慧愛美善之哲學精神。此種哲學精神之備具，乃中國今後一切文化之創造所必需有之條件，亦未來一切哲學思想產生之源泉。故今與其謂創造新哲學，不如謂培養一種哲學精神。哲學精神之培養，其繫于社會政治敎育者甚多，今不具論。然繫于今之自居于哲學家之位者亦不少。蓋哲學精神之大敵，無過于好同惡異，無過于得一自好。然今中國之自居于哲學家之位者，正多嚴其門戶，高其崖岸，相訾而不應，相聚而不辯。此正與哲學精神根本背道而馳。以此而言創造哲學，于哲學乎何有？熊十力先生曾引馬一浮先生言「恥爲一經之談，貴通天下之志。」中國哲學者，誠咸深體此義而力行之，哲學精神之培養，庶幾可矣。（二月十四日傍晚）

（一九三六年三月「中心評論」）

註：本篇發表時署名「君毅」。——編者

國人對文化應改變之態度（註）

我認爲國人近來對文化的幾種態度是錯誤的，若不根本改變，中國文化莫有前途，不能有什麼文化建設。然而這幾種態度之當改變，似多未爲國人所認識。所以我特別把他們提出，略述其應改變的理由，同時標出我們應採取的對文化的正當態度。

一、我們不是爲求生存而有文化，乃是爲文化而求生存。國人對文化最錯誤的一種態度，就是把文化只當一種生存的手段，以爲我們之所以要文化發達，是因爲文化不發達，則我們不能生存於此弱肉強食的世界。這觀念是從嚴幾道譯「天演論」以來，散佈在中國各級的人的心中的一個根深蒂固的觀念。當然，這種觀念之所以如此普遍，有根於中國民族性者，但這觀念之變爲一般的意識，卻自嚴譯「天演論」以來，方是如此。然而這種觀念完全是顚倒的。這種觀念把文化作爲生存的工具，乃對文化一種根本上的褻瀆。我並不否認生存是人生第一件事，但是因爲牠是人生第一件事，所以牠是人的生活最低下的一層。我亦不否認人的生存形態可決定他的意識，決定他文化生活的方式，但牠亦只能決定文化生活的方式，牠並不是文化生活本身。一切都爲生存，生存爲什麼？生存爲生存，這不是答案。我們要生存，我們是要取各種自然界的衣食住之物來滋養我們，轉化成高一級的生命之工具。我們之所以要生存，我們是要運用我們的精力，發展我們的心靈，去從事高一級的文化生活。文化生活是我們的目的，生存只是我們的手段。我們是爲求眞理求智慧求美求善而生存，並非爲生存而求眞理智慧求美求善，這是不能反過來的。從一般人目光中看來，反順豈不是一樣：爲生存而求文化發達的結果，何嘗不可同樣達到人人過高尚文化生活的結果？而且似乎爲文化而生存的口號，將使人忽略中國當前民族生存問題的嚴重，而只去注重虛玄的文化。然而事實卻不如此。世界只有把發揚文化當作前提的民族，方更能眞正的努力求生存。世界絕無唯一目的只在生存而能使文化發達的民族。這理由是很簡單的，因爲人類的精神是要向上的，只有上面的東西才能使他向上。只有想到泰山頂上看日出的人，才肯一步一步的上山，而且要踏穩他一步一步的脚步，絕莫有唯一的目的只在立定脚跟的人會不辭勞苦的跋踄崗巒。所以從個人講，只有把高尚的文化生活作爲他的人生目的的人，才更要求他自己的生存，求他民族的生存。從民族講，亦只有高尚的文化生活的信仰的民族，才更需要爭存於世界。因爲人類只在有一高尚的文化生活的理想在前召呼他時，他才覺要求生存不僅是一種權利而且是一種義務。不能自盡其求生存之道，不僅是一失敗，而且是一種恥辱。我們知道中國歷史上在民族危亡的時候，有許多爲民族爭生存的英雄、殺身成仁的義士，如岳武穆、文天祥、史可法之類。然而我們問他們爲什麼肯這樣努力去爲民族求生存，我們讀他們的傳便可以得着我們的答覆。就是他們是受中國文化的陶冶的，他們寶愛他們祖國的文化，他們不忍數千年的文化從玆湮沒，他們不忍百千萬的同胞受夷狄之教。他們是因爲把文化作爲人生的最高義，所以他們願意爲之肝腦塗地死而無悔。我們知道近代歐洲的德意志，在百年前尚是一分崩離析的國家，然而一八一四年後，便成一民族意識最堅強的國家，他要世界給與他絕對生存的權利與保證，與輿戰，與法戰，最後挑起世界大戰。在大戰失敗後，戰勝國加之以期必牠百年不能翻身的懲罰，然而，才過十餘年，德意志整個民族求生存的努力，終於打破一切國際條約的束縛，國內樹立最堅固的政權，又在向世界要求索還他大戰時失去的土地。先進的國家，嫉妬他，恐懼他；後進的國家，羡慕他，要想學他。然而德意志民族爲什麼要這樣強烈的要求生存的一切權利？歷史又可從一方面與我們以答覆：就是德國在最是分崩離析的時候，正是他文化最燦爛光輝的時候。在一七七〇年到一八二〇年五十年之間，德國出了許許多多的詩人哲人科學家：歌德、席勒、席勒格兄弟、諾瓦里、斯來馬哈、席林、菲希特、黑格耳、叔本華、……，他們的文化已經燦爛，但還要後人來發皇。他們的文化已很光輝，但還要凝聚起來照耀世界。所以他們不能不把他們整個的民族團結起來，求絕對生存的保證，然後他們的文化前途，方能如日月之經天，江河之行地。不信，我們試去讀菲希特的用以團結德國民族的精神的呼聲：「告國人書」、「人之天職論」及黑格耳之「歷史哲學」一類的書，我們便可了解德國民族之所以這樣努力求他民族的生存，以至優越的生存，是如何根據於他們所懷抱的文化理想，要想實現他們在世界文化史所擔負的特殊使命上。所以我們說，爲文化生活而求生存的口號足以使人注目在虛玄的文化而忽略民族生存問題的嚴重這是錯了，完全錯了。中國現在民族生存問題已到了危急不堪之境，然而許多人仍然醉生夢死，痲木不仁。這自然是因爲大家不了解國內經濟政治之危機，國際形勢的險惡，然而同時亦正因爲一般人都失了生存的意義，生存的目的，莫有文化的理想，鼓動他們的生命，因而不感覺一種生命的嚴肅，覺非力爭生存不可。所以我們主張把爲生存而求發揚文化的態度改到爲發揚文化而求生存的態度，無論從發揚文化的意義上看，從求民族生存的意義上看，都是應當的。

二、功利主義不是估量文化價值的唯一標準。國人對於文化的第二種錯誤的態度，就是拿功利主義去衡量一切文化的價值，這是緊接著前所述以文化作生存的手段來的。因爲以文化作生存的手段，必然以一切文化有無用於我們的生存作估量文化價值的標準。因這就是功利主義的本質。這種文化估價觀亦根於中國民族性，因爲中國思想自來便注重用的。不過中國從前所謂用，意義還很廣，然而現在通常所謂用則意義完全狹到有無利於我們的生存上去了。這亦可以說是受了嚴幾道翻譯功利主義的著作，與胡適之等提倡實用主義的影響。這種功利主義的文化估價觀，亦是根本上足以毒害中國文化前途的。我的意思分兩層：一層是文化不必都有用。在文化中，我們知道有一般文化與純粹文化二者，一般文化爲政治經濟法律生產技術之類，這類文化對於我們的生存誠然有直接的用處；純粹文化爲宗教藝術文學哲學道德科學，就中科學中之實用科學，道德中之社會論理一部，對於我們的生存都有密切的用處，然而道德中如自己犯了一種人不知的罪過，譬如在荒郊曠野中搶奪一個可憐的老人，竟把他殺死，忽然良心醒悟，中宵不寐，涕泗橫流，懺悔過去的罪惡，這是人類最高的一種道德生活。然而這一種懺悔有什麼用處？在這一種嚴肅的懺悔之下，人可以發狂，可以自戕，這有什麼用處？然而誰敢說這是莫有價值的行爲？科學中如理論科學的一部，如天文學之研究數萬光年外之星球，以至相對派物理學中計算宇宙的大小與重量，這有什麼用處？然而誰敢說這不是眞正的科學？至於宗敎藝術文學哲學，則有用的部份更少，然而誰又敢否認這是文化中最主要的部份？文化中莫有用處的太多了，我們假設兩眼只看見有用無用，我們必然覺得許多文化的創造的工作，都是庸人自擾。藝術家，你爲什麼創作一樂曲，彫刻一石像，動輒費幾年？文學家，你爲什麼要兩三年以至一生精力來作一劇本？哲學家，你爲什麼游心萬象，最後只爲證明一個根本觀念？天文學家，你爲什麼老是倚著望遠鏡看那無情的太空？……然而這些不求用的藝術家，文學家，哲學家，正好比那些無用的珠玉，文化的寶塔正是以他們爲主而建立起來的。這是第一層意思。還有第二層意思，是莫有用的文化，從一方面講，是最有用的文化。藝術宗敎哲學表面看都是最莫有用，然而從另一方面看，都是最有用的文化。誰知道一首馬賽曲曾鼓動多少愛國男兒的志氣？誰知道一部「實踐理性批判」曾引起多少人認識他自己對人類社會的義務感？誰知道甘地的宗敎精神，曾感動多少印度國民，同他一起作民族解放運動？科學中的理論科學大都均莫有用，如現在的原子構造論，星雲組織論，便都莫有用，所以現在中國的科學家都不注意這類的問題。然而現在的應用科學那一樣不是從理論科學來？現在的應用物理學化學有用，然而在牛頓格律雷波以爾時代的理論物理學化學有什麼用處？理論物理學化學，我們知道自純粹數學來，然而在笛卡兒、歐克几得的時代，純粹數學有什麼用處？所以在歐克几得在時，便有人問他的幾何學究竟有什麼用處，歐克几得莫有辦法，只好叫僕人拿銅板給他，因爲他是要有用的東西的。數學中的數與形的觀念的來源，我們又知道大都受觀察天文的啓示，然而天文學的始祖卽一切科學哲學的始祖。泰利士觀察天象的時候，就相傳他曾落在井裏。所以後來就有哲學家上觀天象卻忘卻他的身落在井裏的趣話。爲觀察天象而忘卻自己的脚步，落在井裏又有什麼用處？然而莫有這些前後相繼的研究莫有用的理論科學，研究莫有用的天文學數學物理學化學的科學家，何處來現代的應用物理化學？何處來由應用物理學化學產生的工程學農藝學？何處來現代的工廠與農場？現代的機器與現代的食物？現代中國人人都知道有用的汽車洋房與大菜？不過關於這些我們認爲無用的文化，如何表現他的用處，我不必再講下去，這講起來太複雜，歷史已證明而且將更證明一切無用的文化的用處。我此地只還願意從另一方面抽象的講一個原理，就是眞要認識什麼是有用，必先認識無用是有用的基礎。中國的老子最聰明，首先發見這個道理。這個道理並不難懂，老子已說得明白。茶杯有用，能够裝水，然而能够裝水的地方，乃是茶杯中空的地方。這空的地方，什麼也莫有，眞是世間最虛玄最不實在的地方了。然而少了這一點空洞的空間，便什麼水也不能裝了。眼睛能够望遠，因爲我們所望的東西，與我們的眼睛之間，有空的距離，假如所望的東西，都塞在眼前，便成了瞎子了。所以說人目能見千里之外，而不能自見其睫。人目如何能見千里之外？正因爲眼前有千里相距離的空間。眼前的空間愈大，我們看得愈遠。即無用的空間顯現得愈多，我們眼睛的作用愈顯出，這是何等淺明的事。然而要知道物如此，心亦如此。人心是要空靈的，只有空才能靈。人的心須要自由，只有自由的心才能認識一切，了解一切。一個觀念橫亘在心，便把世界全部隔絕了。人在處處求用的時候，他第一個問題，總是這有什麼用處。這個時候，他的心早已橫亘了一個死的標準，即那一類東西是有用，屬於這一類，他想這有用了，不屬於這一類，他想這一定無用。這個時候他的心已被這一類他認爲有用的東西遮蔽了，他不相信另外還有別的也可用的東西。因爲他不能相信另外還有可用的東西，他自己築一個牢把他的心關住，他卻以爲這牢是天經地義的。他忘卻他自己已成了可憐的囚犯，他從他的牢的鐵網外去看外面的鳶飛魚躍，花放水流，他再也看不清楚。他於是以爲這些都是假的，都是虛玄的夢境，因而他再也不想打破他的牢出來，認識眞正的海闊天空的世界，去認識各種其他有用的東西。所以人心不能時時求用，時時求用的結果，必然遺掉了大用，要求大用便必須有不求用的時候，必須有無所爲而爲的時候。所以文化中的藝術宗敎哲學，假如我們鑑賞之信仰之研究之的時候，看不出他們的用處，我們便要知道這正是他們的大用。因爲假如我們明明看不出他們的用處時，我們仍然肯鑑賞之、信仰之、研究之，則我們的心，自然而然養成一種無所爲的態度，在此種無所爲而爲的態度之下，我們的心自然獲得一種自由，一種解放。所以我們常受這些文化的陶養，我們的胸襟必日漸開闊，精神的視線必日漸提高，認識的事物的範圍，亦日漸擴大。同時對於利與害、有用與無用，亦更看得明白。無怪乎中國思想上，最講實用利害的法家縱橫家，乃出於最要想超脫實用的道家。古今許多最想建立赫赫之功的英雄、第一流政治家，如凱撒、拿破崙、慕沙里尼、諸葛亮、王陽明，類皆同時是最需要哲學文學作爲他們精神的糧食的人了。

三、純粹文化與一般文化不應當偏重。由上面所述，我們便知道純粹文化之文學哲學藝術與一般文化之政治法律經濟生產技術相反而實相成。文化根本是一有機的全體，純粹文化與一般文化根本是分不開。一般文化的目的在維持人與自然的關係，如農業工業等生產技術；或在維持人與人間的外在協調，如經濟政治法律之類。純粹文化的目的則或在人與人間的內心的聯繫，如道德；或在表現宇宙的和諧，如藝術；或在認識宇宙的條理，如科學哲學；或在指示宇宙的歸宿，如宗教。由一般文化建樹生活的基礎，由純粹文化建樹生活的理想。莫有生活基礎的理想，是空洞的理想。莫有生活理想的生活，是盲目的生活。有了生活基礎，人在宇宙間才站穩了他的地位。有了生活理想，人在宇宙間才創造了他自己的世界。有了生活基礎，人才脫離了自然世界。有了生活的理想，人才能升到純粹的價值世界。由道德認識善，由藝術認識美，由科學哲學認識眞，由宗教認識神聖。所以純粹文化與一般文化其不應偏重，簡直是毫無所疑的眞理。所以世界第一等國家如英德法意之類，他們一方面是最注重一般文化的，同時也就是最看重文學藝術哲學宗教等純粹文化的。然而在中國現在，一般社會對於文化的態度，則只知注重一般文化，不知注重純粹文化。只知艷羡別人的國富兵強，卻並不仰慕別人純粹文化之發達。決不想到國富兵強與純粹文化之發達，其間有互爲因果的關係。所以中國一個學文學哲學的人，在一般社會，簡直視之爲有之不多、無之不少的人物。一個國立的最高學術研究機關中央研究院，其中竟然莫有關於文學哲學的研究所。同時一般談文化問題的人，也決少有論及純粹文化的。卽如去年之文化建設運動，說來說去只說到民族的生存、民族的生計等一般文化的問題，純粹文化簡直不在他們的目中。誠然不錯，中國當前的最嚴重問題是要維持民族的生存，充裕民族的生計，這誰也不能否認。但是中國現在還莫有必需全國皆兵、人人入工廠的時期，並非全無暇顧及純粹文化。而且純粹文化之發達，其與民族生存問題生計問題之解決，並不相衝突，而且可以互相幫助，這我們前面已約略講到。而且關於如何維持民族的生存，充裕民族的生計，這根本是作的問題，不是談的問題，要談亦只須談點實際的計劃或方案，如今既然要造一個運動來談整個的文化建設，便決不能抛了純粹文化不管。這一種對文化的態度，是我們要注意改正的。

四、我們不應當取單純的欣賞主義的態度來對文化。我們在上面說，我們應當並重純粹文化與一般文化。但是我們雖重視文學藝術哲學等類純粹文化，我們卻極端反對拿欣賞的態度來對待他們。欣賞主義的態度根本是錯誤的。然而中國人對文化的態度則深中欣賞主義之毒，文學藝術在一般人都是視作悅目賞心的東西，哲學一般人視作談玄說妙，也是用以怡情逸志的。而在近來因一般小品文幽默文之盛行，尤足以助長這種欣賞主義之流風。這種欣賞主義的對文化態度是根本上足以阻礙健全文化之發展的。因爲健全文化的發展，完全要賴創造的精神。而欣賞主義則根本與創造的精神相反。欣賞主義者從事文化生活在求適意，而有創造精神的人，則從事文化生活的態度根本是嚴肅的。欣賞主義者無論欣賞他人之作，或自己創作，都不願用力，都不肯把他的生命貢獻給客觀的理想。而有創造精神的人則處處用力，總想把他的生命的意義，寄託於一客觀的理想。欣賞主義者以個人趣味爲中心，其趣味表面是愈磨愈細緻愈玲巧，然實愈磨愈狹小愈空虛。而有創造精神的人，以客觀價值爲中心，其認識的價值，則只見日漸擴大日漸充實。欣賞主義者趣味逐漸狹小空虛的結果，最後必然落到精神生活上的虛無主義，相沿而來的就是物質生活上的享受主義。而有創造精神的人，以認識的價值日漸擴大充實的結果，最後於是成爲一切價值的肯定者，歸宿於最積極的精神主義。然而這一種精神主義，並不鄙棄物質生活，這一種精神主義是要肯定一切價值的，所以物質生活的價值也同樣肯定，不過這一種精神主義不承認物質生活眞正的價值，在物質生活的本身，而在其能促進精神的發展，作精神發展的基礎。換言之，亦卽在其能促進文化創造，作文化創造的基礎。所以有創造精神的人與欣賞主義者根本是立於對敵的地位，一個民族在文化方興的時候，人人都生機勃勃，這種時代必然愈有創造精神的人愈立在文化的高層。反之在文化沒落的時候，則人人只求安逸，於是欣賞主義者也能簧鼓一世，而有創造精神反遭人嘲笑。這就是現在中國當前文化界的情狀。然而中國文化復興的時期已逐漸到來，中國當前的文化已被各種毒質腐蝕透了，中國文化已到了剝極將復的關頭。六朝的文化頹廢到極點時，有唐代的復興，五代的廉恥道喪到極點，有宋的復興，晚清至今的社會崩壞，文化淪亡到極點，必然有將來的新時代的降臨。人類的精神是要向上的，民族的靈魂一定要再生的，民族的靈魂，一定可以覓得他的付託者：有創造精神的人，來創造新的文化的。所以現在的欣賞主義者，時代決不憐恤他們的命運，到將來他們只有或者把他們潛伏的創造精神重新提出——這創造精神是所有人類都潛伏得有的——或者自甘退到文化的下層去。一個偉大的文化猶如一偉大的諧樂，最低的音調都有他的地位。所以在未來的文化的下層，欣賞主義者仍可覓得他們應有的地位，不過他們再也不能立在文化的上層了。

五、人類的文化創造是日進無疆的，所以，中國的文化建設不只在建設一適合當前情勢的某一型態的文化，我們應當同時注意以後文化如何開展的問題。我們前面說我們對文化應取創造的態度，然而我們同時要知道文化創造是莫有止境的。科學的進步、藝術的創作、哲學的探討，以至政治經濟的改善，都是莫有止境的。因為宇宙不能有窮盡，人在宇宙間的事業也不能有窮盡。文化是人類所創造的，在創造的過程中，文化在我們之上。然而無論什麼文化，當創造完成時，文化便在我們之下。而我們的精神到文化之上去了。所以，這時原來促進我們精神活動的文化，遂轉而成我們精神活動的桎梏。於是我們的精神活動，必然要拋棄這已成的文化，而去創造新的文化。因爲我們的精神活動，需要自由，只有自由才有活動。要有自由，便不能不毀滅過去的桎梏。所以只要人類精神的活動，新新不已，文化的創造必然新新不已。莫有一種已成的文化，能阻止我們精神活動的前進，猶如莫有一張桌子能阻止木匠再作一張椅子。所以當前中國的文化建設問題，並不只是建設一適合當前情勢的某一型態的文化。當前中國的情勢是一特殊的情勢，當然有他相應的最適宜的文化型態，我們應當努力從事建設。但是我們同時應當注意中國以後的文化如何開展的問題，我們應當想一種辦法使中國文化能繼續不斷的發展，能永遠的創造不息。我們不能如現在一般談文化建設問題的人，一般意見，以爲中國當前所需要的文化建設，只是此時此地的文化建設，把這個問題當作一個空洞的問題。這問題誠然不易解決，然而亦非全無解決的辦法。不過我們在想解決這個問題的辦法之先，我們首先要把我們對文化的一個觀念徹底改過。即我們不要以爲文化只是人類適應環境的產物，要知道文化是出於人類精神上自發的活動。中國近數十年來因爲實用主義功利主義的流行，一般人的文化觀念總以爲文化只是人類適應環境的產物。這正是我們前面所說文化是生存的工具一種說法的另一面。這一種說法最大的錯誤，在只看見在不同的環境下文化的型態不同，遂以爲文化的唯一目的，就在適應環境。這猶如一個人看見河水流的方式隨河岸而變化，遂以爲河水向前流，其目的，就在與河岸相適應。殊不知河水之所以向前流，是因爲地心吸力。文化之所以向前開展，是有一種精神上的自發活動爲基礎。這一種精神上的自發活動，是受各種眞善美的價值吸引的。然而在只注意文化與環境相關共變的人，他是不相信有什麼精神活動的。他只能看見文化適應環境的一面，他看不見文化向前創進的一面，所以他只好以爲文化的唯一目的就是適應環境。由這種適應環境的文化觀，所產生的文化建設論，在我看來，必然是其注目在此時此地的文化建設，因爲只有此時此地才是我們的環境。我們要使大家的注意超出此時此地的文化建設以外，而同時注意到將來文化如何開展，如何創造不息的問題，便首先須打破這種適應環境的文化觀，而把文化視作有精神上的自發的活動的基礎的。只要我們眞能打破這種適應環境的文化觀，承認文化的進展有精神上的自發活動爲基礎，我們自會注意到將來文化如何開展如何創造不息的問題。只要我們眞能注意將來如何開展如何創造不息的問題，則這問題也自然會慢慢有解決的辦法了。因爲一切的問題總可以設法解決。只怕我們根本上不把一問題當作問題。猶如知痛癢的病總可醫，不知痛癢的病，才眞是不可救藥的痼疾。

以上我已將我認爲國人今後應認識之對文化態度五項：一、我們不是爲生存而有文化，乃是爲文化而求生存；二、功利主義不是估量文化價值的唯一的標準；三、純粹文化與一般文化不應當偏重；四、我們不應當取單純的欣賞主義的態度來對文化；五、人類的文化創造是日進無疆的，所以中國的文化建設，不只在建一適合當前情勢的某一型態的文化，我們同時當注意以後文化的開展問題。在每項中分別陳述了我的意見。其實我的根本主張，是很簡單的，就是我認爲我們應當從文化的本身看文化。文化是與自然相對的，所以文化現象不是自然現象。文化生活不是自然生活。因此我們不能說文化的目的在求我們自然的生存。因此我們不能拿有無利於我們生存的功利主義的眼光去估量文化的價值。因此我們不應當看輕似無關於我們生存問題的純粹文化。又因爲欣賞主義者從事文化生活的動機，在求適意；適意不適意，苦與樂，也是自然現象；只求適意求樂，也是自然生活；所以我反對欣賞主義。既然文化現象、文化生活不屬於自然現象、自然生活，人類的文化現象、文化生活便當自有其創進的行程，所以我主張我們不能以文化的目的在適應環境。我們不應當只注目此時此地的文化問題，應當同時注目於將來文化如何開展的問題。可見我的意思，只不外要從文化的本身看文化。我們既然談文化，我們當然應當從文化本身看文化。所以我的說法毫無新奇之處，不過現在中國一般人談文化都不從文化本身看文化，我認爲我們應當還回來從文化本身看文化而已。（廿五年三月廿八日）

（一九三六年「中心評論」）

註：本篇發表時署名「君毅」。——編者

中國文化中之藝術精神（註）

我們將中國文化與西洋近代文化相比，便可以看出西洋近代文化中科學精神滲透到文化之各方面，而在中國文化中則藝術精神瀰漫於中國文化之各方面。

西洋的哲學方法重思辨，重分析。中國的哲學方法重體驗，重妙悟。藝術的胸襟是移情於對象與之冥合無間，忘我於物，卽物卽我的胸襟。藝術的意境之構成恒在一瞬，靈感之來稍縱卽逝，文章天成，妙手偶得。中國哲學方法上之體驗在對此宇宙人生靜觀默識，意念與大化同流，於山峙川流鳥啼花笑中見宇宙生生不已之機，見我心與天地精神之往來。這正是藝術胸襟之極致。中國哲人之妙悟哲學上至高之原理，常由涵養功深，眞積力久，而一旦豁然貫通，不待推證，不容分析，當下卽是，轉念卽非。這正如藝術意境之構成，靈感之下臨於一瞬。

藝術是以物質界的形色聲音象徵吾人內心之精神境界，藝術作品也就是吾人內心精神境界之客觀化——吾人內心精神境界在物質界投下之影子。所以藝術創作卽是溝通內心外界，精神與物質，超形界與形界之媒介。藝術精神融攝內心外界，精神與物質，超形界與形界之對待，而使人於外界中看見自己之內心，於物質中透視精神，於形而下中啓露形而上。而中國主要哲學儒家哲學之內容正在合內外之道，和融精神物質之差別相，於形色中見性天，即形下之器以明形上之道。中國的道家哲學亦以道爲無所不在，而不以之爲超絕，要人於螻蟻稊稗中見生天地之原理。儒道二家正同是最含藝術性的哲學學說。

中國缺乏純粹自然科學，然而中國醫學亦中國文化之一主要方面。中國之醫學不重解剖，治病不用溫度計等客觀儀器以測驗病狀，但憑切脈與望氣色似極主觀的方法，而善醫者即能透識病原，起死回生。這正本於善醫者以手切脈，即以自己生命之情移入病人生命與之冥合無間，指腕相觸，血脈同顫，遂能知道病之癥結，不待X光而如見肺肝。這正是藝術化的醫學。

中國宗敎對中國人生活之重要亦不似西洋宗敎對西洋人生活之重要。中國原始信天之宗敎，孔子以後即在上層學術文化中失勢，而代以祖先之宗敎。但是中國聖賢雖敎人尊祖祀先而於鬼神之存在卻並不加以肯定，但言祭神如神在，重在敎人於祭祀之際於先人「思其居處，思其笑語，思其志意，思其所樂，思其所嗜，入室僾然必有見乎其位，周還出戶肅然必有聞乎其音聲，出戶而聽，愾然必有聞乎嘆息之聲」（禮記祭義）。這全重在使子孫之精神與父母祖先之精神宛然再遇，使子孫不忘所自生，反本復始，民德歸厚。而祭祀之中重事死如事生，如聞其聲，如見其形，正是一種用藝術的想像於道德陶冶之中，使祖先之宗敎成爲詩的宗敎。

中國文化中傳統的人格理想是聖人，聖人是各方面精神能和諧圓滿發展至於極致的人，所以修養之重致中和，而中和正是藝術中所謂複雜中之統一。中和是合剛柔之相反而統一之，所以君子比德於玉，溫潤而又堅剛。人格之和諧完滿的發展恰如音樂之高下抑揚韻律天成，所以孟子比孔子爲金聲玉振，而聖字亦從耳，六德仁義聖智中和之敎原爲司樂所掌。中國文化中之理想人格是含音樂精神與藝術精神之人格，所以中國之道德敎育是要人由知善之可欲，進而培養善德，充實於外，顯爲睟面盎背之美。中國之最高人格理想正是化人格本身如藝術品之人格。

中國政治之最高理想是大同之世，協和萬邦，四海一家。家庭之本身卽一自然藝術品，「妻子好合，如鼓瑟琴，兄弟既翕，和樂且耽」，在家庭中有無聲之樂。中國哲人欲以家庭之精神運用於政治，化國與天下中一切人之關係而成爲父子兄弟的關係，這正是要使天下人好合如鼓瑟琴，令世界交響著無聲之樂，而化整個人類成爲一部交響樂隊，這正是中國人的藝術精神之最廣大的應用。

當此世界淪於浩劫到處交響着的不是音樂而是砲彈的可怖聲音的時候，使我們懷想著中國之偉大的政治理想，中國文化中的藝術精神，同時想到藝術精神本身之可貴，亦同時想到中國藝術家的責任之遠大，所以我們出此專號來表示我們對於藝術的尊重。

（一九四四年二月「文史雜誌」第三卷第三、四期合刊）

註：本篇乃作者爲「文史雜誌」藝術專號寫的社論，無署名。——編者

寫在哲學專號之前（註）

哲學在文化中之地位，一是說明過去文化之意義與價值，一是指示出未來文化應走之新方向，所以每當文化變革之際，卽爲哲學發達之秋。中國現在正處在文化大變革之際，中國人在文化生活各方面無不感受了種種問題，所以，此時應當是哲學發達的時代。

但是這過去數十年中以新舊中西文化之互相衝盪得太利害，社會太過於動亂，如兩江忽然滙合，浪濤澎湃，使人目眩難定，而哲學之創造則有賴於寧靜之深思，故劃時代之哲人尙未眞正產生，而哲學亦尙未眞正發達。

但是中國民族可說是世界上最富哲學精神之民族，因爲所謂哲學精神卽是統觀全局融貫會通之精神。中國民族人皆知其最寬容博大，寬容博大卽哲學精神之表現於人生態度者。中國人皆知其愛好和平，傳統政治理想爲「天下爲一家，中國爲一人」、「協和萬邦」之政治理想，協和萬邦卽欲融通不同民族之情感，如哲學思潮中之欲融通衆理，故協和萬邦之政治理想卽哲學精神之表現於政治者。中國民族最富於哲學精神，故中國之學術文化亦素以哲學爲中心。中國之文學、書畫、醫方、技藝、爲政、治術，無不本於道。所以近數十年是中國哲學衰微之秋，然而我們以古準今，我們相信中國以後之學人必將本其天賦之豐富的哲學精神，於此中西文化合流之際，抉發中國文化之意義與價值，融會貫通而開啓一個空前未有的哲學興盛之時代。

西洋文化亦導源於希臘哲學，西洋近代科學亦導源於近代之自然宇宙觀之改造。科學之發達造福於近代人生者誠大，然而科學分門別類，徒事狹而深之研究；科學家以專家自許，而頗不免局其眼光於所治之一部現象，而昧於宇宙人生之全，無曠觀古今俯仰天地「與造物者游」之胸襟，無「振衣千仞岡，濯足萬里流」之氣象，皆由哲學精神之喪失使然。此點西洋現代之大哲如倭鏗、凱塞琳、斯賓格勒等均曾慨乎言之。而西洋近二十年之哲學，雖分析日細，然如新實在論者之治認識論，邏輯實證主義者之分析句法，雖正名析辭，日益精密，然而於宇宙人生之大理，多畏縮而不敢探究，名爲謹愼，實則不免拘泥而不知貫通。斯賓格勒所謂西洋近代哲學由鳥瞰而蛙視，卽將歸於哲學之壽終正寢，雖若爲危言聳聽，然蛙視而不知上升於天，以作鳥瞰全部宇宙人生之工夫，則哲學之將不免於衰微，亦非過慮。

我國數十年來以軍事政治之節節失敗於他人，致隳吾人之精神上之自信，今抗戰必勝之勢已成，建國必成之事可期，精神上之自信力亦隨之而漸恢復。平心而論，中國數十年來哲學雖未發達，然把時下之哲學著作來比較西洋一般的哲學著作，亦未必皆不如人。復觀吾民族哲學精神之厚，哲學史之源遠流長，歷代哲人之輩出，與西洋二三十年來哲學精神之日益喪失，則以創造未來哲學之責擔負之於吾人之身，實在也不算誇誕。

本專號所刊之數文，就編者所知，非必皆著者之代表作，然而其精神氣象則皆非局促如轅下駒者，其中可以透視出有深厚的民族哲學精神為其背景，故願再以一言為介。

（一九四四年六月「文史雜誌」第三卷第十一、十二期合刊）

註：本文乃作者為「文史雜誌」哲學專號寫的社論，無署名。——編者

中國原始民族哲學心靈狀態之形成

從上古至周初之中國哲學思想，我們都可稱之爲原始的民族哲學思想。所謂民族哲學思想，卽對此種哲學思想，不能以之代表那一特殊人物之特殊見地，也不必去考訂最初有此哲學思想之個人爲誰，而只須從其爲民族心靈之一象徵看，從其爲一民族經驗的產物看。大體上來說，從上古至周初的中國哲學思想，大都是中國古代人在其實際的文化生活如宗教生活、政治生活、道德生活中，由經驗的積累而悟會到，流露出之哲學思想。這一種哲學思想常是在論事或記事時，以教訓式之格言寫出。這一種格言，純粹是作爲指導實際生活之用，所以用此格言之人，亦不注意格言之出於何人。此時代眞是章實齋所謂「未離事言理」、「言公」的時代。我們就說此時代是只有民族哲學思想而無個人的哲學思想之時代。

因爲，我們先假定中國原始民族之哲學思想是隸屬於中國古代人之實際生活，而人類實際生活的最低層是他的經濟生活，是他在自然中求生存的生活，所以我們要了解中國原始民族哲學思想，我們應先了解中國古代民族所處之自然環境與其求生存的經濟生活之方式。我並不相信經濟史觀或地理史觀，但是我可相信人類之其他文化生活及哲學思想之形態與其在自然中所感受者及其經濟生活之方式有函數的關係，而愈在原始人，其心靈活動之方向，愈爲其所感於自然者及其經濟生活所自然形成之社會關係之形態所導引，而其文化生活、哲學思想之形態，遂常是如此如此而不如彼如彼。

拿中國古代民族所處之自然環境與希臘各民族所處之自然環境相比，其特可注意的，是中國古代之主要民族，在中國歷史中居正統地位的夏商周民族，都是繁榮其文化於陝西、河南、山西一帶。這一帶地是大平原，同時這一帶的氣候與土壤在古代是很溫和而肥沃，而且地下之石比較少，所以中國民族很早即走入農業的階段，至遲在夏代已有農業。在商代卜辭中雖涉及漁獵游牧之事，但不能據此以斷商代是游牧時代，因爲人類對未能決定的事才卜。田獵游牧之對象是動物，以其流動性，遂使人覺其得失非自己所能主宰，故常卜。而農業則種瓜得瓜、種豆得豆，植物不會流動，其何時長成可不待卜，所待卜者，只是天時，所以卜辭中同時很多卜年卜旬之卜。至於周代，則周人自稱其祖爲后稷，而稷相傳在堯舜時，詩經有「周原膴膴，堇荼如飴」之詩，可知其爲自來擅長農業的民族。而且我們看夏商周以來，與夏商周民族搗亂而常常來侵的都是所謂戎狄，戎狄大都是流動的游牧民族。在春秋時，諸夏是與戎狄對抗之名詞，我們即可反證諸夏之民族之生活形態比較共同。應當同是求安土，是重在盡地力，以農業爲主的民族，而且在農業輔助游牧與漁獵之間，我們想漁獵之重要或尚過於游牧（此點本劉咸炘說）。因爲上古人民少而禽獸多，漁獵易得動物，便不重游牧。所以沙漠之地人多善游牧。我們看夏以前是有虞氏，據錢賓四先生說有虞氏可能卽以漁謀生之民族，所以韓非子載舜往漁焉。在易傳載中國上古經濟生活之發展，先說庖犧氏以佃以漁，後卽說神農氏教民稼穡。所以我們說中國古代人的食物主要原於農業，其次原於漁獵。至於古代中國人的房屋以少石之故，大多用木或草，所以如柱椽之字都從木。古代中國人當然亦衣皮，但是相傳嫘祖發明蠶桑，中國古代用絲爲衣亦當極早。至於製造日用必需品的工藝，我們知道商已有精製之銅器，但是中國古代人之主要工藝是製陶器。陶唐氏可能卽一善陶之民族（亦據錢穆說）。中國黃河流域之土地少石並富黏性，則很早卽善陶本是可能的。中國瓷器爲世界之冠，西方人稱瓷器 China 爲中國，中國人之善陶本是源遠流長的事。

我們承認了上面之所說，我們便可進而推測孕育後來之中國文化與哲學的中國古代人，在其自然環境中，經濟生活形態中所啓發的心靈狀態，與孕育西洋文化與哲學的古代希臘人與近代之諾爾曼人在其自然環境、經濟生活形態中所啓發的心靈狀態絕不相同。

古代的希臘之自然環境，不是大陸而是海邊，希臘最初之文化尚在克里塔諸島嶼。希臘的氣候雖溫和，然緯度較北，比中國黃河流域之地尤寒。希臘的文化原於城市，本地之農業出產不夠食，故營商業，希臘人恒航海遠適異國，營商謀生，而諾爾曼人則最初居極寒之斯坦的那維亞半島，處於森林之中，主要的生活是游牧。其征服羅馬卽是以游牧征服土著。

我們以中國黃河流域之一望平原與希臘之海岸曲折，島嶼羅列相比，我們首要說的卽羅列之島嶼與曲折之海岸啓示人以自然之劃分的世界，而一望平原啓示人以自然之渾一的境界，以越語大夫種曰：惟地能包萬物以爲一，其事不失，生萬物，容禽獸。可代表古代中國人之此種自然渾一之意識。我們現在走到黃河兩岸一望無垠，「天蒼蒼，野茫茫」，「黃河之水天上來」，便使我們覺得自然是一不可分的整體，而使我們感一當下的無限。然而在希臘海邊一望，見島嶼羅列、海岸曲折，卻使我們覺得自然是分爲許多領域的。島外有島，水外有水，亦使人感覺一無限，然而此無限之感是一種繼續展現的無限，有間隔的無限。至於在寒冷的北歐，古代諾爾曼人住森林以避風雪，抬頭望天光亦有一深遠無限之感，而這是一超越的無限，亦不是當下的無限。希臘海邊眺望之無限，使人思深，使人意遠，森林中上望天光之無限，使人嚮往，使人企慕。然而都不是如中國在黃河兩岸所見一望平原之無限，那是一當下的無限，卽在人之足下的無限。使人渾化，使人感一渾然一體的宇宙，卽在目前無所待而自足。其次在平原之地，氣候變化較少。古人說雲出於山，地面愈多凸凹愈多雲，希臘在海濱，海洋之氣候與島嶼及山在地間之凸凹，使希臘人所見之風雲之變化多。風雲之變化是破壞自然之渾一的感觸者，因風雲變化之際，使天日時隱時現，正好似天地之間隔者。而在北歐雖風雲之變化少，然而雲霧極重，亦成爲天地之間隔者。而在中國北方則一望平原，最易使人覺天地之相連。「星垂平野闊，月湧大江流」，「江流天地外，山色有無中」。人可於地中見天，天中見地。少風雲之變化，亦無層雲密霧以爲天地之間隔者，則使人當能保持天地相合渾一的自然之感。

同時，在一望平原之黃河流域，遠望一面見天地相合，一面則見人在天地間爲天地所包裹。「遙望歸村人，沙行渡頭歇」，「暧暧遠人村，依依墟里煙」，最易使人覺人及其居舍皆融入於自然之圖畫中。所以凱塞琳 Keyserling 到中國在其名著「哲學家旅行日記」中說：看中國農人之在田間工作，遠望正如大地所長出之一手，在地上工作。同時以土地之富黏性，中國古代人之業陶亦用土而少用石之故，而一切所需之植物，均由人種之而卽生出；於是使古代中國人覺地是柔順的。故易坤卦以地之德爲柔順。這與「諾爾曼人在冰天雪地中與自然掙扎；希臘人之聰明智慧者爲求牟利而遠適異國，在航海舟中時見驚濤駭浪之向自己奔撲；而地下多石，造屋造器多用石，石沉重而頑硬，所啓發之意識乃地之沉重而頑硬之意識」正相對照。所以天地與人和協之感觸，可以是中國原始民族卽有之感觸，而自然與人對抗，則是諾爾曼人希臘民族原始之感觸。

中國原始民族賴以謀生者主要是農業，所食者是植物，所住者是植物，所衣者一部份是桑所養之蠶所吐之絲，所以植物與中國人生活有最密切的關係。植物生根於地上，枝葉上升於天，植物本身卽是貫通天地之最好的象徵。植物生根於地，其空間地位是確定的。人賴植物以爲生。故人在地上之居處求安定爲第一。植物之生長，叢生並長，其個體性不顯著，數目亦不確定，亦不便計算，可減弱數之意識。這與賴商業游牧爲生者財貨必運往他處，必驅牛羊以奔逐水草，人必隨之而移其空間地位，居處不能安定，人爲一天地間之旅客，財貨牛羊之數目爲確定可加計算，而增強數目之意識者又迥不相同。

植物生根於地下，其枝葉上升於天，然而植物之生長賴四時之變化，由日月星之輪轉四時之變化，而植物自地中生出。植物之自地中生出，亦卽天之自地中引出植物，天運轉而引出地中之植物，卽表示天之功透入地中，天之功透入地是謂下柔，而地中之物上升於天，是謂地柔以順天，於此卽見天地剛柔之相錯與相通。由此相錯與相通見天地之相感。植物在地，空間上之位置固定，爲靜，天運轉，而時間變化爲動。然天時之運轉之功卽表現於靜定的地上之空間，是爲動靜之相涵、時間空間之相涵。這一種天地剛柔動靜時空合一之意識，我們可以相信是在中國古代人種植物時，其心靈中便早孕育着的。天地感而植物生，植物生而人得其養。然而人之種植之工作乃對地而非對天。人種植完畢而天自運轉，使五穀熟；故謀事在人，成事在天。天之使五谷熟，乃天之自然之施與而非人之工作，人之工作只曾及於地，故天對於人爲有情有恩德，所謂「爲溫慈惠和以效天地之生殖長育」（左傳昭公十二年），人但勤於種植，五谷未有不熟者，故人但當盡人事而俟天命。「地之生萬物，時不至不可發生，事不究不可強成」（越語。大夫種語）。人之責在對地，而對天則但爲期待與希望。是謂人與天分責，人盡其勞，地盡其利，天施其化。發育萬物以養人，人生而復盡其勞於地，是謂天地人之大和諧。這一種天地之大和諧之意識，我們亦可以相信是中國古代人在求生存時所孕育於其心靈中的。

這兩種由種植植物而生之天地相感、天地人和諧之意識，在不以農業爲主、不居於鄉村的創造希臘文化的城市人，與以游牧爲主的諾爾曼人，都是不會眞正有的。業商與游牧，同樣重在用人力，人力以外莫有自然力來幫我們賺錢，或禁止牛羊不逃跑，在航海經商或驅牛羊以奔逐水草的行程中，在不同的時間經過不同的空間，時時都在變換天地，不會常覺天地之剛柔相錯、相通相感、動靜時空之相涵的。

中國古代人以求在地上之居處之安定爲第一，所以人亦即如植物之生根於土。植物以其種子向其自身以外之土散佈而成圍繞之新植物，人亦生子孫圍繞之以成家庭。植物成林，一家擴大成族，是謂耕於斯、食於斯、羣族國於斯，中國古代人之家族式的國家社會由此而成。

在家庭之中，男子動而女子靜，男子剛而女子柔。婚姻之成，男求女而女從男。男女相感而子女生。產物者地，產子者母，天地與人之關係與父母及子女之關係，可以相類比，於是覺天地爲大父母，天地與人之和諧與父母及子女之和諧可以類比。子女間之愛出於原始之生物本能，據此原始生物本能中之愛以透視天地與人之關係，於是更加強天地與人和諧之信念，這一種意識我們也可以相信其早孕育於中國古代人之心靈中。而這一種意識在常常航海遠游至異邦城市國家中生活，或少過單獨的家庭生活的成羣結隊之游牧者都是不易於引起的。

其次我們還要說的，是重農業的民族，歷史意識比較豐富，這是因爲五谷之成熟衰死皆待時間，考工記所謂「天有時，地有氣；天有時以生，有時以殺；草木有時以生，有時以死」，人自注意時間。所以中國有曆法極早，五經中時字特見得多（焦竑筆乘曾論此）。而四時之變化是循環的，年年有四時，即時間重複他自己，年年日月星如是變，五谷如是長，而種植植物之法亦常一樣，農業之民族安土重遷，所見之自然之變化亦年年差不多；所以農業民族重保守，尊重過去的經驗，由此而敬老敬祖宗，敬傳統文化，而業商游牧之人則常遷徙，所見之空間多，因空間之意識發達，且所見之事象之變化多，所以必較重開創，不墨守過去之經驗，由此而後代人亦不依先人之遺規以行事，而對先人之文化亦不會如何之尊重。

最後我們所要說的，是中國古代民族以業農為主之故，所以權力意識不發達。人類之權力意識之發達，乃由於待征服之事物之多。戰爭是使人權力意識發達之一主要因素，因在戰爭中覺對方是有待於征服的。所以用植物以謀生之農業者比用動物以謀生之游牧者之權力意識較弱，如羊之權力意識弱於虎，因植物是不表示反抗的，而游牧之駕御動物是待時時用權力去控制的。同時一個石匠比一縫衣匠，性質必更剛強而易發怒，因石頭是對斧鑿表示某一種之反抗的。所以中國古代人之生於柔韌之土壤，少用石以建築、彫刻，而用木以造屋，業陶以造器，並衣柔軟之絲織品，及常在家庭之情感生活中都是足以減輕其權力意識。中國古代人之權力意識當然亦相當強。因原始民族都如此，然而我們是有理由說在中國古代之自然環境與經濟生活形態中，中國古代人之權力意識是可能比較希臘人及諾爾曼人弱的。

國語周語說「夫民之大事在農，上帝之粢盛於是乎出，民之蕃庶於是乎生，事之供給於是乎在。和協輯睦於是乎興，財用蕃殖於是乎始，敦厖純固於是乎成」，由後二語更可見農業民族必較和協輯睦敦肅純固而缺權力爭奪之意識。

我們以上對於中國古代民族心靈狀態揣測，是根於中國古代民族所居之自然環境及其以農業謀生之生活方式，對於中國古代民族心靈之反映來說的。這一種揣測，自然是演繹的。但是我們可以說此演繹是對的。因爲我們還可由此之揣測再加演繹來說明中國民族原始的哲學思想，而與歷史上的記載相印合。但是我們在未正式說中國原始民族哲學思想以前，我們還要先論一論中國原始民族哲學思想與其他文化之關係來說明中國原始哲學思想在古代文化中之地位。

關於中國古代民族之哲學思想與其他文化之關係，我們首先所要說的卽他不是由科學思想而引起，其根本精神也不是科學的。希臘的哲學思想是由科學而引起的。希臘最初的哲人卽又是科學家，希臘的哲學與數學尤有密切關係，如 Phythagosas 的哲學之本於數學及 Plato 之尊重幾何學不過是一明顯的例而已。此外的其他希臘科學與希臘哲學之關係，我們不多說；但我們說希臘的哲學根本精神是科學的，大概不會有問題。而在中國古代哲學思想則其根本精神是倫理的、道德的、宗教的，而全非科學的，這原因是因中國古代根本無希臘那種被重視之科學，關於中國之所以缺乏希臘那種被重視之科學之理由，我們可以作如下之解釋。

希臘的科學之根本在算學與幾何學。幾何學據說原於埃及之測地，但我們不取此純粹實用之解釋。我們說幾何學所研究是空間中各種形相之關聯，所以不常注目於空間之各種形相的人，對於幾何學之興趣是不會有的。埃及之尼羅河的泛濫，土地忽隱忽現，希臘之海岸之曲折、島嶼之羅列，使人處處注意到空間中各種形相及形相之變化，於是吸引人的智力向形相之關聯本身施用，這應當是幾何學何以出現於埃及希臘而為希臘人所特別喜研究之原因。至於算學之被重視，本於數之意識之強，數的意識即「多」的意識，朝夕見島嶼之羅列，即增強多之意識的。同時希臘業商者多，商人須計算，亦足增強數之意識。希臘算學之發達與被重視，當由此種種原因使數之意識增強之故，於是人之智力仍傾向於數之關聯上用，然而中國以農業為主，五穀之堆集，草木之羣生，使人無由計數。中國古代黃河流域又是一望平野之天地渾合的景象，「多」之觀念隱沒，形相之變化少，則人之智力不易為數與形所吸住，而向之施用，所以中國上古之數學不如希臘之被重視，幾何學尤根本可說莫有，而且幾何學根本原於空間意識(如依柏格孫說則算學亦然)，而中國古代人是時間意識強於空間意識的。在希臘除算學幾何學外，其他科學也相當發達。如動植礦之學，然而這一切在古代中國都不發達，其理由我們今可簡單的以三點說明：（一）科學的精神都在分析差異的現象而於其中求同。所見之差異愈多，求同之要求愈迫切，形與數之差異是我們最初所覺到的，所以數學幾何學為科學之本。形與數之差異見得愈多，愈引起我們幾何學數學之興趣，其他之事物之差異見得愈多，愈引起我們其他科學之興趣，然而我們已說中國古代民族安土重遷，自然之變化少，所以中國古代民族之科學便不會發達。中國古代民族較富於科學思想者是產生陰陽家的齊民族，這正因其濱海常常航海旅行多見新奇事物之故。（二）科學之根本精神是要在所見之現象中求其內部之律則，卽要撥開現象的雲霧，去求現象內部之永恆的律則，這一種要想撥開什麼而認識另一什麼，是由於相信世界有內外顯隱二面。這一種相信世界有內外隱顯二面，要想撥開現象外表以認識現象內部之心境，常是由自然世界之本身之變化如忽而清明，忽而陰暗，忽而有雲霧遮住，忽而日麗風清萬象如畫等等所刺激，所以天氣陰晴變化愈多之地的人，好奇之心愈活潑，而科學之興趣亦易引出。這正是希臘的情形。希臘氣候之陰晴對照，是特別顯著，晴天則使人覺得撥開雲霧頓入一新世界，這卽刺激人要求再撥開一層雲霧透入世界之內部到一更新之世界，由是而引發探求現象之律則之求知欲。所以希臘人以智慧之神爲太陽神，這正因人的智慧光輝之求知世界之內部，不過就太陽之光輝所照出的世界再往深一層處照而已。而在中國黃河流域天氣之陰晴之對照不似希臘之甚，所以亦不易刺激科學之興趣，（三）Whitehead 在「科學與近世」中論近代科學之來源，說近代科學之相信宇宙爲定律所支配，其一原於希臘宗教中之命運觀念，人爲不可知而不可避免的命運支配的觀念，使人覺得人生之行程有一必然之路道，卽反映成科學上之求事物行程之必然的路道，而求事物之普遍律則的思想。懷氏之言同樣可以應用到希臘科學。我們可以說希臘科學家亦相信事物爲律則所主宰，亦是受命運觀念的暗示。然而在中國古代宗教中根本缺乏希臘之命運觀念，其缺乏之理由我們可以說是由於中國之人與天地和諧之感觸作背景。我們亦可以之來說明中國科學何以不發達。

因爲中國古代科學之不發達，所以中國古代之哲學思想不由科學思想而引起。希臘的科學思想其求知事物之律則，一方是受希臘宗教中命運觀念之暗示。然希臘宗教中之命運只有神能知人不能知，而科學之求知自然律，則是欲知一種與神之所知同類之物，所以科學之精神與宗教之精神在此點已相達，而最初科學家卽哲學家之 Thales 等以水火爲宇宙之本體，其所謂水火雖爲有生命意義之物，然其以水火爲宇宙之本體，則明欲以科學哲學上之觀念代替宗教，科學哲學之精神乃與宗教上之信念立於反對之地位，故蘇格拉底不得其死。宗教守舊而科學哲學開新，希臘文學之想像多附於神之身，於是希臘之哲學科學與希臘之文學亦立於對壘之地位：故喜劇家嘲笑蘇格拉底，柏拉圖欲逐詩人於理想國之外，而希臘哲人與科學家或爲僑居異地者，或爲隱者，極少與政治爲緣。故在希臘文化中，哲學與科學乃一獨立於他種文化外，並肩攜手以自創闢其領域者。故希臘之哲學，乃與科學以外之希臘古代文化相對立者。

然在中國，則古代中國之哲學思想，自來未與宗教立於對抗之地位。孔子以後之哲學思想，自然而然由宗教勢力下蛻化而出。且哲學思想卽政治哲學思想、道德哲學之思想，此種之思想多由主持實際政治者經驗所得，孔子以後卽爲從事改造實際政治者之理想，故哲學思想與政治亦密切相關。哲學思想與文學在中國古代以至孔子亦一直未嘗相衝突。故中國古代之哲學思想乃中國古代人之其他文化之輔助者。因爲中國古代哲學思想卽其他文化之輔助者，所以我們論中國古代哲學思想，我們將並古代文化之精神以並論。我在下章將分爲三節以討論中國古代民族之宗教思想政治思想與道德思想。(註)

(按下章卽在「新中華」中發表，讀者可參看。)

(又按劉咸炘外書「動與植」一文，本文多受其暗示，讀者亦應參看)。

(一九四五年九月・「中國文化」第一期)

註：本文最後謂「下章將分爲三節以討論中國古代民族之宗教思想政治思想與道德思想」，卽指「中國原始民族哲學思想之特徵」一文。——編者

中國原始民族哲學思想之特徵

由上古至周初，中國哲學思想，可稱之爲中國原始民族哲學思想。所謂民族哲學思想乃謂對此種哲學思想不能以之代表某一特殊哲人之特殊見地，亦不必攷訂最初有此哲學思想之個人爲誰，而只須視之爲民族心靈之一表現。大體言之，由上古至周初之中國哲學思想，皆中國古代人在其實際文化生活，如宗教生活、道德生活、政治經濟生活中，由經驗的積累而悟會到流露出之哲學思想。此種哲學思想常在論事或紀事時，以教訓式之格言寫出，以爲指導實際生活之用。故用此格言者亦不注意此格言之初出自何人，此時代誠如章實齋所謂「未離事言理」的時代。故只有民族哲學思想可論。又本章寫作時，我是一方想着西洋之原始民族哲學思想以爲對較之資，故名之爲中國原始民族哲學思想之特徵。

以下分宗教思想、政治思想、道德思想三者論之。

一、宗教思想

。中國周代以前宗教思想的演化，無詳細之材料足資討論。自各民族宗教思想發展的一般情形看，大率由圖騰崇拜、庶物崇拜，進而至人神崇拜與天神崇拜。中國原始宗教之演進，是否亦循此軌轍，難以究稽；但尚書載：「舜肆類於上帝，禋於六宗，望於山川，徧於羣神。」即已爲天神崇拜與人神崇拜；而自殷代卜辭中觀之，其問卜之對象，多爲天帝，次則祖先，可知至少在殷代，天神崇拜與人神崇拜已爲當時宗教信仰的中心。周初，一般人的宗教信仰尚篤，其對於天帝信仰之動搖，大約在幽厲以後。蓋人民以生活之困苦，不免因怨君而上怨及天。逮春秋之世，賢士大夫，以文化漸高，知識日進，益覺事人重於祀天。故在上層階級中，宗教信仰，遂漸失勢。及至孔老，以哲學上的天道觀念，代替宗教上的天帝觀念，哲學上的神的觀念，代替宗教上的神的觀念，於是，學術文化乃脫離宗教而獨立。吾人今茲，不從縱的次序詳論中國古代宗教思想的發展，唯在橫的方面，略論中國古代宗教思想的幾點特色，庶幾對於中國古代宗教思想，可作一鳥瞰。

一、神遍在地上之宗教思想　中國先民，除崇拜天神外，社稷之神，亦爲其最所崇拜之對象，此卽其所賴以爲生之五穀之神與其所居之土地之神。曲禮載：「天子祭天地，祭四方。」四方之神之奉祀，其源亦必甚古。黃河流域一望平原，目窮四方，天地相連，易啓天地互通之想。故先民對於天神，不盡視爲高居蒼穹，而以之爲卽居地上。史記有「天高聽卑」之句，而後世祭天之壇，亦不似洋教堂之高聳雲霄。由此，可以推知中國古代原始民族對於天帝，必不徒視爲高高在上。加以先民業農，不能不注意於四時之變化；而四時之變化，乃由日照偏向東西南北方位之不同。故四方之神卽轉為四時之神。四時旣均原於天日之運轉，卽均可謂原於天帝之操縱。故四時之神之觀念卽通於天神，亦卽四方之神之觀念通於天神。以天神統四方四時之神，以四時之運行為神之運行於四方，於是，形成後所謂帝無常處之觀念，並以加甚天神遍在地上之確信。以天神遍在地上，故天神不為超絕之神，人對天神之信仰，亦非超絕之信仰；而以天神遍在地上之故，遂轉對天神之信仰，而信仰原屬於地上之神。因此，土地之神，五穀之神之信仰，不特不為天神之信仰所吞沒，反賴天神之信仰而加強。故社稷之神原居之主要地位，乃能一直保存，與天神之觀念並行而不悖，以構成神遍在地上之宗教思想。

二、人與神之接近　先民以神遍在地上，故人神之距離，遂亦縮短。中國古代宗教思想中，缺乏人與天神對立之意識，缺乏天神自有其意志之想像。在西洋宗教中，祇基督教以上帝為人之父，其精神意志與人相通，人可由其內心深處之祈嚮與之交感；他若猶太教中之上帝與希臘人所信奉之宙斯，則其意志常外在於世人之心，非世人所能窺測。耶和華及宙斯皆似自有其愛惡與憤怒，可無情的與人以壓迫和災害，故可使人對之懷無端的疑懼之情。中國原始民族所想像之天帝，乃一道德的人格，極早卽近於基督教之上帝。古籍所載天帝之喜怒，賜福與降災，率皆出自正義感。其賞善之意猶過於懲惡。玆姑引書詩為證。書經湯誥：「天道福善禍淫。」伊訓：「作善，降之百祥；作不善，降之百殃。」大禹謨：「惟德動天，無遠弗屆。」太甲下：「惟天無親，克敬惟親。鬼神無常享，享於克誠。」蔡仲之命：「皇天無親，惟德是輔。」秦誓：「天矜於民。」詩經皇矣：「帝謂文王，予懷明德。」又「皇矣上帝，臨下有赫。監觀四方，求民之莫（莫、定也）。」觀上所引，神之賞善罰惡，悉本正義與仁愛，可以明矣。

三、神造人之神話與原始罪惡觀念之缺乏　中國有女媧氏摶土爲人之神話，然女媧氏乃人而非神。中國又有盤古死後成日、月、山、河、天、地之神話。人由土地生，亦可謂人由盤古生；然而盤古並非天帝。中國缺乏神造人之神話，蓋由於缺乏神絕對超越人、高於人之認識。所以，先民以爲人如修德，即可上配神明。西洋宗教認爲人之德性，遠不及神，希臘及猶太教與基督教，均謂人有先天之罪惡。中國古代宗教思想，則無謂人有原始罪惡者。古籍但謂人之性，賦自神，如：書經湯誥：「惟皇上帝，降衷於下民，若有恒性。」高宗肜日：「惟天監下民，典厥義。」詩經烝民：「天生烝民，有物有則；民之秉彝，好是懿德。」詩經小弁：「民莫不穀。」湯誥語雖未言性善，然絕未言其爲惡。高宗肜日語，即明言人能知天所示之義。詩經之語，則明含性善之義矣。

四、人與天帝相配之觀念　中國先民以爲人與神之距離不大，天帝只是道德的人格，人之本性並不低於天帝，所以人修其德，即可上邀天福，進而與天帝相配。書經太甲下云：「先王惟時，懋敬厥德，克配上帝。」詩經大雅云：「文王陟降，在帝左右。……聿修厥德，永言配命，自求多福。……殷之未喪師，克配上帝。」易豫卦云：「先王以作樂崇德，殷薦之上帝，以配祖考。」此種思想，在猶太教中絕對無有；卽在基督教中，人只是上帝之子，決不能與上帝並立，而與之相配。中國原始之天帝之宗教，其後為祖先之宗教所代替，其端倪於此可見。

五、天命靡常之觀念　因為中國宗教思想中之天帝，極早卽成為道德之人格，且天帝周行遍在於地上之四方，而中國古代之各民族，又同處於一平原，同在一天帝所覆蓋之下；故「天帝平等的降命於各民族各部落之后，而使其中之一為羣后之主——卽成為元后為天子；其降命於誰，視誰最有道德的人格」之設想，發生當必甚早，因有「天命靡常」（詩經文王）之語。他如書經咸有一德：「天難諶，命靡常。」「嗣王新服厥命，惟新厥德。」詩經文王：「周雖舊邦，其命維新。」皆其類也。此「天命靡常」之語，其後卽轉變成「維天之命，於穆不已」之哲學意味的讚頌。此種思想，與猶太教之以耶和華，及希臘之以宙斯，對某一民族特有偏袒者，截然不同。中國古代宗教思想中，極早卽無天帝偏袒任何民族之觀念，其降命於誰，視誰最能修德而定。先民要求天帝相助時祇重在修德，而不以祈禱為事。不重祈禱而重修德，卽是不直接祈求上帝，而是求諸自己。自信有可以感通神明之力。中國原始的宗教信仰，後來之所以轉變為對於道德之信仰，卽於此見其機。

二、政治思想

中國原始民族政治組織之演變，大約是由許多民族，積漸而成部落國家；若干部落國家所共戴之領袖，便爲元后——是卽最初之天子。尙書與史記載堯舜禹湯爲許多部落所擁戴的元后，當可置信。其謂堯舜等以德服天下，亦非毫無根據。中國古代各部落國家，處於同一平原，相距不遠，而古代地廣人稀，各部落國家之政治，不尙德化，則不能得內部之民心，難免人民逃入鄰國。而且，一部落中之人民，多卽同族，君主卽族長，族長處理族務，固當以感情與道德爲重。同時，一部落國家之領袖賢明，則其附近國家之人民，如有訟事，便往求斷；而一部落國家之君與其他部落國家爭鬭時，則求助於此賢明之君，皆爲情理中事。如此，則此一部落國家之賢明之君，爲訟獄者所謳歌，朝覲者所嚮往，如漸成許多部落國家所擁戴之元后，亦合情理。如謂中國最初之天子純以德服人固不可盡信；謂爲純以武力取得政治權力，亦非事實。根據上述之理由及上節所論中國宗教思想之特質，則中國古代君主施政之重德化，及其所以被後世稱爲聖王，自非全無根據。吾人信可謂中國古代之天子，較能求其個人道德與政治之合一。古籍所載堯舜禹湯及其臣下施政的方術與言論，應可作爲研究中國原始政治思想之材料，今卽據此以論先民施政的原則與理想：

一、安民愛民　古代聖王施政，以安民愛民爲原則。尙書臯陶謨有「……在安民」之語。五子之歌述大禹之戒，則謂：「民惟邦本，本固邦甯。」可見其以安民爲爲政之本。而盤庚之「古我前後，罔不惟民之承」，更可想見古代君主莫不重視安民之事實。至康誥之「民情大可見，小人難保」，召誥之「顧畏於民碞」，乃言民情之可畏。而蔡仲之命：「皇天無親，惟德是輔。民心無常，惟惠之懷。」即甚言愛民須得民心。泰誓之「天視自我民視，天聽自我民聽」，係謂帝之顧天則須愛民。蓋天之意志表現於民，此乃天神在地上則天與人接近之自然結論。洪範之「天子作民父母，以爲天下王」，洛誥之「奉荅天命，和恒四方民」，亦係視天帝爲純道德人格之推演。若堯曰之「天之歷數在爾躬，允執其中。四海困窮，天祿永終」；湯誥之「萬方有罪，在予一人。予一人有罪，毋以爾萬方」；君牙之「爾身克正，罔敢弗正。民心罔中，惟爾之中」；呂刑之「一人有慶，兆民賴之」；乃謂天子應自負全部之道德責任。古昔聖王由安民愛民，而於必要時採納民意，自係事所宜有，唯尚未可謂爲民本主義耳。（註）

二、尚賢　中國古代之政治，爲貴族政治，各部落國家之執政者，蓋皆貴族；但天子爲維繫人心，因施仁而求賢爲助，則亦勢所必然。惟中國古代人民，大都安土重遷，欲求賢材，勢須天子表示尊禮，以至親往訪求，如高宗之於傅說，湯之於伊尹，文王之於太公，似不可全視爲後人粉飾之傳說。皐陶謨「在知人……知人則哲，能官人」，大禹謨「野無遺賢」，太甲上「先王旁求俊彥，啓廸後人」，伊訓「敷求哲人」，說命「后非賢不乂」，周官「推賢讓能庶官乃和」，及孟子「湯執中，立賢無方」；凡此皆可證古昔聖王之尚賢。

三、協和萬邦　中國古代天子對於羣后，望其皆能臣服，如書益稷所載：「光天之下，至於海隅蒼生，萬邦黎獻，共惟帝臣。」立政：「方行天下，至於海表，罔有不服。」即可代表當時政治之上要求。此要求之發生蓋由於欲效法天帝之遍行大地，無不統治。而此種要求之達到，亦卽協和萬邦，天下大同理想之實現，雖從歷史事實觀之，堯舜禹湯文武之勢力範圍猶甚狹小，此種理想則可信其有之。玆再舉古籍爲證。書堯典：「百姓昭明，協和萬邦。」大禹謨：「野無遺賢，萬邦咸寧。」洛誥：「其自時中乂，萬邦咸休。」顧命：「柔遠能邇」。詩文王：「儀刑文王，萬邦作孚。」易乾卦：「萬國咸寧。」比卦：「先王以建萬國，親諸侯。」凡此，處處以萬邦爲言，可見其非希臘柏拉圖式之小國寡民的政治理想；而其以咸寧咸休協和柔遠爲志，則表示最高的政治理想是一種和平之實現，中國人愛好和平之精神，遠在上古已可得其徵矣。

三、道德思想

中國先民之道德觀念與其宗敎觀念及政治觀念，關係極爲密切。玆仍援引古籍依據其道德修養之要訓，以論中國古代民族所特重之道德品目。

一、寬仁　中國古代民族所見之天爲覆臨四野之天，所信奉之天帝乃遍臨下土、汎愛衆生之天帝，所懷抱之政治理想，則爲安民愛民、四野求賢、協和萬邦之政治理想；在道德上因最重視寬仁。寬是無所不容如天帝；仁是體天帝之心以愛民。先民於仁之認識，雖不及對於寬之深切，然而寬之中卽含有仁，故今合名寬仁。

重寬之言，在唐虞夏商周之道德教訓中甚多，舜典載：「契，汝作司徒，敬敷五教，在寬。」司徒兼攝政敎，故舜命其應以寬大爲懷。大禹謨：「御衆以寬。」商書仲虺之誥：「克寬克仁，彰信兆民。」太甲下：「惟天無親，克敬惟親；民罔常懷，懷於有仁。」皆言治民應寬大仁愛。洪範：「無偏無黨，王道蕩蕩，無黨無偏，王道平平。」蓋言王道精神應蕩蕩平平，如大地之無所不容。周書君陳：「寬而有制。從容以和殷民……有容德乃大。」此謂對被征服者應寬大從容以和之。周書泰誓：「雖有周親，不如仁人。」則係表示對於仁者之尊重。而秦誓之「若有一介臣斷斷猗無他技，其心休休焉，其如有容，人之有技，若己有之，人之彥聖，其心好之，不啻若自其口出，是能容之，以保我子孫黎民」，可謂對於寬大之極端贊美。

二、溫恭　中國古代民族處溫和之地，其所信奉之神無強暴激烈之情，而具寬溫仁厚之德。故以法天爲職志之聖王須安定下民，而以溫恭自處。溫之象徵爲玉。玉堅剛而溫潤。君子比德於玉，故稱君子如圭如璧。溫，柔和，恭，謙敬。柔和則力內歛而謙敬，謙敬則自抑損而柔和。故中國古代贊帝王及賢人均常以溫恭爲言，堯舜典稱堯曰：「允恭克謙。」稱舜曰：「溫恭允塞。」商頌稱湯：「溫恭朝夕，執事有恪。」中庸稱文王曰：「文王之德之純。」禮記聘義則引詩「溫其如玉」，以贊君子。

中國古代談人格之修養，重在合剛柔以成中德——之卽溫謂也。故畢命有「不剛不柔，厥德允修」之訓。詩經大雅稱仲山甫云：「柔亦不茹，剛亦不吐。」洪範三德：「一曰正直，二曰剛克，三曰柔克。」以爲沉潛與剛，高明與柔相濟，斯成正直之中德。此外皐陶謨之九德「柔而立，直而溫，剛而塞……。」等，亦皆以兩兩對擧，明含剛柔相濟之意。

恭卽謙與敬。謙爲自己謙抑；敬爲尊敬他人，而尤偏於敬神。故對人特重謙。先民見天俯躬以就地，以爲至尊之天帝，尚不惜自屈以施德惠，則人更應謙抑自處，天子尤當謙抑以法天，不然何能畜民用賢。所以古代之道德教訓，最戒矜而貴用之長，從人之善。玆引尚書證之。大禹謨：「不自滿假，惟汝賢。」仲虺之誥：「能自得師者王，謂人莫己若者亡。好問則裕，自用則小。」大禹謨：「稽於衆，舍己從人。」說命：「有其善，喪厥善；矜其能，喪厥功。」咸有一德：「毋自廣以狹人」，太甲下：「有言逆於汝心，必求諸道，有言遜於汝志，必求諸非道。」

三、無怠　先民業農，工作必須順時，故時間之意識發達，朝夕注目於天日之運行，覺天帝之德，卽在其永遠不息，因易激發自強不息之精神，故中國古代道德教訓之一端，卽勗人須兢兢業業，無怠無逸。明焦竑謂六經中言「時」者最多，其中大都爲促人隨時而動。今引經籍所載爲證。尚書皐陶謨：「無敎逸欲有邦，兢兢業業一日二日萬幾。」湯誥：「慄慄危懼，若將隕於深淵。」太甲：「先王昧爽丕顯，坐以待旦。」君奭：「文王功於不怠。」君陳：「惟日孜孜，無敢逸豫。」蔡仲之命：「克勤無怠。」大戴禮武王履銘：「愼之勞，勞則富。」荀子：「敬勝怠則吉，怠勝敬則滅。」

四、敬老尊古　敬老與尊古，先民常以訓人。其爲道德品目，蓋由崇視前人之經驗與文化遺產之故。此與後世關係極大，故特標而出之，並援引古籍，以明其重要。書經說命：「學於古訓乃有獲。」盤庚：「人惟求舊，器非求舊。惟新。古我先王，亦惟圖任舊人與政，無侮老成人。」畢命：「不由古訓，於何其訓？」說命：「事不師古，以克永世，匪說攸聞。」無逸：「侮厥父母，曰昔之人無聞知。」蔡仲之命：「無作聰明，亂舊章。」詩經周頌：「以似以續，續古之人。」烝民稱仲山甫：「小心翼翼，古訓是式。」蕩：「匪上帝不時，殷不用舊，雖無老成人，尚有典刑。」此皆勉人敬老尊古之教。而箕子作洪範，開始卽曰「我聞在昔」。晉語則又云：「古聖王……不敢尊稱，曰自古，曰在昔，曰先民。」可知準古以立言，爲當時所崇尚。

古希臘人所重之道德品目，乃正義、勇敢、節制、智慧。吾先民所重者，則爲寬仁、溫恭、敬老、尊古。正義原於商人之最重公平，柏格孫於「道德與宗教之起源」中曾指出之。正義重在人我權利義務之得其平；而寬仁則重在容人，恰與正義相對。勇敢原於尙武，中國古代軍農不分，故武人之勇，亦不特予標出；而溫恭則正與勇武相對。節制乃消極的遏欲，先民亦重節制，然尤重無怠。無怠偏重積極的工作，與節制亦相對。智慧原於驚奇及對新異事物之注意，爲哲人所特重之德。柏拉圖、亞里士多德均言之。重智慧則常信賴自己之判斷，故希臘哲人多反傳統。而重古訓，則須承繼傳統。所以，西洋哲人常不惜推翻前哲，中國哲人則常以闡揚前哲之說爲己任。

（一九四五年・「新中華」復刊第三卷第五期）

註：中國古代重視人民之思想，劉師培有「中國民約精誼」一書，其解釋雖多附會，然纂編甚備。

論墨學與西方宗教精神

中國先秦學術中最富宗教精神者爲墨學，然終不能發展爲中國之宗教，其故頗値得深長思之。時論言之者多未切未備，今試爲文以論之。由墨學之不能發展爲中國之宗教，中國之所以無固有之宗教，亦可得其一部之解答。

墨子之學說見稱於當時與後代者，在其兼愛之說。如孟子言墨子兼愛，莊子言墨子泛愛兼利，呂氏春秋言墨子貴兼。然其思想之中心觀念亦可言在天志。其所謂天，人皆知爲有意志有主宰之天神。天於人「兼而有之，兼而利之」。天於人無不愛利，「其行廣而無私，其施厚而不德，其明久而不衰」，人法之以成兼愛之教。墨子之非攻，所以行兼愛也。兼愛而愛及萬民，求萬民之所利而利之，故以厚葬久喪爲靡財，弦歌鼓舞爲無用。此其非禮樂之說所從出。盡力以利民而非命之說生。非賢者在位，則利民之事不著，故尙賢之說生。人以其義相非則不相愛而上下睽隔，故尙同之教立。尙同者里人上同於里長，里長上同於鄉長，鄉長上同於國君，國君上同於天子，天子上同於天志。天志者兼愛萬民之志，是墨子思想全以天志之說爲中心也。循其信天明鬼之敎大可重建天神之信仰。其天神於人無不愛，與基督教之上帝，其德無殊。而墨子躬行兼愛之道，形勞天下以自苦爲極，願殺己以利天下。其人格感化之所及，弟子數十人皆可使赴湯蹈火，死不旋踵。而基督尚不免見賣於其徒。則墨子之人格固未必遜於基督。世之論者皆謂墨子有一團體之組織。莊子之言墨者有「巨子爲聖人，皆願爲之尸」。以彼等信天神之篤，固未嘗不可發展爲教會。清末廖季平先生姑爲附會之說曰「墨子之學傳於歐西成基督教。巨子之巨字化爲十字架之十」，雖曰可笑，然亦本於見及墨學之可發展爲類似基督教之教。前有張純一先生於墨子集解中亦附長文論墨學與基督教之相同。然墨學竟不獲發展爲中國基督教，其故何哉?

墨學之不能發展爲中國之基督教，世之論者或謂由墨學不數傳而絕。而墨學之早絕，世之論者或本莊子之言，謂由其道太觳，使人憂使人悲。墨子死而墨分爲三，爭爲鉅子，相伐自敗。或者以爲後來儒家思想太盛，漢武帝以政治力量罷黜百家，墨學亦受其殃。然此類之言，理由不充足。如墨家誠自始有基督教之宗教精神，則政治力量亦未必能阻其發展。羅馬基督教徒所受之殘害，豈只使人憂悲、被罷黜而已哉。墨家思想誠能自立而光大，儒家思想又豈能掩其光輝。學術分派正所以張大其軍，豈必相伐而自敗乎?故吾於墨學之不能發展爲中國之宗教之故，唯在墨學本身中求之。

吾將謂墨學本身之宗教精神原不完足，其不能發展爲中國之宗教，乃理所當然，而由茲以見墨學之精神與西方宗教精神之不同焉。吾人於中國最近乎西方宗教之墨學尚可指出其不能發展爲西方宗教，則中國其他派之學術與中國文化缺乏西方宗教精神可知矣。至於此爲墨學之長處或短處，則二者皆可說，本文將不討論。以下唯指出墨學不能發展爲宗教之故四點。

（一）墨子之學中宗教精神之不完足，在其只有一兼愛無私之天神之信仰。兼愛無私之天神之信仰，爲一切高等宗教成立之一必需條件。然只有此條件，決不足成立宗教。吾人心中但念及一兼愛無私之天神，與念及吾心內具一兼愛無私之本性，可並無差別。吾之信一客觀之兼愛無私而至善之天神，此信仰必須有支持之者乃能成宗教意識。此支持之者卽主觀之自覺有私之罪惡意識。客觀至善之天神之信仰必須以主觀罪惡之自覺相與反照，乃能突顯而出。如無主觀罪惡之自覺相與反照，則吾心唯念一至善之天神，吾之意念中唯有此天神，天神亦內在於吾之意念，吾將不能辨此天神是主觀或客觀。則謂客觀之天神之至善卽內在於吾心卽吾心之本性之至善亦可。故在西洋基督教中必肯定人生之有罪，進至肯定此罪爲與生俱生，由人類之始祖亞當傳來。蓋唯將此罪惡之根推之至深，人乃不得不肯定其有罪。唯自肯定其有罪，乃反照出上帝之至善，而客觀天神之信仰乃得支持，而永不得說天神眞內在於吾心。縱謂其內在於吾心深處，亦必須同時謂其超越於吾個人之心。然在墨子思想中則雖肯定有客觀至善之天神，而未嘗肯定人生之有罪。此蓋由墨子所承之中國傳統思想，卽缺乏人生而有罪之意識，此吾已在另一文論之，此爲墨子宗教思想不完足之處一。

（二）復次，在宗教意識中一方有主觀罪惡之自覺，一方有客觀天神之信仰，此二者間必構成一緊張關係。在此緊張關係中，一方覺純粹之主觀不能超拔罪惡，一方覺必依賴客觀天神之賜恩乃能超拔罪惡。在宗教意識中，一切人之苦痛，皆自覺其原於自己之罪惡。故在宗教意識中，同時覺人純賴自力，亦不能解救其苦痛，唯天神能賜吾人以幸福。宗教意識中必有自己對自己之罪惡苦痛自認無法解拔之感。人窮乃呼天，愈自覺其窮，乃愈呼天。故宗教意識中必有一自己無可奈何之感。由此而人自覺力之有限。覺其力之有限，同時覺其力之被限定被注定。此卽爲一命運意識。然此中一方愈自覺其力之有限，一方卽愈覺神力之無限。一方愈覺其命運之被限定注定，一方愈信神能解拔我之罪苦，改變我之命運。然在宗教意識中因我已自認我之無力，我亦無力以使神救助我。由是在眞正宗教意識中最後必歸於以神之救助我與否純由神之自由意志（聖奧古士丁卽最深信此義，其言後成正宗神學）。其救助我唯是神之自動的賜恩，而非我有力使之賜恩於我。我對神唯可作請求與祈禱。在眞正祈禱之意識中，並不含祈禱必有效之信念。祈禱之意識中包含祈禱不必有效之意識。知其不必有效而祈禱，乃爲眞正謙卑之祈禱。故在祈禱中重在自認其無力，由此而在宗教精神中必須肯定天命之超人力，對之取敬畏之態度。然墨學言天志而又非命，此中卽有一根本之矛盾。墨子之言非命固不外言人之治亂安危貧富壽夭之可轉移，並無定命。此言固不差，而信宗教者亦未嘗不可同時信人力盡人事，以作撥亂反治去危居安之事。然眞信宗教者必承認人力有無可奈何之事。對此人力無可奈何之事，唯信天能奈何之。且此無可奈何之事，亦天降以懲人之罪。人唯有自覺其罪自知其罪之應受罰，而承擔之，以敬畏之心情忍受此天之所命。故決不敢明白非命。人敢於非命，卽對天之敬畏不足也。在墨子蓋相信天爲兼愛無私至善之主宰，必不忍人之亂危，且必助人之去亂危。故人之亂危儘可以人力改造之，無慮天之不從人之所欲。然若如此，則唯是常情之推理，而非可語於眞正宗教意識。在宗教意識中，固信天爲至善而愛人者。然天雖至善而愛人，人並不可以天之愛爲可恃。蓋在宗教意識中，天必爲超越我意志之客觀存在，我有罪則彼可不愛我。或其以苦痛懲罰我卽所以愛我，故不可恃天之愛，而對天必兼敬畏。而在宗教意識中人且須承認有其不自知之罪，則任何人或民族所遭遇之亂危皆可非人力所能改造，而只能以敬畏心情承擔之，忍受之，而終不敢非命。墨子非命，卽對天之敬畏不足也。

（三）在宗教意識中，人之罪惡與天神之至善構成一緊張關係。人愈覺罪惡則愈覺天神之越超性，於是終將信天神之表現其意志不限於現實之人所知之世界，天神亦不只存在於此世界之內。而天神之賞善罰惡之事，亦不必皆表現於人所見之世界。在現實世界中有宗教意識者固信其苦痛皆原於罪惡。然觀他人之罪惡未必得苦痛，而其自己之善行亦未必得幸福，則罪惡與苦痛、善行與幸福在現實世界中，不能確證其相應。而天神若眞爲賞善罰惡者，則其施賞罰於人，必須於人之死後，吾人不見之世界行之。故此現實世界以外之天堂地獄之信仰爲不可少者。在西方猶太教中初仍以爲耶和華之表現其賞善罰惡之事卽在此世界，唯不在現在而在未來。故猶太教徒相信耶和華在未來將助其復國，而驅逐有罪之敵人。及猶太人復國運動失敗之後，基督出乃根本否認上帝之賞善罰惡之事在世間行之之說，而移天國於內心。天國在內心者一方表示天國不在此現實世界，一方表示天國爲一精神之世界，非謂天國卽主觀之心。天國卽上帝之國，上帝之國在宗教意識中終是超越於帶罪之主觀之心，亦非帶罪之主觀之心當下去罪卽能升入者。蓋在宗教意識中善與福必一致。上帝爲必然之賞善罰惡者，天國爲善福兼備者。而在現實世間善與福不必一致，去罪未必卽得福，未得福卽仍非入天國，故仍須肯定一超現實世間之精神世界，爲善福罪苦平衡之所。而人之入此精神世界仍恆須在死後，故靈魂不朽之設定爲不可少。（康德之以善福之一致建立上帝與不朽，非道德之形上學所必需，然爲宗教形上學所必需）。善福一致之超現世的天堂，罪苦一致之超現世的地獄之設定，亦不可少。然墨子則雖信天之賞善罰惡，而彼只肯定一世間。其天志一文中所舉之天之賞善罰惡之例證，皆歷史上之例證。如禹湯之得賞，桀紂之得罰。然於現實世間求善必得賞、惡必得罰之例證，時時可遇例外。至少吾人當前所見之人，其爲善者吾未能見其已得賞，爲惡者吾亦未能見其已得罰。則吾若處處着眼在現世間，將處處見善福之不一致，罪苦之不一致，吾以善必得賞、惡必得罰之原理，於當前所見之事實中求印證，則此原理不能當下證實，卽難於繼續保持。而有上帝爲必然的賞善罰惡之世間主宰之信念，必將破滅。欲其不破滅，惟有謂上帝之賞善罰惡之事，乃將行於未來者。待至未來而人已死則唯有謂其行於人死後之世界。然吾人若眞肯定此一死後之世界，則當前世界中善福罪苦之是否一致，吾人可自始卽不考慮。故在基督教中一切賞罰，唯訴諸末日審判。而墨子則徒斤斤於舉出歷史之事件以證天神於善必賞、於惡必罰，謂天神賞善罰惡之事均將見於現世間。則其言而無驗，天神之信仰亦終被破滅而已矣。此則墨家只肯定一現實世界，不眞肯定一超現實世界之過也。

（四）在眞正宗教意識中，除天神具無限之智外，兼具無限之權力或無限之愛。人在天神前必自覺其罪苦之無力解救，而自認其力之有限、愛之有限。故人對於天神只能隸屬匍匐於其下，而不能與之居對等之地位。在基督教以神爲無限之愛，復謂神以人當愛神之命啓示於人，然此非神有所需求於人之愛。此中含人之愛神對神本身並無所增益，人不愛神亦對神本身無所減少之意。兼含人不愛神，神亦自愛人，神之愛人出自其本性，而不容已於愛之流出，並不待人之愛之而後神乃愛人之意。在猶太教以神爲無限之權力，兼重視人對神之祭祀犧牲。其神初似不免於對人有需求，人不足其需求，神將罰人，則神之愛人似爲有所待於人之愛之。然猶太教中之神已爲有無限權力者，其對人之似有所需求，仍非其本身有所不足。其必須人之對之祭祀犧牲，並非其欲享祭祀犧牲之物，而唯所以考人對之是否信從。故猶太教中之耶和華恆對人作試探，試探人之願否將其所有獻之於神。人但有此願獻其所有之意向，則神對人寬恕。而在猶太徒之爲祭祀與犧牲，亦自知其唯所以表示對神之信心與屈服。故神並非眞有所需求於人所貢之物。神所需求於人者，唯人之信彼、屈服於彼。故人唯一滿足神之需求之法，唯是信神、屈服於神、隸屬匍匐於神前。外此人並不能與神立於對等之地位，神對人別無所求，而人對神別無所助益。然在墨子之思想中，則匪特天神爲無限的智慧、無限的愛、無限的權力之觀念未確立，人大可與天神立於對等之地位，對等的且互有所需求以相助益。蓋墨子雖以天神爲兼愛一切人者，然墨子以爲愛之必求有以利之。而求有以利之則必欲達利之結果。由是而天之愛人，同時是天之欲獲得「人得利」之結果。天欲人得利，則欲人之兼相愛、交相利，以使人皆得利。遂以天爲有欲者。天固不欲其自身之利，然欲人之相愛利。此欲人之相愛利，可只視爲天之愛。然墨子則兼視爲天之欲望與需求。則人如不相愛利，天可有不滿足。此則使天非完滿者，而悖於眞正宗教意識中神爲完滿自足無所需求之信念。故墨子之論天之賞善罰惡者，竟不免取天與人立於對等地位之立場。墨子天志篇謂天欲人之相愛利。人相愛利，則「人爲天之所欲」，「天亦爲人之所欲」，而與人以賞。人不相愛利「人爲天之所不欲，天亦爲人所不欲」而與人以罰。此種推論純是將天與人立於對等之地位，而觀其是否互相滿足其欲望之交易關係。此交易關係中，天之欲初固甚偉大，蓋其志在愛利人也。然人不順其所欲則不復愛人，則其愛非復無限，亦非復無待，而其中包含與人相計較之心。此心即表示天神非絕對者，乃與人相對，而互爲外在者。若在眞正之宗教意識中，則天神之愛必爲無限無待，而絕對。天神但啓示人當相愛利之命令，人不遵之天卽罰之，罰之非不愛之。天命人遵之，而非有所需求欲望於人之遵之，故天無不滿足之失望。人不遵之而天罰之，非天失望於人後之報復，而唯是罰其不遵。如教師之加夏楚於學生，罰之亦所以愛之。由是天神之愛乃爲無限無待，而天神之絕對性尊嚴性乃立。然墨子之天神一方爲兼愛無私，一方與欲望之義混雜而與人相對。天之絕對性尊嚴性終不能立，則終亦不能保持其宗教意識而已矣。

上所舉四端，一爲墨子無人之罪惡義，二爲墨子非命義礙對天之敬畏，三爲墨子之天之賞罰惟見於現世間，四爲墨子之天神缺完滿的絕對性。總而論其原，皆在墨子太重求現實世間之功利，其學術之中心觀念雖可言在天志，而講學之目標唯在興天下之利，除天下之害。彼根本不以去罪之問題爲中心，亦不以人有與生俱生之罪惡。其非命義亦所以促人去亂危求治安。其以天之賞罰唯表現於現世間，與以天爲有欲，皆着眼在實際功利之得與不得之結果。吾不謂宗教精神能超任何功利，然必始於超現實之功利。宗教意識之核心，我將謂爲人對其罪惡與苦痛之無可奈何之感。人遇無可奈何之罪惡，則人最感苦痛。而人遇無可奈何之苦痛，則恆反省而謂其原於自己自覺不自覺之罪，此二種觀念互爲因緣。然如人但有苦痛，而不自覺另有罪惡，又自以爲其苦痛可以人力去除，則人當但從事於改造致其苦痛之環境之實際活動。人如但有罪惡而不自覺另有苦痛，又自以爲其罪惡可以人力去除，則人將但從事於道德之修養。故人唯在覺自己之道德修養無效，及致我苦痛之外境無法改變之時，乃有最強烈之宗教要求。而人之自肯定其道德修養必有去罪之效如中國之儒家；或自信能改造外境以去苦如近代之西洋人，皆足以洩宗教要求之氣。人之愈自認於其罪苦無可奈何，必愈將天神之至善、天堂之極樂之信仰加強。人在現實世界愈覺其向罪苦之淵沈墮，則愈覺天神天堂之高高在上，而愈求超越現實世界，此爲宗教意識中之兩極分裂。人既覺其在現實世界無奈罪苦何，則必信人之超拔罪苦在死後之他世界，而上帝之賞善罰惡最後審判亦在他世界。由此則彼必自知其在現世界之功利要求，求福要求之不可必得，而禍福利害付之天命。且以在世間求福求功利爲無意義，以至或爲不敬畏天命之一罪惡。故宗教意識必否定在現世間求功利之意識。唯宗教意識中有罪且有苦，覺自力於罪無可奈何未有不苦者。故拔罪亦必兼是拔苦，而上帝之國便不僅至善且爲至樂，由此至樂之想望，故宗教意識中仍有一超現世之功利觀念。而人亦唯將現世之功利觀念移於超現世，宗教意識乃完成。此意涵人對於現世之功利不達一絕望之境，人不能一心企慕天堂。人對於現世功利之絕望，可由於其智慧之高能發現現世之功利之無常而虛幻，或思及死後一切功利皆不能享受，如佛徒之企慕極樂國多出此動機。然通常之情形則爲外境使之無法獲得其現世之功利。功利欲不能繫託於現實之外境，自現實之外境中截斷，則被抛出而繫託於超現實之世界，然此抛出同時表示功利欲之遏抑。此一遏抑同時使人之心光自所追求之現實物中得一超拔。此一超拔卽同時使心光反照自己而自己發現其罪過。此罪過之發現與功利欲之在現在世界中被遏抑而抛出外寄是同時。人復相信罪必被罰，故在宗教意識中同時覺其在現實世界之失敗與苦痛皆原於其罪過。於是罪苦之自覺互相勾連成一不可分之結，而完成宗教意識之核心。由此吾人卽可了解西方猶太教基督教何以生於亡國之民族。猶太人欲復國而終不能復國，此卽現世功利之絕望。此絕望於現世之復國，則首移其復國之想望於未來。然未來仍在現實世間，此功利欲仍繫託於現實世間。至耶穌出根本不求復國於未來，則功利欲全自現實世間截斷。由此一完全之截斷，同時於人之罪惡有最深切之識認，卽認識猶太人之只愛自己民族而不愛敵本身爲一罪惡，及其他各種人生之罪惡。吾不能斷定如猶太得復國，則耶穌不能成爲聖者。然吾可以斷定如猶太得復國，則猶太人將已滿足其功利欲於世間而對耶和華之祈禱必減弱。同時耶穌之宣傳愛之福音，將以另一方式出現。卽耶穌當教猶太人由愛其國與民族以及於人之國與民族，而不必否定國家與民族之意識。如此耶穌之教當近於孔子，將不至激動猶太人甚深之反感，而被釘於十字架。其所以被釘於十字架，正以他人尚未絕望於復國，其功利欲仍繫託於此現實之世界，而彼則已絕望於復國，欲猶太人之根本截斷其繫於現實世界之功利欲。由是可知繫託於現世間之功利欲之截斷，爲使企慕天國之宗教意識成爲絕對之條件。宗教之意識成絕對，則人對上帝之信心，必爲全自世間超拔而上行上信之心，而所信之上帝之心則下行而援人之上升者。由是而所信上帝之心，必非但下行以助人之滿足其功利欲者。人亦不當徒在其功利欲之滿足中觀上帝下行所賜之恩德。而墨子之宗教意識正只爲後者。故由墨子之道發展出中國之基督教，必須根本改進其宗教意識，或須使墨子經驗一對現世間之眞正絕望。然墨子既不求其個人之功利，亦非亡國之民，有復國未能之鉅痛，感一民族現實功利之虛幻。彼終相信凡善必可用於現實之世，則其天神與愛，亦唯是一往下流。天神之心一往下行以助人，並無援人上升之志，如此之天神之信念，自必終歸於全沉入謀社會功利之意念。天志之觀念終沉入兼愛之觀念，而與之同一化，則宗教上之信仰同一於社會道德之實踐。墨子之宗教精神歸於其是一社會道德精神，則墨學之不能發展爲中國之基督教，固理所必然矣。

（一九四七年五月・「東方與西方」第一卷第二期）

中國科學與宗教不發達之古代歷史的原因

我們在未論中國缺乏科學與宗教之歷史原因之先，當先論中國缺乏科學與宗教之精神上的理由與根據。理由根據之概念與原因之概念不同。通常所謂原因是指亞里士多德所謂動力因，而理由與根據是指形式因或究竟因。所謂中國缺乏科學與宗教之精神上之理由與根據，只是說明中國人缺乏科學與宗教精神之精神狀態之本質。卽所謂缺乏科學宗教精神之精神狀態是一種含什麼意義之精神狀態。關於此問題，我們不須積極的說明宗教精神科學精神之全部，我們只須說明莫有什麼精神的狀態是一種缺乏科學精神宗教精神的狀態。我們只須先指出宗教精神科學精神之一必須條件卽可指出缺乏此條件之精神狀態卽不易發達科學與宗教。

一

我要指出宗教精神之一必需條件是承認一超「個人精神」的「客觀精神」或「人格」之精神。而科學精神之一必需條件，是使我們個人之精神分別的凝注於空間中分佈之客觀事物之精神。此二者當然不是宗教精神科學精神之充足條件，但是其必需條件。如缺乏，決不能有眞正之宗教精神與科學精神。此二種條件並非對一切文化精神皆爲必需。如在藝術之欣賞與表現之活動中，卽不必有個人與客觀宇宙或客觀精神之分別。在道德之實踐中亦可不必肯定一客觀精神或客觀事物。而在宗教精神科學精神中則必需承認個人精神與客觀精神客觀事物之分別。在宗教中，客觀的精神爲各個人精神之統攝者，而各個人之精神被視爲繫屬於一客觀的精神，一客觀的精神所分別之凝注。在科學中，則個人精神分別凝注於空間中分佈之事物，此中亦有一精神之向外分化，而個人精神則爲其所分別凝注之空間中分佈之客觀事物之相狀原則之統攝者。此二種精神之形式構造實相似。其不同惟在宗教精神之以超自然之精神爲對象，而科學精神則最初是以非精神之自然事物爲對象。而其同依於主觀與客觀對待，個人與超個人者之對待中之緊張關係而存在則一。此緊張關係之所以構成，可謂原於在主客對待中復要求主客之統一，如我與客觀精神之合一，或分佈於空間之自然現象與其變化之原則之爲我所全把握。然此統一乃在宗教科學精神存在之時不能完全達到者。如完全達到則神不復超越於我而內在於我，神性成我之性，企慕神性之宗教生活卽同一於自盡其性之道德生活；而自然之現象與其變化之原則亦內在於我，而科學性之向外了解自然之態度無異藝術性之直接欣賞自然之態度。故主觀客觀之對待意識乃宗教精神科學精神之必需條件。而個人精神之必需向外分化以凝注於空間中分佈之客觀事物之分的意識，及一客觀精神分別凝注於各個人精神之分的意識，亦科學宗教精神存在之必需條件。此主客之對待意識與分的意識卽科學精神宗敎精神存在之必需理由，而缺乏此主客之對待意識與分的意識的精神狀態，卻是缺乏科學精神宗敎精神之充足理由。而中國文化精神正是缺乏主客對待意識與分的意識。關於此點要在現有中國文化遺產之精神中找證據非常之多，時人及我過去於此所論及者不少。我現在是要專從古代中國文化歷史的起源上去說明中國原始之天帝何以不能發展爲高級之宗敎。原始之巫術何以只發展爲技藝術數而不能成系統的科學研究。但這些只是古代史的推測與敍述，其可靠程度如何我不敢決定。

我們以上旣然指出主客對待之意識、分的意識爲科學宗敎精神之必需條件，我們便可就中國原始心靈之缺乏此種意識來作爲中國科學宗敎不發達之歷史的起源。對此問題我們將先本中國古代人之自然環境與實際生活之方式，對古代人之心靈狀態先作一嘗試的推測。再自中國原始宗敎之性質作一概然的規定。然後正式指出中國人在自覺的建立其學術文化時，何以未走向使科學宗敎亦不斷發展的路。

今先本中國古代人之自然環境與實際生活之方式，對古代人之心靈狀態作一嘗試的推測。中國古代的民族是蕃衍於山西、陝西、河北、河南、山東黃河流域一帶，此一地帶，就整個來說這是一大平原。土地肥沃而富於粘性，如尼羅河；其面積之廣，則遠過於尼羅河。據蒙文通先生的考證，古代北方氣候還較現在爲暖氣候（「古代北方和中國見考」）。土地之肥沃，是進入農業階段早的原因。由進入農業階段之早而蠶桑之早之傳說宜可信，而衣絲以代太古之衣皮亦較早。故中國絲業一直馳名世界，西洋人至以中國爲絲之國家。再因粘性之土，石礫較少，故中國人極早卽善陶器。如錢穆先生說，陶唐氏卽可能是一以善陶而獲得古代民族中之重要地位之一民族（見「中國史綱」）。我們復可由中國後代瓷器之發達，西洋人之稱中國瓷器之國，可以推測中國民族之特別善陶（史家雖謂一切民族到新石器時代皆有陶，然我們可說中國人特別善陶），是源遠流長的。而女禍氏煉石補天，摶土爲人的神話，則表示中國原始民族陶融石之堅硬性之想像，與尊重陶土之事之意識，故煉石可補天，摶土可成人。中國古代之大平原與希臘之海岸曲折島嶼羅列，地上多山石是一對照，而氣候之變化較少與海邊氣候變化之大是一對照。所以希臘在文化極盛之時，雅典斯巴達本土之農業不足謀生，恆須業商遠行，冒風波之危，以開闢海上島嶼之殖民地，而希臘學術文化最初亦是在殖民地發達，然後移至本土。希臘之多山石，應當是希臘之彫刻石頭建築易於發達之一因。此與中國古代房屋多用茅草樹木，而中國涉及房屋之字如棟樑椽柱皆從木者不同。希臘之石頭意識表現於神話，則有在洪水以後人由被拋下之石子化成之神話。此與女媧氏摶土爲人之神話實相對照。

我們以上的說法如果不錯，我將說中國古代人所處之自然環境不似希臘之島嶼羅列、海岸曲折、氣候變化之大，而爲氣候變化較少之一大平原，足以削弱其分的意識。同時在此自然環境中之實際生活，亦足以削弱其主客對待之意識。人類主客對待意識之發生之條件本來甚多，但是自然環境與人的意識之間關係之不順適，總是引起人之主客對待意識之條件。而愈在原始民族，此條件之影響愈大。在此我不主張科學之產生只原於感到實際生活之困難，而想改造自然以滿足欲望之說，如純粹實用主義者、唯物史觀論者及一般人之所想。我只是說客觀自然愈不順從人之意志，則人之智慧的光輝之放射愈爲客觀自然所吸引住，而愈趨向客觀自然施用。至於其如是用之目的，大可是滿足純理的興趣。我亦不說自然環境之不順從人之意志，使人智慧光輝向之放射，卽必有科學，我只是說此是孕育科學精神之一條件。然而此旣是孕育科學精神之一條件，則原始人愈缺此條件則愈難孕育科學精神。而中國古代人之自然環境，旣然使之極早利於種植與宜於製陶，於是首先使其生一土地是柔順的意識。而在重農業之生產方式中，人對土地工作，天運轉而五穀自然生以養人，則易覺天對人是有恩德的。而由農業人民居住之屋爲植物所成，衣則早有柔軟之絲，由此卽削弱中國古代人之人與自然之物對待，主觀客觀對待之意識。而希臘人之農業不足以謀生，須冒風波之危（荷馬奥德賽之史詩可證）業商謀生，則足以增強其主客之對待意識。而彫刻建築之事須與頑硬之石頭發生關係，與陶業之融塑泥土，其中主客對待意識之強弱亦迥然不同。所以我們雖然不能說，希臘人很早卽以智慧偏向客觀自然之各種形相實物上施用，而發展出科學之唯一原因，只是因希臘地面島嶼羅列、海岸曲折，更表現一種形相之間隔性複雜性，與自然環境對人之意志之違抗性。但是我們說這些是孕育希臘之科學精神之二條件。如是我們亦可知尼羅河之泛濫大地忽隱忽現，而吸引埃及人之智慧向之施用是發現幾何學之一條件。而中國之缺乏此二條件，卽成爲中國原始民族之心靈中不易孕育科學精神之理由。

至於中國之缺乏西洋的宗敎，我們亦可從中國古代民族在其自然環境中所能培養之心靈狀態中去找理由。現在西洋的宗敎精神主要有三源泉：一是希伯來的猶太敎與原始基督敎之精神；一是由希臘阿非克宗敎通過辟薩各拉斯、柏拉圖到新柏拉圖學派之聖保羅之精神；一是諾爾曼人在斯垣地那維亞半島中之冰天雪地之森林中，仰視天光之一種對無窮嚮望之精神，後者在卡萊爾之「英雄與英雄崇拜」中有深切生動的描述。這是斯賓格勒所謂浮士德精神之泉源。我們可以說從猶太敎到基督敎，是從政治的宗敎、以權力爲主的上帝，到道德的宗敎、以愛爲主的上帝；從外面幫助人們建立地上國家的上帝，到啓示人們以內心的天國之上帝。基督敎的歷史任務，是把原始猶太人所信之超絕人的權力所及之外在地表現無限權力之上帝之超絕性減少，而增強其在人心之內在性。但是，基督敎徒初爲猶太人，猶太人之屢亡國，基督敎徒之浪蕩四方，使其覺其身體在世界上無根，其身體所受苦太多，在現世間無法補償，故至善至樂之天國終被視爲超現世者，天心終視爲超越人心者，而非眞能內在於人心、同一於人心者。新柏拉圖主義之流出說又加強上帝之超絕性，而諾爾曼人之對無限之嚮往與追求，亦復推遠上帝與人的距離，終覺天心在人之上、身體之外，終於發展出人與神之間必需有敎會爲之溝通之敎會制度。所以基督敎之上帝與人之距離終得保持。如其不然，順基督敎對猶太敎之改造趨向，把上帝更內在化於人，削減其天國之超越性及求天國之幸福以補償人所受之苦之意念，化出中國天命之謂性、盡心知性卽知天、存心養性卽事天的教義，而宗教之生活卽可同化於道德之生活。所以對於基督教宗教精神之所以得保持，將溯源於其所承猶太教之精神，及新柏拉圖主義所承之希臘之ophic 宗教與原始諾爾曼人在冰天雪地之森林中仰視天光嚮往無限之精神。而這各種原始宗教中所信之神對人之超絕性、神與人之距離感，我可以溯源於人與自然環境之對抗意識，爲有此信仰與距離感之條件。因原始宗教中，精神是與自然物不分的。原始人以一切自然物皆有生命精神，故一切天地日月山川無不有神，縱是人神亦恆同化爲自然神或天神。原始人實際生活中所感之人與自然之對抗，均被翻譯爲神之意志與人的意志之違反。諾爾曼人在冰天雪地之森林掙扎，其所信之神對人表現遠超過人之意志權力，固不必說。希臘之神愛惡無常，荷馬依都亞特之神話卽以 Troy 之戰由 Zeus 之情感引起。此均可在一方面說是希臘自然環境之變化無常不隨人意而常與人意違反，所養成之一種人與自然對立之意識之反映。而猶太教中之耶和華之喜怒無定，造人而復失悔，幫助一民族又使之流離轉徙，亦一方是原始猶太人在自然環境中與自然抗爭、與他民族抗爭、游牧轉徙、居住不定之反映。然在中國古代民族既然很早卽業農，易於安土，人與自然對抗之意識既較弱，則其原始宗教信仰中神之超絕性、人與神之距離自然比較小。而在大平原中遠望亦易覺天之覆地，而天神與人之距離小，不似北歐諾爾曼人在森林中仰視天光，易覺人與神距離之大，而由此則中國原始宗教中之天帝天神之信仰，更易轉成內在的天命之性之信仰，而宗教意識更易同化於道德意識。

其次在宗敎信仰中一方覺神之精神之超越於我、爲主宰我之命運者，同時卽覺神之精神之超越於我以外之他人，而信之爲主宰同一信仰之他人之命運者。神以其精神分別的主宰一切與我並列同一信仰之人，而爲一切人諸多個體之統一者。我與諸多同信一神之分立個體人之在一神之信仰下統一，唯主持祭祀之人代表人羣與神交往，故主持祭祀者卽成權力最大而恆同時爲社會政治上之領袖。此卽上古僧侶階級巫覡支配一切之文化形態所由成。然除僧侶巫覡及由其蛻變出之社會政治領袖以外，一切人在同一神之前爲平等並立的諸個體。而一切人爲平等並立的諸個體，亦爲保持加強同一神之信仰所必須之條件，蓋唯其下純是平等、並立，其上方更必須統於一也。由此我們便可說明何以游牧民族宗敎信仰更強之故，蓋游牧之羣中各個體人純是平等並立的諸個體，故其要求同一之神之信仰以統一其羣之心特強也。然在由游牧進到農業，則人分別的固著於地上，地成諸多個體人之統一原則。農業之民族耕於斯食於斯，子孫蔓衍而成家族。在游牧中之羣共逐牛羊奔求水草，諸個體人間無一定之倚賴關係，各皆依賴全羣以爲生，故只有一羣之統一意識。此統一意識卽交會於共信之一神。而在農業中子孫必依賴祖先父母，於是祖先成諸多子孫之統一原則。祖先成人神，而人之祖先各不同且有各代之祖先，則由游牧而土著若干代之後，同一之神之信仰卽以諸多人神之信仰之興起而削弱。而唯一之統一原則易爲諸多之異代統一原則所分化或代替。而同隸一祖先之族人以行輩之不同爲共所意識，地位亦非平等並立。由此而我們可以說以色列人之游牧性與諾爾曼之游牧，要卽其宗敎要求特強之一因，所以牧師之名尚保留。羅馬重視祖先崇拜之一因，即由其已進入農業為主之生活方式之故。而中國原始宗敎信仰之不易保持，亦由其進入農業時期甚早，祖先神化之趨向即足以削弱自然神天神之信仰之故。

除以上所說，我們尚可從進入農業時期極早之中國原始民族，反省其實際生活所資與經歷而啓迪之心靈狀態，以說明其不易孕育科學精神及保存原始之宗敎信仰。希臘文化發源於殖民地之業商者，業商者必重計算，此是加強數之意識者。柏格孫在道德與宗敎之兩源中即論希臘人之數的意識與業商有關。游牧者之所對為個體之牛羊，業商之所對為特殊之貨物，皆可為增強數與形之意識之一條件，而缺乏之者皆將削弱其數與形之意識。進入農業時期甚早之中國古代人，其實際生活之所資，主要為植物，植物叢生並長，個體要不顯著，則數之意識不易發達。業商航海得利與否操之不在我，游牧者之得水草與否與牛羊之可控制否，權不全在我。故易覺我生活所資之欲獲物在我以外，而加強我與所欲獲之客觀事物相對待之意識。而在業農者但有耕耘即有收獲，植物不如牛羊之可逃，則引起自覺生活所資者即內在於其力所及之範圍之意識。又在業商航海游牧之旅途中，時時變更其他天地，人之目光向前後左右注視，以開新環境。人但覺時時為新環境中之生客，自然對吾人為生疏，不易為主觀意識之雰圍所同化。自然神或天神之不可測之意志，更使原始人孳生戰慄之情緒，故曰不能安土不能樂天。而在農業民族安土重遷，其目光注意於天時之運轉，由天時之運轉而地中植物向上生出，此即啓示一天地上下交通之意識。而年年天如此運轉，植物如此生，遂不覺天地於我爲生疏，自然遂易同化於主觀意識之雰圍，易覺天神之有常一之意志。而天神與社稷之神與我親之意識，遂益以養成。復在游牧業商航海之旅程，時須與異民族接觸，由此發現不同民族有不同之神之信仰，而民族間如爭水草殖民地而有之往來爭鬭，則反映爲神之往來爭鬭。由此神往來爭鬭之意識，則使特殊神之特性與色彩更爲顯明。而民族間之往來爭鬭須求一方之絕對之勝利，則反映爲對天神之祈禱。此於猶太敎舊約中最可見之。故耶和華爲天神而原意爲堅強者戰伐者。蓋神如只爲自己一族之神，卽力限於助己族。唯將己族之神化爲天神或另信一普遍之天神而對之祈禱，望彼施大力乃能制異族之死命也。——蓋本族與異族爲並立之強國個體，唯天神爲其統一原則，此耶和華之所以由一族之神而升爲唯一之天神也。——由人皆求天神之相助，天神之尊嚴性日益高，天神益超絕於人。而業農爲主者各居其土，人不犯我，我不犯人，故從來爭鬭之事，無論如何比游牧業商者較少。所以中國古代中原民族，總是聯絡以抗游牧性之夷狄。中原民族之間，一向是力求協調，協和萬邦，建萬國親諸侯之敎由來已久。唐虞夏商周雖代有征伐，然征伐之後必歸於求協調。農必安土，安土而各耕其所，未有不以協調爲理想者也。故易曰：安土敦乎仁，故能愛。而民族間一講協調，則各民族之特殊神之特性與色彩因不相抗衡相對待而不似以前之顯明。向天神祈禱以爭取其助力之意少，而天神之超絕性尊嚴性亦削弱，而天神遍臨下土之內在性、監觀四方無所偏袒之仁愛性增強。

以上只是就人所共知中國原始民族所處自然環境與進入農業時期之早與西方情形比較，所作對中國原始民族心靈狀態之一推測。以指出中國原始民族心靈中不易孕育西方那種科學精神，同時其原始之宗敎信仰亦不易保持而發達成西方之宗敎，我們以下再以歷史事實作佐證。

二

但是我們以上對中國原始民族心靈狀態之推測，要成立必須以事實作佐證。於是我將對於中國原始民族之宗敎性質作一敍述的規定，據此種規定，我將指出其中不易發達出西方之科學與宗敎。我們的規定多是消極的，故可歸其故於歷史材料之喪失，而遂只好說我們此規定是概然的。但如果有人反對，則舉證之責在對方。

關於中國原始宗敎之性質，有幾點可以注意。這幾點都證明中國原始宗敎之中之天神較缺乏超絕性、與人之距離性，同時證明中國原始宗敎宗敎性之薄弱。

一、是原始罪惡觀念之缺乏。宗敎信仰中必以神爲完滿至善，然以神爲至善則反襯出人之平凡而充滿罪惡。神之至善性與人之罪惡性相待而成立。愈覺神之至善則愈覺人之罪惡，反之亦然。神之至善感與人之罪惡感，合成緊張關係之宗敎感。緊張關係之宗敎感之泉源爲其中包含人神之善惡懸殊感與拔罪合神之感。然此善惡懸殊感與拔罪合神之感亦相待而成立。如去掉善惡懸殊感，則感神之至善在我之內，神之至善卽性之至善，而宗敎生活同化於道德生活。故惟人神之善惡懸殊感爲宗敎生活之核心。所以在猶太敎基督敎有原始罪惡之說，希臘之 Cpki 宗敎亦以人心身中有惡魔 Titan 之成份。而印度宗敎亦必以無明惑業爲衆生之本性。而回敎波斯敎中上帝與惡魔亦皆相待之概念。故中國古代人之宗敎信仰中，固難保其無惡魔之觀念，蓋性善之義亦後來始有。據書經所謂節性，天生民有欲、無主乃亂，則人性原有不善之傾向。而天爲至善，古所共信，則人神之善不善懸殊之意，亦應該有。然尚書所謂民有欲及節性，仍只言性及欲本身之非善，仍未言人性含原始罪惡。人有與生俱生之罪惡之觀念，在中國古籍中毫無可徵。而神話中亦無之。如先有而後消滅，亦證古人之此信念不篤。此卽證西方所有之神人之善惡懸殊意識，中國古代人不具。此卽使中國古代之神減少其超絕性、神與人之距離性。

二、神造世界、神造人神話之缺乏。神造世界神造人之神話，猶太之創世紀、印度之佛陀中均有詳細之記載。希臘缺乏之神造世界之神話，但亦有神造人之神話，然而中國神造世界、造人之神話則異常缺乏。我們不能說這純由孔子不語怪力亂神，及以後儒家都喜平實之言，致神話不能流傳。因其流傳不下來，卽其力量薄弱之證。中國之盤古開天闢地之神話始於何時難說。然開天闢地非生天生地。對盤古之傳說或說昔者天地混沌如雞子，盤古生其中，天地開闢，天日高一丈，地日厚一丈，盤古日長一丈，一萬八千日後，天極高，地極厚，盤古極長。一說盤古死，眼爲日月，頭爲五嶽，血爲江河。

依前說盤古乃頂天立地與天地並生之一人。依後說盤古死而爲自然，則有自然即無盤古。盤古如是生天生地之上帝，乃是一死了的上帝。此外，漢人如淮南子中，有宇宙之初，二神混生，經天營地之說。其說既不具體，而又謂宇宙先有虛廓、先有道。其二神，依舊註乃指陰陽，則無神話意味；而天皇氏、地皇氏、人皇氏之類，則純爲後人之想像。至於女媧氏摶土爲人之神話，固是人神造人，然女媧氏乃人神之一，而尚未化成天神者。女媧氏造人之神話，可能只是母系社會先於父系社會之反映。

三、由神造天地神造人神話之缺乏。中國神話傳說中，亦缺乏神之權力絕對高於人之想像。原始人對於神都相信其權力高於人，而尤其對於天神、自然神，更覺其可畏。如希臘人對 Zeus 或 Culrter 之權力，猶太人對耶和華之權力均有具體之想像。而印度人對因陀羅（雷神）裴多羅（旱災之神）伐龍那（天神）之權力之具體想像，尤爲豐富。此正是熱帶印度自然變化之劇烈性與複雜性之反映。而中國古代傳說中對神之權力之大之具體的想像則大爲不及。在書經中雖多載上帝震怒、天命殛殛之語。然如何震怒則不得而詳。所謂以不畀洪範九疇之類以表其震怒，只是消極表示而已。中國古代傳說中有后羿射日之傳說，有嫦娥奔月之傳說，有共工氏怒觸不周之山而天柱折之傳說，有夸父追日之傳說。皆人具神力以擊破自然之傳說。洪水之降臨在其他民族之神話，均以具體之想像烘托之，說其爲神懲罰人而降之災害。而中國竟無詳細之神話足徵。而獨將禹人格神化，以之爲鑿龍門之神人。凡此皆足證中國神話傳說中缺乏神之權力絕對高於人之想像。

四、中國傳說中對於天帝之特殊意志無所規定。中國古代人見自然爲一渾一之全體，故易以天神爲遍覆大地。農業民族靜侍四時之變化以生五穀，而四時之變化原於天之運轉。故天神之周行四方之意識，帝無常處之意識特強。由此而不易信天帝之降命於誰，本於天之有偏祖之特殊之意志。亦不易信天對其所覆之各民族，有一定之選民。今人謂古所謂天與帝乃周殷二民族之二天神，然此二天神皆無偏祖任一民族之意志，未嘗衝突而卽同化爲一天神。故傳說神話中亦無天或帝特幫助何民族之神話，如猶太希臘之所有。而天之降命於何民族使之爲天子或元后，將純視一民族自身之力量與有德與否爲定。由此而天命靡常、天時降新命之思想，因以孳生。在尙書中有此類思想之言不少，後卽轉變成惟天之命，於穆不已之哲學意味的讚頌。天神若有一特殊之意志，則天神與人之對待性顯著，而人要求天神相助，必特重在祈禱與祭祀犧牲。印度之神最多具特殊意志者，故最重祈禱祭祀犧牲。猶太敎中之耶和華意志難測，又喜對人作試探。其試探之一，爲要亞伯拉罕殺其唯一之子作犧牲以獻上帝，以考驗其是否眞信耶和華，故猶太敎亦特重祈禱祭祀犧牲。其他一切宗敎皆無不相當重此。中國古代宗敎自亦未嘗不重此，然以天神無特殊意志恆周行四方而無常處，則使人較易覺祈禱祭祀犧牲之效之不大。而天神總是賞善罰惡者，故轉而特注重修德以邀天福。而詩書中「皇天無親，惟德是輔」；「天道無親，常與善人」；「皇天無親，克敬爲親，鬼神無常，享於克誠」；「帝謂文王，無然歆羨，無然畔援」；「帝謂文王，予懷明德」；「天矜於四方民」；「皇矣上帝，監觀四方，求民之莫」；「惟德動天無遠弗屆」之言遂多。由天神之道德性無私性之日益被認識，而天神之權力性自日益減少，而外在人心之天神天命日益轉爲內在人心之天神天命。天命之謂性、知性卽知天之思想可由此轉出，而宗教生活之信仰遂更易同化於道德生活之信仰。

五、社稷之神、祖宗與天神之並重。土地之神各民族皆有，然中國古代人見天之覆臨四野，天之功之貫入地中以引出植物，當更易覺天神與地之不離。故郊祀中之祭天之泰壇，乃自地上燔柴以上達於天。後來之天壇亦橫臥地上，不似西洋中世紀敎堂之高聳雲霄。橫臥地上之天壇與高聳雲霄敎堂之對比，卽神之內在世間性與超越世間性之對比，故郊祀中天地並祭。由天神之內在世間性，天神觀念復與四方之神相連。四時原於天之運轉、日出之方位之不同，故天神與四時之神及四方之神同時相連。此卽後來東南西北中之五帝說之所本。由天神與四方之神相連而天神乃更與地面接近，而天神與土地之神更非相對峙。農業民族賴土爲生而重社，故封禪爲大事。而稷神爲五穀之所自生，故社稷之神均被重視。社稷之神貫於地中引植物生，乃純爲內在於世間而最缺超絕性者。至於祖宗之被尊，則殷人之尚鬼最爲顯著。而周公郊祀后稷以配天，宗祀一文王以配上帝，則人直與天帝並立。故詩經謂文王陟降，在帝左右。而詩經亦有殷之未喪師，克配上帝之言。此種以祖宗可配享上帝、在上帝左右之思想，乃祖宗地位之極端提高。此種社稷之神、祖宗之與天神並重，同爲中國之天神超越性較少、與世間之人距離較小之表現。

六、命運感預言之缺乏。論中國文學的人常說中國缺乏西方之悲劇。悲劇意識是一種人類意志之努力不能逃一種一定命運，而終歸於自己意志之否定之意識。其原始當是人之不能逃神秘之命運之意識。故希臘悲劇多是人與神發生交涉後之悲劇。Enripidei 之悲劇特重視 Orphic 宗敎中 Bacchn 與 Eroe 二神之力。莎福克之最有名之悲劇 Antigone 中紀神廟中預言規定人必弒父娶母，人卽竟不能逃。此是一人性之要求在神告人之預言下最大之屈辱之象徵。此象徵倫理意識、道德意識爲宗敎意識所壓服。在希臘中，神固亦須受命運支配，然命運意識終是宗敎意識。父母是家庭中之統一原則，中國人由敬祖宗，以祖宗爲一統一原則而與神配享，故此悲劇絕對不能有。而希臘此悲劇竟成最有名之悲劇，此是神之統一原則不容許家庭之統一原則之一象徵。希臘神廟預言，復可以規定一國之命運。此是一最嚴肅之命運意識。猶太民族中亦一直有無數預言家本神意而說話。舊約復紀載耶和華上帝有本身所說之不少預言。此種命運意識在中國古代信記中實無可徵。其原因可溯之於上述天時降新命之意識。天時降新命則無對未來之長時間作一定之命運規定。同時可溯之於人神之間緊張關係之缺乏。大約在原始人，其自己不能主宰之事愈多，而其所欲獲得之目的物愈遙遠，愈須長時間之努力與期待，則愈覺神對其未來時間之命運主宰力之大。而對神之特殊意志愈欲猜測，期望預言之心愈切，預言亦愈易在硬性的確定之形式中出現，而相信一定命運之意識亦愈強，人神關係亦日益緊張。由此我們卽可說原始民族之業商者與游牧者之命運意識強，而以業農爲主者命運意識必較弱。命運意識與

「持續長時間的努力及期待」互爲因緣。吾人且可謂游牧者業商者之旅途的跋涉中「持續的長時期的努力與期待」，爲一貫之意志交錯無數希望失望悲歡成敗之發展史，此卽誕育史詩之一條件。而生活波瀾較小之安定的業農者，則不易誕育史詩，而只有歷史之記載與抒情詩。而中國史詩之缺乏與悲劇之缺乏乃同一根原。史詩之缺乏亦可以助證我們所說中國缺乏悲劇命運意識之根原，在其人神關係之不緊張。中國秦漢之際流行讖語，是一種預言之極盛時期。但其時已在高度文化發展之後。其中之讖語多是意識的造作，或事後依託。公羊家有孔子爲漢制法之預言，而取證於春秋，亦是一有意的安排，乃所以證實歷史進化之合孔子之志，合人之目的性，而非人之意志之屈服於命運。是喜劇性預言而非希臘之悲劇性預言。秦漢之許多預言皆人有意造作之喜劇性預言，如孔子之預言「不知何一男子自謂秦始皇。入我堂，據我牀，顚倒我衣裳。至沙丘而亡」，及劉秀爲天子之類。中國周重卜筮，此自是猜測神意以得預言。然所欲卜筮者，非人事之最後命運，而多是卜天時地利與人之如何行爲，以應付事變。而易經之卜文如是原始卜文之遺留，則卜文之判斷，雖有吉凶之別而同時示人以趨吉避凶之道。易所謂懼以終，始其要无咎。无咎者，善補過也。此是敎訓式之預言，而非注定式之預言。故易經直接化爲後儒道德敎育之書，而希臘之提倡道德敎育之思想家如蘇格拉底柏拉圖等，必在原始宗敎之思想外另起爐灶。

我們由以上數種對於中國原始宗敎性質之規定，便可看出中國原始宗敎中對神之超越感，神與人之距離感之薄弱。我們由此便可解釋中國古代僧侶階段何以地位不似西洋印度之重要。同時可以解釋中國原始宗教之天帝之信仰何以不易保持下來，而發展爲更高級之宗教。至於中國科學後來之莫有從原始宗教中發展出，則與後來宗教之不能發展出，除同依於以前所推測之中國原始心靈狀態外，我將於下節指出其復根據於中國宗教之宗教性之薄弱，由此以討論到中國自覺其建立文化之始，何以未走上科學宗教的路。

三

人類一切文化學術最初皆統於原始宗教。道德初爲遵守神命，詩歌戲劇初爲頌神娛神，科學原於巫術，而政權初恆掌於神人間、代表神以統治人之僧侶酋長。而最初之宗教乃自然神教。自然神之觀念乃後代所謂客觀之精神與客觀自然物之渾一體。唯在原始人之意識中，其自己身體與其所接之自然物，主觀之精神與客觀之精神，復未眞正分化。在原始人之意識中，主觀之精神與身體乃爲一客觀自然精神所包覆支配，而構成一緊張關係。此中含有一不自覺之自我意識，與一外在之自然神之意識。此原始之自然神，本爲多神，然任何神，皆爲能主宰一部自然現象，任何自然現象皆表現雜多性。故在任何自然神之信仰中，其中神均爲一統一原則，自然物相爲雜多原則。由此意識之發展，諸神依統一原則而凝合，遂趨向於一神。自然物依雜多原則而日益分化其多樣性。凝合之意識向上注視，而神日顯其超越性。分化之意識向下注視而自然物日顯其平凡。原始人要求自然物以滿足其意志欲望，其精神向神致其希望與祈禱，而身體則在自然界活動。其活動之順對神之希望祈禱之精神而發出者，爲頌神之詩歌，對神之告語，與娛神之舞蹈戲劇，而於其中亦附帶表現其自己之情感，由此產生文學藝術。其活動之純關涉於自然物之改變與獲得者，爲純實用技術之所自生。原始人改變自然物、獲得自然物，而佔有之消費之。然改變之、獲得而佔有之，卽征服自然物；消費之卽毀滅自然物。此表示人之意志欲望之勝利。此勝利卽使自然物日益平凡化卑賤化，而對自然神之信心遂一方向更廣大更非人力所能改變之自然物凝注，而日益趨向於對天神之信賴。同時神亦日益不在日用之自然物之中。日用之自然物之神，皆沉入自然物之內部，而益成不可見者，或成超越於自然物之外者。此種自然物與其中之神之兩極分化，卽使自然中之神愈神化而愈超越於人之精神，而自然物本身則愈脫離其神性，而位居於人之精神之下。由此而人一方對超越之神覺其不可把握、不可了解，一方卽對自然物增其求把握了解之意。古人之信仰活動與理智活動，宗敎精神與科學精神卽兩面分化。人之情感恆順信仰走，故以表現人之情感爲主之文學戲劇，自宗敎獨立較晚。理智活動初順實用技術走，故原始之科學知識可先自巫術中脫胎而出。大約原始之實用活動達其目的之時，對神之希望祈禱之念卽削弱，而表現自己之情感之心增強。文學戲劇卽可不復是以頌神娛神爲主而趨於自娛自頌。首先之自娛自頌之劇曲舞蹈，蓋卽獲得一自然物（如打獵勝利之時）旣獲得而後消費之之時，爲自慶祝自娛自頌而有之劇曲舞蹈。在自然物既獲得時，自然物卽非對我爲外在追求對象，而成欣賞對象。而原始人之卽在欣賞對象中，自己欣賞其去獲得對象所經歷之活動，而成自娛自頌之詩歌舞蹈。此卽表現情感爲主之文學戲劇，自原始宗教分化之始。人類之道德活動最初亦隸屬於宗教信仰。同一之神爲一族中之統一原則。此統一原則卽維持一部落一民族中諸個體間之不相侵害而爲一正義之主持者，進而爲助此部落民族愛此部落民族者。故此正義對內而不對外。此爲柏格孫所謂封閉的道德。然在圖騰之神之信仰或一族中之英雄神之信仰，轉爲普遍之天神之信仰時，則神復爲各民族間部落間之正義之主持者。在民族部落間衝突多時，天神被信爲能本正義以裁判者。由此而天神爲普遍的統一原則，此乃宗敎道德之一大進步。然天神既成一普遍統一原則，則可爲助愛我之民族部落者，亦可爲助愛一切民族部落者。由此而天神可成爲一普遍的仁愛者。此天神爲普遍之仁愛者之發現，乃一原始宗敎之又一大進步。此最初可只爲極少數宗敎天才之發現，在西洋卽爲耶穌。所發現如此之天神之條件，可原於狹礙之部落民族意識之一自動的超越，如耶穌卽如此。然亦可在民族部落間衝突減少而相安無事之時。蓋當各民族部落在未衝突或戰爭之時，則民族部落之對立意識隱沒，天神之爲普遍統一原則之意識卽增強，而一切民族部落既同在一天神之下，卽當同爲神所愛助之意識亦增強。而天神之爲普遍的仁愛者之信仰，自更易滋生。反之，如民族間之爭鬪繼續發生，則天神雖被視爲正義之裁判者，然戰爭衝突之勝敗無常，恆反映爲神意之動盪無定。與其他民族對抗之念，則反映爲對天神之偏私的祈禱。如此，則天神亦不易成爲一普遍的統一原則。而使天神成普遍仁愛者，尤須費大力，此耶穌教興起之所以不易。故吾人可謂游牧業商之民族部落恆往來爭鬭，天神爲普遍之仁愛者之意識不易養成。而業農者各生根於地，易於相安，則足使「神爲普遍之仁愛者」之觀念早得養成。前者是西方之情形，而後者卽中國之情形。天神成仁愛者，則與人親，且易被視此天心卽在人之內心，而宗教意識易同化入道德意識，其所以不同化之道德意識者，在原始人恆由其個體與其他人之個體之對峙感，及人與自然之對峙感，之仍存在。所以我前說耶穌教之所以得保持其宗教精神，諾爾曼人之原始游牧性及猶太人之原始游牧性乃其支持者。由此我們可說宗教意識中之神之外在性，與追求自然物、改變自然物之實用技術之活動中，所覺之自然物之外在性乃互相成就者。人愈在自然中掙扎愈覺自然之與我對峙，而愈覺天心之非卽我心，愈覺神爲外在之神。原始之科學精神卽蘊藏於原始之實用技術之活動中。故人愈在自然中掙扎，其智慧之光輝愈向外在之自然凝注，而科學精神愈富。反之，如人所處之自然環境愈與之和協，愈不須在自然中往來馳逐，而安土卽可生存，則其智慧之光輝愈不易向外凝注，而孕育之科學精神愈少。同時於天心我心之距離亦覺其不甚大。由是而科學精神不易自原始宗教之巫術中轉出，而成有力之精神活動。而文學藝術，則因宗教精神之薄弱，故頌神娛神之文學藝術較少，而偏重人自身之情感之表現之文學藝術，易自原始之宗教文學藝術中獨立。同時其文學中將缺乏行動性之劇曲與紀載長期行動經歷之史詩。實用技術之活動，在本質上是向前追求一對象，爲不滿足之意志所支持。文學藝術之活動，在本質上爲欣賞左右之對象，爲滿足之意志所支持。（此乃自科學藝術之始源言。非謂藝術必能使人滿足也。欣賞態度發展至極，亦可引出大空幻之感）卽記載失敗之史詩，亦唯在實用活動暫相當滿足而停息，重反省失敗之歷史時乃有。此類史詩卽悲劇之起源。故實用技術之活動與文學藝術之欣賞活動乃相反。不滿足之意志促進實用技術，在較滿足之意志，則使技術用於藝術之目標而同化於藝術。人在較滿足之自然環境中，則欣賞之興趣過於探求之興趣，藝術之重視過於實用技術之重視，而科學精神易弱於藝術精神。而其藝術精神，自然有由欣賞主義沉入享受主義之傾向。由此而日用品之裝飾花紋恆易被重視。由藝術活動之爲滿足之意志所支持，而傾於欣賞與享受，卽與宗敎精神之原於不滿足意志者相違。宗敎上外在的超越的神之信仰原於自覺其精神之不能自足，而藝術精神之於所欣賞享受之對象感到滿足，則足以阻塞宗敎上外在超越之神之信仰，而使人揚棄外在超越之神。故藝術精神與科學精神、宗敎精神相違，而可以從旁促成神之內心化，宗敎意識之同化於道德意識之傾向。科學精神與宗敎精神同原而趨向於分化，藝術精神與道德精神不同原而可合作。由其合作卽可使科學精神隸屬於藝術精神，宗敎精神同化於道德精神。科學精神宗敎精神，與在自然中之掙扎時不滿足之意志爲緣。而藝術精神道德精神，則與人和自然暫時和協之滿足的意志爲緣。道德精神之最高者原於人超越其個體性，以天心爲心，而忘其與自然之掙扎。此中仍有一與自然和協之感。故道德精神與藝術精神爲一組，科學精神與宗敎精神爲一組，二者互爲對待。其中科學乃順原始技術之製造自然物之傾向，以探求自然律，成科學技術以製造自然物者；而藝術性之欣賞享受活動所欣賞享受者，卽此自然物，而於此自然物寄其藝術性之創造。故科學精神亦可與藝術精神互相滋養，而宗敎精神與道德精神亦可互相滋養。而宗敎道德成一組，科學藝術成一組，亦互相對待。希臘文化與希伯來文化之差別，乃原於偏重後二組之一之差別，而中國文化與整個西方文化之差別，乃原於偏重前兩組之差別。蓋希臘之科學，仍原於其宗敎，而中世紀之宗敎終孕育出科學。

四

以上是我對人類如何自原始之宗敎，統屬一切文化之時期，而分化出各種文化之看法。我將本此以指出中國古代文化如何發展爲後來重道德藝術之文化，而不發展爲重宗敎科學之文化之歷史線索。

關於中國古代宗敎上之天之超越性，外在性，與人之距離性之缺乏，我前已有所論。我們據此卽可斷定中國宗敎意識之難於發展，而易順其同化於道德意識之傾向，而同化於道德意識。故中國之天帝極早卽成一道德的人格，其權力大於人之想像之缺乏，遂使天帝爲不大與人之意志相違者。所以尙書中充滿民之所欲天必從之，天矜於民，天地萬物父母之言。此種天之仁愛性、天之爲道德的人格，在基督敎中已被認識。然猶太敎中之耶和華仍只有權力意識，是一政治的人格。希臘之宙斯，亦非一道德人格。中國古代之天之早道德人格化，自易使天志與人志相貫通，而使人信天爲賦吾人以道德律者，而轉出天命之謂性、知性卽知天之思想，由此則宗敎意識卽同化於儒家之道德之形上學的意識。此乃極其自然之發展。

我們在中國古代宗敎性之弱之一節中，我們曾論到中國古代文學戲劇中之缺乏悲劇。此亦象徵一人神關係之不緊張。中國文學中亦缺乏對神之頌詩，而只留詩經中稱美盛德之頌。中國古代音樂之發達，可由淮南子、莊子天下篇之紀載，如黃帝有咸池，堯有大章，舜有大韶，夏有大夏，湯有大護，文王有辟雍之樂，武王周公作武知之。中國古代道德敎育主要掌於樂官。古代之太學，成均卽成韻。周禮大司樂所謂樂德樂語敎胄子。所謂德音，觀樂以知德，均表示道德與音樂之相連。當然，原始音樂中應有頌神之歌，所謂八音克諧，神人以和。所謂德音不愆以合神人。但我們可以說中國音樂所培養的道德，乃重中和之道德。如舜典夔典樂敎胄子曰：直而溫，寬而栗，剛而無虐，簡而無傲。周禮大司樂之德中和祗庸孝友。由此可知中國古代音樂缺乏西洋宗敎之緊張感超越感。故知中國古代音樂中宗敎情緒必不甚濃。而中國古代日用物之藝術性則甚濃。如商周之銅器與陶器，皆極其精緻。其上花紋之飛動卽開啓鐘鼎文，而爲書法之源。而衣服之講究所謂文章黼黻之盛，我們要由黃帝堯舜垂衣裳而治之傳說，以及後來禮儀之重服飾以推知。我們且可以此解釋中國之所以缺乏裸體彫刻及裸體圖畫之一因。此種注重日常用具之藝術化的精神，乃欣賞享受精神高度發展之結果。此種精神一方使原始之實用技術移用於藝術之目標，卽足阻礙科學之精神之成長。科學精神乃純向客觀自然注射智慧的光輝。純粹科學之興趣必脫離原始之實用興趣，然科學雖脫離實用興趣，仍必須肯定一客觀自然與我相對。故科學須以一不斷與自然環境相對待而求適應之實用興趣支持之，否則須一超實用興趣之宗敎與趣支持之。宗敎興趣肯定一超越境，但彼界亦可支持科學向外求有所了解之態度。此尤可支持純粹科學之興趣。爲辟克各拉氏之數學興趣卽爲其宗敎興趣所支持。蓋藝術之欣賞享受興趣抬頭，技術不用以適應環境對付環境，而用以達藝術之目標，則向外用之智慧光輝折回而凝爲實用之物之藝術化之興趣。由此而科學之精神，卽屈服於藝術精神之下。此藝術精神一方使科學精神屈下，一方亦孳生一意志滿足之意識，而提高人之地位，以抵消原始宗敎信仰中之意志不滿足之意識，而縮短人神之距離感。而另一面則從旁幫助促進宗敎意識向道德意識同化之歷程。此種道德精神與藝術精神之合作以轉化中國原始之宗敎精神之歷程，卽表現爲原始宗敎精神之同化於道德精神之歷程。

中國古代人如何自原始之宗敎精神轉化爲道德精神之歷程，我們可以說首先表現爲人法天之敎。中國宗敎中之天，我們已說是一覆臨四野的渾一之天。地爲平原而無間隔，則易覺天爲渾一之天。或謂殷人有帝而無天。帝原爲人神，然二神在周代皆以指至尊之天神而未嘗衝突。天爲無所不容，無所不愛，故法天則須學天之寬大仁愛。所以尙書中歷載自古相傳之寬仁之敎。諸夏之逐漸團結之寬仁精神之日益實現，則天帝復日益道德人格化，日益表現寬仁而與人日益更接近。

中國古代人以道德精神、藝術精神，轉化原始宗敎精神之第二步，卽祀祖與宗法制度之建立。祀有五世不遷之宗，以爲一族之統一原則。有五世卽遷之宗以爲其高祖之一切人之統一原則。此諸人間的統一原則之建立卽削弱天神之爲一族之統一原則之意識，而人之精神日移注意於人類社會之問題，故禮記表記謂「殷人尊神，率民以事神，周人尊禮尙施，敬鬼事神而遠之」。由宗法制度之確立，人溯其所自生之本，卽一直順父祖曾高而上，唯對不知所自生之始祖，乃以爲由天所生。天神對我們之關係卽淡薄，而唯覺天神爲物所直接由生者，此卽成爲萬物本乎天，人本乎祖之意識。萬物自天生，天爲橫的萬物之統一原則。而人類社會之統一原則，爲祖宗，此爲縱的統一原則。橫的統一原則可只呈現於現在，縱的統一原則貫於現在過去與未來。強調縱的統一原則，破壞橫的統一原則。人在空間之地位固定時，卽注意縱的時間中之變化中之一貫。人在空間中運動之時，卽注意橫的空間中之變化之開展。故在旅途中卽注意橫的空間。休息停住時，則回思過去與未來。故游牧者業商者空間意識發達，業農者時間意識發達。時間意識發達而強調縱的統一原則，故紀念祖宗，而祖先之崇拜可以削弱天神之崇拜。故由宗法制度之建立，則人日移其敬天之精神以敬祖宗父母，敬天之精神與先敬父母之精神等量齊觀。可謂仁人之事親如事天，事天如事親。唯國君爲天子，特須敬天，而其他人則可不特敬，故禮運謂「天子祭天地，諸侯祭社稷」，曲禮謂「天子祭天、祭四方、祭五祀，諸侯祭四方、祭五祀，大夫祭五祀，士祭其先」。此乃敬祖宗之意識必然日益代替敬天意識之結果。因在宗法制度中地位愈低者，卽愈屬旁系之子孫，其直接之統一原則愈只是祖先。唯天子直承遠祖而遠祖本於天，故唯天子乃祭天。由宗法制度之建立而限祭天之權於天子，則天神與一般人民日益疏遠。唯天子與天有密切關係，天子無道，人民怨天子，則併及於天，故幽厲與而詩經多怨天之詩。及天子威信失，而信天之心亦日益淡，故周衰而原始之宗敎信仰亦破壞。而司馬子魚「民，神之主也」之言，史嚚「國將興，聽於民。國將亡，聽於神」之言，子產「天道遠，人道邇，非所及也」之言出。及至孔子而重視人之敎之具體建立。「天何言哉，四時行焉，百物生焉，天何言哉！」之嘆卽表示此天已不復爲有意志以命令人者。孔子自信可以比天，故天無言、彼亦無言。孔子自言「不怨天，不尤人」，「知我者其天乎」。不怨天者無所求於天，無所求於天，而天知之，則天亦不求人之求之。則天爲不言而信，無爲而成之一形上的實在，而非復原始有意志能命令人之天矣。從此，中國原始宗敎精神遂同化入孔子之道德精神，孔子自比於天，而天德同化於孔子之聖德。此卽孔子之所以稱爲繼天立極，而漢儒如今文學之復興宗敎精神，亦在其將孔子神化。原始信天之宗敎精神卽一去而不可復返矣。

五

至於中國原始人科學精神之弱，我們綜攝以前所說：不外由中國古代民族較富自然爲統一體之意識，業農生活重安土而空間意識本身不發達，植物之叢生並長而數目意識不強，及人與自然之對待意識不強以說明不易發展出數學幾何學，不易孕育科學精神。宗敎精神與科學精神互相滋養。宗敎精神之不強卽使科學精神亦不易長養。而道德精神藝術精神皆與宗敎精神科學精神互相對待，故前者之強亦足致後者之弱，然而關於中國古代民族科學精神之在古代歷史上究曾表現何種形態，如何受阻滯，則我們無可徵考，不似我們對中國古代之宗敎精神之表現形態及其如何發展而同化於道德精神，尚可有一粗略的線索可得。但古代的科學精神既附屬於宗敎精神，與宗敎精神既同原，原始實用技術統於巫術，則宗敎發展之歷史命運，亦卽科學精神之歷史命運。如果我們要找中國古代科學精神薄弱之歷史證據，我們亦未嘗不能找出一些。其一是古代以至孔子以六藝敎國子，而禮樂射御書數中數居末位。且數學爲科學之本，希臘辟薩各拉氏之重數，與柏拉圖之以不學幾何學不能入學園，與中國古代之以數居技藝之末，明爲一對照。其次是科學精神本於尚智，尚正義亦可促進尚智。而中國古代文化特尚仁尚禮。尚仁是道德精神，尚禮兼是藝術精神、政治精神。柏格孫說希臘之正義原爲商人之道德，義與智同不離於對待之意識，故赫雷克利搭斯之火一方是正義之仲裁者，一方是理性之原始。希臘哲人以理性爲世界之主宰，靈魂之品德爲智慧。而中國古代人在周以前根本不見重智之言。春秋時代漸重智，但國語周語言「言智必及事」，又說「智，義文之輿也」，文者禮文，是智爲應事行禮文之工具。周禮大司徒六德仁義聖智中和。中和在末。大司樂六德中和祗庸孝友，中和又居首，則智爲末德。孔子兼尚仁智，仍以仁爲主，智所以利仁，智所以得仁。易經元亨利貞四德，元爲仁，亨爲禮，利爲禮，貞爲智。孟子言仁義禮智，智皆居末德。希臘之尚智，其初重在了解自然。而中國古代之智，只是應事行禮文知人之智。希臘人尚智以了解自然，故尊重好奇心，蘇柏師徒皆以哲學始於驚奇。重好奇則重知新異之物，喜立異不同於前人之思想。而中國古代則特流行要人師古之敎訓。如書經說命謂：學。古訓乃有獲。命畢謂：「不由古訓，於何其訓。事不師古，以克永事，匪說攸聞。」無逸曰「侮厥父母」，曰「昔之人無聞知」。蔡仲之命曰：「毋作聰明，亂舊章。」詩仲山甫曰：「小心翼翼，古訓是式。」凡此皆與希臘人重智，重自己之獨立思維之意相反。管子輕重謂「伏羲作九九數」，世本謂黃帝史官隸首作數。後人謂伏羲了時出現之河圖洛書乃中國數學之始。八卦乃本洛書河圖而作，則中國有數之知識甚早。然諸說之可靠性均難說。如可靠而後來數學不發達，則證古中國人數之意識薄弱。河圖中之九九數中，每橫斜竪直三數之和皆相等，乃數之平衡意識。洛書中可見十數中奇偶內外之相對，乃數之對稱意識。其中皆不顯數之次序前進意識。故河圖之數止於九，洛書之數止於十。其中之數皆放下不進之數，非依序進展之數。而數之意識之本質，應是依次序向前進展之意識。河圖洛書之畫成正方圓之圖，使數爲觀玩之對象，正是妨礙向前進展之數的意識者。易經中有象數，其數是否本河圖洛書，亦難確定。然易經本文中則純以象爲主，象皆象具體事物。筮時因須計著草之數，以數定爻，能定爻所以定具體事物之象。如以此與辟薩各拉氏之以數直接指一抽象之品德如正義等相較，卽見出中國古代人數之觀念未眞正抽象化而凌虛以觀之。中國古代之曆法爲唯一出現最早之科學觀念。曆法原於觀天，此本可開啓天文學。西洋科學之始亦是天文學。然中國之天文學何以發展不出，我將以爲其一原因是天與地之距離意識之不發達。爲天地之距離意識強，將可信天爲各層級之天，而開啓希臘人天體爲層層套合之意識，而向天上去用心。然中國從無天有各級層級之思想。中國古代人想天，蓋其從天垂象去想。天垂象，只是天向地降之意識。故易經中總天之功爲貫入地中，而以天地交，天下而地上爲泰，天上地下而不交爲否。天與地連則重觀天之作用與地與人之關係，而天不成客觀所對，卽不能引發純理之研究興趣。故中國古代之曆法只爲實用。曆書變爲「夏小正」，月令乃敎人順曆以作農事行政之書，而中國後來之曆法與律相連，合成律曆，則表示由曆法所發現之自然之韻律之意識，與音樂中之韻律意識同化。此是科學精神沉入藝術精神。何以律曆相連而無較發達之天文學之故，我們不知，然必中國古代人之曆法意識原缺有力之科學精神有以致之。如其有之，則當發展爲較富客觀研究性之天文學也。（中國律曆之相連，此頗同於西洋辟薩各拉氏天體音樂之說。然辟氏之說乃升人樂爲天樂，故天體仍高高在上，不礙天文學之發展。而中國律曆之學則以人樂觀天律，而天律爲無聲。無聲之天律，但爲垂象之律則。天難保其超越性客觀性，不易爲科學精神之所凝注矣。）

此外中國古代有醫學。從醫學中可發展出生理學解剖學，以至動物學植物學，其何以發展不出之詳細歷史，我們亦不知道。但是我們可以從中國醫學之特有一「切脈法」，可知中國醫學中之科學精神融入藝術精神。切脈根本是以醫生之手與病人之生命活動發生共感，以求對於病者生命之同情的了解。此是莊子所謂庖丁解牛以神遇而不以目視之精神。庖丁解牛到神遇之階段，則成藝術性之物我雙忘。而切脈之同情之了解，亦是一藝術之精神。中國醫學之有微妙之切脈法，是中國醫學之一特徵。然此特徵乃象徵「中國醫學中之科學精神之有歸化融入藝術精神之趨向，而缺少獨立發展之趨向」。

我們以上說中國古代人缺乏宗教科學之精神，宗教精神科學精神皆向道德精神藝術精神同化，故不能發展出西洋之宗教科學，尚須補之以一歷史的敍述。卽中國古代歷史中缺乏宗教精神與科學精神之衝突。此衝突之缺乏亦卽使宗教與科學皆不易發展之一因。我們已說過科學源自宗教之巫術，宗教精神與科學精神乃同根並長出而分化爲二者。其所以同根而將分化，乃由其原有矛盾。分化而矛盾暴露則二者相激相蕩，相反相成，而科學與宗教卽開爲明顯之二支文化。故宗教與科學之衝突，亦卽科學與宗教成長之條件。而哲學則恆於科學宗教衝突之際，施其助此抑彼，或圓融安頓之事。此觀於西洋近代之文化史中科學之興起以後，卽引起與宗教之衝突，促進宗教之改革。而近代科學與宗教卽日益分別成長發展，卽得其例證。而希臘科學之興起，亦是與原始宗教之精神表示違抗。從歷史的起源上看，宗教統一一切學術文化之時期，必僧侶之地位日高。僧侶地位高而不免濫用權力，而世襲之僧侶專於祭祀祈禱事神之事，則其知識未必進步。於是僧侶以外之知識份子增多。僧侶之知識不足解決人民之困難，則僧侶之信仰減低，而僧侶之要人以財物奉享於神以爲犧牲，乃從中獲得個人之利益，則人民對僧侶之反感日深。情感上對僧侶既漸無好感，再加以我們前所說神之日益超越化，自然物之日益平凡化之趨向，則少數人之智慧終將發展至一階段：覺事物中未必皆有神主宰，以至根本不信超自然之神。於是有自然人事之知識者終將與僧侶成對壘之勢。此在西洋近代則表現爲宗敎之改革運動，科學之日離宗敎而獨立，敎徒之迫害科學家。在希臘則表現爲哲人與宗敎信徒之對抗，（惟希臘無敎士階級，Bnrnet 以爲科學太發達之故。）故蘇格拉底之被控爲不敬神。在印度則爲諸外道之興起而疑天神之存在。在中國則爲巫史之分流。然中國與西方印度異者，卽以中國宗敎之宗敎性弱，故史與巫之對抗性不顯著。巫史雖分而恆合。在西方印度以原始宗敎之勢力原較強，故激起之反感亦深。宗敎家堅信有神，前進之知識分子則恆易走到明顯之無神論與唯物之自然觀。故西洋近代科學精神初盛之際，出不少之唯物論厚子論之思想家者。爲霍布士、加桑迯之流。而笛卡兒之自然觀，亦純爲唯物者。在希臘，則科學哲學皆始於密立搭學派及德謨克里塔之唯物論、原子論。（最初之唯物論固同於萬物有生論，然仍以物爲主）。而印度之吠陀時期以後，順世外道勝論數論之思想，亦皆傾向唯物論、極微和合論、無神論。以至佛陀亦爲強烈之無神論者。然在中國古代思想中獨缺此唯物論原子論，亦無強調明顯之無神論與有神論之抗爭。唯物論原子論肯定客觀自然外物，且以之爲多元，乃與宗敎意識之承認客觀精神，且以神爲統一萬物之原則，根本相反者。科學意識順分的意識以發展，宗敎意識則順凝合統一之意識以發展。神由多神而傾向一神，則原始之多神信仰中之多的意識向自然物之多樣性凝注，而自然傾於原子化。故科學中的意識復可視爲宗敎意識中之多的意識之沉澱物。而科學意識中之分的意識之發展，亦正所以使宗敎意識日傾於凝合與統一。其分途發展而本於一根，則相反而互相成就。唯有相反乃相成，則相反之衝突不烈，則相成之勢亦不強。中國之古代原始宗敎宗敎性既弱，引起之反感亦不大。自然神之數量不遠多於人神之數量，天早被視爲一普遍統一之原則，則亦不能沉澱爲原子論之思想。天神既缺超絕性而內在於自然，則信仰天神，不阻塞人對於自然之了解，別人要求眞了解自然亦無須強調無神，而信天之意識與了解自然之意識相感相蕩之力微，相反相成之勢弱。終於神之超絕性既建立不起，而無神論唯物論原子論之自然觀亦無由成。而原始之科學正須通過自覺之無神論唯物論原子論乃較易進行。自覺之無神論唯物論原子論固非科學思想進行之唯一條件，如印度卽有此而終未發展出科學，然總爲其一條件。中國缺此條件，其科學自難發達了。

六

總括我們以上所論，中國宗敎科學不發達之故，不外宗敎精神與科學精神皆根於主客對待之意識與分的意識，向中國古代民族以其自然環境與實際生活之形態之如何如何，遂缺乏主客之對待意識，缺乏分的意識，缺乏人與自然、自己、民族、部落，與其他民族對待之意識。由此而原始宗敎信仰中神與人距離不大，神之超越性不顯，亦卽原始宗敎之宗敎性不強。而一切文化皆自宗敎中分化出，其中科學精神與宗敎精神乃同根於不滿足之意志，相反而相成者；道德精神與藝術精神則根於滿足之意志，異源而合作。中國古代原始宗敎精神之發展遂同化於道德精神，至於中國原始之科學精神，則以原始宗敎精神之薄弱，中國古代宗敎道德之尚仁禮而不尚智，數之意識之不發達，曆法醫術之融入藝術精神，而無獨立之發展。又原始宗敎在文化中地位之不高，或所引起之反感不大，而科學精神與宗敎精神，未嘗有如西洋之相激相蕩相反相成，於衝突中成長之勢。此卽表示於中國古代之缺乏自覺之無神論唯物論原子論之自然觀之故。皆唯在明西洋所有之使科學精神宗敎精神得發展之條件，而中國無之，卽此可以說明中國何以無西洋之科學與宗敎。非謂只須有此諸條件，卽必然有科學。因有此諸條件之其他民族，亦未必有西洋之科學宗敎。卽此諸條件非西洋有科學宗敎之全部充足條件，而但為其條件之一部。故由中國之無此諸條件，而此外又未在中國歷史中發現其那使宗敎科學發達之條件，卽可據以說明中國之何以與西洋比起來缺乏科學與宗敎。而所謂說明者，只是說明在歷史事實上之實無，並非謂其必不可有。歷史上先行事件，並不能必然的決定其繼起事件，自然環境與實際生活之形態，尤無對人類之精神活動文化形態有決定的作用。因人是永遠能對自然環境實際生活之形態，與歷史上之先行事件，作自主之反應方式而自造其未來之歷史者。歷史原因之探索可以探索到人所處之自然環境與實際生活之方式，但只能以反溯方式行之，且只能有消極的說明，此卽謂我們只能由後來的歷史事實上之無什麼，而追溯其歷史的原因之一部於無什麼自然環境實際生活，以啓示某一種精神之意義，引發促進某一種心靈活動文化精神之發展，而不能以前進的方式作積極的說明。即我們不能說人所處之自然環境實際生活之形態是如何，積極的必然的能決定人未來之心靈活動，文化精神之如何發展。故吾人之觀點，與唯物客觀之說，根本不同者。

（一九四七年七月「文化先鋒」七卷一期，及九卷三期）

中國古代民族之凝合意識

一、導　論

拿中國之版圖與歐洲相較，中國大于歐洲，而人民之數目大致相等。何以歐洲許多民族許多國家互相對立，迄未凝合爲一大民族一國家，而中國則已早爲一國家，亦可說爲一大民族，此是一値得從歷史中去詳細討論之問題。本文之目的是在指出中國古代政治社會中卽具備各種文化的凝合意識之種子，此種子之在數千年歷史中之發芽孳長，卽中國成爲今日如是一大民族之根據。然關於其如何發芽孳長，其發芽孳長過程中所經過曲折困難，本文不擬敍述，而唯指出此諸種文化意識之種子在中國民族活動之始卽已存在，自始卽爲中國民族之靈魂。

中國古代之國只是一部落民族，所謂天子只是諸侯之共主羣后之元后。相傳禹會諸侯於塗山執玉帛者萬國，湯有三千國，周初有八百國。此說固無可確徵，然而觀春秋時尙有數十國，觀古籍所載異民族之複雜，則古代國家之衆可知。中國民族大凝合，乃始於秦漢之一統以後。這一種中國民族之趨於凝合，從歷史方面看當然是一漸變的歷程，在此歷程中經過無數次的戰爭，這一種戰爭在本質上只是民族勢力的衝突。春秋戰國之戰爭固可如此看，夏商周之更迭亦可如此看。照從前史家所說，商之伐夏，周之伐商，純爲桀紂無道，故湯武爲救民於水火而革命。如孟子所謂三代之得天下也以仁，其失天下也以不仁，今人很難相信。堯舜禹之禪讓，近人的看法亦是民族政權之消長。此種現代的歷史觀依一般歷史進化的規則來推測中國古代政治社會之轉變之原因，根本推翻過去史家之道德之升降爲朝代更迭之原因之史觀，或更近情理，本文並不在此否認。

但是所謂朝代之更迭，由分裂到統一之戰爭，只是一武力之運用。武力固是一征服異民族之力量，兼併其他國家之力量。然而兼并之後必有凝合，否則統一後仍可再分。荀子已說過兼并易爲也，而堅凝之爲難。照通常的說法，民族之凝合純是自然的。卽一民族以武力征服其他民族以後，最初卽劃爲被治階級與統治階級。統治者成貴族，被統治者爲平民，卽構成政治之統一體。貴族子孫蕃衍多則不能皆爲統治者而成被治者，平民中之智者亦成貴族之輔佐，於是漸發生姻親關係而二民族互相融合。若此民族又爲其他更有力之民族所征服，則原先之貴族平民同成平民。如此遞展而民族日趨於凝合。我對此種社會自然的凝合傾向之效用，亦不否認。但是此種社會之自然的凝合傾向，至少須反映於人們意識之中。而其反映於人們意識中之強弱，同時表示其凝合傾向之強弱。而一說到人們之意識，則須承認人們之宗教意識道德意識及其他各種文化意識，此種意識爲引導人們趨於凝合之根本力量。此力量是一內在的自發的精神活動力量。此種精神活動力量之強弱，亦決定其凝合傾向之強弱。此種精神力量之所以名爲內在的自發的，乃表示其爲一觀念所引導；而異於社會之自然的凝合，乃社會變遷之事實所逼成——如姻親關係旣自然發生，則民族不得不趨於凝合。此種內在的自發的觀念固可由社會自然趨於凝合變遷之事實所啓示出，然亦可由其自然環境而啓示出，而其根源則爲人內在的精神要求。故此種由觀念引導的精神意識一面可反映其社會之自然之凝合之傾向，亦可反映其自然環境，亦表現其內在的精神要求。故此觀念爲人們一切趨向於凝合之力量之焦點。而民族之全部求凝合之努力均順此焦點之引導以前進，而此觀念卽爲貫注於民族之社會政治之發展之一目的性原則。

人爲觀念所引導之活動種類之多，以其觀念之多而定。任何普遍的觀念之被普遍的承認，均爲一社會之凝合的力量。然而愈在原始民族，則其宗敎信仰愈強。宗敎上觀念之同一乃主要之社會凝合力量。現代人恒不了解在西洋古代宗敎戰爭何以如此多，乃由現代人之不復深知古代人宗敎觀念之同一爲一最原始之社會凝合之力量。此卽所以解釋羅馬大帝國後來之必需基督敎會爲之支持，同時可以解釋古代希臘之不能統一卽由其 Zeus 天神中之絕對的地位之未建立起之故。

我們如果承認宗敎觀念之同一，在原始民族爲主要之社會凝合力量，我們便可說中國古代民族之凝合之趨向則自來已甚強，而其根據則在古代民族之宗敎信仰之少衝突，天神之信仰之早普遍的建立。而中國古代民族之趨向凝合之諸觀念，均當由統屬於中國古代原始宗敎信仰之其他文化觀念中求之。

二、宗教意識道德意識與政治意識

我在另一文曾說中國古代宗教中所信之天神與人距離不大，其宗教意識易同化入道德意識。然此乃與西方比較而說，我們相信孔子以前之中國文化仍是宗教意識統屬一切文化意識之時期。而在周以前天神信仰之篤，尤無可否認，眞德秀謂尚書五十八篇無一語不及天不及敬。而當時之天明是天神，敬亦以敬神爲主。國語周語所謂「言敬必及天」，左傳所謂「敬在養神」，均可爲證。中國古代人之宗教意識固易同化入道德意識，然其同化於道德意識之過程同時顯示爲人之道德意識上承宗教意識而發展之過程。此種種精神轉化之歷程是交互的，宗教意識之道德化同時即是道德意識之宗教化。自宗教意識方面言，固日益沈入道德意識，天神固日益內在化；自道德意識方面言，則仍無時不有宗教意識爲之根據，而未嘗不覺天神有超越性爲啓示道德命令者。故吾人以前之說不礙中國古代仍爲宗教意識統率道德意識及其他文化意識之說。

關於中國古代人所見之天，吾人已言其爲渾一之天（見另一文）。而其天神富於仁愛性，故一天神成爲各民族共信之天神乃極容易者。古代之天神或名帝或天，天與帝自可原爲不同民族（如殷與周）所信之天神，其何時同一化，吾人難確定。然以黃河流域之自然爲一無大間隔之自然，則其同一化必甚容易，故亦未有天與帝相衝突之神話之留傳。此種渾一而富仁愛性之天神卽中國古代人之模範的人格，而增強人之仁愛之道德意識者。此種仁愛之道德意識，卽表現爲政治社會之凝合的力量。我將此以解釋中國歷史傳說中所述古代聖王之爲行仁政者之言非無據。

關於中國古代聖王之傳說，構成儒家所謂道統之說。自論語說：巍巍乎唯天爲大，唯堯則之。君哉舜也。巍巍乎有天下而不與焉。孟子說：禹平水上，三過其門而不入。湯執中，立賢無方。文王視民如傷。武王恤邇不忘遠。以至墨子對於堯舜禹之讚嘆。均是相信古代聖王是法天以行仁政的。此說從一些歷史家看來，可全說是由於儒家之託古自重。因孟子弟子在當時已提出武王伐紂血流漂杵，堯率諸侯北面而朝舜之疑難。而幽囚舜野死及夏商周民族之互相爭戰之紀載，均可使人懷疑儒家古代帝王皆爲仁聖之君之傳說。然由政治場合中之不容有二尊，而有異民族間之爭伐以逐鹿君位，古今中外固莫不皆然。問題是儒家所聞之傳說是否純爲臆想與虛構。在現代人之所以易信其純爲儒家之臆想與虛構，實亦無確證。其理由恒不外由於對於原始民族道德之懷疑。並以西洋政治史之情形例中國。現代社會學家研究今日尚存之原始民族，多以爲原始民族之道德意識，恒只限於其本民族，故知中國古代之原始民族亦如是，此固不能說其不對。然今日尚存久不進步之原始民族，其內部之精神力量道德力量實非古代之能進步之民族之比。能進步之民族後來能進步，則其最初之精神力量道德力量亦不同。吾人如承認後來進步之民族本有較強之內在精神力量道德力量，則此力量必自始卽要求表現，而逐漸展現爲較普遍之仁愛意識。其所以未展現必因有阻礙之者，此阻礙之者在原始民族恒爲其自顧之不暇，或與其他民族長處一鬥爭之情態中。故吾人可承認中國古代民族在鬥爭情態中時有爭戰與殘殺之事件，然不能據此以疑其在獲得共主之地位時仍無道德力量之表現，仍無仁愛意識之流露。此種天性之自然流露自亦可以政治上統制之艱難而受阻撓，然亦可以政治上之必需而可增長。吾人觀於中國古代之地廣人稀，直至梁惠王尚有鄰國之民不加少寡人之民不加多之嘆，商君尚有徠民之政策，則在中國古代爲天下之共主或元后之天子如不相當愛民，人民必逃之鄰國，亦不復能爲孟子所謂朝覲者訟獄者謳歌者之所歸往。故中國古代政治上之統治與被統治者之關係，將不成尖銳之對立形勢。而政治上之統制將不只以武力制裁人民，而可較重道德之感化。此種道德之感化成政治上之必需之政治意識，亦可促進道德上仁愛意識之發展。故我們對於堯舜禹湯文武皆爲仁聖之君之傳說，雖不必完全相信，然彼等之政治意識既可與道德意識契合，則吾人總可相信其政治爲有道德意識仁愛意識融於其中之政治，而其天帝既爲仁愛之天帝則由此而生之政治道德即爲一承天之政治道德。由此承天之政治道德而表現出思想言論之見於尚書者，我將謂其爲中國古代民族之凝合意識之表現。此種凝合意識其本在法天之寬仁，而開爲安民、求賢、協和萬邦之三方面。

關於中國古代之留傳有寬仁之敎，可從堯典命舜曰「汝作司徒，敬敷五敎在寬」爲始，其後大禹謨言「御衆以寬」。禮記表記引孔子稱虞夏「有憯怛之愛，有忠利之敎」。表記稱「商人先罰後賞，尊而不親」。法家亦謂湯重刑。然商書仲虺之誥仍有克寬克仁之語。太甲下仍言民罔常懷，懷於有仁。相傳箕子總括其所聞在昔作洪範，而其言卽有「無偏無黨，王道蕩蕩；無黨無偏，王道平平」之句。周征服了殷，而周書君陳說周公之訓是寬而有制，從容以和殷民，所以秦誓稱許「一個臣斷斷兮無他技，其心休休如有容」的人，爲能保子孫黎民者。由中國古代之寬仁之敎之流傳甚久，卽證傳說中之謂堯舜禹湯文武皆能仁民之說不爲無因，而仁愛之爲天德吾人另一文已說。而尙書稱古代帝王皆言其敬，復言其恭，堯舜典稱堯允恭克讓，稱舜曰溫恭允塞。商頌稱湯溫恭朝夕，稱文王曰懿恭。恭敬皆對天神之恭敬，則重寬仁之訓亦卽所以承天之德可知。至於由寬仁所開爲之安民求賢、協和萬邦之訓，則可分舉今古文尙書之言證於下。（此類之言，固不必皆眞，然亦不能定其無口語相傳或其他之根據。玆所以引之者，以同類語之多則可增吾人結論之可靠性也。）安民愛民之訓首見於皐陶謨。皐陶謨中論爲政之二本其一卽爲安民。五子之歌述大禹之誡曰「民爲邦本，本固邦寧」。盤庚曰「我前后罔不惟民之承」。則是說古代君主莫不重視安民之事實。康誥說「民情大可畏，小民難保」。召誥「顧畏民嵒」，則言民情之可畏。蔡仲之命言「皇天無親，惟德是輔，民心無常，惟惠之懷」。則是說明天志在愛民，故君惟愛民乃合天志。孟子引秦誓「天視自我民視，天聽自我民聽」，亦本於天之意志在愛民，民之視聽卽天之視聽。而洪範所謂「天子作民父母以爲天下王」。洛誥所謂「奉蒼天命和恒四方民」，則更明顯表示爲天之子以爲君，卽須上承上天愛人民如子女之心以爲心，而和恒四方之民。故爲天子者必須擔當整個國家萬民之道德責任。所以堯典命舜「天之歷數在爾躬，四海困窮，天祿永終」。湯誥曰「萬方有罪，在予一人。一人有罪，毋以爾萬方」。呂刑曰「一人有慶，兆民賴之」。召誥「王來詔上帝，自服於土中」。秦誓「唯天惠民，唯辟奉天」。詩經「於昭於天，皇以間之」。凡此等等皆表示中國古代安民愛民之政治道德，皆爲承天之政治道德。而此種政治道德之意識，卽一宗敎意識之所直接貫注。

安民愛民之政治道德，我將以之爲中國古代民族中之被治者與治者之凝合原則。因古代所謂民實在下層階級。我不否認在春秋以前之政治根本是貴族政治，而貴族之士，原卽武士，可能卽平民之直接統制者。而最初之愛民安民亦可是只爲求其統制權之不喪失。然其旣要求承天之志以安民愛民，其中卽有宗敎性的道德意識之流露，卽有承天的政治道德。

除安民愛民之政治道德之敎訓外，中國古代尚留傳一協和萬邦之敎訓。此點我在另一文中已提到。此種敎訓在堯典中有「百姓昭明，協和萬邦」之言，洛誥有「萬邦咸休」之言，顧命有「柔遠能邇」之言。詩經有「儀刑文王萬邦作孚」之言。易乾卦有「萬國咸寧」之言。比卦有先王建萬國親諸侯之言。此種思想一直傳爲春秋之興滅國繼絕世之思想。當然此種思想與當時爲天子者之政治上的無限權力欲，可併行。如益稷之「光天之下，至於海隅，蒼生萬邦黎獻，共爲帝臣」。立政「周行天下至於海表，罔有不服」。詩經「普天之下，莫非王土，率土之濱，莫非王臣」。卽代表一原始自然的無限之政治權力欲。然而在中國古代一民族只須達到其共主之地位或天子元后的地位，卽可謂已實現其征服的意志。而一實現其征服的意志後卽繼之以協和萬邦的理想，則征服的意志亦卽隨輔之以協調的意志。此種重視民族之協調可謂爲我們前所說之農業民族各安其土之自然結果，然亦同時是法天之寬仁之結果，而爲一宗敎的政治道德原則。此協和萬邦之政治道德，我將以之爲中國古代各民族之又一凝合意識。

中國古代民族所相信之天神之仁愛性，初由天之運轉，而地上之植物生以養人得其啓示。然由天動而地氣上騰以生植物，卽表示天之功之貫入地中而天地相交，此卽使天神日益成爲內在於地面之神，此點我在另一文已說過。然天之功之貫入地中以施其仁愛之德，則表示天以至尊而自降其尊不矜其尊之心，由此卽啓示一敎人君戒矜與求賢之政治道德。戒矜者不矜其尊位而自持自滿，卽自抑其權力飽滿之意識。求賢者求居自己之位之下之人或異民族之人以爲輔佐。此種戒矜與求賢相佐之訓，亦遍於書經中。如大禹謨之敎是「不自滿假，惟汝賢。汝惟不矜，天下莫與汝爭能。汝惟不伐，天下莫與汝爭功」。仲虺之誥是「能自得師者王，謂人莫己若者亡。好問則裕，自用則小。稽於衆舍己從人」。說命謂「有其善，喪厥善。矜其能，喪厥功」。咸有一德謂「毋自廣而狹人」。太甲下「有言逆於汝心，必求諸道。有言遜於汝志，必求諸非道」。而求賢自佐之言則皋陶謨首重知人，謂「知人則哲，能官人」。大禹謨有「野無遺賢」之訓。孟子稱湯執中，立賢無方。太甲上言「先王旁求俊彥，啓迪後人」。伊訓言「敷求哲人」。說命言「后非賢不義」。周官「推賢讓能，庶官乃和」。而伊尹曾相傳五就湯五就桀，其耕於有莘之野，蓋非原屬湯之民族，而高宗之於傅說，文王之於呂尙之傳說，亦表示一旁求俊彥之意識。後來如韓詩外傳之歷舉古代帝王求賢者爲臣爲師之言，固是漢儒之設計以勸化人君，然其所言亦不能全無所本。此種敎君主戒矜求賢之訓與傳說其實際之動機固亦可謂只是求鞏固古代貴族政治上之統制，然其中同時有一道德原則之提出。而此道德原則如溯其根源於原始之宗敎信仰，則亦不外由天神之寬仁之德不自足於權力之無限，而自降其尊引升草木之所啓示。

此種戒矜求賢，至少爲古代政治之政府中君臣之一凝合意識。如旁求俊彥之說而眞，則求賢同時卽爲一本普遍之價値意識，以打破民族間之隔閡，與協和萬邦爲同根長出之一民族間之凝合原則。我們從春秋戰國時民族之大凝合並未形成，而士大夫之可以周遊列國而爲相，便知中國古代民族間之對抗意識原弱，而旁求俊彥之事大可由來已久。

三、封建意識與宗法意識

但是，我們雖說周以前中國民族已自覺成爲民族之凝合力量之觀念，以趨向民族之凝合，我們尙不能說他們已有求民族凝合之自覺的理想。此理想春秋以後之思想家乃眞有之，所以這種法天之寬仁之敎，安民愛民協和萬邦戒矜求賢之敎，究竟被古代之帝王臣相所誠心誠意的實行至何程度，我們亦難說。不過我們似乎可以斷言他們之本此種種觀念，而實行之以趨向於民族凝合，其效果並莫有多大，此由夏商勢力範圍之小可以知之，周民族是古代勢力範圍最大之民族，由陝西東征而力量至於海，這是中國古代眞正的一次大帝國之形成。然而周民族之武力之擴大，固是文王武王之功，而政治上之安定之功全在周公，周公在軍事上平定管蔡之亂，鑒於古代兄終弟及之制度之流弊，而確立立子立嫡之制，而遜位於成王，從此而君位定。又封建同姓諸侯，並定同姓不婚之制以婚媾之誼通異姓之諸侯，而一統之勢成。而與封建制度並行者則爲宗法制度。由宗法制度之建立，大宗小宗之別之確定，有百世不遷之宗以爲社會之縱貫的不變的統一原則。有五世則遷之宗以爲社會之橫化之變的統一原則，而社會之組織以密。隨宗法意識之確定而同姓不婚之制之行於上復行於下，則不同民族傾向於凝合，其進行愈速。此種封建制度宗法制度之建立乃周公之大創作。此封建意識與宗法意識正是中國古代政治社會最大之凝合力量。宗法之社會制度之文化史的意義，我們在另一文說是以人類社會之統一原則逐漸代替宗敎上之天神之統一原則。然而宗法制度之建立又根據於原始宗敎上之天神之統一原則。宗法制度中並未否定遠祖感天而生之信念，而敬祖卽根據於敬天，敬祖卽所以敬天。我們在另一文說由敬祖以敬天而敬天之意識同化於敬祖之意識，卽中國古代自然宗敎之爲祖先宗敎所代，而宗敎意識同化於道德意識之故。然敬祖根據於敬天，敬祖本身是道德意識，亦卽宗敎意識，而敬祖之道德意識宗敎意識是直接承繼敬天之宗敎意識下來的。故後來孝經說「莫大於嚴父，嚴父莫大於配天，則周公其人也。昔者周公郊祀后稷以配天，宗祀文王以配上帝，是以四海之內各以其職來祭」。此語說敬祖，由先以祖配天與上帝，卽說敬祖之意識直接由敬天之意識轉化而來。則敬天意識仍爲敬祖意識之本。宗法制度中敬祖同時卽敬祖之長子，由此而敬天子敬國君，敬大宗敬小宗，是敬天敬祖之宗敎意識道德意識貫注於政治意識社會意識而爲其根據。愛諸侯以及萬民，皆本於體遠祖愛其一切子孫之心以爲心，亦卽體天之心以爲心。而諸侯之所以當親愛其同姓大夫，宗子之所以愛其宗人族人，則直接本於體祖宗之心爲心。而政治上社會上之愛民愛同宗同族皆本於敬天敬祖。由是而宗敎意識爲一切道德意識政治意識社會意識之根據，而一切道德意識社會意識政治意識皆爲承天志而爲天志所貫注者。而尊祖之意識本於人之自然之親親之本能。親親而親其親，則必尊祖。親親而親其同父母之子，於兄則敬，於弟則愛，亦自然之本能。故由親親而尊祖而敬祖之兄之子宗子宗君，愛祖之弟之子，諸侯大夫與宗人，卽此自然之本能之擴充。而自覺之宗敎意識道德意識社會意識政治意識，卽與自本能出發之親親敬長之意識互相貫注。本能出發之意識經自覺之文化意識之貫注而昇華，自覺之文化意識以貫注本能出發之意識而凝實。文化意識根於宗敎意識亦卽根於天志，自本能出發之意識根於人情。天志人情相貫注而成使政治社會凝合之大力。卽周公所建立封建制度宗法制度所培養出之意識形態。

然吾人如特指出此意識形態之價值內容，則不外仁與義、愛與敬。下承上爲敬，上對下爲愛。對兄是敬，對父母是愛。愛敬父母而極於敬祖以敬天，爲愛敬之等而上。敬祖以至於敬祖之長子國君，爲敬之順而下。愛通過愛敬父母敬祖宗之心，極於體祖宗之心以爲心，體天之心以爲心，爲愛敬之等而上。由體天之心以爲心，體祖宗之心以爲心，而愛諸侯萬民，爲愛之順而下。愛敬其父兄爲親親爲私，通過敬祖敬天而敬極於天子國君，愛極於親諸侯愛萬民爲公。敬君爲義之極，愛民爲仁之極，而愛民卽爲至尊之君之所守。而敬祖以敬宗子，則宗族中之義與尊尊之誼。體祖之心以爲心而愛宗人，則宗族中之仁，而宗子之所守。自愛而言，天子當仁萬民以保四海，諸侯但保其國，大夫但保其宗族。位愈尊，而所當仁者益廣。自敬而言，則天子但敬祖敬天，諸侯須敬天子須敬諸侯。位愈卑而所敬者益多。故君貴仁而臣貴義。尊君爲臣民所共守，仁政則君之所自勉。故禮記大傳曰：

「自仁率親等而上之至於祖。自義率祖順而下之至於禰。是故人道親親也，親親故尊祖，尊祖故敬宗。（此上爲臣民之敬君。）敬宗故收族，（此下爲君上之愛臣民。）收族故宗廟嚴，宗廟嚴故重社稷，重社稷故愛百姓。」祭統：「忠臣以事其君，孝子以事其親，其義一也，上則順於鬼神，外則順於君長。」（此專自臣民由親親以敬君長上說。）

由宗法封建制度之確立而仁義之價値理想得具體實現于制度。由此而以前承天之寬仁而有安民愛民與協和萬邦之政治道德得所寄託，而有所以實現之之具。而尊尊之義之確立，義之意識之出現，則不僅在上者之精神求與下凝合，在下者之精神亦須求上承君長之志。而在王國維先生殷周制度論復謂周公所定之封建制度中復有卿大夫不世之制使賢才得以進，若然則求賢自佐之事，亦漸成爲政之一普遍原則，而求賢自佐之心卽可引出尊賢之意識，由此卽開啓儒者賢人政治而以賢聖直接承擔仁義之理想。而春秋戰國賢者之車軌往來民族之間，卽形成一普遍之天下意識，而有自覺的求全中國之一切民族凝合統一爲一之要求。此卽墨家之尚同，儒家太平世大同之理想之所由來，而爲秦漢之所以一統天下凝合宇內民族之精神基礎。然此說得太遠，今暫不詳。

四、藝術意識與經濟意識

相傳周公以禮樂化天下，我們以上所說者，皆其禮教之一面。樂教之一面，其詳不可知。古代之樂卽隸屬於禮。原始之禮主要卽祭神之禮，樂卽頌神之詩歌戲劇。封建制度宗法制度建立而由禮之宗教意義中引出之政治社會之意義日多，而詩樂亦用於政治社會。禮以親諸侯而有朝覲聘問之禮，朝覲聘問中卽有升歌賦詩之樂教，而儀禮中所載朝覲聘問、鄉飲酒、士相見禮中，節目之詳，服飾之繁，禮器之多，其中主賓之升降之秩然有序，周旋中規，折旋中矩，皆極富于戲劇意味。蓋卽中國古代祀神之戲劇意識之所直接轉化。此種升歌賦詩于諸侯相見之際，周旋揖讓于外交儀式之中，配以服飾之都麗，器物之齊具，實充分表示古代人藝術精神之充沛。此種藝術精神將亦當是一民族凝合和融之一力量。古代禮樂之並稱，使我們想像周代之禮教制度但具形式，而其所以實現此制度使諸侯與天子、人與鬼神、人與人調協之方法，則除政令禮制與社會習慣、宗教精神外，皆全賴詩樂之教。孟子說詩亡而後春秋作，則春秋以前皆詩的時代。其他各民族皆有詩之時代。然如中國古代諸侯相接各賦其國之詩以增其融洽之情則蓋所未有。然此正是我們前所說中國古代藝術精神之充沛之必然結果。

除禮樂制度外，尙有所謂井田制度。井田制度後人多懷疑，然只能懷疑其實施的限效，而不能懷疑此制度之原則曾被提出，在東周之王畿或宗親之國曾相當的被實現。此制度有人以爲只是原始共產制度之遺留。究竟其與原始共產制度歷史關係如何今不討論，然周代總是曾自覺的規定爲制度。井田制度是一經濟制度，只適于庶民。古代貴族與庶民階級之差別仍在，而禮樂文化主要應用於貴族。唯井田制度乃所以使庶民盡力，所謂君子勤禮小人盡力。井田制度有一夫授田百畝公田私田之分之說，此當是土地多而人民少時之情形。如土地不足分配，男丁成長將無田可授。故井田制之原始當重在勸農，使民盡力生產，而不重在分配。商鞅之廢井田開阡陌，乃驅民作範圍外之更大量之生產。中國後儒論井田制之意義，皆着眼在分配，以後世之情形例古，故于井田制中節目多所爭論。除此皆無關大體。如我們將井田制之根本精神視爲在使庶民盡力以勸農，則井田制之建立卽表示農業生產方式之自覺的被重視而成普遍之制度。看殷代尙極重遊牧漁獵，而周則素爲業農民族，其征服殷而定井田之制，蓋所以促進農業之生活。農業使人安土重遷，卽使人愈生根于土，而愈易和協。我們以前已說。而此井田制之自覺的建立，亦卽自覺的促進人民之和協意識，而成爲減少原始人抗爭精神，成民族易于凝和之一力量。所以國語周語說：

「夫民之大事在農，上帝之粢盛于是乎出，民之蕃庶于是乎生，事之供給于是乎在，和協緝睦于是乎興，……敦厖純固於是乎成。」

後一語卽表示當時已自覺農業之能促進人民之和協緝睦敦厖純固使民族凝合之價值，而自覺的為實現此價值而勸農。

此外井田制之建立有公平之觀念為之主宰，所以養民之生使民蕃庶，則多少有仁民之意識為之根據。故此制亦通于道德意識，而井田、封建、宗法為一根發出之三種制度可得而解。

五、歷史意識與文字意識

除上所述之宗教意識、道德意識、政治社會意識、藝術意識、農業意識為中國古代民族之凝合力量外，中國古代人之歷史意識亦為凝合古代民族之一力量。我們曾說農業民族時間意識比較發達，以時間之運行年年相似，植物年年如此生，種植之法年年大體相似，故農業民族求安定重保守，社會學家皆承認。然由重安定保守而敬老而尊祖則同時培養出一尊重祖宗之訓、尊重傳統學術文化之歷史意識，由此復可轉成一民族之凝合力量。

關於中國人敬老之風，至今尚存。敬老乃重安定之結果。在空間遊動則老弱居後，少壯居前，少者先見，老者後見，故可尊少年。在空間安定下，則老少在空間上之地位可平等，而老者在時間上之地位之居先被覺察。知我未生而老者已生，我未見而老者已見，卽知其精神先于我之精神而存在，曾爲超越于我之精神之存在。知其曾爲超越于我之精神之先在精神，則敬老之念生。而老者之所知可以爲訓，則信老之念生。此皆意識發展之必然。故中國古代相傳有虞氏卽有養老乞言之風，又有所謂養三老五更之制，而周禮之重序長幼卽本于此。尊老以尊祖，而重祖宗之訓與傳統學術之風，則古籍此類之言亦極多。如書經說命謂「學于古訓乃有獲」，盤庚謂「人惟求舊，器非求舊惟新」，「古我先王，亦惟託舊人共政，毋侮老成人」，畢命「不由古訓，于何其訓，事不師古以克永事，匪說攸聞」，無逸「侮厥父母，曰昔之人無聞知」，蔡仲之命「毋作聰明，亂舊章」，詩經周頌「以似以續，續古之人」。又孟子引詩「不愆不忘，率由舊章」，烝民稱仲山甫之德「小心翼翼，古訓是式」，蕩「匪上帝不時，殷不用舊。雖無老成人，尚有典型」。而箕子作洪範開始卽曰「我聞在昔」，而晉語則曰「古聖王……不敢尊稱，曰自古，曰在昔，曰先民」。則敬老敬祖宗之訓，敬傳統文化之敎由來已久。

然而此種敬祖宗之訓尊傳統文化之歷史意識同時卽爲一民族凝合之力量。西方人說中國是歷史家之天堂，然其歷史意識之強，必生根于最原始之民族之敬祖宗之訓敬傳統文化之意識之強。此種歷史意識使文化之傳承更不易斷，使新民族更易接受舊民族之文化。由文化之融合而易銷融新舊民族間之仇恨。因而古代所傳殷因夏禮、周因殷禮遂如一脈之相承。過去史家根本不重視諸民族之差別，直到近人受西方史家影響乃分析出古代民族之複雜，指出夏殷周民族之根本不同。然而過去史家只重文化之傳承與相續不斷，實根于歷史意識之本質，原是重傳統文化之承受，本不必注意此文化爲何民族之文化。注重歷史中何文化爲何民族所造之差別，一方是民族之對待意識之反映（近人之重視古代民族文化之差別，亦卽是現在世界各民族互相對待之意識之反映），另一方卽歷史學之研究，乃一科學之研究，故必分析文化成分而求其不同之原始。然歷史意識非歷史學之意識，歷史意識只是由人類之記憶活動而發展出之一保存有價值之文化之意識，重在保存有價值之文化，卽不重在探其源于何民族也。故歷史學之意識或可以使人覺各民族文化泉源之不同，而增強現實民族間之對抗意識。而歷史意識則純爲使文化和融而銷除民族間之對待者。故中國古代史官之發達，皆爲一民族之凝合力量，而孔子因魯史以作春秋而欲損益于三代之禮以爲東周，卽同時以凝合諸夏之民族、同化夷狄爲一大理想。

由歷史之意識而尊祖、尊過去文化，以使不同文化民族日相融和，同時卽逐漸由想像，構造成一古代帝王之世系，以爲今之不同民族皆同一遠祖之子孫。此帝王世系之逐漸形成而達一整個古代帝王之系統化之世系，蓋在漢代。其故蓋由於漢代爲中國古代文化民族之大凝合時期。然此種帝王世系之構造，當在不同文化民族趨于融合之時卽已開始。而帝王世系之構成與人之敬祖意識結合，同時卽成爲民族凝合之精神力量，而對帝王世系本身之相信亦卽一種歷史意識。唯歷史意識強乃對帝王世系之信念強，此又爲歷史意識促進民族之凝合趨向之一端。

與歷史意識相連者為中國人之文字意識，此亦為民族凝合之大力。中國文字以重形之故，使各地人名雖發音不同，而文字不隨音以變。遂以中國地域之遼闊、方言之隔閡而皆可承受一同一之學術文化，自認為同一民族。此種文字之同一，其效之見于後世者，固為人所公認。然中國之文字曾一直于音外兼重形，則由其形之不易變而便于紀載古代學術文化以成後來之不同民族共同遺產，而溝通民族隔閡之效，自始已有。周人之文字卽承殷之文字而發展，吾人不能謂周民族原無語言文字。如殷之文字不重形，周人不能因形以測意，則不易承受殷之學術文化而用其文字。觀于羅馬語之大異於希臘語，近代歐洲語言同出自拉丁而分化，卽知文字之重聲必文隨聲轉，而語言文字趨于分化，各民族之文化學術亦趨于分化而發展。而文字之重形則使聲之差異性不礙形之統一性，而語言或隨文字之統一而趨向統一，原始各民族之學術文化亦趣于相承繼而凝合。自然中國古代以讀音之不同而亦可引起文字之分化，如一名而各國讀法不同，卽產生許多新字。中國語言學家舉證已多。然此新字旣寫下而有形，仍有可傳世行遠，而保存其形之統一性。由此遂但增加中國之字彙而不礙文化之凝合趨向。關於中國文字之起源，自可以音之轉說明文字之孳乳（如章太炎之文始）。然此說無礙中國文字之象音表音兼象形表形。中國之有表形之文字始于何時不可知，而其是否由巴比倫之楔形文字來亦無徵。然吾人如探究此種兼重形文字所本之精神意識，吾將謂其根于中國古代人藝術精神之強。重聲之文字只具音樂性，兼重形之文字則且具圖畫性。文字表形，由形可知義，則其義內在于形，而為形所直接表現出。文字不表形，則縱聲能象物而使其義直接呈現內在于文字之聲，然其義終超越于字形之外。藝術精神之觀物表物之態度，乃使物成直接呈現于我、內在于我之精神活動，而我卽直接加以表現出之態度，故文字兼具象形象聲二義，原于更富于藝術性之直接的觀物表物之態度。而只重聲則原于較缺乏藝術性之直接的觀物表物之態度。物之形音皆直接表現于文字，則文字卽可以再現文字之所表現，由此而根于藝術性之精神活動所成之文字之觀照，復增強藝術性之精神活動。聲音文字不表形，卽文字之形不能表現物形，則物形全超越于字形。而由字形以思物形，物形乃呈現于心，則物形爲間接呈現。物形直接呈現于文字，則文字若可以代物，文字益被貴重。文字不可代物，則文字遠不如實物之貴重。文字可以代物，則欣賞物之精神可移以欣賞文字，而于文字中感一種自足。文字遠不如實物則必求超越文字以探測實物。前者加強中國人文字之崇拜意識，後者卽兼加強西方人重觀測實物之科學精神。

形固定，而重形根于安定之意識；聲動蕩，而重聲本于流動之意識。前者與農業之安土重遷各居其所之精神相緣引，後者與遊牧業商或行行止止之精神相緣引。藝術精神農業意識使人重協和，故中國象形文字之藝術性本身爲培養中國人藝術精神，而亦爲促進中國民族之一凝合力量。而在古中國文字之象形成份愈重，此力量亦愈大。（此上由中國文字之重形而推其爲中國人民族之凝合之力量似若纖瑣而迂遠。然吾人若知吾人之學術文化與文字語言關係之密，則知朝夕相觸之文字語言之形態所影響之精神意識之大，有非粗心之人所能想像及者。）

六、結　論

以上我們論中國民族所以趨向于凝合之各種文化意識，項目雖四，而最重要者唯在原始之敬寬仁之尊天敬祖之宗教道德意識。周以前愛民安民協和萬邦戒矜求賢之教由之而生，周初之封建宗法井田之制度緣之而成，敬老尊古之歷史意識亦由之而培養。合此數者之全以成中國古代禮教之內容。而詩樂之教升歌作賦則所以輔佐禮而爲親諸侯以和民族之一輔佐力量。而詩樂中與中國文字之富圖畫性皆表現一藝術精神。故中國古代民族凝合之原則非他，卽中國原始民族之宗教道德藝術之意識是也。

我們以上所說中國原始民族之宗教道德藝術意識爲中國原始民族之凝合力量，當然是一種根據僅有之一些材料所作之推測。我們看春秋戰國時中國尚未達天下統一之階段，我們此文初亦說直到漢以後中國民族才眞正大凝合，然而我們有理由說上列推測之可靠。我們首先從春秋戰國時思想家之皆有普遍的天下主義，而皆以古代之聖王之行事與遺訓作證，便知此天下主義必有過去之歷史文化之根據。我們不能說春秋戰國時之普遍的天下主義，純爲一革命性的新思想，反過去之狹隘民族主義之新思想，若果如此便應遇着舊文化之阻力。如耶穌卽是一西方天下主義，而其思想卽在猶太遭大阻力，佛教之階級平等思想亦使佛教難盛于印度。中國孔墨之天下主義之所以未遇阻力最好的解釋，只有說他們之思想是從固有文化本身上生長發展出的。

其次我們說天神之普遍仁愛性是啓示中國古代人之政治道德之根源，可從孔墨之特重法天證之。墨子之欲復興天志說以提倡兼愛，正本于中國古代之天神原為表現普遍仁愛性，不然則當宗教思想已在士大夫中漸失勢之時，墨子用不着重倡天志說以為兼愛思想之根據。我們說普遍的天神為凝合民族之大力量，我們尚可從漢代儒家之提倡有意志而仁愛之天以證之。至于周代之禮樂為凝合民族之一大力量，則可從孔子之重視復興禮樂以攘夷證之。孔子之攘夷是出于一文化意識，然其所欲保留之文化卽仁義之文化，故團結諸夏以保存此文化，並非狹隘之民族意識，而是本於仁義之義，應由近及遠。而諸夏民族誠能站立起來，則本于仁義之文化正須仁及異族，融化異族，故有「夷狄而中國，則中國之」之教。我們不能說孔子之欲復興之禮樂純為孔子之託古改制，如今文家之所言。後來今文家所以要說孔子改制乃意在將孔子神化，使人本信孔子之宗教精神，將儒家之文化理想滲透到社會政治各方面，而更完成漢人統一文化以凝固民族之理想。此是漢人要託孔子以定制，非孔子之託古以改制。孔子明明自言好古敏求、學而不厭，其講仁義全是本于其對過去文化精神有一新的自覺。我們可說孔子之抉發傳統文化之精神而欲復興禮樂，與漢儒之託孔子以定制是一貫之求文化統一民族凝固之精神。然此精神不始于漢儒，亦不始于孔子，而當為中國原始民族之文化中卽已具備者。孔子自覺之而施之于教，漢儒承孔子之教而見之于政，後人則再承漢人精神而繼續發揚光大之。故中國雖迭經夷狄之亂華而歷史文化之大統未斷，而一切外來之民族無不終歸於與中原民族融化凝合而爲一。吾人必須如此說乃與文化發展之連續原則不相悖。

關于以上所述中國民族趨向于凝合之宗教道德藝術意識是否爲中國所獨有，我們當然不能如此說，但是我們可說此各種意識是中國人很早卽特發達者。在西洋及其他各民族固然亦有此各種文化意識以爲其民族之凝合力量。但是我們可以說上述之各種意識唯中國人很早卽特發達。在西洋的宗教，我只承認基督教是一民族之大凝合力量。因基督教無狹隘之民族觀念，其天帝爲表現普遍的仁愛的天帝。所以基督教成神聖羅馬帝國之統一之一精神的基礎。然基督教之興起太晚，而中國之天帝在中國原始民族宗教思想中卽已爲不徧袒任何民族，表現普遍仁愛之天帝。至于猶太教中之耶和華、回教中之上帝，皆根本是排他的。希臘中之 Zeus 亦復未成表現普遍之道德意識之天神。印度的梵天無排他性，但亦缺仁愛意識。印度自然界太複雜豐富，自然神太多，印度之庶物崇拜與圖騰崇拜之宗教意識太強，普遍之梵天信仰不能取不同之庶物崇拜與圖騰崇拜而代之。故宗教信仰之不同，一直爲印度各民族隔閡不易凝合之原因。至于由法天之仁愛而有之政治道德觀念，如協和天下安民等皆本法天之仁而來。協和上下之觀念在羅馬有之，基督教之政治尤重愛民安民。但是希臘之柏拉圖、亞里士多德之政治道德仍重視正義而不重仁。柏亞二氏皆承認奴隸，而以奴隸只有從事生產以養有閒階級從事文化活動之工具價値。此種思想與中國古代君子勤禮，小人盡力；無君子莫治小人，無小人莫養君子；君子勞心，小人勞力；大體相似。都是承認階級之差別。然而孔孟提出仁，仁者人也，則對一切人皆應以同樣之仁待之之道德觀念確立。此中有眞正之人類平等之觀念，而柏亞二氏始終未見及此。柏氏之愛 Eros 只是對價值界之眞善美，而非直接對人。亞氏之最高道德亦只是對神之理智的觀照，其所謂友情之範圍極狹。他們根本未認識普遍的對人之仁。說到周以來之封建宗法井田制度，則其中之封建，西方之羅馬亦有，然是否已定爲政治制度仍很難說。祭祖之宗教意識，羅馬亦甚強，羅馬復重農，以羅馬人之重農敬祖宗，本可有詳密之宗法制度，以爲凝固社會之力量。但是羅馬之文化主要者繼承希臘。早期羅馬大帝國之精神基礎是 Stoics 之哲學。Stoics 之哲學太重理智，太重個人心境之寧靜，且宇宙觀偏于唯物。羅馬人對天神之信仰亦原比較弱。由此而轉出之對祖宗之宗教精神亦弱。因而亦不够形成宗法制度之精神基礎。中國古代之封建隸屬于宗法，唯宗法制度乃中國民族凝合之大力量，尤在夷狄亂中國入主中國之時期如六朝，宗法家族制度對于凝合民族價値之大，尤爲可驚。羅馬有封建而無宗法，故社會之上下層不能通氣，統治者與被統治者對峙，城市文化與鄕村文化隔絕，故羅馬土崩卽不可收拾。基督教講仁愛而不重家庭，以基督教初表現爲反民族主義亦反家族意識。基督敎之提倡普遍的仁愛，要人先反民族意識家庭意識，故耶穌要人愛上帝過于愛父母兄弟，自言降世是要拆毀人之家庭。彼爲反對猶太敎之狹隘民族觀念，故強調純粹之普遍兄弟意識。而基督教亦因而不能孕育親親之殺、由近及遠之宗法制度。

至于藝術意識與緣中國宗教道德藝術意識而有之歷史意識、文字意識，固然在各民族亦皆可爲一凝合民族之大力量。然我們在此文與另一文已指出中國古代藝術精神（非卽指藝術）之發達。如本文所提出詩樂之應用于民族間之外交場合而定爲制度，以此協和民族之力量，恐卽他民族所未有。至于中國人歷史意識之強卽西方人所謂中國爲歷史家之天堂一語可證。後代史官之設立，乃因於自來史官之被重視。至於中國文字之兼重形音，我們亦已說其爲凝合民族之力量，非重音文字可比。由此我們卽可說中國民族之文化中之凝合的力量實遠勝於其他民族。中國現在之人口與歐洲相同，我們觀中國古代民族部落之多，歷代侵入中原之民族之多，我們並無理由說中國民族之複雜性不及歐洲。然而歐洲至今分裂爲數十國家，而中國仍是統一之一國。其中之原因固可溯之地理上之條件，然而中國在此地理環境中卽成就如此之一文化，其中具備各種使民族凝合之各種意識，乃中國成爲一統一之民族之故。而歐洲各國分裂則兼由其歷史文化中缺乏中國歷史文化所具備之凝合意識，不能只歸罪於其自不同地域來之民族之複雜，文化之複雜。今所見之各國其民族之複雜而不相融凝，亦其歷史文化爲之也。

（一九四七年八月「歷史與文化」第三期）

論中國原始宗教信仰與儒家天道觀之關係
兼釋中國哲學之起源

一、問題之提出

吾人將中國文化與西洋、印度文化相較，所發現之大差別爲中國之缺乏宗教與科學。而以中國哲學之起源與西洋、印度相較，則爲中國古代哲學在其發展歷程中未嘗與原始宗教信仰表現明顯之衝突。以西洋而論，希臘哲學在宇宙論時期，哲人多以物質之本體說明宇宙，哲人於神恒亦以之爲一種物質，而與原始宗教信仰中以神爲主宰宇宙之說相違。而哲人之懷疑批判之精神亦恒先集矢於宗教上之信念。蘇格拉底本未嘗不信神，然以其與當時之哲人取同一之自由批判問題之精神，以討論學問，故被控爲不信神而被判處死刑。及後柏拉圖雖有神造世界之宇宙觀見於其迭米亞斯對話中，而其在共和國中均力言希臘神話之無價值，是希臘之哲學精神初純爲與原始宗教相反對衝突之另一精神。近代之初之西洋哲學，亦復初以批判宗教思想之姿態出現，而以霍布士等之唯物宇宙觀、笛卡兒等之機械論之宇宙觀爲近代哲學思想之前鋒。在印度，則古代原始之婆羅門教不足維繫人心時，初繼之而起者，亦是反宗教宇宙觀之唯物思想無神論，而原始佛教之以色心因果說明世界，亦正是承當時無神論之流而發展。然在中國古代哲學之發展歷程中，則未嘗經與原始宗教信仰明顯衝突之階段。墨子固言天志，儒道二家亦未嘗明白對原始之天神信仰加以批判，直斥之爲無。儒道之書中，於天於神之名固保留之而賦與新意義。然其改變天神之舊意義並非先以自覺之批判與否定舊意義之天神姿態出現，而但自然的轉化之。此乃一大可注意之事實。如吾人承認原始之宗教意識之本質爲不自覺之信仰活動，而哲學意識之本質爲自覺之智慧活動，則自覺之智慧出現，對於不自覺之信仰活動的肯定之對象，如發現其不能通過理性而肯定，則宜須先加批判與懷疑，然後能有新觀念之建立。則由原始之宗教信念到哲學觀念之發生，宜有一理性與信仰之衝突時期。而西洋印度之哲學初以批判懷疑之姿態出現，宜爲合於人類精神發展之自然傾向與常態，而中國哲學獨不經與宗教信仰衝突之階段而卽發展，則成爲變態而不可理解。吾將謂此乃中國文化史哲學史之一大問題。如對此問題有正確之答案，則關於中國哲學之特殊性，及中國文化中何以無宗教科學，及中國文化之何以自古至今表現一貫之精神，皆可有眞正之了解。

吾今對此問題自覺的提出，非謂他人對此問題皆全不自覺。此問題在淸以前之學人，因未將中國之文化思想與西洋印度文化思想加以比較而識其異同，故不自覺此問題之存在。在中國過去之學人皆相信中國文化有一貫之傳統。近人分析中國古代文化，皆知在孔子以前，中國原始天神之信仰一直維持。孔子以前中國人之精神意識爲宗教性的，而孔子以後乃始爲哲學性的。然在中國過去學人並不覺此間隔之存在。中國過去學人皆信堯舜禹湯文武周公至孔子屬一貫之文化傳統，孔子爲其集大成者。中國過去學人之讀六經，並不覺尚書詩經中之天或神與孔孟之天或神有截然不同之意義，代表不同時代之精神意識。此卽表示中國過去學人之無此問題，同時表示此問題之本身之不易顯出，以至可不成問題。然自清末中西思想交通以來，有西洋印度文化思想史以相對照，則學人之治中國文化思想史，皆不免於半自覺此問題之存在。觀於西洋印度文化思想發展歷程中，皆首宗教思想而繼以哲學思想對之之批判懷疑。故清末以來，首有劉師培先生之特重視中國學術之源於巫史，夏曾佑先生、胡適之先生之以老子鄧析子爲對原始天神之信仰作懷疑批判之思想家，由宗教文化到哲學文化之轉捩人物，至於梁任公先秦政治思想史、郭鼎堂之先秦天道觀之發展中，則以詩經中幽厲時代之詩中所表示之怨天之思想之出現，爲原始天神信仰之懷疑時期之開始。馮友蘭先生則以春秋時賢者之言如「民爲神之主也」、「國將興聽於民，國將亡聽於神」之類，以表示當時開明人士對天神之信念批判。凡此等等，皆自覺或半覺的以西洋印度文化思想史之發展形態爲常態，以爲中國亦不能例外，故必須刻意求中國古代宗敎信仰曾被懷疑批判之證據，以解釋中國哲學之起源。然依吾人之見，則以老子鄧析子相當於西方之哲人派乃根本有問題者。蓋老子鄧析子之思想，據近人之考證皆可後於孔墨。且老子中「天地不仁以萬物爲芻狗」之言，是否可解釋爲對天之信仰之懷疑之批判意識亦難言。蓋老子亦言天之道利而不害。「天地不仁」語別解尚多，吾人據老子之以道爲天之所法，固可知老子對天有進一步之說明；然此非卽同於對天曾自覺的加以懷疑批判以打倒之，如希臘印度哲人之所爲。至於詩經中之怨天之詩，春秋時賢者重人事之言，吾亦於另一文中評其爲原始天神信仰失勢之一因。然歌詠一時之情感之詩歌及賢者零碎之教人重人事之箴言，對人類文化精神歷史之發展轉捩開闢之效，實極微弱，吾人如以西洋印度之古代文化情形例中國，信原始人之宗教意識之強烈，則區區怨天之詩、賢者之箴言，實不足以擔當劃時代之思想使命。如中國古代之宗教意識果如西洋印度之強烈，則中國之哲學智慧開始之時，尤宜有對原始宗教信仰之猛烈的懷疑批判之運動，然後中國後來之無固有宗教，乃得其解。然而中國古代文化中，竟未嘗有哲學智慧與原始宗教信仰之衝突，何也？

二、論在中國古代哲學中懷疑論無神論之思潮為非必須經過者

吾對此問題蓄之至久，思之至深。終乃發現中國之文化史與哲學史之發展，在世界爲一特殊無二之形態。夫人類原始之文化固統屬於宗教，此在中國古代亦未嘗例外。人類之文化皆原於人類之精神活動，人類最初之精神活動與其所接觸之自然環境及他人，構成一不可分之連續體。一切禽獸草木山河大地，皆爲其精神活動所繫帶與貫注。吾人今所認爲屬於主觀者，在原始人皆視爲同屬於客觀之自

然物。故自然物皆含情感意志而爲神，吾人所認爲自主觀自我發出之道德命令，原始人皆視之爲客觀之神的發出。此種以萬物具與我相同之精神活動之宇宙觀，使人覺客觀自然精神力之大於人，面對之崇拜祈求，而有各種宗教意識，與表現此意識之儀式。人之所以有此種宗教意識、人之所以覺宇宙萬物皆爲客觀精神活動所主宰，學者或歸之於人類主觀精神活動之向外移情、向物投映之所致。然吾人則毋寧謂此爲人類精神活動未達主觀與客觀分化之境之本然狀態。人類之精神活動，原由物我相感應而顯示，而兩頭繫帶者。我之精神活動是由我賦與或由物賦與，自一義言乃同樣可說。吾人如未能達反省自覺之境，吾人本可說吾之一切精神活動皆外所賦與自外流入，故可覺道德命令皆神所啓示。而吾人之所以能達反省自覺之境，知我有精神活動而物未必有之，我將謂其：一、原於人逐漸發現其能支配物。人能支配物則覺物之精神爲人之精神所克服。由此克服則物之精神喪失，而外在之物日剝奪其精神性，內在之我日增益其精神性。二、原於人之理智活動之辨物，理智活動之辨物，必求把握物之形相與關係，概念化此物之形相關係，物之形相關係之概念化卽此形相關係之孤立而內在化。形相與關係爲理智之精神的光輝所照徹，則顯示人精神活動之勝利，而外物本身遂黯然無復精神之光輝，成無精神性者。故人所支配物及了解物之範圍日廣，則庶物之崇拜、圖騰之崇拜日少，而人之宗教信仰日向人力與智慧所不及之天神集中，此卽爲人類原始宗教思想之發展，亦卽原始精神活動發展之一般情形。然人旣可於萬物否定其神性，則亦可順其否定物之神性之趨向，而否定天神，由是卽有懷疑批判一切神之信仰之無神論之產生，由是而有哲學理性與宗教信仰之衝突。然人於特殊之萬物之可自然的否定其神性，並不必包含對於主宰整個宇宙之天神之自覺否認其神性。蓋整個宇宙終爲人之理智所不能全知，亦非人力所能自由支配者。而原始人既自覺其道德命令之原自神、且恒信神爲至善，其自然之道德意識亦不願否認有如此至善之神之存在。故人對天神信仰之懷疑批判雖可有，然並非必須有者。我將謂希臘與近代西洋印度之所以有對天神之信仰加以懷疑批判之思想，主要由於人之理智之曾一往沉陷於特殊事物之了解。理智之一往沉陷於特殊事物之了解中，則觀形相之關聯，無盡因果之相續不斷，心光散於萬物之中以探賾索隱而求其則，致心光所照射前後左右皆特殊之物之形相與因果，方有神不存在之意識。持此意識與信仰天神之意識相較，則對天神信仰之批判懷疑之思想生。而原始之對天神信仰之批判，且常非對天神信仰本身，而爲對附於天神信仰之各種悖於自然律則之迷信加以批判懷疑，而連帶及於天神信仰者。而理智之一往沉陷於特殊事物之了解只是一種精神活動之方式，此種精神活動之方式之特別顯發，恒由於自然形相之複雜性與自然環境之與人意志相違抗，而吸住人之理智向之注射。而對附於天神信仰之迷信之所以必加以批判懷疑，一方亦由持此迷信之僧侶之墮落並堅執其迷信以障礙自然律之眞知之進步。故一民族如中國之自始不重一往沉陷於物之理智，兼無墮落固執之僧侶，則對原始天神信仰大可無猛烈之懷疑與批判之思想。而僧侶權力之大，恒由覺天神之高高在上，富超越性，故非有媒介之者不能與人通情。而天神之富超越性與人之自覺其罪孽之重，互爲因緣。而人之自覺其罪孽之重，恒由其所遇苦難之多，蓋人受苦難，則反省其罪惡，而自然歸其苦難於其罪惡也。故中國古代人在自然環境中生活較爲順適，或業農而時時覺天地之相連，便不易以天神爲超越者，而僧侶之地位遂微，天神亦與人較親近也。天神太超越，人在神前純是罪苦之擔負者，則人對天神雖一方極敬畏，而對之祈求，一方亦可由覺天神之未能超拔其罪，而疑天神之至善。反之，如中國古代人覺天神與人親近，人在神前恒受其福，卽不覺其罪，則人對天神之敬，易與愛相連，不必與畏相連，祈求少而於天神所賜之福多所感激，於天神之德多所讚嘆，遂覺天人可欣然相與，而相忘於無形。凡此等等，皆我於另一文所論，而皆可使中國古代智者覺對原始天神信仰加以懷疑批判，乃不必須者。我將卽以此解釋中國古代之所以無與西方印度相同之懷疑論、無神論、唯物論之故。在中國古代之哲學智慧出現之後，固未有對原始天神信仰之自覺的理性的懷疑與批判，但亦未對此天神之觀念之有一自覺的理性的建立與說明。吾人觀於西洋印度哲學之發展，恒於對天神加以理性的懷疑批判思潮之後，卽繼以對天神觀念之一自覺的理性的重新建立與說明之思潮。如希臘之柏、亞二氏之繼希臘無神論、唯物論而起，近代斯賓諾莎、萊布尼茲、康德、黑格耳之繼近代唯物論、機械論而起。吠檀多哲學之繼順世外道等而起。然此種對於天神之觀念之自覺的理性的重加建立說明之思潮之所以興，乃因無神論、唯物論，唯是人之智力陷於物後之產物。人之智力陷於物而唯見物，故謂無神。實則彼並無確定不移之根據以謂無神。陷於物之智力只能了解特殊事物，只能對特殊事物有所判斷，而謂在特殊事物中無神，然不能越位對宇宙之全體加以判斷，謂宇宙全體非有一神爲之超越的或內在的主宰。故此種重新建立說明天神之思潮，恒開始於對唯物論、無神論之重加懷疑與批判，而此懷疑與批判，恒根據於對吾人之一般逐物之知識如何獲得及所及範圍之反省，以證吾人應爲信仰保留地位。或指出運用另一種求知之能力如純粹理性或直覺之類，吾人可以知神之存在。故此種對無神論、唯物論之批判，而重新對天神加以自覺的、理性的建立說明之思潮，恒根據於眞正知識問題之反省。此二思潮在西洋印度皆曾相激相蕩，而在西洋則二者之迭起更代，交午錯綜，思緒千頭，尤爲思想史上之奇觀。然中國思想史上則旣自始無對原始天神信仰之猛烈的懷疑批判之唯物論、無神論，故後亦未有對此無神論、唯物論重加批判，而重新建立之有神論。由是中國人之哲學智慧，對中國古代之天神信仰，畢竟曾取何種態度以安頓之則爲問題。中國人哲學智慧旣不自懷疑批判天神之信仰入，亦不自自覺的理性的建立天神之信仰始，則中國之哲學理性與原始宗教信仰之關係果爲何種關係乎？如無任何種之關係，則中國古代之天神信仰又何以不一直保留以發展宗教乎？

然吾人上列之問題已暗示：只一答案爲可能，卽中國人之哲學智慧乃自然的轉化原始天神之信仰而成爲哲學上之觀念。此意謂中國古代哲學中之儒家形上學中，關於道體之觀念，卽原始天神信仰之直接的化身。唯以此哲學觀念爲宗教信仰之直接的化身，故宗教信仰不須先被懷疑批判，再重新自覺的、理性的加以建立，而只是使宗教信仰通過吾人之自覺的理性，而淘汰其附加之物，且加以自覺的、理性之印證，由此印證卽使宗教信仰中之天神理性化，而成天道，自覺而內在之，爲吾心之所直接感通之形上實在，而宗教信仰直接化爲哲學觀念。宗教信仰之中應保留之內容，皆保留於哲學觀念之中。故宗教信仰爲哲學觀念所代替而若未嘗被代替，此亦卽原始宗教信仰之去而不返而又不知其所往也。

三、原始天神觀念與儒家天道觀念之異同

吾人生乎今之世，恒有鄙棄原始宗教中天神之信仰之趨勢。故人之釋孔孟思想者皆不願承認孔孟思想與古代天神信仰有何關係。或謂孔孟之道體觀念，純爲哲學的，乃原始迷信之宗教信仰之一徹底的否定。或謂孔孟根本不重視形上學，其中心問題唯是人生社會問題，其對天神或形上之實在之態度唯是存疑或存而不論。然謂孔孟之中心問題，唯在人生社會，其對天神或形上實在之態度，唯是存疑或存而不論，亦無異謂孔孟於形上道體無有眞知。此以尊之亦所以卑之。且孔孟明明常言天道，若謂其言天道純是一種新創之哲學觀念，而與原始宗教上之天神信仰截然爲二，則孔孟之未明白詆斥舊日之天神信仰，非愚卽詐，亦非所以尊孔孟之道。至於原始宗教之天神信仰，固有爲未通過自覺之理性而盲目置定者，故夾雜若干不合理之成份。然原始宗教之天神，亦包含與任何之哲學的道體共同之性質。原始天神之爲萬物共同之本源，遍在於萬物，永恒且至善至仁，而啓示吾人之道德命令者，與任何哲學上道體觀念所具備之性質無殊。無論後儒所謂道、理、心、本體、太極，凡足以稱爲哲學上之

道體者，皆須具備此種種性質，而孔孟之天道亦然。原始人之相信有如此之天神，其精神境界，自一方言正較今人之不信任何形上眞實之懷疑論者、唯物論者、自然主義者爲高。而原始人覺一切天高地下，山峙川流，鳥啼花笑，皆爲一精神人格之顯示與表現之宇宙觀，亦與一切高級宗教之宇宙觀無殊。如此之宇宙觀，至少遠較近代視自然爲無生命、無精神之原子、電子之配合之宇宙觀爲有意義，有價値，爲多情、爲美，爲更近於眞實。故吾人根本不當鄙視原始人之宇宙觀與天神信仰，而孔孟之之天道觀念自原始之天神信仰轉出，並非褻瀆孔孟，而正所以見孔孟之能不經任何思辨上之委屈，直接印證原始宗教信仰中所含藏之眞理，吾人所須注意者唯是孔孟之如何一方印證原始宇宙觀之眞理，一方淘汰其不合理之部份，而使天神信仰轉化爲天道之形上實在之觀念。而唯此乃孔孟之眞正偉大之所在。

吾人如將原始之天神信仰，與孔孟之天道觀念相較，二者之同點卽天神與天道皆爲萬物共同之本原，遍在萬物而永恒者，且同爲至美而啓示道德命令者。至其不同之處，則爲天神信仰中常有四種信念相附，而皆天道觀念中所無：一在原始之天神信仰中，恒視天神爲擬人之人格，而想像之爲能動作、能言語、能發命令之一實際存在之大人，此爲天神之人格性。二爲以天神存在於吾人之心以外，吾人之心雖可與通，而其本身終爲超越於吾心者，此爲天神之外在性。三爲人對天神有各種現實的希求與願望，且將我之慾望反映於天神，以天神爲有欲者，於是對之作交易式之祭祀與犧牲，此爲天人相對而有欲性。四爲以人之外在的禍福，如貧賤富貴死生利害皆原於天神對吾人之賞罰。天神之賞善罰惡唯表現於人所實受之外在的禍福，此爲外在禍福與內在善惡之不相離性。

此四者皆原始之天神信仰中所含之不合理之成份，匪特爲孔孟之天道觀念中根本不需含有之思想，亦且爲其他更高級宗教中所需轉化之思想。在其他高級宗教中轉化此數種思想之辦法，乃以天神爲一種超越我們之人格之一種無形的人格，雖在心內而天神與我心終有一距離與間隔之存在，遂仍爲超越人心者。人對天神雖不當有現實之祈求與欲望，對之作交易式之祭祀犧牲，但仍須以祈禱表示對神之依賴，以祭祀犧牲表示我對神之虔敬。且天神雖不賞罰於現世，仍將賞罰於死後或來世。其用以施賞罰之禍福，可純爲內在的精神性之苦樂之賜與，然終不能全超越禍福之觀念。關於高級宗教之如何轉化此四種信念之詳，今不能論。然在孔孟之天道觀念中之出現，則必須先根本淘汰此附於天神信仰之四種信念。此四種信念被淘汰以後所成之天道觀念，即是一純粹之形上實在。此純粹之形上實在之觀念與高級宗教之天神觀念，其差別甚爲難言。自哲學言之，西方之形上學家對天神所規定之內容，實大體同於吾人所謂形上實在。大約對同一之形上實在，如吾人自覺充滿罪惡與缺憾而不能自拔，望此形上實在之至善完滿，推之而上，則宛若一超越吾精神之人格而對之祈禱，則此形上實在無異天神，吾人仍有宗教活動。如吾人自覺能直接承擔此形上實在之至善完滿，則將此形上實在徹之而下，而但視爲內在於吾人之心而啓示我以道德命令，主宰我之一切形下行爲，規定我行爲之方向與性質者，則此形上實在便只是一形上實在，卽只是天道。吾人但有道德活動。基督教化太初有道之道如天神，而儒家之孔孟則直接化過去之天神爲天道。此是吾人之根本見解。

四、對天神之報恩意識為由天神觀念至天道觀念之轉變關鍵

在以下吾卽將指出中國儒家化過去之天神爲天道之哲學智慧之根據。此根據我將溯之於儒家所承之中國古代宗教中之重報恩之道德意識，與其所新建之道德之形態。

關於人類之宗教意識，通常皆強調人對神之恐怖、希望與祈禱，此誠爲宗教意識之核心。然人在自以爲得神之助力賜福以後，對於神同時有感恩之意識。而人在保持其天神信仰時，對於其一切意外未嘗預期而獲得外在的幸福與精神之啓示，恒歸之神；而感恩之意識尤強。此種感恩之意識爲宗教意識中最純粹之道德意識。蓋人之所以感恩，可原於以先之欲望，然感恩本身乃感對方之愛，直接對此愛之一反應。此時吾人對此愛本身感恩，卽與此愛覿體相遇，承受之而謀有以還報之。還報之情欲發而未發，欲發而自覺一時所能發之還報並不足與所接受之愛相當，遂轉而爲感恩。故感恩爲純粹無慾望之道德意識。此在人與人間之感恩固如此，在人與神間亦然。唯感恩之本質，必趨向於還報。在此還報之意識中，乃對對方之愛，先以吾之敬遇之。由敬以引出吾用以還報之愛，順吾之敬之承對方之愛，而伸展吾之愛以直達於對方。故此中包含對方人格價值之體驗與尊重，及我之人格價值、我之道德自

我之創建。唯在宗教之感恩意識發動之時，如我同時反而自觀我之罪孽太深，恒覺自己不配還報，其愛神也，亦不敢自以爲此愛足以報答，則轉而自增益其感恩，而增加其皈依於神之宗教意識。然如宗教性之感恩意識發動之後，並不同時轉而反觀其罪孽之深，而直順還報之趨向而向對方伸展吾之愛，謀所以報之，則皈依於神之宗教意識轉弱，創建其道德自我之意識轉強。我以愛還報於神，而又自覺其愛之不足以還報，則我之愛一方復凝爲誠敬，一方化爲體神之愛一切人之心以爲心而愛及羣倫之愛。此中吾人之體神之愛一切人之心以愛人，可自二種意識出發。其一爲覺吾之愛人但爲順承神意，此中可不包含我之愛人乃自創建其道德自我之意識。一爲吾之愛人，亦即所以報神之愛我，此中卽包含我之愛人同時爲我之自創建其道德自我之意識。故順吾對神之感恩而求有以報之，並強調此報之意識，爲依賴於神之宗教意識，轉出自創建其道德自我之意識之關鍵。在報神之念中，以感於神之愛爲無限，故吾亦自然儘量開拓吾之心量使吾之愛擴大而向上作無盡之伸展以愛神及羣倫。以吾之愛之向外施，以平衡支持我所受於神之愛。我愈施而愈受，亦愈受而愈施。而我之道德自我由茲建立。在此報神之恩之宗教的道德意識中，因直接以神之愛爲所報，故使神日成純粹之精神而無形相，亦使神日益爲超想像。吾人直接以對方之人之愛爲所報時，則對方外表之動作與言語皆爲象徵，而成非重要者。在吾欲有所報之時，吾直接接觸對方言語動作中所表現之愛，而著眼在自己之如何報之，則唯存對方之愛宜報之念在心。對人如此，對神亦然。故人唯以報神之愛存心，則使人日覺神爲超想像之形相者。又報神之愛時，吾唯以吾之敬與愛之精神態度遇之，則神成在內心者。吾之報神之愛爲純粹之道德意識而無欲望，則此時之神亦爲無欲者。吾之報神之愛爲一善，然吾有此善，吾並不求神之賞以福。吾但覺吾不報之爲罪。吾亦非爲避神罰之禍而報神。故此中善惡之意識乃迥然離賞罰禍福之念而獨立。故吾將以報恩之意識之強調，爲原始宗教精神之所以轉爲儒家道德之關鍵。原始天神信仰中不合理之部之所以漸被淘汰，而轉化爲天道之觀念亦卽以報恩之意識之強調開其機。

中國原始宗教意識中之富於報恩之意識，蓋自古已然。蓋人受恩多則必思報，少欲則願報，不自覺有罪則能報。西方原始宗教意識中之較缺乏報之意識，吾人可謂其由於西方原始宗教意識中，人以所受災難之多，欲恒未足，故恒覺天神之可畏，覺受天神之恩少，自己之罪重。故對天神希望祈求之意多，報之意識弱。然在中國原始宗教意識中，以人受自然之惠多，則覺受天神之恩多，缺罪孽深重之意識，而對天神感激讚嘆之意多，報之意識強。然中國古代宗教意識中報之意識之所以強，其最大之原因，仍在中國宗法制度之確立。宗法制度確立而重孝，所謂事親如事天，由是而特重祭祖先父母。人之祭英雄可出於希求之意識，而人之祭祖先父母則較少希求之意識。人對父母自然之恩誼不可斷，生前之報恩不足以盡人子之心，則至死無窮。而人之祭父母以致其誠，自必以報爲主。連類及於祖宗，亦希求之意少。由祭父母祖宗訓練出之報恩意識，並及於與祖宗同祭之天神，所謂事天如事親，則對天神亦報之意識重。周秦儒家更於此特提出報之意識，以祭祀之本誼。對祭祀中有所希求之意識，特加壓抑。此卽吾所謂儒家所承於中國原始宗教意識中報之意識而特加發揮者也。今試舉儒家之言證之。

> 禮記祭義：君子反古復始，不忘其所由生也。是以致其敬，發其情，竭力從事以報其親，不敢弗盡也。
>
> 樂記：樂也者，施也。禮也者，報也。樂樂其所自生，而禮反其所自始，樂章德，禮報情，反始也。
>
> 郊特牲：萬物本乎天，人本乎祖。此所以配上帝也。郊之祭也，大報本反始也。

又云：

> 社所以神地之道也，地載萬物，天垂象，取財於地，取法於天，是以尊天而親地也，故教民美報焉。家主中霤而國主社，示本也。

凡此等之對一切神之祭祀，皆重報之意識。友人鄧子琴先生中國禮俗史曾以之爲中國禮俗之特色。然此重報之意識，蓋中國原始宗教信仰中所原有，且乃重祭父母祖先之必然結果。儒家特提出此點，與以說明，固非儒家所憑空創出。祭祀之重報與重求相反。重求則培養人在神前自卑之意識，重報則神恩雖厚，我能致其誠敬以報，則可以減愧怍之意，當人在神前致其誠敬，而竭志盡情時，同時亦自建立其道德自我而潛具一人格尊嚴之自覺，遂不覺神人之高下迴殊。故重報本身，爲一種使神人更接近、轉平神人關係之一種精神意識，亦卽升人而漸齊於神，使神更減其超越性者。此乃一種增強人之道德意識，減弱人之宗教意識之一種宗教的道德意識。

五、普遍的道德精神之重視為完成天神觀念至天道觀念之轉變者

然儒家之所以能眞正轉化原始宗教中之天神信仰爲天道之觀念，匪特賴儒家所承繼而特加重視之原始宗教道德意識中之報之意識，且在儒家對道德意識本身之普遍的重視。道德意識與宗教意識之根本差別，在宗敎意識重對神力之承認與信賴，道德意識重對己力之承認與信賴。此二種意識常互爲增上。如宗教意識之提高，可提高人之道德意識，反之亦然。故二種意識可互爲根據。然在特定之意識內容中，二者不能同時爲主導。恒此爲主彼爲賓，彼爲主此爲賓，其更迭而互爲主賓，卽成此隱彼顯之形態。故此二種意識不必相否定，然在一特定意識內容，只其中之一能爲主導。當宗教意識居主導之時，則一切道德之努力自力之成就，皆歸於神力。當道德意識居主導之時，則一切道德之努力，但

覺其出於自力，覺神力皆化爲自力之形態出現。故宗教意識之極端形態爲自覺自己但爲無限之神力所通過之虛廓，自覺自己全無力。道德意識之極端形態，爲自覺有無限之自力至誠而爲神。愈自覺無力則愈有求於外之神，愈自覺有力則愈無求於外之神。而任何有求於外之心皆易轉出求神之宗教意識，任何無求於外之心亦易引發自求之道德意識。儒家精神與宗教精神之不同，即在盡量培養人之道德意識，教人絕去一切有求於外或有求之神之心。故儒家最重自求，即求諸己。所謂永言配命自求多福，所謂行有不得者皆反求諸己，所謂盡其在我，自強不息，皆全是信自力盡自力之教。信自力盡自力以支配自己、改造自己、完成自己，全是道德之精神。信自力盡自力而無求於外有二義。一義爲禍福利害得失觀念之超越，一義是無求於神。人之禍福利害，主宰不在我，人求福，復知其可得禍；人求利，復知其可得害。即此求福求利之念，本身中有一委屈。人遂覺其求福求利之力有限制，故人對其求福求利之力未有能絕對自信者。人以其自力，用於求外在福利之時，必覺無自力之可信。故人眞欲求有可信之自力，必不將其自力用於求外在之福利，而必將歸於用之於道德之目標，縱求福利亦必須出於義務之意識。由此而一切力皆向自身用，其欲用其力以影響于外，亦必先通過對自己之支配與改造，使自力之能影響于外，純爲自然者，不待求者。此種將用於外在之目標之力轉而用之於內在之目標，表面爲求自力之收斂，實際正是求自力之伸展。自力之伸展，必用於其可伸展之處，而唯用於道德之目標，乃能眞得自力之伸展也。此是一義。另一義則爲無求於神。此義一方與前一義相連，而爲前一義之結果。蓋人之有求於神，恆爲求神之賜福與利。故不寄其精神於外在之福利，卽絕去求神賜福利之念，於天神之不賜福利亦無所怨。故孔子曰不怨天。人不怨天而於天無所求，則減去人對神之求之一部。然人之求於神，尙有求神以去罪之意。如人之求神，唯是求其去罪，則吾人之求神乃求一比自己精神力更大之一助我支配自己改造自己之精神。則此中之神，純爲一道德的人格。此道德人格吾最初固可信其爲超越的客觀存在，而與吾個人之精神爲對待者。此仍是有我以外之神。然若我之問題唯在支配自己改造自己之道德行爲，則我自己之精神力與此超越的道德人格之精神力，必同樣在支配自己改造自己上顯其作用，且同樣實現於我之道德行爲。夫然則自我之道德行爲上觀之，此二種力乃交會爲一而不可易者。故吾人如眞以道德問題爲唯一之問題而着眼在行爲之道德化，必視神力卽貫注於自力，神力皆顯示爲自力，而神力之觀念同化於自力之觀念，而天神對我所示之道德命令，卽視爲我自己所加於自己之道德命令。我所加於我自己之道德命令出自我之性。則天之所命亦被視爲出自我之性。我對我或天對我之道德命令示我以行爲之路道，示我以作人之道理，於是覺人性之所示與天命之所示，皆唯是當然之道。道德命令示我以行爲當由之道，必先有此道之自覺，乃有行爲以繼之。欲行爲之繼之，必念念不忘此道之自覺，注目於此道之所指，順道之所指以用其力，則此時之天神在吾自覺之中，亦但爲一指示道者。天神之意識全顯爲一天道之意識，且此天神必視爲卽在吾精神之中者。而唯吾感道德之命令，又自覺罪孽深重，道德之努力若無從開始之時，乃有天神觀念之復蘇，覺有天神在吾精神之外而對之祈禱之宗教活動生，此亦卽天道之復化爲天神，乃天道推而上之結果。蓋當吾人道德活動繼續不斷之時，吾人但以行道爲事，吾人精神不斷順此道以向前活動，則吾所信之天神卽必被信爲隨吾之精神活動而指示我之道路且助我行道者，此卽謂天神不能落後與吾之精神有距離，乃必貫澈於吾之精神與吾之精神不可分者。由此則在吾之精神外有天神之念不立，而但有天道之意識，此乃將天神徹之而下之結果。然此天道之意識，雖非一超越之天神意識，但仍同時是一形上實在之意識。蓋此天道雖顯於我心而爲我所自覺，然此道乃不斷顯示者。其未顯非無，其不斷之顯必有其根於隱。故此天道復爲超自覺者形而上者。且此道旣顯卽對我有所命令而有不容我不遵從之力，故又爲實在者。至於此天道之所以不只被稱爲超自覺的形上之人道，且被視爲超自覺的形而上之天道。則以雖顯於我此人之心，然不特顯於我一人之心，且兼顯於他人之心，並可言顯於自然。而我此人乃屬於整個之宇宙，爲整個宇宙之所生。此卽孔孟之所以轉化宗教性之天神意識，爲哲學上之天道意識，仍不失爲一普遍的形上之實在意識之故。而此中轉化之所以可能，全以道德精神之重視爲關鍵，亦且爲儒家重視道德精神之必然結果。由如是之轉化而體此天道以行爲，卽是順我心之性而行。而我之知我之性，卽是知天，存心養性卽是事天。於是知天事天，不須以精神自我否定之意識爲之媒介，而知天事天之事卽在積極的順我性而行之行爲中。由此而在神前自覺罪孽卑遜求依之人生態度，轉而爲自覺天命卽性，吾性本善，剛健獨立自強不息之人生態度。前者由自我否定以肯定神於自我之上是曲道，後者直承天道而伸之是直道；前者是人離於天而求還歸之意識，後者是人繼天以前進之意識；前者欲人先超形以上升於形上之神，後者欲人之踐形以下注此形上之道於形中。轉前者成後者卽中國之原始之宗敎意識至儒家之形上的道德意識之一貫相承，而儒家建立此形上道德意識，原始宗敎意識卽漸自然融入其中也。

六、由天道觀念至體天道法天道之道德精神與藝術精神

吾人上言原始的對天神之祈求意識與天神爲超越之意識之化除，首由於報恩之宗敎的道德意識之重視。次由道德活動普遍的重視。單純之報恩意識並不足使人無外在天神之信念，然由道德活動之重視，則使天神化爲啓示人道德命令之內在天命。天命出自人之性。由此而報天恩之意識轉爲畏內在之天命之意識。內在之天命但爲示我以道者，故天神只爲一道之顯示者，而其本身亦可只視爲形上之道或道體。然吾人當知由此內在天神之道化而觀外在之天神（卽表現於我以外之他人心或自然之天神）則外在天神亦道化。於是內外之天神但爲啓示一普遍人物共同之道之天道，而報天之意識轉爲體天道之意識。此體天道之意識，是體內在之天道，亦卽體外在之天道。由是而體內在之天道而踐之，爲盡性之道德活動。體外在之天道而踐之，爲法天之道德活動。然法天卽盡性，知性卽知天。知天亦卽所以知性，由是而報天之祭祀本身，可只視爲人所當爲之道德活動。人之報天，非向外施吾之報之一活

動，而是體此合內外之天之道，亦卽顯心之性之活動。體道而法之，顯性而盡之之道德活動，全部是報天之實事。而報天之祭祀亦可謂此全部實事中之一事。全部之道德之意識皆報天之意識，而報天之意識亦成全部意識中之一種，由是而報天之宗教意識與道德意識合而爲一，統成一合內外之形上的道德意識。此中之合內外爲哲學意識，報天事天爲宗教意識，盡性爲道德意識。然三者融合而爲一，卽宗教，卽道德，卽哲學之意識。而自其別於原始之宗教意識言，則不言其爲宗教意識，而名之爲形上的道德意識，謂之爲由原始的宗教意識所轉化融入之形上之道德意識。然轉化融入者，卽既保存而又超化，黑格耳所謂超化的保存是也。

此報天之意識透過形上之道德意識，而化爲體天道法天道之意識。在此意識中若舍其知己性、盡己性一面(此卽形上道德學之心性論與修養論)不論，則體此天道、法此天道，可純爲觀我心外之人與自然中之此道之顯示。觀我以外之自然中此道之顯示，此爲形上道德學之自然宇宙觀。觀我以外之人之同具此性，人羣社會中之此道之顯示，人類文化之歷史中此道之顯示，此爲形上道德學之人類歷史文化觀。由報生萬物以養人之天神之宗教意識轉出觀此道如何顯現於自然之宇宙觀，由報祖宗所自生之天神與祖宗之神而思祖宗之精神，轉出觀此道之如何顯現於祖宗之精神，過去聖王之精神、人類之歷史。人類報天神與祖宗之恩，當法天法祖宗，故觀人類之歷史當體察人類之歷史中之此道之顯現，而上繼祖宗聖王之志，更求與一切同能行此道之人共同充量實現此道於未來之歷史文化。由是而言，內在之個人道德修養遂通於人類之客觀精神，見於承先啓後之社會政治之事業，由是以成就儒者之歷史文化之使命感，對社會政治之責任感，內聖外王之學之全貌。至於觀自然宇宙，則當於萬物之生化發育中，默識天之大生廣生之德，而天道卽生道仁道。故論語載孔子讚嘆無言之天曰：天何言哉，四時行焉，百物生焉，天何言哉。禮記載孔子答哀公何以貴天道，曰：貴其不已，如日月東西之相從而不已也。不閉其久，是天道也。無爲而物成，是天道也。已成而明是天道也。「天有四時，秋冬春夏，風雨霜露，無非敎也。地載神氣，神氣風霆，風霆流形，庶物露生，無非敎也。」易傳載孔子曰：「天下何思何慮，日往則月來，月往則日來，日月相推而明生焉。寒往則暑來，暑往則寒來，寒暑相推則歲成焉。往者屈也，來者伸也，屈伸相感而利生焉。」凡此等等皆卽在此感覺所對之自然中觀此時行物生、健行不已、覆載萬物之天德，而於天德中見天之生道與仁道，天之生德與仁德。。此中謂天爲無言無爲無思無慮，則所以表示此天非復原始之宗敎中之能言能動作能計慮之天神，而唯是一萬物所以生，所共由之生物仁物之天道。由此而人與自然乃欣然相與，脈脈通情，觀天地之化育中之仁，卽所以觀吾之仁，養吾之仁。此卽孔子之所以讚曾點之游春，風乎舞雩（舞雩祭天禱雨之處，言風乎舞雩而不言其他，其義可思。）詠而歸。後儒之所以不除窗前之草，卽轉出儒家之藝術精神之一面。此藝術精神之另一面則爲重自抒性情，賦詩言志，歌以直己，陳德於人。觀樂以知人之德，使人我情通之詩樂之敎。前者本於知我與自然，皆同具此道。後者本於知人我皆具此性情。而人之性情固亦本於天道，則二種藝術精神未始殊，而但爲同一藝術精神之二面也。

七、論天神觀念中之至善的形上實在信仰之保存於孔孟之天道觀念中

吾人以上論中國原始之天神信仰之轉化爲儒家哲學中之天道觀念，其關鍵在儒家之對於道德精神之重視。而其歸結則爲體天道之表現於自然宇宙之中。儒家之天道觀念與天神觀念之不同，在後者爲一超越的精神人格，而前者但爲啓示人以道德命令教訓之一形上實在。而二者之共同處，即皆爲一遍於萬物之至善之實在。儒家由道德精神之重視，將天神觀念異於天道觀念之性質除去，天神之觀念即轉化爲天道觀念。此即上文之所論。唯儒家由道德精神之重視，不特有將天神觀念中異於天道觀之性質除去之作用，亦且有保存天神觀念之同於天道觀念之性質之作用。此即謂由天神觀念轉化爲天道觀念，原始宗教信仰中所包含之對於遍在萬物之至善之形上實在之信仰，仍不致喪失，且可賴其維持。吾人若深觀人類之宗教精神，吾人可發現人之所以保存其至善之天神信仰，與人之否定任何超越之形上實在，恆出於同一之有求於外力之幫助之動機，人以有求於外力之幫助，以去罪苦而信一客觀之至善精神人格。而人若失其要求，則恆反而全否認此客觀至善之精神人格之內容，於是於任何形上實在亦不相信，則天道之信仰亦不能保存。故由有神論而轉爲無神論與唯物論，實至爲容易。而二種思潮

在歷史上，亦恆相反而相開啓。由是如吾人居於古代時期，對人所共信之天神，根本不對之有所要求；吾人自始可不肯定天神之根本性質爲滿足吾人之欲望者，則吾亦將不由其不能滿足吾之欲望，而全部否定其存在。若吾人自始卽重視吾自己之道德活動，而純以實現吾認爲善之理想於我之行爲之中爲事，則吾所遇之自然之災難，吾將視以爲鍛鍊人格之具，而不直接以之爲天之不仁於我之證明。吾固可以災難爲天之所降。然我之克服災難之能力亦天之所降，二者相衡吾不能定後者之必弱於前者，則吾不能證天之必不仁。而在吾之自強不息之道德精神未懈弛之時，吾必不疑災難之可克服。如眞至不可克服之時，吾可虔敬的承擔之，此仍是一種道德精神。吾以此精神承擔災難，吾仍可不以天於我爲不仁，則天必不仁於我之想念，根本無自而生。故在道德精神主宰之人生態度，由天不仁於我，以證無至善之天神，無至善形上實在之推論，根本無安立處。此之謂不怨天。不怨天者，初無求於天之意。無求於天則無論於順逆之境，皆不以天命爲不善。由是天神爲超越之人格之觀念固可不立。然天神爲至善之實在之觀念，則不須否定。而人之無求於天，唯以道德之實踐爲事，則人皆可由自知其心能合道德命令，而知其心之性之善，自覺其道德命令自內心深隱處而流出，由未形而形，則不能已於相信有形而上之物事，此物事乃至善者，如吾人前之所論。而凡道德上之命令，皆命我作某種超於自身利害打算之事，最高之道德命令則爲踐大公無私之仁。道德命令皆非自軀殼起念者。吾人若又能不自軀殼起念以觀此道德命令（此語吃緊），則吾不得溯其源於我之軀殼，而終當直覺其根源乃一超小己之形上物事，大公無私之形上物事。而此觀念則與天神之爲大公無私之至善之實在無別。故吾若以道德精神主宰我之人生態度，必不至對至善之形上實在之天神作一往之否定，且將本於視人如己之仁心，而信人亦有與我相同之善性，信此至善之形上實在，亦貫注於他人之心以至表現於自然萬物，爲自然萬物所賴之以生者。吾人之眞相信一至善之形上實在貫注於人心，表現於自然萬物，爲自然萬物賴之以生者，誠有一大困難之處：卽吾人觀自然萬物之發育生長，雖可暗示宇宙間有一至善至仁之天道，然自然萬物一方雖在生長發育，一方亦在死亡摧折，而萬物與人間之彼此相殘，及人之各種罪過，尤足阻撓吾人之相信宇宙間之有一至善之形上實在貫注於人心，表現於萬物。蓋人物皆本於一至善之根原以成其性以生，則人不應有各種罪過，人物不應相殘，萬物不應有死亡摧折也。

此種之相信有至善之形上實在之困難，蓋爲人之懷疑天神或天道之一般的根據。在常識中及哲學中，皆被視爲摧毁有至善天神或天道之信念之理由。吾今不能詳爲辯駁。然吾人有二點可特別提出。卽吾人之處處看出人物之死亡摧折與人與萬物之相殘，乃但通過吾人之感覺以看世界，且處處着眼於個體人個體物及其關係間之結果。若吾人自始不是取通過感覺以看世界之態度，或雖通過感覺以看世界面而不着眼在個體事物之關係間，但着眼於一自然之全體之變化之流；則凡有所毁，必有所成，凡有所消，必有所長。此死則彼生，此衰則彼盛。天不仁不德於此物，則有仁有德於另一物。吾人誠通觀宇宙之全，則首先否定吾謂天爲不仁不德於物之判斷。誠然吾若但自天所生之物，皆無不由生而死由長而消以觀，則天之所表現之仁與所表現之不仁二者可相等，而萬物共由之天道爲仁道之說可不立，則天道亦無所謂至善。然此問題是在吾人是否可謂有一自然宇宙。吾人但自萬物之無不滅以觀自然宇宙，則吾人可自其生以謂有自然宇宙，亦可自其無不滅，以論根本無自然宇宙。吾人若可謂自然宇宙爲無，則吾人根本無天之道可論。而吾人有天之道可論，必尙有自然宇宙。然但自然宇宙尙存，則此自然宇宙中總有其生長發育之事，卽天總有其所仁所德之物。卽天之生道仁道，總有所表現。吾人此時但着眼在此道在自然宇宙中之相續表現，而不着眼在表現此道之任何個體物，則個體物雖有死亡，然不能由之以建立此道不存。吾人唯一可建立此道不存之時，唯在無物生之時卽無自然宇宙之時。然此所證者乃無天，故無此生道，非有天可無此生道。有天則有此生道，着眼在道卽可不着眼在個體物。則個體物之死亡，不足破壞天有此道之信念。此中人所感之困難，在人之理智活動總是要向個體物沉墮。旣沉墮於個體事物中，則其看自然之全體，便從歷數個體上看。如此則所謂自然之全體爲一空名，而唯是諸個體之和。而諸個體之間恆相害相殘，不以仁相遇，則人卽以自然全體爲不仁之局面。由是而有至善之天道表現於自然全體之信念，不能維持。然此中自然之全體一名，是否等於各個體事物之和，其本身爲一空名，乃問題之關鍵，須大費討論，今不能詳者。然吾人今至少可指出人在不取理智之分析態度以觀自然之變化時，吾人可直覺一自然之全體，如吾人到自然界，對之取一欣賞觀玩之態度，吾人可覺一切山光水色花放水流成一整全之景像。吾人此時可不分析此景像爲無數之自然物，而一一歷數之以構成全整之景像。反之吾人誠如此分析而歷數，亦不能構成一全整之景像，而吾人在欣賞觀玩自然界之景像時，吾人於此景像中之變化之流，可有整全之把握。而在對之有整全之把握時，吾人可覺自然界有一生機之洋溢，可覺一生道之表現於萬物，吾人此時如分析此自然之變化之內容，吾人固可謂凡有一變化卽有一事物之消滅或死亡，並謂此美景之下，潛伏無數個體事物內之競爭與相與之不仁。然吾人此時如根本不在個體事物上措思則可不覺此競爭或不仁之存在。蓋此之消必繼以彼之長，此之滅必繼以彼之生，則呈現於前之自然，唯是表現生道仁道之自然。唯有繼續之生長，乃有自然之可觀。由此可見將自然視作各個體物之和而觀之，雖可以發現不仁之存在，而以之懷疑至善之天道。但將自然視作一全體而觀之，則無不仁之道之可見。然吾人如將自然全體，視作各個體物之和而觀之，則自然全體成一空名。則此所謂自然爲不仁或無仁不仁之謂詞，非以自然全體爲主辭而加之於上者，以其爲一空名也。然則所謂自然中有不仁者，唯謂諸個體物內之相遇有不仁而已，非可當作全體看之自然之有不仁也。若吾人不以自然全體爲一空名，而以爲實境。則直下承擔此實境之全而觀之，便爲只能表現生道表現仁道者，而不能謂之爲無仁。故吾人可不承認天（卽自然全體）之名有所指，以不承認有天之生道仁道。然承認天之名有所指則不能不承認天之生道仁道。此爲必須細識之第一義。

其二爲吾人之所以覺自然於某物有不仁之時，必吾之意念着於某物之時。意念之着於某物，乃吾之理智活動之沉墮於此物之見毀於某物之時。然吾若但以單純之理智活動着於某物，而於某物無所愛，則其傷害或死亡吾並不覺其由他物對此物有不仁。吾之覺他物對此物爲不仁，必待吾對此物有所愛有所仁之反照而見。唯吾望一物之不毀而生存，乃竟被毀於他物而死亡，然後覺他物對此物爲不仁。如吾愛一物而見其毀於他物，卽證他物之不仁，亦可由吾之愛一物而見此物之由他物之使之生，而證他物對之有仁，而謂凡物皆依他物對之仁而生。故如吾根本於物無所仁，則不見物之有所不仁。如吾可見有他物於此物爲不仁，亦當見有他物於此物之能仁。如吾人否認一物之生原於他物之仁、物能仁他物，則吾人於一物之毀，亦不當謂其原於他物之不仁。如吾人不許一物之毀原於他物之不仁，則萬物之相與亦無不仁，則唯留我對物之仁心獨立於天地之間。我對此仁心具其仁性遂爲絕對者。而我由天而生，天生我而我心能知仁道行仁道，則天之具此絕對之仁道亦可知矣。

由上可知吾人誠以道德精神主宰我之人生態度，以觀自然全體，則既不能由天之不仁我，以證天道之不仁，亦不能由萬物相遇之有不仁而證天道之不仁，而吾人唯一可生之疑難，至多唯是天之仁道之何以不能充量實現於人物之行爲中，使人物之相遇，皆無不仁。然此是天道之善之在形下未能充量實現，並不足否證其形上之眞實。而吾人誠完全爲一貫之道德精神所主宰，則吾之問題將唯是我如何使此形上實在更充量實現，而愛人敎人，位育萬物。此之謂以人道繼天道，以人贊天，而非天何以不充量實現此道於一切人物以滿足我。我若作此想念，卽是自我之欲望出發，而非自道德精神出發。若我處處以道德精神主宰我之人生態度，根本無欲求於外物，亦無欲求於形上之道，則於外物之不滿足我處，形上實在之未充量實現處，卽我當識取我之責任處，亦卽我之自強不息之精神所當貫注處，則此想念與問題，更何依以生哉。

由上可知儒家之道德精神藝術精神，乃一方化除原始天神信仰之異於天道信仰之處，一方亦同時保存原始天神信仰之同於天道信仰之處，此之謂保存至善之形上實在之信仰。吾人處今之世，今人之人生態度爲科學精神實用精神所主宰，人喜以理智活動分觀自然宇宙之個體物，以求利用之，故吾人恆須自科學精神、實用精神、理智活動之批判，通過知識論之討論乃能建立一至善之形上實在之觀念。此中之委曲固甚多，然如吾人居於古代之天道觀念未喪失之時，而眞爲道德精神藝術精神所主宰，以觀自己之心與世界，則天神觀念所轉化出之至善形上實在之天道觀念，正爲不待思慮卽可直覺其意義而加以保存者。而今之人若但姑試以道德精神藝術精神主宰其人生態度，而反省此精神所貫注之道德宇宙藝術宇宙爲何物而抉發其意義，亦終不能逃避一至善形上實在之觀念。唯對此觀念之信仰須自覺的造成，則不如古人對此觀念之信仰直接自對天神之信仰移來之親切而有味耳。

八、總論中國哲學史之發展途程與西方印度之不同

吾人以上講儒家哲學之轉化中國原始之天神信仰爲天道之信仰所經之途徑，卽可以解答中國古代

哲學史中何以無宗教與理性之衝突，何以無無神論與唯物論之哲學。在先秦哲學中除儒家最能承古代文化，在哲學上將天神信仰之合理部份全保留，不合理之部份除去外，道家之天與道及墨家之天皆保留原始天神信仰之一方面。道家之道與天所保留者乃天之形上的實在意義，而不重天之至善之義。墨家之天所保留者爲天之人格之賞善罰惡，及愛利人民之義。道家乃以個人藝術眼光看天，而墨家則雖以社會道德眼光看天，然此社會道德眼光亦卽功利眼光。墨家以天爲有人格，則保留原始之天神之觀念者爲多。然墨子信天神而非命，不免以天神爲有欲，不重人對天之祈求，又不重人之罪惡問題，且以天神之賞善罰惡之事，惟表現於現世界，重人之實際的努力，故終不能發展爲中國之宗教。至於道家之言天言道，則雖持天或道爲外在吾心，且無主宰作用之自然，然其天或道究不失爲形上實在，且道家重以藝術之精神欣賞自然，於是自然皆含精神生命之意義，故道家於原始之天神信仰，亦是自然轉化之爲天道之觀念。中國後代之哲學，承儒墨道而發展，故於天皆旣未明顯視之爲神，而復與原始之天神信仰，亦從未以爲卽西方自然主義者之無生命無形上根據之自然。在西方文化未輸入以前，一切哲人及一般人對天皆保存一種形上的虔敬之情，旣不同於西方宗教中求上帝相救之情，亦不同於西方哲人之對神之作純理智的把握，恆以之爲超越於感覺之自然以外者。中國人對天之形上之虔敬之情，主要仍與傳統之感恩之情和伴，而此天乃一方內在於吾之心、通於吾心之仁性之愛之情，一方亦內在於感覺之自然，卽在感覺的自然之變化流行生生不已中展露其實在性與至善性者。唯自西方文化及哲學輸入以來，以中西思想相較者，或見中國人之對天不似西方人之對神，則恆以中國之天同於西方自然主義者之自然。或見中國人之對天又不似西方自然主義之自然，則以天爲未發展完滿之上帝。數十年來國人習於西方之自然主義宇宙觀者尤深，故易以中國先哲之天，卽一自然現象之全體之名，以是於天道之名罕能得其解。不知西方之上帝，乃西洋宗教精神之對象，前者爲有生命精神形上之人格，純爲超越於現實世界者，而後者則爲無任何生命精神意義之機械，純爲外在人心者。而中國人之自然與天則兩者皆非。蓋中國人之思想，根本非科學宗教精神所主宰，中國人以道德精神藝術精神看形上實在，則任何形上實在皆一方內在於人心，一方內在於自然，而自然亦非不表現生命精神意義者。自西方哲學上之究極意義言之，神與我心及自然三者固亦可貫通。可謂共根於一道體。然西方哲學之肯定此道體，乃通過宗教之啓示，科學知識之批判，知識論之討論，以肯定此道體。在宗教啓示中人必先與神對待，在科學知識中人與自然必先對待。故加以貫通之而肯定其根於一道體，乃爲間接肯定。以其爲間接肯定，故對此道體終不能無距離感。而中國哲學之肯定此道體，但根據於道德精神藝術精神而肯定，故不須先強調道與我，我與自然之對待，卽可直接肯定我與道及自然之根於一道體。由是而對道體無距離感。間接肯定則論證多，直接肯定則譬喻多，有距離感則言之也嚴肅，無距離感則言之也親切。則中西哲學雖可滙通，而往昔之面目仍截然不同。凡此等等皆由中國哲學之承原始之宗教意識而發展，與西方哲學史情形之不同所致，可為知者道而未及一一申述以期共喻者也。

（一九四八年三月．「理想．歷史．文化」第一期）

至聖先師孔子二千五百年紀念

今天是孔子誕生二千五百年紀念，同時是中國人民正在深受戰爭的苦痛，中國之歷史文化已遭遇從古所未有之嚴重考驗的時期。亦是世界人類，正在加強其互相猜忌，可能再帶來一次人類浩刼，使人類瀕於毀滅的時期。我們在此時紀念孔子，我們應當如何的慚愧、反省與奮勉，才不辜負孔子之遺志，以應付來日的大難？這應是每一個中國人，及每一個世界知道孔子的人，所須想的一個問題。我現在從稍離題遠處說來。

我們相信人類文化之創造，乃古往以來一切人之共同的功績。雖最微賤的人，亦有其對文化之貢獻。但是我們同時必須相信：對於人類有最偉大的功績貢獻者，屬於最偉大的人。最偉大的人，不是帝王，英雄，而是聖哲。人類中之有聖哲，如羣生中之有人。人是生物，而不只是一生物；聖哲是人，同時是人類之永遠之師表，人類崇拜的對象。人類精神嚮往的標準，人類之歷史文化延續的柱石，國家民族凝結統一的象徵。

我常想：當一個人無所崇拜的聖哲時，其精神開始失去維繫；一民族對其民族之聖哲失其信仰時，其民族開始瓦解；當人類對於其他民族之具世界性的聖哲，不能互相了解尊重時，人類便只有由精神的不相通，而永陷於戰爭的紛亂中，人類無共同的先知的領導，到迷失他未來的道路了。

人類從有史以來，出了很多世界性的聖哲。除孔子外，如基督教的耶穌，回教的謨罕默德，佛教的釋迦，希臘的蘇格拉底，他們的精神都曾感召無數人的心，都是公認爲世界性的聖哲。我想先對他們都表示一點衷心的崇敬，對於他們之偉大卓越的精神，敍述我個人之一點淺薄的了解，在依據我的了解而對他們之精神，所作之解釋後，提出我們的孔子的精神與之比較，及孔子之敎對於當今之意義來，以之促進我們之反省與奮勉，兼貢獻之於世界。

我們崇敬謨罕默德。謨罕默德的敎義注重靈魂之淸潔，注重意思之眞誠。其一手持可蘭經，一手持劍，同我們中國人之脾胃不甚合，然而這亦表示其宣敎的熱誠。我們看可蘭經與卡萊爾在英雄與英雄崇拜中對謨罕默德之精神的說明，我們便不會輕加非議。

我們崇敬耶穌與釋迦。耶穌與釋迦之精神，與謨罕默德精神之不同，在絕對不是武力。耶穌的敎義是無盡的愛人，釋迦的敎義是無邊的慈悲。耶穌更使人人均通過對人類共同的父親之上帝之愛，而愛上帝之一切兒子。所以耶穌要人愛他的敵人。耶穌終於在十字架上爲人贖罪而死。釋迦要人人都去掉其無明與執著，而以大悲之懷，接受一切衆生之苦痛，爲衆生入地獄，他們那種絕對犧牲自我的精神，將永遠感動後世的人們。

人類所同崇敬的聖哲中，以上所述都是曾建立宗教的。然而蘇格拉底與孔子，卻都不是宣揚宗教福音的聖哲。蘇格拉底有無盡的愛眞理愛智慧之熱誠，使他處處向人求教，在街頭便與人講學。據紀載，他之深思，曾使他立於日光中一日一夜，第二天人去看他，仍未移動一步。他爲了求眞理而被人控告爲不信神，而從容服藥以死。在死前一分鐘，仍然與弟子從容論學。他是從希臘羅馬直到近代西洋的哲學家之父、教育家的模範人格，使東方人知道蘇氏之名時，卽比之爲西方之孔子。他當然是世界上一切人應當崇敬的。

最後說到我們的孔子。孔子一方面與蘇格拉底很相同。孔子好學而相信三人行必有我師，深思而終日不食、終夜不寢，設教而有教無類，以致大盜國儈均得爲其弟子，都與蘇氏同，使孔子成爲中國數千年來哲學家教育家之宗師。然而蘇氏一生之根本精神，只是求眞理與宣揚眞理，他只是一哲學家教育家。而孔子之根本精神，則不只是求眞理宣揚眞理，他是要承繼過去之傳統文化之全體，重建當時之文化，並開啓後世之文化。而蘇氏對於希臘之傳統之宗教文學歷史學術，則多取批判懷疑的態度，以成其爲純粹之哲人。所以孔子對於中國後世文化之影響亦及於中國文化之全體。蘇氏與希臘哲人對於西洋文化之影響，常只偏在學術方面。近代西洋文化之政治法律方面，主要原於羅馬，道德宗教方面主要原於希伯來。而在中國文化上，則無論學術政治，德教各方面之根本觀念，均主要原自孔子之教。

我們從學術之根本點，去看蘇氏與孔子之不同在：蘇氏之教重智慧，重正義；理性之德是智慧，靈魂之德是正義。而孔子則特重仁與禮。重理性智慧，故只偏重眞理。重仁與禮，則適於耶穌釋迦之宗教精神，且要承受過去歷史文化之全體而加以發揚。

原來孔子雖不是宗教家，然而卻有一種宗教精神。孔子之不是宗教家，由於宗教家對於人生問題之最後解決常在死後，所以耶穌教重末日之審判，佛教之成佛要經多刼的輪廻。而孔子的精神，則貫注在今生與現世。宗教家常不免信些迷信，孔子則不語怪力亂神，信而好古，這是學者史家的態度，亦與科學之精神相近。但在另一方，孔子又有豐富的宗教精神，偉大的宗教性信念。孔子之所謂仁，是人道，亦是天道。孔子的宇宙觀是一生機洋溢、發育萬物、使萬物並存不害的宇宙觀。所以整個的天地，卽是一仁道之顯示場所。孔子讚天之無私，承天之使庶物露生之教，以愛人類愛世界。孔子之仁的意識是一人生意識，亦卽宇宙意識。其中不僅包含深遠之哲學智慧，亦包含一切事天以愛人、愛世界之宗教精神，與耶穌之以愛人愛天之義，亦有相通之處。而孔子所謂仁愛，尙不似耶穌所言之愛，只限於人與神間，而且是及於物的。仁者對於草木禽獸均有情，所謂親親仁民愛物。由此而仁愛與佛家的所謂遍及有情之慈悲亦有契合之處。所以孔子與蘇氏之不同一點，卽在孔子於蘇氏之精神外，兼合攝耶穌釋迦之精神。

然而孔子當有一種更爲卓絕之一種宗教精神，一種宗教性信念，爲後來儒者所一貫奉持，而爲基督教徒佛教徒，及重批判懷疑之蘇格拉底所缺乏，並爲孔子之所以能承繼其以前之整個傳統文化，而其影響亦下及於後來中國文化之全體之故。此宗教精神，宗教性之信念，卽爲：對於過去之歷史文化之崇拜；對於過去之偉大人格，有恩後人之聖王祖先之崇拜；對於人性之善之信念，對於出於人性之理想之必然實現，亂極必治，仁道必光昌於太平之世，大同之治之信念。這一種對於過去之歷史文化之崇拜，對於祖先聖王之崇拜，亦依於孔子之仁教。因爲孔子之所謂仁，不僅要人通情於人，通情於物，通情於天地，亦要人通情於古人，古代之歷史文化之精神，然後仁之量，才能至乎其極。而仁者之心，相信其自己能仁而性善，亦必相信他人之能仁而性善，對於後生與來者不特不敢斷其不如今，而且相信其必能繼繼繩繩以實現祖先聖王之遺志，由是而亂極必治，仁道必光昌於太平之世大同之治之信念，自然會不容已而發生了。孔子及孔子以後之儒家，及儒家文化陶養下之中國人，因爲能以個人之精神與祖先聖王之精神相連，歷史文化之精神相通；所以常能在現在之短促生命中，體會到生命意味之深厚與悠久。而人性善之信念，亂極必治之信念，仁道必光昌於太平之世大同之治的信念，則使中國人深信違悖人性之政治社會，必不能長久存在；對於一切混亂之來臨，暴力之來臨，在內心中永不絕望：因而亦永不屈服，使正義終得伸張。

我們如果眞了解孔子教化之陶養下的中國人，對於生命之意味常感到深厚與悠久，對於一切混亂與暴力，不絕望，不屈服，而求正義之伸張，仁道之光昌；我們就可以了解，中國這個民族之所以過去經過了無數的災難，然而其歷史文化，始終未嘗斬斷之故，與孔子及以後之儒者與受儒家教化陶養之中國人之德性之另一面。表面看，中國人似乎什麼都能忍受，中國歷代儒者，都是寬柔以敎不報無道的。孔子在當時人與後代人，中國人與世界各國人之心目中，永是一溫良恭儉讓，慈祥愷悌，至誠惻怛的仁者。然而中國人的忍受，依於中國人生命意味深厚而顯出之彈性。寬仁的敎訓尤使中國常先自己退讓。但在另一方中國人之生命的彈性中，有一眞正生命的強度；在忍受到一定的限度，則化爲堅韌的反抗。中國歷代的儒者在其對人的寬柔之外，另有一種對事之求是非分明，與好賢惡不肖之剛義正直之精神。孔子在爲一溫良恭儉讓之仁者之外，同時是一夾谷之會上的勇者。孔子在處處以善養人以德化人之外，同時，對於鄉愿，對於訐以爲直者，居下流而好訕者，……深惡痛絕。所以孔子說唯仁者能愛人，能惡人。仁者能愛人，能惡人，所以孔子之仁道卽包含義道。蘇格拉底的特尚之義，在孔子之所謂仁中。仁者能愛亦能惡，所以孔子之仁與耶穌之愛又微有不同。耶穌只一味講愛，以致對毀滅自己民族之敵人，亦要愛。這當然是一種偉大之精神。然而只有自己犧牲的愛，常助長了對方的罪惡。更深的愛，是對對方之罪惡加以惡絕，加以貶斥，加以裁制，加以禁止，以使之免於罪惡。這就是說，仁必須輔以義而包含義。孔子卽是如此。所以孔子定心通體是仁厚，其個人待人處世亦處處見寬仁，然而其爲了行道，則善善惡惡樹義分明。因此，孔子在溫柔敦厚廣博易名的詩樂之敎外，尙有春秋之敎。春秋之敎，卽是善善惡惡的義道。春秋之敎中不能容許自己之民族國家之被敵人橫施不義，便與耶穌之敎不同。春秋之敎以國與國之間、民族與民族間，應互相尊重，相待以禮義。無故之以非禮待他國，或受他國之非禮相待，侵人與被侵，皆爲不義。由是而爲裁制對方之無禮不義，而保衞其宗社、其歷史文化之戰爭是春秋之所褒；自喪其歷史文化、自毀其宗社、以媚外而受凌辱者，皆春秋之所貶。春秋的理想是一切國均得延續發展其歷史文化，存其宗社，而講信修睦。所以春秋之敎，要興滅國，繼絕世。孔子一定要存魯，宗周，保諸夏，這不是一狹隘的民族國家之意識，亦不是天下一國之意識，這是一種依於對人類之仁而建立國際正義之意識。爲了正義，可以戰爭：則謨罕默德之保護回敎國家的劍，孔子亦可佩在身。孔子的義道，除表現在國際間，成國際正義意識外，表現於國家內部，則爲政治制度之建立，與對於破壞社會秩序之行爲予以刑法之制裁，及對於人民之經濟生活之重均平的分配，爲正義而生產，所謂「貨惡其棄於地也，不必藏於己。力惡其不出於身也，不必爲己」，而包含今所謂社會主義之精神。由是孔子之仁義之道之貫注到國際外交，軍事，政治，法律，經濟之各方面，與耶穌釋迦之敎，偏在宗敎道德方面者不同。所以耶穌的國家可以亡，釋迦的印度可以受回敎徒之蹂躪。耶穌敎徒可以只寄情於那永恆的天國，佛敎徒可以忘掉印度的歷史，而中國的儒者，與受儒家敎化的中國人，始終不忘其歷史文化之相續，在希望天下一家講信修睦的理想下，維持其國家之存在，至數千年之久。這就是因爲孔子及以後儒者之精神，是從天人之際的仁道上立根，澈上澈下，澈內澈外，存心以仁，行道以義，一面敬天愛人，寬裕溫柔，一面建立國際國內之義道，以延續文化之統緒，民族之生命之志，又極剛強之故。孔子之儒學，所謂內聖外王之學之全，不是如蘇格拉底之只偏重哲學、敎育方面，耶穌釋迦之只偏重宗敎道德方面，羅馬文化之偏重政治法律方面，今之社會主義潮流之只偏重經濟方面，而是通攝此等等方面於一貫的精神的學術。

不過我們在上面這樣推尊孔子之學的精神，絲毫無貶抑世界上其他偉大的人類的宗師之意。我們雖說孔子的精神最爲全備，但是偏至的精神可在一方面更造乎其極。而受孔子之敎的中國人因太重精神生活平衡，常易趨於庸凡，而少瑰意琦行。我們的缺點，我們應當比別人更淸楚。我們亦無以孔子之學中國之文化學術代替一切之意。我們正在想對於世界其他文化學術之長，多多接收。而且孔子的精神，卽學而不厭的精神。相信「言非一端，各有所當」，「萬物並育而不害，道並行而不悖」，是儒者的襟懷。所以世界上一切宗敎一切學術，到了中國，過去及現在之中國人，均欣然接受。中國歷史上不曾有過宗敎戰爭，儒家從來不曾對異敎徒加以殘害。我們現在何可故步自封，以孔子之學中國文化學術，代替一切？不過，現在的時代是一最大的紛亂的時代，有一國家的列寧曾說，他們在作上帝的創世紀的工作，他們正欲以唯物主義統制世界之學術文化，以物質之原理、鬭爭矛盾之原理，代替耶穌釋迦謨罕默德蘇格拉底孔子與一切人類的先知所昭示的精神之原理、仁愛之原理、和諧與秩序之原理。以爲過去之學術文化都只是封建經濟社會、資本主義經濟社會時代之意識形態，不復有永久之價值，而要現在一切文學家，藝術家，宗敎家，哲學家，科學家均爲其政治的目標而服役。人類自來聖哲的教訓均只許學術文化教育領導政治，然而他們正欲以政治領導一切，造成一有史以來之大顛倒。他們政治的目標，不僅要統制世界的財富，而且要統制人類的靈魂，這才成了對人類精神之最大的威脅。不過，他們之統制世界財富之目的中，包含將財富平均分配於人民，使人人皆免於饑餓失業，形成一社會主義經濟制度，這卻是一人類應有的理想，亦合古代聖哲哲教的，所以亦引起世界上許多善良的心之嚮往。這時如果世界其他的國家的人，只是爲保護資本主義社會的繁榮，或爭取世界的霸權而反對他們，這亦不是偉大的動機。如果只口中講基督教之愛的福音，佛教之慈悲的教義，而不爲人類之最實際的經濟政治的問題，眞求得一合乎正義理性之解決的途徑，亦將救不了世界。至於只是學耶穌的愛與謙卑，釋迦之慈悲與忍辱，及孔子之寬仁一面，而忍受一切暴力，亦將不能感化硬心腸的唯物主義的信徒，仍救不了世界。世界要得救，必須把基督的愛，釋迦的慈悲，實實在在實現在大多數人民之實際生活之改善，政治經濟社會上的平等序和諧等目標之達到，使仁道表現在國內的義道；同時以國際的義道保障各國家民族之獨立，各延續發展其歷史文化，由互相觀摩而融會。絕不能容許一國之宰制世界。然後可能使世界和平，人類免於毀滅。這亦卽是孔子的仁義之教，對於世界的意義，而我們中國人今日紀念孔子之意義一點亦在此。所以我在此不能不誠心誠意希望，我們同胞不要忘了我們的國家是孔子的國家。我們應當慚愧，我們未能使國內的人民在經濟生活上實現孔子所謂均平之義，在政治社會生活上，實現孔子所謂序與和之義，使民生日苦，招來戰亂。我們應當慚愧，我們數十年來之忘了自己民族之精神，文化之精神，不能使自己之學術獨立，靈魂失卻主宰，致許多人成了西方唯物主義之精神的俘虜。我們慚愧，我們當在孔子之靈前懺悔，反省，覺悟。尤其希望今之崇拜唯物主義的同胞，回頭來識取孔子之精神，以孔子爲宗師。人們之崇尚社會主義的經濟制度之精神是好的，但是要知此精神孔子及歷代儒家均有之，我們應以孔子之教爲本。社會主義之經濟制度之所以應當，其根據在心，不在物，在仁義之原理，不在鬭爭矛盾之原理。如果以唯物主義鬭爭矛盾之原理爲第一義，爲社會主義之基礎，必將攜帶人走向反社會主義之路上去，這話一時說不完。而且爲求財富之分配之平等，而使人失去政治社會之自由、國家民族之獨立、對於人類聖哲之崇拜，更是一種罪惡。這我們更須警覺。我們深信人類中的偉大聖哲的精神，總是千古常新。我們的中國永遠是孔子的國家，馬克斯永遠不能代替孔子在中國民族深心的信仰，猶如西方印度。在文化歷史短的俄國，馬氏才幸而居了至上的精神寶座。然而這不會久的。人之崇拜的情操，出自人的精神。所以只有一個崇尚精神之原理之耶穌釋迦孔子，才會爲人所永遠崇拜。人類永遠不會崇拜一個崇拜物質的人的。唯物主義者據至上的精神寶座，本身含有一矛盾在。所以在未來的世界，仍只有耶穌釋迦之精神之表現在社會政治經濟問題之解決上，孔子的仁義之教之具體實現在講信修睦的國與國之關係間；各民族各並行不悖的發展延續其歷史文化而互相觀摩，是人類求得和平的大路。唯物主義終不能統制人類之學術文化的，這是我們的信念。中國人現在的處境，誠然極艱難。中國歷史文化之發展，在遭遇著波折，但是中國歷史文化之大流，終是向著一定的方向。軍事的勝敗，政權的消長，從敎育文化的觀點上看是次要的。重要的是我們不能失去我們對歷史文化的信心，保持國家民族之絕對獨立之願望，則中國終將賴其自身之努力，以貢獻於世界正義之維持、人類和平之來臨與人類學術文化之進步的。這也就是我們在此孔子誕生二千五百年紀念日，所應自反省自奮勉，並可以之先昭告於世界的。

（一九四九年八月二十七日、九月二十二日「廣州大光報」教育部主編孔聖二千五百週年誕辰特刊）

自然與人文

什麼是自然呢?通常我們可以聽到以下三種定義:

(一)自然就是一切自己如此的。所以人也是自然,充量說便可謂人所創造出來的文化也是自然,則宇宙間只有自然,無所謂人文。

(二)自然都是爲人所見的,這所見的自然不能離開我們能見的心,則宇宙間只有主觀的心,無所謂客觀之自然。

(三)一切不由人所安排的就是自然。

以上的第一種說法,用自然概括了人文,第二種說法,以能知的心來統屬所知之自然,與第三種說法之粗簡,在這裏均爲吾人所不取。吾人此中所論之自然之定義乃爲:

(四)自然爲人所知以外之存在。

從我們知識之擴展的事實看,我們都可以肯定此一「人所未知」之自然之存在。且此一定義,可免客觀唯心論者以主觀的心來抹煞客觀的自然之弊。因爲就吾人所知之自然言也許是唯心的,但就吾人所知以外之自然言，便斷不能說是主觀的、唯心的了。

但如果自然是人所知以外之存在，則自然卽是一對我之知識言爲「無」，而其本身爲「有」之東西，則它對於我是幽暗的、混沌的。如是吾人對宇宙間至大至小所始所終之事，均陷入這迷惘的「無」的幽淵。

究竟這個「無」是什麼東西呢？我們不能從心這一面去了解它，因爲當吾人思想一個「無」時，我們卽有一想「無」的心了。所以我們只能從對象方面去求了解。可是，我們從對象上怎能了解一個純粹的「無」呢？因爲從對象上所講的「無」都是依於「有」而存在的，沒有「有」便沒有「無」。比如我們必須對一張有白的性質和紙的性質的白紙，才能說它沒有黑的性質和鐵的性質。的確，在我們的經驗中一向都沒有經驗過一個純粹的「無」，因此我們實在只能說一個無中帶有的「無」。於是吾人所謂由有至無，由無至有之變化中之所謂「無」，實亦非一絕對之「無」。所謂變化，從時間上言之，只是爲「無」所蓋之「無」自無中顯出，而現實之有再沉入無中爲無所蓋而已。有和無是一樣多的。於是我們的世界就是一方爲有形，一方爲無形；一面是驚天動地，一面是寂天寞地。吾人從混沌中滾了出來，又將消沉到這混沌中去，我們將永不能打破此一混沌。可不是嗎？從我們的生存時間言，前不見古人，後不見來者；從我們的生存空間言，東不知天涯，西不知地角，所淸楚了然者（非幽暗的，非混沌的）唯眼前之事物而已，其他一切事物無不陷入混沌與無明。故吾人處身於大自然裏，實如徬徨於濃霧之中。

以上乃吾人從對象方面觀察世界所必然產生之結果。然則吾人對此迷離撲朔的世界又會產生什麼樣的人生態度呢？我們可歸納爲以下十種：

（一）當我們用理智去思想宇宙之來源時，其後必歸到一混沌之觀念，因時間之追逑和空間的追逑卻是永無底止的，科學也將永不能打破這一混沌，如是而採取一不追究宇宙本源，不求打破混沌之態度，中國老莊哲學屬之。荀子所謂「聖人不求知天，大智在所不慮」之態度亦此。

（二）愈是朦朧的東西愈使我們產生趣味感，既然自然界是幻變無常的，混元一氣的，則我們更可投以趣味的眼光，使我們對自然世界之趣味更濃。

（三）在流轉的世界中，享受我們所有之生命，過去的讓它過去，未來的不加躭慮，而乘化於萬變之中，得當下之至樂。此如莊周之精神。

（四）對這方生方死的世界產生無寄感，覺世界萬物以至人們爲一莫明所始莫知所終之被拋擲者，由是可產生人生之宗敎，文學，道德，藝術等情緒。

（五）人固不免一死，但人死後復入混沌中之情形，究竟無人能知其爲苦爲樂，因此，吾人對此必然的命運——死——大可儘可能地想像其爲一至善至美的仙境以安慰人生。

（六）對這生滅無常的自然感到一莫大的虛空，由是而感人生之渺小與產生莫大之恐怖與戰慄，視人不外爲一有思想的蘆葦，時時在寒風中索瑟。

（七）宇宙一方表現爲生生，一方表現爲殺生，且宇宙間一切事物的生，皆存在於他事物之殺，如牛必殺草以存命，人必殺牛以養生是。由是而產生一造化弄人之感，如老子所謂「天地不仁，以萬物爲芻狗」是。

（八）對此一生一殺的宇宙感到不忍，更不願執一己之生命以毀他人之生命，而採悠然長往之超越態度，追求一永生之境。如佛敎是。

（九）在現實幻變的世界外，追求一神的世界，冀於此神的世界中獲得大光明，打破一切混沌。如基督敎是。

（十）對一生一殺之宇宙，順應其殺機一面，宇宙既然是充滿殺機，則我們亦不妨大開殺戒，此種順應宇宙陰氣一面的人生態度，乃一純否定之意志，當他殺機動時，其自己之生命亦不在乎，彼往往可與人同歸於盡！如今之鬪爭哲學是。

以上爲吾人從自然（對象）一面看世界所產生的十種人生態度。以下我們便從心這一面看世界，吾人將超越此一混沌而入於通明永恆之境。

從自然觀點看，人也是免不了要隨著這混沌的世界而毁滅的，可是人果眞也會永遠的沉淪嗎？有的哲學家曾從人怕毁滅而證明人永不會毁滅。因爲人之怕死，實在只是求生，而死之本身實不可怕，蓋人死後怕之本身亦不存在了，然則吾人只是怕「怕死」而已。但我們怎會怕「怕死」呢？既然怕死實卽求生，我們有什麼道理會怕求生呢？人因怕死而終於怕求生，這豈不是一大矛盾嗎？而且人如眞怕「怕死」，則「怕」之本身亦斷不能死，「怕」不死則生命不死。如是人將能超越自然之混沌而得著永生。但是我們現在不在此證明人文世界之不朽，而轉從心之本質——覺——上說。

我想「覺」之存在是必須肯定的，因為當吾人說無所覺時，吾人實已「覺」我之無所覺了。可是，究竟覺是一什麼東西呢？它只有作用而無內容，比如我們覺日落之美，此覺是無可捉摸的，說它是「無」吧，然而它又確有一覺之存在，所以它是超有無的範疇的。又當吾人覺一東西時，同時亦必覺此東西以外之存在。亦卽覺此東西之有，同時必覺彼東西之無。如吾人必覺一方形以外之無，始能覺此方形之有。故它又是統一有無的範疇的。又因心之覺乃有記憶想像等能力，記憶使已墮入過去之混沌中之事物重新重現；想像使在未來混沌中之事物得以預現，故它又是通有無之範疇的。其餘還有許許多多的性質，均可證明心之超自然生滅無常的世界。故當心不與自然發生關係時，它只是「寂」，而不是「無」。心靈世界自然具通明永恆之境。

現在讓我們來談談由物質進至心靈的各個階層的存在意義吧：

究竟什麼是物質的普遍性呢？是聲、色、香、味嗎？不。因為空氣就是一無聲、無色、無味、無嗅的氣體。則這些都是物質之偶性而非物質之根本屬性。然則物質之普遍性是什麼呢？除上述的幾種性質外，我們還可以舉出物質有質量、不可入性、惰性、運動性等，然此等性質均爲一空間性，則物質之根本屬性只能說是空間性。蓋物之質量性乃表一充實於空間之性質，其不可入性乃表一緊佔一空間之性質，其惰性乃表一不易移動其所在之空間之性質，其運動性乃表一突破空間之限制至另一空間之性質。故凡充實於不同之空間之存在，卽爲不同之物質。於是一切物質都是互相外在，互相限制的，在每一物質中只有其自己之存在而無他物之存在，所以物質本身之世界實在是小得可憐的，它的世界只在其自身所佔之空間之中。但物之能運動，能自此一空間到彼一空間，以打破其間之分立性，則又表示物之存在意義增加了。惟一切物質之運動均憑能力，而物之運動愈久，能量耗費愈多，結果其質量亦愈減，甚至完全消散，故其體與用不能一致，乃其根本之矛盾。

上面我們已說明物質是一存在，那麼生命又是什麼呢？生命固亦一存在，但它還能作種種求繼續其存在之活動，所以它的存在意義又增加了。當物質遇著足以毀滅它的東西時，它便只有等待毀滅。可是，當我們提起一根棒去打擊一頭貓時，這頭貓便會逃避或反抗，甚至一根幼芽遇到阻碍時，也會儘量把它的嫩芽伸到有陽光的地方，生物這種的適應環境，改造環境的本能或活動，我們可以說也在求保持其存在。更有別於物質之存在者，就是物質之存在是互相外在，互相遮蔽的。但生命之存在卻是互相感通，互相內在的，它存在於其他之存在之中。最明顯的事實就是生物的新陳代謝作用，此一作用卽表示生命與外在之環境貫通。然而，就生命上言，我們也可以分成植物和動物兩種不同層次之存在，通常植物都只能站在一定的空間中生活，而動物則能自由運動，所以前者的存在意義又比後者少。然就動物這一存在言亦可分爲三種不同的層次。其一卽靠本能生活者，如蜂蟻。此種動物之活動乃受先天安排者，彼只能依其先天規定的生理機括而活動，故其存在意義較少。其二爲靠經驗活動者，如狗馬。狗也有保持過去的經驗底心理的能力，故能作交替反應。其存在意義固當比以上的都高，但狗的交替反應不一定是自覺的。其三卽爲靠自覺的心活動者，這就是人。人不獨能保留其過去之經驗之影響，而且能自覺的重現其過去的經驗如在現在，這就是回憶。人除有回憶的能力外，復有想像之能力，如是乃有內心世界，精神世界之開闢。此內心世界，精神世界表現於外就是文化，文化是一存在，故人之心靈不獨能使曾經存在的事物繼續存在，且能創造存在，使從未存在的事物存在。如是人文世界乃得大放光明，從幽暗無常的混沌中超升於通明永恆之境。這我們在心靈與文化一題中另講。

（唐端正筆記・一九五二年四月十六日「人生」第三卷總第二十九期）

孔孟精神

孔子極高明而道中庸，與柏拉圖之欲由庸凡以漸進於高明不同。孔子之言，皆不離日用尋常，卽事言理，應答無方，下學上達，言近旨遠，隨讀者高低，而得其所得。然以其不直接標示一在上之心靈境界，故讀者亦可覺其言皆平凡，不及西哲之作，如引人拾級登山，勝境自闢。然「泰山不如平地大」，王陽明此言之眞足千古。在平地者誰知平地大？唯曾登泰山者乃益知平地大。故必讀西哲印哲書，而後益知中國先哲之不可及，知中庸中之高明也。若夫未能讀西哲印哲之書者，則讀孔子之言，必須去其我慢，體會涵泳，優柔厭飫，終亦可受其潛移默化，而神明自得也。

孔子元氣渾然，一片天機。孟子則浩氣流行，剛健光輝。其所爲言皆截斷衆流，壁立千仞，直心而發，絕無假借。其性善之義，仁義內在之說，發明孔子之微意，從此爲中國人生哲學立下不拔之根基。人皆可以爲堯舜，而人格之無上之尊嚴與高卓於焉建立。盡性卽知天，而萬物皆備於我，上下與天地同流，徹上徹下，通內通外；西洋哲學中內界外界上界下界之分皆成戲論。性具四端，人皆有之，推擴充達，念念皆份內事，止於自己之內，而祈望嚮往無所歸宿之空虛之感，無自而生，天國之希慕無自而起。孟子之功偉矣。

孟子所處時代，異乎孔子，爲戰國後期，類乎現代所謂「權力政治」流行之日，亦爲學術思想上各走極端之日，故孟子立言尖銳與徹底，與孔子執兩用中者異矣。

孟子曰：「吾嘗聞大勇於夫子矣，自反而不縮，雖褐寬博，吾不惴焉，自反而縮，雖千萬人，吾往矣。」

「敢問何謂浩然之氣，曰：難言也，其爲氣也，至大至剛，以直養而無害，則塞於天地之間。其爲氣也，配義與道，無是餒也。是集義所生者，非義襲而取之也。」

「由君子觀之，則人之所以求富貴利達者，其妻妾不羞也而不相泣者，幾希矣。」

「生亦我所欲，所欲有甚於生者，故不爲苟得也。死亦我所惡，所惡有甚於死者，故患有所不避也。」

「天下有道，以道殉身，天下無道，以身殉道。」

「天下無道，以身殉道」八字之中，何其自信之深，自任之重，自己犧牲之壯烈，今日之眞對民主有信心、出死力以與共產黨爭者，豈不應如是耶。孔孟兩家之根本精神，不外智仁勇之三種達德，數千年來將此等名詞讀得濫熟，成爲一種口頭禪，不加細察。若就仁者不憂，智者不惑，勇者不懼三句中之不憂，不惑，不懼三項，施之於吾人所以於今日民主與極權對峙之日，而後知不憂，不惑，不懼之何等重要。然非有平日愼思明辨之功，出之以毅然決然之行，曷克臻此乎。

（一九五二年五月一日「人生」三卷總第三十期）

人文主義之名義（註）

此文乃我在新亞書院講「中西人文主義之歷史發展」之一導言，仍保留講演時語氣，讀者諒之。

一

人文主義四字中，文之一字，夙爲美名。如尚書堯典稱堯曰「文思安安」，舜典稱舜「睿哲文明」，大禹謨稱禹曰「文命敷於四海」。尚書此諸篇縱僞，亦可姑引爲證。至於人文二字連用，似乎以易傳中「觀乎天文，以察時變，觀乎人文，以化成天下」一語爲最早。禮記說「三年之喪，人道之至文也」。後來公羊家尤喜論「人統之正，托始文王」的道理。故人文這名詞，原是中國固有的。不同於個體主義、集體主義、一元論、多元論、觀念論、實在論等乃西方學術上主義的譯名。現在人聽說人文主義，便想到西方之 Humanism，還有人想到 Humanitarianism 的。又有人譯 Humanism 爲人本主義。以人文主義爲 Humanitarianism，明明是錯誤。後者應譯爲人道主義，是博愛一切人，對一切人皆有同情關切的意思。以人本主義譯 Humanism 未嘗不可。這樣便是與主神本之宗教思想，主物本之唯物主義相對的。西方近代意大利 Humanism 興起時，確是反對中古之神本，而又尚未流於物本的。Humanism 亦可流爲物本，如弗爾巴哈之人文主義，卽開馬克斯之先河。人文主義亦可以科學爲根據，如赫胥黎等之人文主義。中國以前有一潘光旦先生，卽是據生物學以講人文主義。但人文主義不必反對宗教思想，不必否認神之存在，更不必否認物之眞實，亦不必以科學爲根據。譬如美國有一人文主義者白壁德 Babbit，這人的人文主義，在民國十一、二年曾經東南大學一些先生，由學衡一雜誌，介紹至中國。他的思想，哲學根基不深。介至中國，影響亦不大。他便是主張人文主義與宗教科學分開的。他以 Humanism 主要精神，在重人文的教養，以陶冶出完滿的人格。宗教科學的問題，可爲他所不問。此外人文主義亦可承認有神，如今之倡多瑪士之人文主義者。說這樣看來，則 Humanism 可以對於宇宙竟是以神爲本，以物爲本，以人爲本的問題，置諸不論。說人本，便免不了同神本物本相對抗的意思。這在西方，固常有此情形。但亦不必如此。如方才說之白壁德之人文主義，與基督敎思想以前之人文主義思想（如西塞羅之思想），便都不必是對抗神本物本的。所以我還是主張把 Humanism 譯爲人文主義爲妥。

不過 Humanism 雖宜譯爲人文主義，但中國之人文思想，是否卽可譯爲 Humanism 呢？這從字源上說不全相同。因 Humanism 之 Human 乃一形容詞，乃人的、人性的、合人情的、人世的。其中並無文化一字之義。不過西方之 Humanism，實際上皆重文化敎養，故可譯爲人文主義。至於中國之人文之人，則可是形容詞，亦可是名詞。文之一字，在中國之涵義特豐。文之一字，使人直接聯想到：文字、文章、文制、文敎、文運、文思、文命、文明、文華、文化等。而 Humanism 一字，則不直接聯想這許多。Humanism 之一字，好像會使人見人不見其他。所以把中國之人文主義譯爲 Humanism，在字源上說是把意義縮減了。而實際上中國之人文主義思想，與西方之 Humanism，在中西學術文化中之地位之輕重大小，亦截然不同。這尤會使我們將中國之人文主義譯爲 Humanism 時，在內涵上受了委屈。

關於中國之人文思想與西方之 Humanism，在中西學術文化中之地位輕重大小之不同，牟宗三先生在「人文主義之完成」(民主評論四卷十三、十四期) 一文中亦說到。卽人文主義在西方學術思想中，並非一主流。人文主義之運動，在近代西方有許多實際文化上的成就，如促成社會政治經濟制度上的改革。但在學術思想中卻尚未形成一主流的地位。譬如在宗敎思想與一般自然科學思想中，固然很難講人文主義。在哲學中，西方幾從未出一自稱人文主義而又居第一流地位的哲學家。實際上是近乎我們中國人所謂人文主義的西方哲學家，自稱多爲理想主義者，或唯心論者 Idealist。亦有少數自稱爲實在論者 Realist，或經驗主義者、實用主義者、存在主義者的。哲學上的 Humanism 似乎是太庸俗的名詞。而此名之字源，如「人的」、「人性的」之形容詞，似嫌主觀色彩太重。與擬人主義 Anthropomorphism 差不多。所以哲學家都不喜歡此名。西方哲學中的理想主義者，或唯心論者，乃實際上最重人與其文化的。其重人卽重人的心。人的心可以上通神明，而下涵萬物。他們的思想正是一方與神本思想相對，一方與物本思想相對。他們的思想，可說是西方哲學思想中之一主流。但尙不必能算是整個文化思想中之主流。大體上說，他們之以人的心可上通神而下涵物，最爲與中國整個文化思想主流的儒家思想，以人心爲上通天而下通地者相近。所以我嘗主張將中國儒家之人文主義，譯爲理想的人文主義，Idealistic Humanism 或人文的理想主義 Humanistic Idealism，這一譯名，雖不能完全相當，但在意義上似比較切合一點。

其次對於主義二字，我想亦解釋一番，此乃西方 Ism 之譯名。此在西方文字結構中，本只居語尾的地位，寥寥三個字母，其意味並不重。什麼 Ism，不過是著重什麼觀點，取什麼態度的意思。但譯爲「主義」二字，就好似非常著重的樣子。自從政治上的主義流行，各政治上之主義恒互相排斥，以至順我者生，逆我者亡。於是標榜一主義，便更成了一嚴重的事。講一種主義，便似要把思想限制束縛於其中。所以有人要反對一主義。但是另外的人又說，你反對一切主義，便是你的主義，此是虛無主義。我又可反對虛無主義，而倡一反虛無主義。則主義二字仍然去不掉。其實此處的問題，都是由把主義二字看得過於嚴重引起的。而此初又是主義二字之筆劃較 Ism 多，所先造成一幻覺。主義卽主要的義理，或主要意思。此卽中國古人講學所謂宗旨。宗旨卽所宗的旨意。我們對於主義宗旨，都應從其積極的方面去講。一主義，一宗旨，乃積極指出一思想方向，以積極規導思想的進行。而不重在消極的排斥其他思想。所以我們講人文主義，大家亦不要把此事看得太嚴重。以看今日流行於中國社會之政治上之主義去看，尤爲不妥。人文主義之價值，全在其積極的一面。他不僅不當限制束縛我們之思想自由，而且要成就我們之思想自由。他不僅不會與一切含眞理的主義相敵對，而且他正當肯定在各種人類文化領域中之各種主義之相對的價值。因爲人只要看事物有一觀點、一態度，便可有一 Ism、一宗旨、一主義。人類文化中之主義，原可以是無窮無盡的。人文主義，便當是願意肯定此各種主義之價值的主義。

二

我們以上所講的是人文主義四字之中西譯名的討論，和我們當有的理解。其次我們當說人文主義究竟是什麼。這從最寬泛的意思講，卽尊重人類與其文化的一種觀點、一種思想、一種態度、一種信仰。文化包含軍事體育。所以人文之文不與武相對。武亦是文之一種。文化中包含自然科學，所以自然科學雖與人文科學相對，然不與人文之概念相對。以至宗教，亦是人文之一支。這樣說所謂尊重人類與其文化，其涵義實寬泛無比。無論什麼人，只要對人類文化之某一方面，加以尊重，都可稱爲人文主義者了。這樣，除了自然人，都可說是人文主義者了。這對不對呢？我說這本是對的。本來一切人只要尊重人與文化之一方面，卽都是人文主義者。以至說自然人卽候補的文化人，及候補的人文主義者，說人卽等於人文主義者，亦是對的。但既然人都本來是人文主義者，我們又何必要講人文主義而提倡人文主義呢？

對於這問題的答覆，亦可以學禪宗說，本來是不必講的。講亦等於不講。但是在此地不宜玩弄禪機。我們應當這樣答覆，卽人雖本來是人，是在文化中生活，是尊重人與其文化的。但人可以忘了他的本來，或未能自覺他的本來，或不能充量的發展他的本來，充量自覺他的本來，因而不能充量的尊重人與其文化。而且人可以厭棄他自己，與其文化。由是而人之自覺的思想，可以是反人文的、非人文的、次人文的、或超人文的。——關於這些名詞，我們以後再說——而非眞正自覺的充量的尊重人與其文化的。我們所以要講人文主義，是要使人眞正自覺的充量的，尊重人與其文化。這卻常是一般人及許多學術史上的思想家，所未能作到的。許多學術史上的思想家之思想，正常是反人文的、非人文的、次人文的等。人文主義之思想，在此點便與他們相對，而且與他們辯論、衝突。由此辯論、衝突，以使人文主義之思想，日益發展而充量。這就形成人文主義之歷史發展。在此發展途程中，人對人與其文化之價值的認識，由淺而深，由狹而廣，其對人與文化之尊重亦由淺而深，由狹而廣。人亦須不斷宣揚此思想，實踐此思想，使其影響及於社會，以幫助一切人們之更自覺其爲人與其所生息之文化之更深廣的價值，而更尊重之。此卽人文主義思想之所以不能不講之理由。故其所以要講，乃是有所對的、有所爲的。「對」是對反人文非人文等思想，「爲」是爲完成人之自覺其爲人與所生息之文化之價值。如果所對的莫有了，所爲的目的達到了。人文主義當然亦不須要講。而以往之一切講，亦歸宿於不講。但是此「所對」恐永不能無，此「所爲」恐永不能全達。所以人文主義永遠要有人講。而在一時代一地方的人所講的人文主義，亦或偏重此面，或偏重彼面，或比較未能充量，或比較更能充量。於是人文主義與非人文主義之間，便有一界限。不能說只要是人的學術思想，便都是人文主義的思想。然則我們如何劃人文主義的思想與非人文主義的思想之界限？什麼是標準的人文主義的思想呢？或什麼是標準人文主義者之自覺的基本信念呢？如果我們能答覆什麼問題，便可對以上之廣泛的尊重人與其文化一語，加以進一步的規定。

什麼是標準的人文主義者之自覺的基本信念，亦似很不易答覆。各人的看法，恐似難完全一致。縱然一致，而說出的語言仍可有出入。照我的意思，中國儒家之人文主義，是已有之人類人文主義思想中比較合標準的。我現在卽依中國儒家思想中大體上共許之義，來說出人文主義者自覺的基本信念，我希望這些大都是老生常談，亦可爲西方之一切人文主義者所共許，而不致引起太大的爭論。這樣我們可以根據此標準去衡量討論中西之人文主義之歷史發展。所以我便只把他們機械的排列在下面，除了最後三條外，皆不多加解釋。大家看看，對不對？

（一）人爲萬物之靈。人以外可以有萬物或有天神，人不必在萬物之上，但人至少爲萬物之靈。

（二）對人與人之各種關係，卽各種人倫關係之尊重。此中應包括對親近者、疏遠者、生者、死者、今人、古人、現實的人、理想之人、個體之人、集體之羣，各種人倫關係之尊重，乃爲充量。

（三）對人類文化之各方面之尊重。人類文化活動除直接表現於人倫間或人間社會中者外，尙有直接表現在人對超人者——如神——之關係中者，如宗教、形上學；表現於人與物間者，如生產技術，如出自人對山水之審美感情，與對生物之愛護之意之藝術文學，皆爲一種文化活動。究竟人之文化活動有多少，我們可暫不討論（一般讀者可以看拙著「心物與人生」一書第三部第四章以得一些基本認識）。我們可以說無論有多少，我們便都應對之加以尊重，而在原則上，求無所遺漏。

（四）對歷史之尊重。因歷史卽人類之相續的文化活動之所成。個人之文化活動，亦恒依於他人與過去人之文化活動，而後能有。故尊重文化包含尊重歷史。

（五）人之人格價值，高於人所表現於外之一切文化活動、文化成績之價值。人格價值是本，是內在的、絕對的。表現出之文化成績之價值，是末，是外在的、相對的。一個偉大人格，縱然不識一字，外表上無任何之學術上藝術上之創造，其人格之內在價值，仍可至高無上。如武訓。誠然，有本固可有末，有內亦可有外，如武訓依其人格而去辦學校。但武訓所辦之學校可以不存在，其價值是相對的。而武訓人格之價值，則是永恒存在的，是絕對的。此是人重於文之意。

（六）對學問上之通識與專門知識專門技能，均加以尊重。而以前者爲後者之本。因人既然對人倫之各方面、文化之各方面，與歷史之價值，都加以肯定尊重，人便應有學問上之通識。通識所以可貴，正在其能肯定尊重各種專門知識、專門技能之價值，而使各種專門之知識技能，得相容而俱存，並行而不悖。通識與專門知識專門技能，是互依以存在的。

（七）對各種不同之學術思想，對持錯誤之學術思想之人之尊重與寬容。因爲不同的學術思想，可以是各見一方面之眞理，不必互相矛盾，因而都對，而莫有誰是錯。至於錯誤的思想，亦是人所發出的。我們反對人之錯誤的思想，並不必連帶反對其人之本身。所以程伊川先生到廟宇，對佛像仍甚恭敬。他說某雖反對其理，亦敬其爲人。人文主義者之反對人之錯誤思想，可以對其錯誤思想，一一加以駁斥。此猶如醫生之要爲人治病，只去病而不是要去其人，而且正爲了愛人。

（八）人文主義者，對於非人文主義或反人文主義的思想，常要認之爲錯誤，而與之辯論，望有以校正之。但是他可以一方與之辯論，一方了解其思想之所以產生之心理背景、人格背景，與其文化背景、歷史背景。知道其所以有此錯誤思想之原因。於是他可以對這些他所反對的錯誤思想，亦自其爲人與其所處之文化環境，與之以一人文的解釋。故最理想的人文主義之思想，不只能說明他自己之爲眞，而且應當是對於他人或歷史上非人文主義、反人文主義之所由來，都能與以一人文的解釋。在人文主義之思想，對其反對面之思想。都能一一與以圓滿的「人文的解釋」時，此反對面卽亦涵於其自身之內，而可不再與之相敵對。

（九）理想的人文主義者，最後還當有一信念，卽他之人文主義的思想，都是由自覺人之所以爲人，文化之所以爲文化而來。如此之自覺，是他之所能，故亦爲一初人之所能。他可以相信，只要有人，便有文化，只要有人有文化，便有自覺人之所以爲人，與文化之所以爲文化的人文主義思想。故只要人存在，則人文主義思想亦必然會存在。所以人文主義者，可相信人文主義之思想永遠存在。縱然古今之一切記載人文主義思想的書籍，都被人燒完了。只要有人，這些思想，還將再現，這些書籍，還將再有。如莫有人，這些思想可以莫有。然而這些關於人與其文化的道理，亦許仍可存於天壤間或存於天心之中，這是理想的人文主義者，可有的宗教信仰。

三

不過在我們未講中西人文主義之發展之先，我們似還須先討論非人文主義、反人文主義之思想是如何來的。因我們已說過，人文主義之思想是與非人文主義、反人文主義相對的。人文主義思想，亦卽多少賴有此相對的思想，與之衝突激蕩，而後有其歷史的發展。我們又說理想的人文主義者，應當說明非人文主義、反人文主義之來源。但是我們要從原理上說明非人文主義、反人文主義思想之來源，我們又須先對人類與其文化之關係，人類文化之內容及各種人文之概念，先有一更淸楚的認識。這些對於後來所講，皆頗關重要。我們能先講明這些，則非人文主義、反人文主義之思想，何以會產生的道理，可以只簡單的提一提，待以後再隨歷史上的具體事例，再加以說明發揮。

對於人與文化之關係，我們都知道文化是人創造出來的。但人如何會造文化呢？關於這一個問題，中國之「文」字本身，可與我們以啓示。「文」字據說文說象交文。我們可說文化，是由人與人交，人與物交，人與天交，造出來的。亦可說是人之心求與身交，又求與物交，求與他心交創造出來的。現在先跟著後一層意思說。我們知道人有心有身，身中有生命，身體又可說是物。此物又與他物相交接。心與有生命之身與物三者相交而和合，我們可稱爲三和。在此三和中，三者之關係，有二種。一是由物交身而引起心之感覺觀念，此爲一由外而內之關係。此爲人之自然性一面。另一關係，是由心主宰身，而運物，此爲由內而外之關係，此爲人之精神性一面。「人之心自覺的要如何主宰此身與身所關聯之物，使之能表現心中之觀念理想，以實現其精神性；遂客觀化以此觀念理想於外界，爲他心之所感，以化及他心」之活動，卽稱爲文化活動。其所成就者，卽稱爲文化成績或文化。故只有物與身，固無所謂文化。只是內心中有一觀念理想亦不成文化活動，而只是心理活動。必須心中之觀念理想，充於內而又形於外，此所形於外者，又可爲他心所感而入於他心之內，以引起他心之觀念理想，乃成文化活動，而有所謂文化。故文化可稱爲精神之表現，或客觀之精神，而爲心與心、精神與精神相交之媒介，亦恒爲此相交之成果。此可說是一切文化活動之共性。

至於文化之內容，或文化之不同領域、不同方面，則可自人心之求與身物及他心交時之不同目的、不同態度，而表現不同關係，與以說明。我們所謂他心，可以是指他人之心，亦可指鬼神之心，或仙佛之心、上帝之心，此我們可統稱之爲屬於超人以上之天者。物界，則我們可稱之爲屬於人以下之地者。由此我們可以藉中國之「文」字之圖形，把我與人及天地之關係畫出來，再依我心之不同態度之表現，把文化之不同領域之涵義等指出來。

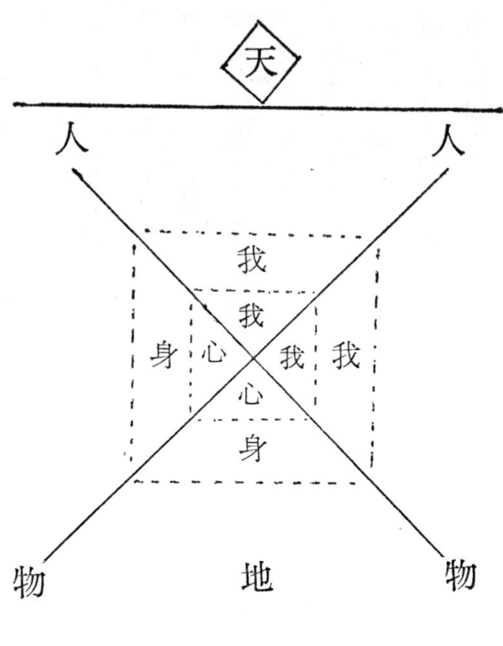

在此圖中，由我心求上達於天之理想或觀念，而有對天的信仰皈依之態度，遂有宗教精神。在宗教之精神下，我們身體對神禮拜。此時我們之身體之禮拜動作，即爲宗教精神之客觀表現。我們呼神之名，即以口之發聲，表現我們之宗教精神。我們將香花奉獻於神，即以香花之物表現我們之宗教精神。此一切稱爲宗教儀文。然無此儀文，則宗教精神失其表現，而不得稱爲文化中之一部，而只有主觀的宗教心理。

在此圖中，由我心對物之利用態度，並依心中之理想觀念，而加以製造之態度，而有各種生產技術，而造成各種之器物。又由我心對物之欣賞態度、審美態度，而欲將心中所想之美的想像、意境，表現爲種種之創作態度，而有各種雕刻、建築、圖畫等藝術活動，而有藝術品之創作。此諸藝術品，與人造各種器物——無論是直接用來達經濟上之目的，或供其他文化活動說之用者——可稱爲文物。

在此圖中，我與人相接，我與人有各種倫理關係。在各種倫理關係，我要對人表達我之感情與思想，或靠我身體之動作、面部之表情，或靠我口中之發聲，手之繪出一圖像。此後二者，則發展爲語言文字或文辭。而前二者，則發展爲人與人間動作態度上之禮文或儀文（包括容儀、儀表。）。人與人關係，除直接相與時應有倫理道德的情誼，與此情誼之表現於禮儀外。尙有爲互利而交易所有之財物，或共同生產財物，彼此分配財物之經濟關係。又有共組織一團體，而分配工作與任務，推選一團體之領導者，共同製定一團體中生活之公約規則等之社會、政治、法律之關係。由此次第演變發展，而有各種經濟社會政治團體之組織方式，與各種人在團體中應有的活動方式。此種方式，亦卽各種經濟社會政治法律之制度。此可統稱爲「文制」。而一切禮文儀文，含不可不遵守必當遵守之意義者，亦可包含於文制之中。

人之以文字，記下口說之文辭，記下各種倫理關係中，人與人相互對待之儀文，及規範社會之文制，而書之於竹版紙張之物之上者，曰文籍或文典。故文辭一名，亦可概括文藉。統文制、文辭、儀文而言曰文章。（如論語所謂夫子之文章，乃兼指詩書禮樂而言。）人之由流行於社會，及歷史傳下之文辭、儀文、文制而受教育，使人由自然人成文化人，曰文教。文教之運行於天下，曰文運。文教之運行，使自然人、野人，不得不遵奉，曰文命。如大禹謨稱禹曰文命光於四海。

文教之普被，文運、文命之及於四方，而化及他人、自然人、野人，或後起之人，曰文化。文化之光輝透達而更無障碍之者，曰文明。如舜典稱舜曰睿哲文明。故文明亦可稱爲文化之果，或文化之成績。

一切文辭中、儀文中，直接的倫理道德關係中，社會政治之組織中，文章、文教、文命、文化、文明中之條理秩序，曰文理。能順文理以成就文化、文明等之人的內心德性，曰文德。文德卽文之質。人之求如何表現文德順文理，以成就文化文明之內在的心思，曰文思。（如堯典之稱堯，曰欽明文思安安。）

文辭在表情表意之外，再以文辭形容文辭，譬喩文辭，烘托文辭，則文有華彩而爲文華。文物儀文除了能達原來目的之外，再加上花樣，亦有華彩而可名文華。文華是在文辭、文物、儀文上的一種「對原來之目的爲非必須」之一種「純形式的增益」。此不是直接附於質或表現質之文，卽非直接表現文德文思，表現人心之觀念理想之文（或客觀形式）。而是一文上之文，形式上之形式；是一飾文之文、刻劃形式之形式。文華之產生，可以依於文德文思之有餘裕、質之美厚，遂不得不於文上加文，形式上加形式，乃足稱其質。但亦可由質之薄、文德文思之薄，而欲於外面之形式上之加形式，文上加文，而補質之所不足。此卽爲文之虛僞化，或文敝之原始。而使文之不敝者，則不僅賴文辭、文籍、儀文、文物之保存，且賴質之不亡，人之精神之代代相續，先後互相感召。此古人之所以重文獻。文與獻（人物）相輔，而相續存在，卽「文」與造創文之「人」之精神之相續存在，則文可不敝。此各種與文相連之名辭，皆中國所固有。我們以上略析其義，我想可大體不悖於古義，亦可用來說明中西之人文主義思想之發展，而又可見其相關連之處。今再繪一圖表示其關連。

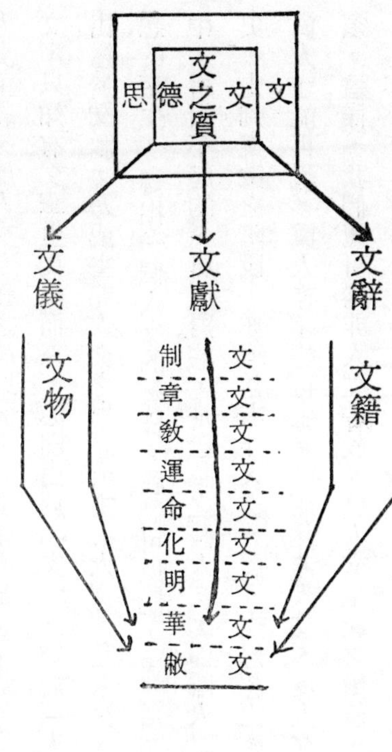

上面一圖文之質貫於文德、文獻之一線，可一直貫至文華二字一半之處。以表示文華可原於文德本於文獻之精神，亦可離於文德與文獻之精神，由此而可生文敝。而所謂文之敝，卽由文儀、文物、文辭、文籍之離其質，而只成文華而來。故又以二線連文儀、文物、文辭、文籍四者，於文華與文敝。至於文儀、文物、文籍、文辭之如何只成爲文華，以致文敝之歷史事實之情況，則俟後詳。現在只希望大家記得文籍、文辭、文儀、文物之只成文華，便生文敝一句話。而此卽是一切非人文主義、反人文主義之所以發生之根原所在。非人文主義、反人文主義，都是由人之崇尚離質之文，只知有文華生文敝而來，亦卽由於「文」之離於「人」而來。非人文主義、反人文主義者，都是由鑑於文敝，乃或主非人文之思想或主反人文、超人文、次人文之思想。由是而我們可以對於這些思想的產生，尋出一個人文的解釋。我們可以說，這些思想之非人文、反人文，其實際上，或其深心中，所看不起的、所反對的，是已敝之假人文，卽離人之文，而非眞人之眞人文。然當人類之人文歷史，走到文敝之階段，亦理當有非人文、反人文思想之產生，以掃蕩此已敝之假人文離人之文。然後眞人才能再現，眞人文才能再生。因而此非人文、反人文之思想，卽對人文主義本身之發展，亦為必須。這樣，我們便可對非人文主義、反人文主義之價值，亦可自人文主義之立場，解釋說明其何以會存在，在一時間亦當存在，而與以一肯定、一尊重、一安頓了。

我們在以後便可本此觀點，去看中西人文主義之歷史發展中，如何有文敝，如何生出非人文、反人文之思想，與人文主義思想之如何不斷再生，而升進到更高的人文主義之思想。此便非本文講演之所及論了。

（一九五四年二月「人生」第七卷總七十五期）

註：本編初發表時，有下面一段「引言」：

「我曾在新亞書院文化講座講演中國人文主義之歷史發展二次，今將講稿中之一部，敷陳爲本文，仍保留講演時之語氣與內容。幸讀者諒之。

「今天我所講的題目，是中國人文主義之歷史發展。講這個題目，是由本校一些同學的問題引起的。一些同學常常問到：新亞書院是以人文主義爲教育宗旨的，什麼是人文主義呢？這只是一種哲學上教育上之主義呢？還是一政治上之主義呢？如果是政治上之主義與今之民主主義、自由主義、共產主義、三民主義，又有什麼不同呢？是不是爲了要反對共產主義才講人文主義呢？如果人文主義是對的，其他主義是否不對呢？只講人文主義，會不會妨礙思想自由呢？又講人文主義是否卽是西方文藝復興以後之人文主義呢？或中國過去的人文主義呢？中國過去是否有人文主義呢？民國以來，中國亦先有人提倡人文主義，我們所講的與之有什麼不同呢？或我們是否希望講一新人文主義呢？同學們提起這許多問題。我覺得都很有意思。有一次學校同學聚會，錢賓四先生曾講過一次什麼叫人文主義。他當時曾說希望我以後再正式講演一次。我這次講演，本來的意思，是想講西方的人文主義。因爲四年前徐復觀先生曾在理想與文化中翻譯日人三木淸所著人文主義一長文，該文講西方人文主義頗詳。最近牟宗三先生在民主評論，又發表人文主義之完成一長文。我想卽根據他們所講，來發揮一番。不過我回頭一想，我覺得我們現在講任何學問，都仍要以中國固有的爲主。而以西方的或其他外來的爲賓。因中國的道德，對於賓我們應當尊敬。至於主人們自己，則應當相親愛。我們要敬賓而親主。所以還是先講中國的人文主義之歷史發展才對。這就是我今天之講題的來源。以後如有機會，再講西方的人文主義之歷史發展。這樣我想對於同學們所提出之許多問題，可漸漸有一比較淸楚的答案。由此答案，並可以看出我們可以有一種新人文主義，將要產生。

「我們講中國人文主義之歷史發展，我想須先對此名詞之意義起源，中國之人文主義與西方人文主義在兩方之學術文化全體中之地位，及一般人文主義者之共同信念，先約略講一講。」

註　一九五五年出版之「人文精神之重建」收本篇為附錄。——編者

悲觀主義與樂觀主義

——在「中國學生周報」總社通訊員集會上的講詞

悲觀主義與樂觀主義爲一哲學問題，青年人對這問題比較了解，這問題和青年人的關係也比較密切。兒童只知道痛苦與快樂，但談不上悲觀與樂觀；老年人則經驗多，對世界的看法定了，情緒也比較平淡，無所謂悲觀、樂觀；青年卻不然，他們對事從有希望方面看是樂觀的，從失望與絕望方面看則是悲觀的。所以青年人時而樂觀，時而悲觀。

從常識上分析，悲觀與樂觀的理由，簡單的說有五種：外物的得失，環境的順逆，天賦的優劣，世道的升沉和天生的氣質。從外物的得失上說：人得到一樣東西時樂觀；失去時悲觀。從環境的順逆上說：人環境好時樂觀；環境不好時悲觀。從天賦的優劣上說：生來聰明、美麗、健康的人比較樂觀；而身體多病、貌醜、愚笨的人則悲觀。從世道的升沉上說：人心向上、文化發達、國家富強的時候，人樂觀；人心墮落、文化衰微、國家貧弱的時候，人悲觀。從天生的氣質上說：有人生來活潑，對事物易感到新鮮可愛，易生樂觀的情緒；有人則生來憂鬱，常有內在的無名的煩惱，對事物易感厭倦，偉大的詩人、文學家、哲學家、宗教家常有此氣質。

悲觀主義與樂觀主義進一步講，則爲一哲學理論。在人類的思想史上，曾有各式各樣的悲觀主義與樂觀主義，但主要的只有兩種：一種是從社會歷史上產生的，一種是從形而上學產生的。

近代社會歷史上的樂觀主義中主要的一種，來自進化論。這種樂觀主義不是個人的，而是對社會、對人類的前途取樂觀的看法，以爲個人的苦樂雖然無定，但整個的人類社會卻是進步的。這種思想在十八、十九世紀時極盛，當時的哲學家如康多塞（Condorcet），斯賓塞（Spencer）與孔德（Comte）等人，均贊成這種理論。康氏以爲人類之枷鎖一旦去掉之後，就可有無盡的進步；斯氏相信人類適應環境的能力會不斷的增進，以致到最後可以完全的適應。就是現在的社會學家，也往往在生活水準之提高、物品產量之加多及學校教育之發達、出版書籍之增進的統計數字上，證明現在的社會比以前的進步，而且還會無休止的進步下去。

在哲學的形而上學上講樂觀主義的，有德國的哲學家萊布尼茲（Leibnitz）。他先假定世界是上帝造的，上帝造世界是本於善的意志，他本此善的意志必然在許多可能的世界中選擇最好的一個來加以創造。世界上的一切壞的東西，都是在烘托出好的；苦痛的存在，是爲反襯出快樂的可愛；罪惡的存在，也是在反襯出善的可貴。所以對這個世界，我們應抱一樂觀的態度。

但是另外也有一部份人從社會歷史上及形而上學上講悲觀主義。一般的說來，樂觀主義比較淺，只到外面的一層；悲觀主義則比較深，而能講到內面的一層。社會歷史觀上的悲觀主義，在現代可以斯賓格耳（Spengler）為代表人物。他說人類歷史文化之進展，並不是一直向前的；到了一個時期，就會下降衰微，如巴比倫文化、埃及文化、希臘文化、羅馬文化……都曾經盛極一時，但盛後就沒落了。他還說在大宗敎家、大哲學家、大文學家出現時，是文化的青春期；而在科學發達、技術主義盛行，文化在大都市發展，文化大衆化的時候，文化則衰落了。在這個時候，著作變成雜誌論文，藝術品成了宣傳廣告，而哲學家則從鳥瞰到蛙視瑣碎的分析，這時文化便到衰老期了，而此正是現代西方文化的情形，所以他對未來西方文化取悲觀的看法。

形而上學的悲觀主義可以叔本華（Schopenhauer）為代表。他反對萊布尼茲的思想，說這個世界在根本上是罪惡的，好的只是表面。例如我們看見自然界花開、草長、鳥叫，於是讚嘆自然界的美；但我們卻不知道花開、草長，是花草在掙扎奮鬪以求生存，鳥叫是為了饑餓。自然界的萬物都在互相殘殺。人的快樂往往由慾望滿足而生；但滿足了，又有新慾望。這樣，人永不能完全滿足，即永不能免於失望的苦痛。人要了解人類社會的眞相，應到醫院、瘋人院、監獄裏去看，不應從浮面上看，這樣才能知人間世的不可樂。

再深一步說，悲觀與樂觀不但是一哲學問題，還是一宗敎問題。在宗敎的本源上，都含有悲觀的思想。例如基督教說萬物開始是好的，但亞當吃了禁果，世界開始墮落，人類開始受苦；耶穌預言以後的世界仍是城攻打城，國攻打國，處處有災荒，直到救主再來，信他的人才可升天國享極樂。這思想說明了這個世界是不快樂的，不完滿的，所以人才要追求完滿快樂的天國。如離開救主，則此世界之可悲，並不亞於叔本華心中的世界。印度教說世界來自梵天，梵天生世界是由於梵天的歡喜，但世界衆生造出以後就被無明所束縛，於是世界充滿了苦痛罪惡；人須求解脫，否則就永遠在苦痛罪惡中輪迴。佛教則說世界在根本上就是苦海，人生根本是爲無明與貪瞋癡愛所縛而充滿煩惱，只有眞正覺悟的佛，才能渡過苦海，拔除煩惱。所以宗教家對現實世界的本身可說都是取悲觀的看法。但是從宗教家的信心看，則又不能說是悲觀的。

悲觀主義與樂觀主義，何者對何者不對，這問題很大，我們暫且不在這裏討論，以上不過約略介紹此問題給諸位聽聽而已。以下我們只略從個人的人生觀方面，來說人應悲觀還是應樂觀。

人對未來的悲觀與樂觀往往會根據於過去。例如某人過去環境好、朋友多……於是就由此產生樂觀，以爲以後環境仍然好、朋友仍然多。反之，過去貧窮、孤獨的人，往往就由此產生悲觀，以爲以後也會永遠的貧窮、孤獨。其實，這些推理未必正確，我們不能由過去推知未來。過去存在的，以後可能都會消失。甚至人的天賦也不能永遠保持，過去健康、聰明的人，以後不一定健康聰明；過去體弱、愚笨的人，以後也不見得永遠體弱愚笨。所以我們不能根據過去對未來樂觀，也不能根據過去對未來悲觀。過去對未來，可以有影響，但不能決定。純從知識及理性上說，未來之如何，只有概然性，無必然性。所以，根據過去而對未來悲觀樂觀，都是不應當的。

在情感意志上，人類往往要希望未來，而且要自己決定自己的未來。但是，在我們眞正要去自己決定自己的未來時，我們便當超乎悲觀與樂觀的情調之外。太過樂觀，人將覺不必努力；太過悲觀，則使人覺努力也無效。我們對事應在該與不該處著眼，而不必理會以後結果的苦樂。例如我們在以爲應該讀書時，就努力讀書；在認定應該爲國効力時，就爲國効力。這樣，我們就可超乎一般的樂觀悲觀的情調之外。如果我們在對未來悲觀與樂觀中一定要選其一，那麼，我以爲我們寧選悲觀的看法；這並不是說要人對一切都絕望，而是因爲這能使人多激勵自己，警惕自己。人常對未來取最悲觀的看法，而都能無所懼時，一切的勇氣亦就會出來。同時，人取悲觀的看法時，則一切將來之失望與失敗，亦都可在我們之預料中，因而到失望失敗來時，亦可覺不算什麼；而成功了，則爲一意外的獲得。這都是說如要在二者之中擇其一的話，便寧選悲觀的看法的理由。但是我想最好的人生態度，還是超乎樂觀悲觀的情調之外，而且從該不該上著眼，自己決定自己之未來爲是。這樣，人將能够產生一種內在的快樂。（一九五四年十二月十九日）

（古梅筆記・一九五五年一月七日「中國學生周報」第一二九期）

說「仁」（註）

仁之表現只是此心境之直下流露。其主要者卽在愛人。人之能愛，乃依於人我無間之心境。唯其人與我無間，然後能愛人如己。愛人如己，卽是打破人我之隔閡，使人我之情相通，而表現此人我無間之心境於外。由愛人如己，而能將人我平等觀，於是推己之心以及人，而知己不欲者人亦不欲；己欲者，人亦欲；己欲者可施於人，己不欲者，不可施於人，故「己欲立而立人，己欲達而達人」。此卽所謂恕。由有立人達人之心，而盡力於立人達人之事，貢獻己之精神於他人之前，於是有忠。由恕而推自尊之心以尊重他人，由忠之貢獻自己於他人之前，同時卽認識他人人格之價值，於是對人有禮有敬。而愛在發出之際，卽有所愛之差別相。於是愛雖是一，而實現愛之方式自然隨所愛之人之個性與所處情境之不同而不同。不同之方式，顯示仁愛流行之條理，此條理卽愛中之知的成分。換言之，知卽仁愛之情感流行中之條理，故孔子云「知者利仁」。（利者順也，利仁者順此仁愛之流行，而顯知之條理也。）爲順此仁愛之流行，遂不畏一切困難，以實現此仁愛，乃謂之勇。故曰「仁者必有勇，勇者不懼」。

能貢獻自己之精神於他人，卽以他人之心爲自己之心，將他人之心置於自己之心中而忘掉自己。能推己及人，己欲立而立人，己欲達而達人，己所不欲，勿施於人，卽是能普遍化自己對自己欲求之認識，而認識他人之欲求，亦卽是於他人之心中認識與自己同樣之心、而擴大自己之心，可見忠恕正是一事之二面。忘掉自己、以他人之心爲心，爲忠，擴大自己以知他人之心同於自己之心，爲恕。

由上所引，尤可想見所謂恕之精神，全在自己體察自己之欲求，普遍化自己對自己欲求之認識，而認識他人之欲求。於是，由自己欲求之所在，卽可認識自己道德義務之所在。是以道德之實踐，不必依持任何固定之標準與敎條，只須切己體察，認識自己之欲求，當下再繼以推廣，由己及人，卽啓示出吾人之道德義務之世界。故恕遂又成爲求仁最切近之方。

人能自自己欲求中認識自己之道德義務，遂自自己欲求中解放，而以他人之心爲心。人能完全自其自己欲求中解放，卽能化其自己之心爲普遍心，而使人我之精神相通，彼此無間。此卽依於仁不違仁之心。所以，一貫之忠恕之道，卽求仁之道，亦卽達到依於仁不違仁的心境之道。孔子對顏淵說，一日克己復禮天下歸仁。克己復禮正是自自己欲求中解放，天下歸仁正是覺一切人當下融入我之仁的心境。人我精神相通，彼此無間，此正爲一貫之道的實現。

了解仁爲渾然與物同體人我無間的內心境界，便知仁不待外求。忠恕之道卽所以求仁，而行忠恕之道不外就自己欲求之所在以認識自己之道德義務。於是，行忠恕之道以求仁，遂可無入而不自得。

因其凡遇他人不能滿足其願望欲求時，皆能立翻轉其若有所失之念，爲如何滿足他人之願望欲求之念，而認識其責任之所在，精神寄託之所在。於是只求自己，不求諸人，只求盡責任，而不求任何獲得，一方成爲有絕對的內在之滿足者，一方成爲永遠之自強不息者。所以仁者卽絕對之自由人，能擺脫外境之束縛，於任何外境都能安然處之。此之謂素富貴行乎富貴，素貧賤行乎貧賤，素夷狄行乎夷狄，素患難行乎患難。在下位不凌上，在上位不凌下，盡己而不求於人則無怨。上不怨天，下不尤人，君子居易以俟命。

仁者之一切行爲，皆在求仁與實現仁，其愛人救世，只是順此人心，直行將去。其救世之功業，只是其仁心之表現於行爲者。功業之成不成，有其環境上之條件。環境不容許，則愛人救世之心無法表現於功業。仁者不責備環境，故謂之不怨天。於一切無可奈何之環境，仁者均虔誠接受，故謂之畏天命。是以，孔子云：「道之將行也歟，命也；道之將廢也歟，命也。不知命，無以爲君子也。」知命卽了解命運，承擔命運。了解命運承擔命運，卽在精神上戰勝命運。所以仁者不憂其功業之成與不成；功業無論成不成，其成仁則一。顏回雖在陋巷，阻於環境無功業之表現，然其心不違仁，故孔子視其人格之價值高於其他能表現功業之弟子。後來孟子說：「禹稷顏回同道，易地則皆然。」正是發揮孔子之就內心境界以論人格價值之精神。仁者不僅對於其個人所遭遇的外境能表現超脫的精神，卽對於其爲愛人救世而遭受之困厄，亦能超脫，而成其爲眞正絕對的自由人。仁者之所以能長處樂，仁的境界之所以是絕對的自完自足，即在於此。

（一九五六年五月「人生」十二卷總一三三期）

註：本篇發表時，「人生」雜誌「編者贅言」謂：「『說仁』一短文，係錄自唐先生『中國哲學思想史大綱』講義。」——編者

中國人文世界之禮讓精神

——在復禮興仁學會第十六期學術演講會講詞

承貴會請兄弟講演，楊先生所稱道的話，非所敢當。今日所定題中之「中國人文世界」，並不自人文主義上說，乃卽指中國歷代至今之一文化社會而言，其義亦同於中國文化之一名。至於禮之一名，涵義亦多，今天卽專就其連著讓而言以說之，爲一中國文化中之一主要精神。此下略分四點簡單一說，希諸位先生指教。

（一）在中國人日常生活之讓酒食，讓位，讓行等。自從經過文王、周公之制成禮樂制度後，中國人之日常生活習慣，無形中表現禮讓美德者實不勝枚舉，譬如說到很平常之婚禮吧！由新娘向親朋分別敬酒起，以迄來賓之彼此讓坐與猜拳，勝者不飲而敗者飲，出門時之讓先，此便與西方人之婚禮，無敬酒之俗，宴會排位向不讓坐，飲酒不待主人請而自飲等，並不一樣。至於其他地方固亦有極莊嚴鄭重之處，但皆非重在表現推讓。至於中國人今有乘車登船之不讓，則由中國人，尚未習於此類公共生活之故，非中國人原來之日常生活，不以讓爲本也。

(二)政治上之讓德。關於讓國之觀念與事實，如泰伯與夷齊，此蓋亦中國所獨有，宋公子目夷之讓國，及堯舜之遜位，皆見於史籍。以後之篡奪，亦托名禪讓。可見禪讓是中國人一政治思想上之最高理想。不好因此而說歷史上所紀之禪讓，皆實是篡奪。現代人不信古代有禪讓讓國之事，此乃是以小人之心度君子，並以西方之情形例中國。西方在政治思想上，本無禪讓讓國之理想，只有如何分配權利責任之政治思想，西方政治上亦未聞讓德、禪讓之事實，但中國卻有此思想、此事實。

(三)道德生活上之讓德。中國人在日常生活之讓利，政治上之讓權力地位，尚容易；最難是讓德。要在把自己之德行，或自己之學問能力上之長處，歸諸自己以外之人，如禮記所謂「天子有善，讓德於天；諸侯有善，歸諸天子；大夫有善，薦於諸侯；士人庶有善，歸諸父母。」大約此風，由周公，武王之頌后稷太王王季文王之德，傳至後世，遂有後來中國人之將自己之德歸諸古先聖賢，祖先父母，或師長朋友之風。本來人之德性能力，應爲最屬於我們自己的，今亦讓之他人，此事實最難，世界只有中國之傳統君子能作到。

(四)宗敎上之讓聖。此所謂宗敎，亦包括儒敎。儒敎之宗師爲孔子，孔子亦是大敎主。但孔子之爲大敎主與其他宗敎中之大敎主皆不同。孔子之爲敎主，乃由於他能學，所謂仲尼祖述堯舜，憲章文武，他自己說他「述而不作」。他並稱道無數在他之前，或並時之聖賢，而對他自己則說：「若聖與仁，則吾豈敢。」實際上他是聖與仁，當時人及其弟子都這樣說，他卻不以之自居，此純由於他之溫良恭儉讓，而能自讓其聖德於古人使之然。故孔子之爲敎主，乃學與讓而成敎主。故後人說孔子集大成。此便與其他宗敎之敎主如耶穌之說：「我就是道路。」釋迦之說：「上天下地，唯我獨尊。」穆罕默德之自稱爲「最後的先知者」皆不同。這些敎主皆不讓，不讓當然亦可以；但比孔子則缺了讓德。中國人因承孔子之敎，故在宗敎上亦最能讓，所以能接受世界各宗敎而無宗敎戰爭。

我們從此四點，可見中國人文世界中所有之禮讓精神，恐怕莫有國家能比。中國從前稱爲禮讓之邦，此話並不錯。而理想之人類世界，只應是禮讓的世界。但是此中卻亦不無問題。譬如先自最後一點說，在宗敎上最能讓，然其他外來的宗敎卻不讓。如基督敎，回敎，皆善傳敎。而今日中國人原來的信仰，就一讓再讓讓掉了。又如在政治上，中國古代對四夷亦講禮讓。中國君王對四夷所賞賜，總比四夷朝貢的多，政治上只想修文德以來遠人，故國土邊界只模糊，由此召來近代西方的侵略。再如政治上禪讓，「禮讓爲國」之理想太高，不能經常實行，而中國歷史之暴君汚吏，並無似西方之民主制度限制之。此豈不可亦說由於中國老百姓之慣於忍讓使之然？又中國人讓德之風，以前是將自己之德讓諸古人，祖述古人，但今日之智識份子，則轉而一切讓諸外國人，祖述外國人。本來是自己可有的思想，自己可有之德行，都要祖述一外國人之學者。此種卑屈之情，是不是中國傳統之重讓之一變態的表現呢？這些都是問題。從這些問題中看出，只講禮讓是不够的。所以中國這數十年來，亦漸學到西方式的爭，如大陸中國之階級鬬爭，及對外戰爭，及「爭取」、「生存競爭」等名辭觀念之流行與實踐，此皆是西方文化之尙爭精神的傳入，六百年來西方對中國之侵略，及人民生活困難等所迫成之結果。但只學西方之尙爭是否卽能解決此中之一切問題呢？是否卽能達到理想的人類世界呢？此恐怕亦不能。要解決此中之矛盾，我想只有輔以中國傳統所謂「當仁不讓」一語。當仁不讓者可以爭，但不是尙爭；然雖不是尙爭，卻非是一味的讓。仁之所在，我們在宗教上、道德上、學術文化上、政治上、以及日常生活上，對於一切尙爭的勢力之來，是不能處處讓的，不然，則此富於禮讓精神之中國人文世界，便不能繼續存在下去了。然此不讓，卻必須依於當仁之心，不能學馬恩列斯等西方式思想之爲鬬爭而鬬爭，這就還要歸到承繼中國文化中之禮仁並重之精神，而發揮光大之。至於此精神之如何發揮光大，並見諸事業，則問題還很多，大家應多加以研究。然想此應是貴會發起的意思，故卽將個人一些膚淺的意思略述一二，貢獻諸位，並希指敎。

（一九五六年「華僑日報」）

論孔學精神

——「吾十有五而志於學」章引義（註）

今天講的題目表面是論「孔學精神」，但實際上只是「吾十有五而志於學」章的引義。孔子的學問，實在是不易講。不過，我覺得這一章，可說是孔子一生學問思想的綱目和歷程。我現依照他的次序來說。

「吾十有五而志於學」，照論語正義邢昺疏是「夫子隱聖同凡，所以勸人也」。這個解釋是偏重於此段之敎的意義一面，其實這也是孔子的自述。照漢儒的說法，或認孔子是天降之聖，是生而知之的。照我個人的看法，還是宋儒之認爲孔子是學而知之的說法，更和孔子的話相吻合。

至於「十有五」這一句，照朱子的註解，「古者十五入大學」，在漢儒的白虎通裏也有此語。朱子乃根據漢儒此語來註解。其實十五乃孔子自叙之辭，不必定連著十五入大學之意說。只須說孔子是十五歲而立志於學就够了。

不過，志於學的學是甚麼東西？孔子的志於學就是志於道。關於孔子一生的學問，或孔子之道重點何在？先儒至少有四種說法：第一是程伊川的「顏子所好何學論」，裏面他確定的說，顏子所好的孔子之學在正心養性。後來宋明儒大多數也傾向於這種說法，說孔子之學重在修養心性。這是有很多證據的：如孔子讚顏回「不遷怒，不貳過」爲好學。這顯然是指道德修養之學。此外，還有許多話可作證明，可不必徵引了。第二種說法，是顏習齋（元）和李恕谷（恭）說孔子的學問重要的是在六藝——禮、樂、射、御、書、數。雖然他們亦重「正德」、「六德」、「六行」，但以六藝爲主。他們講孔學重點不在內心修養方面，而在身習或身體上的實行方面。這種說法亦有很多證據，如論語上說「博學於文」。文的本義就是六藝之文，而論語中所說的孔子之執禮、執御、執射等，都可作顏、李說法的根據。這一種說法，認孔子學問注重在學古代文籍方面，如詩書春秋等史籍。清代章學誠著「文史通義」說「六經皆史」。史是先王的政典，重要者卽周公之政典。所以說孔子的學問重在學周公。不同只在周公是政敎合一，孔子則只設敎。清末章太炎先生說孔子是歷史家，與後之劉韻同說孔子對中國文化最大的貢獻是把文籍佈於社會。因爲從前諸史籍皆掌於王官，由他始佈於民間，本之施敎。第四種說法是說孔子學問既不只是修養心性，也不限於六藝，也並非單是學周公或當一史家，而是爲後世制法，以至爲天下萬世制法。漢代的公羊家說孔子爲漢制法，就是持這種見解。清代之公羊家至四川廖季平，廣東康南海先生更把公羊家的意思推廣，謂孔子講禮運大同，不單爲漢爲過去之中國制法，實爲天下萬世之全人類制法。孔子的「大道之行也天下爲公」可說是代表人類的最高理想。孫中山先生的三民主義也講禮運大同，可說是由康南海先生而來的。

第三、四的兩種說法，在論語上，也都可以找到很多證明。如孔子說「信而好古」，又說「吾猶及史之闕文」。同時，孔子也常說「吾從周」，「久矣乎吾不復夢見周公」，都可以證明章學誠的說法。不過另方面孔子又說：「吾其爲東周乎？」可知他對周的文化也不完全滿意，故要損益於四代。孔子作春秋寓褒貶，也不會莫有爲後人制法的意思，孔子的學問不只好古敏求，他之栖栖皇皇席不暇暖，當然是因他對於人類社會抱有一理想。這些理想，自當有可應用於天下萬世的，因此第四種說法也是有根據了。此四種說法照我個人的看法都有根據，都是說到孔子學問或孔子之道的一方面。

孔子的學問從內心說，是宋明儒所稱的心性之學，此是孔學核心。表現於身體行爲外部的，便是六藝之學；存於內心修養方面的是仁智，表現在外面的是禮，樂，射，御，書，數。內心修養是成立人格，表現爲六藝便成人文。從對過去文化或學問的態度來說，是繼承，所以他佩服周代文化，唐虞文化。所以說孔子學周公是可以的。可是對於未來文化來說便是垂教。對過去的文化，孔子是一個學生，是後學，對於未來的文化，他是先生，所以我們尊之爲先師。孔子對過去是好學，所以說「學不厭」。從他的開新來說是「敎不倦」。我們還可以借張橫渠的四句話「爲天地立心，爲生民立命，爲往聖繼絕學，爲萬世開太平。」來說明。這四句話，本來是一貫的。若果分開來說，程伊川說的修養心性是偏於「爲天地立心」方面。顏習齋說的禮，樂，射，御，政治，經濟等是偏在「爲生民立命」方面。章學誠、章太炎等的說法是略近於「爲往聖繼絕學」一面，公羊家康有爲等的說法是偏重於「爲萬世開太平」方面。

但孔子十五歲時，對於這些學問是否都是有志呢？這還沒有確切的證明。就是志於學的學，內容是怎樣？只有十五歲的孔子恐怕也還沒有確定。

不過我們可以這樣說：假使一個人眞好學的話，則對自己所歡喜的都會好學；凡眞好學的人，一定注意到內心的和外表的學問，也會在學問上一面求前有所承後有所開。在一個十五歲的人，對這四方面的學問內容雖然還未必十分親切了解，但卻可有一眞切的憤悱之意，以具一好這四方面的學問之精神，這便是志於學了。

其次是「三十而立」，照朱子語是「有以自立，故守之固」。但孔子又說「立於禮」，「不學禮無以立」。故有人註解「立」專從「立於禮」說。「自立」與「立於禮」，這兩種解釋那一種對呢？孔子說「可與共學，未可與適道；可與適道，未可與立；可與立，未可與權」。另外又說「仁者己欲立而立人」，「不患無位，患所以立」。照這些話來看「立」不一定要和禮連在一起來說。當然禮以束身，可以助人自立，但此處只說是自立就够了。自立的意義如用新名詞來說，是人格的樹立。三十而立，卽說孔子至三十其人格已堅固剛健的樹立起來了。我用堅固剛健來形容孔子人格之樹立，有什麼根據？這是因人不堅固剛健便不能有人格的樹立。孔子表面是溫良恭儉讓，而實是很堅剛的，如玉之溫潤而堅剛。孔子常嘆「吾未見剛者」。而且我讀論語讀到在上面引論語的「可與共學，未可與立」那段話的前面有兩句話，一句話是「三軍可奪帥也，匹夫不可以奪志也」。另一句是「歲寒而後知松柏之後凋也」。這些話編論語的人把它們編在一塊，我想應當是幫助說明「立」的意義的。「三軍可奪帥，匹夫不可奪志」是表現樹立人格的一種剛健精神。「歲寒而後知松柏之後凋」，則表現堅固精神。由此說來，朱夫子的話是較妥當的。

以上「十五而志於學」和「三十而立」，完全是孔子就自己來說的。以下「四十而不惑」則兼是對於外界來說的。「不惑」是什麼意思？孔穎達的解釋是「不疑惑」，朱子的注釋「明足以燭理，故不惑」。孔穎達之所謂不疑惑，是什麼？他並沒有說明。朱子說的「明足以燭理」的「理」字是在宋學中才特別著重的，說智是能燭理。當然亦合孔子之意。但就論語講論語，我認為關於不惑的說明，倒不如直用論語本身的「智者不惑」來說還較貼切。這句話從正面來說是智，反面就是不惑了。但什麼是不惑？只說不惑是不疑惑，我想這是不很完全。論語子張問崇德辨惑？孔子說：「愛之欲其生，惡則欲其死；既欲其生又欲其死，是惑也。」又樊遲問辨惑？孔子說：「一朝之忿，忘其身以及其親，非惑與？」照這等說法，惑字不是泛泛說是疑惑便可。此所引二段中，前者是溺於好惡，或可以說是放縱於好惡，後者是逞忿使氣，這都是惑。

不惑是不溺於好惡，不逞忿，這便是一種智慧。人情最難處理的是好惡，所以「惟仁者能好人能惡人」，他的惡不是逞忿，是正當的憤。好惡只有在仁者才能得其正。很多儒家的著作都很看重調理好惡，好惡皆得其正，才是不惑。不惑是一種切實的功夫，不是泛說「不疑惑」便了。

現在說「五十而知天命」。不惑是好惡得其正，是對人對事，好惡皆得正。知天命是人的學問通於天。天命是很難講的，我現在說一個笑話：廣東的近代大儒陳蘭甫東塾讀書記，曾引朱子語錄中所記一故事，記朱子的弟子問朱子五十而知天命的意思。朱子不答。後來學生再問，朱子厲聲說；某未到達知天命之時，怎能够講說？照這樣說，我自己也還未達知天命之時，當然更不敢說了。我看中國古代有四種天命的理論是比較淸楚的。其餘的尙多。第一種是以上所說的詩書中的天命，天命相連，天命卽如上帝之命令：第二種是墨子所說的「尊天而非命」，天命分開，天便是上帝，命是命定的命。第三種是莊子的「任天而安命」，天命又合一。天是自然，命是自然的流行變化。詩書中的天命多是宗敎的，墨子的天命是半宗敎，半非宗敎的。莊子的說法是自然的，荀子的制天命與莊子差不多。不過莊子是任天安命，荀子是要制天命而已，但同是以天命爲自然的意思。孔子的天命究竟近乎那一種？有人說孔子的天命是自然的天命。不過孔子曾說畏天命，畏就是敬。但自然之天不可敬，所以這種說法，未必妥當。又有人說孔子的五十而知天命，是孔子自知受命爲素王，這種說法未免宗敎氣味太濃厚了。其實孔子的天命既不能說它是自然，也不好說他是一般宗敎所謂上帝之命令。我分提出二說：一說是用現代的話來說：天命是宇宙的生命，或可說是宇宙的生機生德，因爲仁的功夫到家，其內心的生意便與天地的生機相通而知天命。另外一種說法天命是人類所當行之道之理，而此道此理卽天之所以爲天之道之理，而賦於人以爲人性者。知天命卽知此天人合一之道之理之性而行之。此是承朱注來講，知天命所表現之態度一定是不怨天，不求天。現在因時間關係，不能詳細說了。

再次說「耳順」。朱註謂聲入心通，無所違逆，就是耳順。所以聖字從耳，耳順卽知言，知音，知人。耳順是由知天轉爲知人，此時之知人，是寂然不動，感而遂通，對他人所說的是非善惡都全幅順受，而一無滯碍，同時皆歷歷分明。還其本來，故通而寂，是謂之順。耳順是說境界，不是說功夫。在志學，而立，不惑階段皆可說工夫，知天命還可勉強說有工夫，耳順則無工夫可說。聲入心通，寂然不動，感而遂通，只是描述此境界，而此境界，畢竟是如何？則到時自知，另外無法子講。

最後說「從心所欲不踰矩」。這也是境界，不是說工夫。此卽天理流行，言行皆可爲法則之境。這亦不好多講，多講只是使人捉摸，未必很好，故暫從略。同時，時間也不够了。

最後，我想說說我們應該怎樣學孔子。我們學習孔子的地方：第一，要尙志，孔子的學問確有四方面，一方面是內在的心性修養之學；一方面是表現於外的禮樂文化之學；一方面是承繼過去歷史文化；再一方面是開後來的歷史文化。我們之學問能同時注意這四方面，這是學孔子的第一步。第二，要學孔子之三十而立，我們不要忘掉前面所說的三軍可奪帥，匹夫不可奪志，和歲寒而後知松柏之後凋的話。卽是說我們要學孔子的剛健堅固的精神，學到確乎其不可拔，這就是自立。

第三學孔子的不惑，要點是學仁者之好惡，有這種好惡，才不成鄉愿；但又要不溺於好惡，才沒有愛之欲其生，惡之欲其死的危險。現在人類的最大毛病是溺於好惡，對一切事物愛之欲其生，惡之欲其死，此是大惑。第四，要不怨天，我們有許多理想不能實現，不實現時不抱怨，不怨天，不求天，這表現人的最大力量。征服自然不能表示人的最大力量，而是在困難時不怨天不尤人，才足以表示人的最大力量。在此人才把一切禍福都擔負起來了。至於耳順，從心所欲不踰矩等，是不可學的。工夫到了，自然水到渠成，此如佛家所說的果德，人只要從前面的工夫下手。對耳順，從心所欲，不踰矩的境界，雖不能至，然心嚮往之。有此嚮往心，便是一當下之學，我們對於孔子，本是須要有這種嚮往心的。

（一九五六年八月「人生」第十二卷總一三九期）

註：本篇刊於「人生」雜誌時，編者按云：「此文係唐先生在孔聖堂之演講詞，由林均田先生筆記，曾在華僑日報（六月十三日）發表，今由唐先生重新改定，轉載於此。」——編者

說言的世界與默的世界（註）

這篇文章，屬於言的世界，但所指的則兼言的世界與默的世界。

對於言與默的問題，數十年來幾常放在我心中。我記得在中學時第一次在校刊投稿，發表的文章卽署名爲渾默。這大約是由我父親之一別名爲淵默來的。好多年來，我總一直想著言與默的問題，而最近更時有所感觸。在種種感觸之中，我常想至少不再作一般通俗性的文章，以爲住在默的世界而少住在言的世界。我的感觸是在一般社會中，有許多話是永遠說不明白的，而且還有種種壞處。

最近適逢有一隱名先生寫一信與王貫之先生，他大反對我的文章，他說我最近在「人生」發表之「人生之眞實化」，題目卽不合語意學與語法學，使他憤怒，並勸我多看此類學問的書，不要再作文章了，因此更使我想到此問題，亦藉玆對隱名先生一答復。

首先我要說，隱名先生所說的那一類的書，我並不是完全不看。西方人著的關連此類問題之書，十本八本還是看過的，但莫有同我之此文之內容相干的。至於我之題目何以如此、何以如此用語，文中已說明，應該先看懂文章內容再說。語意學並莫有一條規則，能够指明一個言說只有一個意義，不能賦與新義。亦莫有一條規則，能指出任何不自相矛盾的言說，就其言說本身卽可說其不合語意學。而今之講語意學者所講之問題，重要的只是討論語言在何條件之下有意義或有什麼意義，而似並無意把語意學作爲一規範人如何用語之規範科學。則隱名先生所說者可謂全不相干，亦不必在此討論。

但是我於此，卻願意承認現代西方一些學者之熱心於討論語言之問題，求建立語意學、語法學、語用學或概此三者之 semiotic，討論日常語言科學語言如何配合統一及對於語言的語言（所謂後語言）之種種問題，卻是代表人類思想之一種新轉向。這從純學術的立場說，我並無意抹殺許多研究此類問題的人所作的貢獻，亦希望中國有人能於此眞正下工夫。但是撇開專門學術的立場，而從整個人類文化生活說，人如果要把一切人類文化生活的問題，都化歸於語言的問題，以致把人類思想本身之世界亦化歸於語言之世界，這都是代表人類文化生活與人類思想之一最大的墮落。我說這個話不是無感而發、無對而發，亦有深遠的理由。可說，此亦是一專門問題，不能在此詳細討論。

我的一點簡單的意思，是：從一方面看，似乎一切人類思想與人類文化生活之問題，都可化歸於語言問題，因至少「人類思想」、「人類文化生活」這幾個字是人之語言，說語言與事物或生活與思想之關係的亦是語言，由此而處處顯出語言之重要性，而吸注人之全部思想去思想其語言與對於語言的語言，及對於語言的語言的語言，這可成一無窮之串系，由此而可把人之思想全部引向語言之世界中沈入，而如永世不得出。此卽可構成人之思想之全部外在化與人之文化生活之全部外在化於語言之世界中。此中卽可導致人之思想與文化生活之整個的墮落。而在我心中之一語言的哲學，是：一切語言只是工具，在一切語言盡其工具之用時，都要銷毀。一切對語言的了解，都繫於人之由語言之應用得其所指而超越語言，超越語言是完成語言之應用之唯一道路。所以，一切語言之世界都必須歸於默的世界。人的一切思想一切文化生活都最後必須寄託歸宿於默的世界而不能寄託於語言之世界。從這點說，西方現代之講語言哲學的維特根斯坦是眞了解此義的。緣此而後來發展出之一套關於語言的語言之學，在學術上說是進步，在精神上說是退步亦可以。這些問題，我亦不願搖動讀者，亦一言難盡。但是我願意指出，東方思想如果有什麼可貴的地方，則其中之最重要的一點，卽其自始不在語言的世界立根，而在超語言的世界或默的世界立根。同時我在此義仍願歸於常識，用普通的語言來談談默的世界之大於、深於，亦重要於語言之世界。只有默的世界是人類思想、人類文化生活的歸宿。用語言的人，如果不能從默的世界來，再回到默的世界去，一切人類思想、人類文化生活之本身與其語言，將同無意義之可言。則人只有在語言的地獄中生活。

我們所謂默的世界，不是指一種宗教上、哲學上的神秘境界。那自然是一種最高的默的世界。但實際上我們之日常生活中，我們實大均在默的世界中生活，我們要切問近思，先不要遠求，可從最平凡處說起。

譬如我現在在寫文章，我暫住於語言之世界。如果讀者正看我的文章，讀者亦暫住於語言之世界。但是我請問除了我正寫的一句話以外，已寫過的話在那裏？我說他在默的世界。我尚未寫的話在那裏？這亦只能在默的世界。讀者看我的文章，亦復如是。我們不斷的寫、不斷的語，亦不斷的默。一一切語從默的世界來，到默的世界去。這是任何人當下可以印證的眞理。我能說的語言有多少，一一到默的世界去的語言亦有多少。在此我們已可確定的說，無論如何，語言的世界不能比默的世界大。

然而，默的世界必然比語言的世界大，卻是確定的。因我們在說話以外，確有不說話的時候；看書以外，有不看書的時候。人在睡眠休息時，除了一些潛伏的語言之運用以外，整個來說我們都是住在默的世界中的。我們上說語言從默的世界來，到默的世界中去，然而我經驗生活的默的世界，確不必從語言的世界來，亦不必到語言的世界中去。這就已確定的指明：默的世界大於語言的世界。

在正用語言文字的人，如正演講者、正寫文章者，恒不免想其當下之語言文字佔據其整個的世界，似乎世界離開我正用的語言文字便莫有了。這明明是不然的。實際上，一人在臺上講演，百十的聽衆都靜靜的聽而住在默的世界。一人寫文章發表，千百的讀者都住在默的世界。聽人的話、看人的文章時，人固然進入語言的世界，但是人如不先放下其自己的語言、自己的文章，而自己先進入默的世界，則不能耐心去聽他人的話，看他人的文章。這證明人不自己先進入默的世界，亦不能進入他人之語言的世界。故一切眞實的聽衆、眞實的讀者，都是從默的世界來進入講者著者之語言的世界。否則一切講者著者之語言文字都全成為對人無意義者。這證明講者著者之用語言文字不是最重要的了，其語言文字之對人有意義，全繫於聽者讀者先住於默的世界，而從默的世界來。

而在人類世界中，講話的人、著書的人，無論如何只是少數，大多數人並不以講述爲事。農人默默地在田中，工人默默地在廠中，婦女在家中默默地操持家務，小孩默默的遊戲。在人類世界之外，鳥啼、花笑、山峙、川流，皆是在人類之語言世界之外，默默的進行的事。默的世界之大於語言世界，是隨處可印證的。

默的世界大於語言的世界，默的世界亦深遠於語言的世界。我們只要走出書齋，游目四望：地上有山，山上有雲，雲外有天，然太空寂寥，默然無語。我們可以心與白雲共遠，與虛空同流，而處處忘言。而我們所感之意味，亦明比一切言語所能表達的更深更遠。我們於此要表達我們之所感，可驀然吐出一語言，但亦可吐出又忘了。

註：本篇約寫於一九五九年，爲作者未完成之手稿。收入本書前從未發表。——編者

略釋孔門言恕（註）

一

論語載子貢問曰：「有一言而可以終身行之者乎？」子曰：「其恕乎，己所不欲，勿施於人。」曾子說：「夫子之道，忠恕而已矣。」後來孟子亦說：「強恕而行，求仁莫近焉。」畢竟「己所不欲，勿施於人」之義作何解？此可從子貢與孔子之另一段對話及中庸大學之二段來看。

論語：「子貢曰：我不欲人之加諸我也，吾亦欲毋加諸人。子曰：賜也，非爾所及也。」

中庸：「子曰：道不遠人，人之爲道而遠人，不可以爲道。詩云：伐柯伐柯，其則不遠，執柯以伐柯，睨而視之，猶以爲遠。故君子以人治人，改而止。忠恕違道不遠，施諸己而不願，亦勿施於人。君子之道四，丘未能一焉。所求乎子，以事父未能也；所求乎臣，以事君未能也；所求乎弟，以事兄未能也；所求乎朋友，先施之未能也。」

大學：「所惡於上，毋以使下；所惡於下，毋以事上；所惡於前，毋以先後；所惡於後，毋以從前；所惡於右，毋以交於左；所惡於左，毋以交於右。」

這幾段話之意思是一貫的。我想，本此幾段話之意，敬對現時代的人，一說儒家之道德實踐的工夫之下手處，與其他宗教及若干哲學之不同，及其切實之涵義之所在。

二

儒家講仁，其他宗教與哲學多喜歡講愛與慈悲。仁與愛與慈悲，是否可相通？可。是否相同？不同。此最大之不同，是依朱子之意說，愛與慈悲都是情而不是性，而仁是性。愛與慈悲恒是及於所愛所慈悲者而表現於外的，仁則純是內心的，內在的。孔子說「仁者安仁」，「不違仁」，「仁者樂山」，「仁者靜」，「仁者壽」，「剛毅木訥近仁」，都要從仁之純是內心的，內在的，方能了解。仁可表現爲愛與慈悲，然不表現仍是仁。仁是一切愛與慈悲及人之生命之一切表現之根原。如桃仁杏仁之爲桃杏之枝葉花果之表現之根原。但仁本身是甚麼？這是很難說的，空說亦無用。故孔門只重講如何求仁的工夫，而不重說仁是甚麼？

在如何求仁的工夫方面，孔子孟子說了許多話，但最切實的是從強恕而行下手。

依上列諸段孔門論恕的話看，強恕而行的工夫，並不是先從人之所愛或去愛處下手用工夫。而是要人先從所惡處用工夫。這是與一般宗教之教義直接教愛，在表面上是不同的。誠然「己欲立而立人，己欲達而達人」，亦是仁恕之道，此是直接依於對人之愛的，而與宗教家之教愛是相近的，但本文不擬論仁恕之道在此一面之意義。

爲甚麼孔子要人在其所惡處用功夫？這是因爲人對世界上他人的一般態度，初是表現許多希望與要求。人總是在希望，要求他人對我好，社會尊敬我，國家重用我，人總是在此有所求於他人與世界。而他人或世界之不能足我之所求，我卽失望恨惡。簡而言之，卽尤人怨天。我們只要張目一看，傾耳一聽，便處處可見人與人間常充滿一怨尤之氣，見於辭色，見於談話，見於文章。而怨尤之氣，日積月累，則一切亂事無不可發生。人處處怨惡人間世界，人必然要去破壞人間世界。

在此處宗教家之教愛教慈悲，似乎是最能直接治人怨惡之心情，而銷除人間世界之怨尤之氣的。然而不然，其所以不然者，因我們之所怨惡之人，可以是我們本不該怨惡的，然而，亦可能是本有可怨惡之處的。如人民怨惡貪官汚吏，此貪官汚吏，卽本有可怨惡之處。人有正義感有仁心，亦本當惡之。所以說：「惟仁者能好人，能惡人。」我們本不能對一切本有可惡之處之人，皆加以愛，以銷除我們之一切怨惡之情。

在此處，宗教家之愛一切敵人與罪人而原諒其罪，似乎是最偉大的精神，但此僅是就敵人與罪人之個人來說，其一切罪無不可原諒。然而當我們眞正想著敵人之眞正殺害自己之同胞，罪人之陷害忠良時，我們並不能在同時愛同胞與忠良，而又愛敵人與罪人。在此時愛同胞與忠良之心與惡敵人及罪人之心，必然同時並起，而對兩種人皆愛之心，必不能同時並起。此卽證明宗教家之愛一切敵人與罪人，並不是在任何情形之下，都能實踐的。所以宗教家照常可以從事宗教戰爭而殘殺異端，其恨惡之心情，可不下於其他一切人。

我們如果了解愛並不是在任何情形之下，對任何人都可以實踐的道德，與我們所怨惡之人，本有當惡之處，便知要銷除我們之怨惡之情，並不能只賴宗教家所提倡之愛。然則賴甚麼？賴孔子所提倡之恕。

三

孔子所提倡之恕，並不要人直接在原諒敵人與罪人上用工夫，亦不要人直接絕去其惡人之情，而是要人從其所惡，翻過來，而知其自己之所當爲。

我們所惡的人，究竟是本身有當惡之處，或只因我們所求不遂，我遂惡之呢？這不是孔子講恕時所注意的問題。我們所惡之人，究竟本是好人爲我所本當愛，或是罪人，爲我所當原諒而加以愛的呢？此亦不是孔子講恕時所注意的問題，孔子講恕時所注意的問題，不是他人之如何，是否是罪人等；而只是在我們覺有所惡時，想想我當做甚麼？

此當做的是甚麼？卽我虛心不再把我所惡的施於其他的人。

我同父親講話，父親不理我，究竟是父親因有事故不理我呢？或因父親是不慈於我而不理我呢？這不是我的問題。我求朋友幫助我，朋友以冷眼相看，究竟是因朋友心緒不好，而暫時以冷眼相看呢？或朋友之失去友道，而不幫助我呢？這不是我的問題。我的問題，只是如果我覺得父親之不理我，朋友之冷眼看我之態度是不好，則我不再用此態度去對我的兒子與朋友。這樣，則凡是在我有所怨惡之處，我卽同時知道我所當作的是甚麼。

這樣，我如果怨惡貪官汚吏，則我爲官不當貪汚。我怨惡賣假藥的商人，我爲商人卽不賣假貨。我如果怨惡先生敎書不盡責，則我爲先生，當求盡責。我如怨惡學生後輩不禮貌，則我對我之先生與前輩，卽應有禮貌。我如果怨惡他人不細看我的信卽回我的信；我卽應細看他人的來信再回信。我如果討厭匿名罵人的文章，我卽不匿名罵人。……這樣我在世界上生活，凡有我覺得可以引起我之怨惡的地方，我皆可由之以知我之所當爲的是甚麼，我之爲人之道是甚麼。此之謂「己所不欲，勿施於人」。此之謂「我不欲人之加諸我也，吾亦欲毋加諸人」。此之謂「所惡於上，毋以使下；所惡於下，毋以事上；所惡於前，毋以先後；所惡於後，毋以從前；所惡於右，毋以交於左；所惡於左，毋以交於右」。此之謂「強恕而行，求仁莫近焉」。

強恕而行，何以是求仁莫近之道？因此卽是最切實的銷除我們之對他人與世界之怨惡之情，以成就我們對人之仁愛之道，而斷絕人間一切罪惡之流行而從根上加以拔除者。

人之怨惡之情，是消極的對他人與世界之不滿，然由有所怨惡進而至於強恕而行，而知積極的作我之所當作，則同時是我的心情由消極轉至積極，我亦卽當下銷除了我之怨惡之情。此不須多釋，思之自知。

人間之一功罪惡，如何流行的？此不在人之不能愛罪人，不在人之有所惡，而在人之將其所惡者，轉以施於他人，他人受之，再以之施於他人，此卽構成人間之罪惡之因果連鎖。在中國舊式社會家庭中，媳婦受婆婆之氣，媳婦未嘗不知惡之，惡之未必卽爲不當，但媳婦作婆婆時，卻又將其所惡施於其媳婦，此卽構成婆媳不和之罪惡之連鎖。在官場中，大官淩辱小官，小官未嘗不知惡之，此惡亦未必卽不正當，但當小官作了大官時，卻又要淩辱後來之小官，此卽構成官場中罪惡之連鎖。在工廠商場中，老闆刻待工人，但工人作老闆時，再刻待其後來之工人，此卽構成工廠商場中罪惡之連鎖。在政治上共產黨人厭惡統治階級之壓迫，但在共產黨成了統治階級時，又再來壓迫其他非統治階級的人。在宗教上基督教受猶太敎與羅馬人的排斥，視爲異端加以殺戮，但在基督教在羅馬得勢後，而再來排斥一切異端而加以殺戮。這些都是同樣由於人之將其初之所惡者再轉施於他人所構成之罪惡之連鎖。此種罪惡之連鎖之進行，正如人一排站起，左面人向我推來，我卽自然向右面人推去，以至一排人皆一一倒下。此連鎖之進行，如何打得斷？此並不須，亦不能，由愛罪人而直接去其所惡者下手。因此愛是不必在任何情形之下都能實踐的。而此所惡者被去掉之後，其可惡之處仍可卽在去之者之身上照樣表現的。要打倒此連鎖之進行，只是人之在此立定腳跟，下定決心，不再將此所惡者施於他人。此方是人之眞正的擔負罪惡，而使罪惡之流行，在我之身前直下加以截斷。

此截斷需要最大的力量，而同時亦表現人對人之最高的仁愛。人對人最高的仁愛，不是在人之上救人，而是在人之中救人。人如能在人之中救人，此只是使一切我之所惡者凡到我這裏，我都加以截斷。我不將我之所受之一切所惡者，轉施於人，則我之一切所爲卽皆可不爲人之所惡，而爲人之所望與所愛者。父對我不慈，而我慈於我之子，此慈爲我之子所望與所愛。兄對我不友，而我友於我之弟，此友爲我之弟所望與所愛。朋友對我不忠，而我忠於友，此忠爲我之友所望與所愛。社會對我冷酷而不加以扶持，而我以扶持他人爲心，而我之此扶持，爲他人之所望與所愛。我們可說人對人之最深之愛，不是我去愛人，而是我之能使他人之得其所望與所愛。而人由行恕道而所成之一切，卽皆所以使他人得其所望與所愛，此卽我之對人之最深之仁愛也。

四

我們如果對上文所說全部了解，便知孔門所謂恕乃一最切實易知易行之道，而涵義又無窮的深厚之道。眞所謂極高明而道中庸之道。人依此道去行爲，可以不憑仗任何的宗教教條，可以不求教於任何哲學的理論，可以不須研究任何的學問，以至可以不識一個字，同樣可以爲聖爲賢。人依恕道去行爲，人皆可由他所愛的與所惡的，所喜歡的與不喜歡的，同樣去知道他所當爲的，該做的。由此而他所遭遇之一切得失、毀譽、順逆、成敗，皆同樣可啓示他、教訓他。他所生活的世界中的一切經驗，對於他都可無一是廢料。因此他可以從一切他所惡的所不喜歡之一切反面的東西中，卽知道他所不當施之於人的。而他所當施之於人的，卽是此反面的東西之反面之正面。由是他所遇之一切反面的東西，其意義都是正面的意義，由是他可處處生活於正面的世界中。若人人都能如此，則人間一切反面的東西，卽皆可不存在，而人類社會，卽成爲全幅表現正面的意義的社會。不管此社會中是否尙有人之所惡所不喜之事之存在，此人所惡與所不喜之事，卽已皆成爲促進人之作人之所愛與所喜之事，而實際已化爲不存在者了。這些話也許說得抽象一點，但是我相信一個終身眞依恕道而行，而時時刻刻由其所惡所不欲以知其所當爲的人，必有一日能悟會此中之全幅意義。我不必再多加解釋了。

註：本篇約於一九六一年發表。——編者

事實之意義之主觀性與客觀性

——新亞研究所第七次學術演講討論會上的講辭（簡錄）

歷史事實之意義，不是決定的，而是生長的；不只是唯一的，或已成過去的、客觀的，而兼是衆多的，由各個人之主觀，從現在到未來逐步發展的。因爲對每一個歷史事實之知識，存在於不同的空間與時間的人之心中，而歷史事實本身亦不斷增加、累積，由此而一個歷史事實，卽對此不同時空之人心，如不斷發射出很多不同意義之光線來，而亦不斷增加生長。以粗淺的例說，如孔子孟子生于鄒魯之地，孟子出世而孔子之意義便多一個，卽成爲孟子所願學之一近地的聖人。又如孟子、黃梨洲都講民貴；民國成立以後，從民貴思想連到民權民主思想，其本身亦添了一新意義。又如耶穌未降生前，猶太已有救主將出現的預言；旣降生以後，預言亦就對人們產生了新的意義。此類之例，不勝枚舉。因此對歷史事實之意義之看法，應以有機觀代替機械觀，整體觀代替零散觀。

歷史事實本身，如離歷史知識而說，其存在之自身乃是超越的，其內容亦不可思議；思議其內容，卽已屬於人的歷史知識中的事。而一事實內容的意義，則恒須與其他事實通起來，才能看出——如說孟子講性善是一事實，亦是一歷史知識；但其講性善說之若干意義，必須與其他事物如荀子講性惡，基督敎講原始罪惡等，相連起來，才能眞正現出。在基督敎之說未到中國以前，孟子之性善說有無此與基督敎之說對較的意義呢？可說莫有。此只是我們後來所發現，此卽上段所說，如要說有此意義，此意義便亦只能是超越的；此超越的意義，在未被發現時，只可說是「如在那兒」，而爲超越於人之自覺所及者。說意義可超越人之自覺所及而有，此亦幷不難懂。有些意義，不只是「如在那兒」；且是「已在那兒」，仍爲超人的自覺所及的。譬如一男與一女結婚，在此男之自覺中，可只此與某女結婚之事，此亦是人生歷史中之一事；但一男結婚，相關連而產生的意義有「成爲女壻」，「成爲姑丈」，「成爲妹倩」等等。這些意義，初卻幷不爲人所自覺，而爲超越人之自覺所及的意義。此超自覺的意義，如「成爲女壻」，必待「其與一女子結婚」之事實外，兼知「對方有其父母」之事實，乃能發現。這都是說明事實之意義，恒不在單個事實中，而在其與其他事實之關聯中發現。而我們能知道任何事實之意義，初可是超自覺所及，而又不能說他莫有。便知一切事實之探究之學，有二部：一是關於那事實之存在之如何加以確定者；一是關於那事實之意義如何加以規定者。人知前者，不必知後者；而且人知前者後，必須超出前者去用心，乃能發現此後者。依于我們前所說「事實之意義，恒在生長中」，及「此意義恒爲超自覺所及」二者，便知此認識意義之學問，乃原則上可無定限的發展，乃遠較只作確定事實之存在之學問為更廣大的。因此，研究歷史事實，不僅當求知歷史事實，并須儘量求了解與此相關的意義。唯如此，乃有歷史知識之高度與廣度之發展。但是，規定歷史事實之意義，亦不是莫有困難，因為事實之意義，由人去發現，便不免是主觀的——一事實之意義，各人之看法其中有異同與衝突，甚而有相矛盾之點。譬如孔子之存在是一事實，畢竟孔子存在之意義是什麼呢？如歷代以來對孔子之觀點不同，則所看出之孔子，其意義便不同。說孔子是素王，說孔子是先師，其意義便不同。此中便免不了爭執。說孔子是素王或先師，此是以前所說之性質及類之意義。此外，說孔子生于耶穌紀元五百年前之東方，此是以前所說之時空關係之意義。人如何在說一事實之時空關係之意義，亦恒依我們選擇之觀點而定。譬如我們不以耶穌紀元而以孔子紀元則應說耶穌生于孔子後五百年之西方才對。此外，如改而以中華民國紀元，一切史實之時間關係，又須對中華民國而說。紀元不同，亦可造成爭執。如共產黨便不用民國紀元；今人亦不用孔子紀元。可見就時空關係說「意義」，亦有爭執。而一切爭執皆似可說為不同主觀的意見之爭。至于說到前所說之事實之因果意義、價值意義，人的意見之衝突，又更大而更難相協調了。於是一些史家，便仍不喜歡講事實的「意義」，退而只講客觀事實本身。但存在的事實，剝掉了意義之後，此事實本身之存在，究應如何說法？存在事實本身與其意義之分別，畢竟何在？二者間是否有絕對的界限？如一事實之性質、所屬之類，與他事實之時空關係、因果關係及價值，都是一事實之意義，則全離此一切意義，如何講一事實之存在呢？再如歷史家只講事實，面對萬千事實，將從何着手，如何選取？如以價值意義或其他意義之大小爲準，於是又回到意義之問題了。但意義又是人發現的，不脫主觀性，各人所發現不能免同異衝突，而歸之於主觀意見之爭。

這樣看來，兩面都是難題，那如何辦呢？一種逃出此兩難之法，是表面不談意義，只考事實，而寓意義于事實之選取中，以免爭論。但此是將意義問題，暫時加以隱沒。另一逃出兩難之道，是只提問題，加以疏導，再把個人研究之歷程經過，拉長的講，而不作結論。但是我想此二者都不是辦法，要解決此問題，還須由認識「意義」，不只是主觀的，亦自有其客觀性，此與事實之存在有客觀性相同。如何使我們主觀發現之意義，兼具客觀性，而不只是個人的意見，個人的議論呢？此中應有一條道路，此俟以後再說。我以後所預備歸到的結論是仿效中庸孔子答哀公問之「人存政舉，人亡政息」說兩句話。卽「人存史舉，人亡史息」，過去的歷史如無後人的價值意識去支持，則其存在亦同于不存在——此乃觀于蘇俄與中共之改寫歷史，我才感到此問題之重大——而人之價值意識的存在，亦創造歷史之新意義。所以不特過去規定現在與未來，現在與未來亦規定過去。以說明此歷史之有機觀，此皆須俟以後再講。

（趙潛記錄・一九六二年一月「新亞生活雙周刊」第四卷第十二期）

藝術的獨特性能

——在新亞書院藝術系師生聯歡會上的講話（摘要）

藝術在人類學術文化中有其自己的獨特性能，我覺得可用下面幾個字來簡單的說明它。

(一)「早」：藝術是文化中最早之產物。如數千年前埃及金字塔之建築，甚至在文字產生之前，雕刻圖畫之藝術品已存在了。人類在出生後還不會說話時，對人的面貌，已有着一種「藝術的同情」，就是「愛美與惡醜」的感覺。

(二)「廣」：藝術是一切人都能欣賞的。不同的民族，用不同之語言文字以表達其學術思想，故不通語言文字卽不能互相了解；而藝術之欣賞，則無言語文字之障礙，故一切人皆能共同欣賞——不限於人的年齡和知識。

(三)「久」：人類之文化創造物中有許多是專供消費的，消費了便不再存在；又有些文化創造物，其內容是可抽離出的，如一篇文章之內容可抽離出、以另一文加以表達。只有藝術品，不是爲消費而有，其內容亦不能與藝術品分離；所以人類願永遠保存它。因此到今日人類文化創造物中存在最久者爲藝術品。

（四）「通」：藝術能通活人與死人之情，亦能通生人之世界與鬼神之世界，所以宗敎離不開藝術。宗敎中之文學、音樂、建築，都是用以通生人與鬼神之世界的。

（五）「常」：人之其他學問有時不能研究，如悲哀時不能治數學；但人無論在何時及任何情況下——無論在愉快或悲哀時皆能從事藝術。所以其他學術之興衰恒隨世運之升降而興衰；只有藝術無論在治世或亂世皆可照常出現。這是藝術之「常」。

把世界藝術化，是人類之理想。我國孔子提倡禮樂，在臨終時仍在詠歌，可見他的一生是充滿了藝術性的。我講這些話，是望大家加重對藝術之責任感、努力去學習、工作。（一九六一年十月廿一日）

（楊定國錄・一九六二年三月「新亞生活雙週刊」第四卷第十五期）

人文學的性質與目標

——在新亞研究所第二十五次學術演講討論會上的講詞

一

從歷史上看，二三百年前，人類之學術文化皆以人文學科之歷史、文藝、文學與哲學爲中心的。近二三百年才發展出分門別類的理論科學及各種實用科學。這當然是人類學術文化之發展所必需，而此中亦有一後來居上的情形。如今之學實用科學的人最多，出路最好。其次爲理科，再次爲社會科學，最後才數到人文學中之文、史、哲的研究。其中又以哲學之地位最不爲人所認識。我們研究所的同學似乎正在默默地忍受着這種盛行的「時風」。其實，這並非全合理的。將來的世界中，人文學之地位雖不必須回到其過去的地位，但亦不能只在學術世界中敬陪末座。大家應對人文之學的本性多多了解，以轉移此時風才是。

說到人文學的性質，我認爲我們應該先站在此學問範圍之外，客觀地將其與其他各類學術的關係與性質之不同比較的看。這樣這一門學問的地位才能確定。此本可寫一專書來詳細討論。但今天只能姑繼續上學期所已討論的問題，再舉一二點來講。

我們說，除應用科學及數學、邏輯、統計等形式科學外，今之所謂學術，約有三類：自然科學、社會科學與人文學。我們要確定的了解，此三類的學問是不能相互代替或歸併，因而亦皆不可少的。此三類的學問都是人的學問。我們今可姑仿效黑格爾的語氣說：由于人類的心靈之外在於人類自己而向自然，這便成就了自然科學；又由個人之心靈外在於其個人自己，而向社會，這便成就了社會科學；人再由此兩種「外在於其自己的心靈態度」，再復回歸自己以了解自己、表現自己，這就成就了人文學。人如果沒有最後一種的「心靈態度的回歸」而成就之學術的話，則人必不免歸於遺失其自己——或迷失於大自然，或迷失於大社會，而不能自作主宰了。

自然科學之內容，是自然之現象與存在；社會科學之內容，是社會之現象與存在；人文學的內容，我們將說明乃是人的精神現象與存在，人文學亦可名之爲精神科學。（此第三點是容有爭論的，且待以下再說明。）

然則，此三種現象與存在是否有一本質上的差別呢？我認爲是有的。此中的差別便是這三類學問的分野處了。以下卽逐步說明其差別相。

二

我們先以三句話，獨斷的說明此三種存在與人的關係：自然乃我之所對；社會乃我之所在；精神乃我之所有。其次，並姑獨斷的說明諸現象之形式上或關係上的差別。

自然現象有二：物質的或物理的；生物的或生命的。物質的現象間之關係有「此有則彼有」之質量能量上之共變、因果上的依待的關係。但物質的現象中無眞正的生長與生殖，卽無眞正的自類相生。一物質的現象b之依待另一物質的現象a而生者，並不能再轉而生出a。則其現象之相依而生之關係，爲一向而非可逆的；其間並無往復的互相依賴以自類相生以生長或生殖的關係。此一向而非可逆的關係可以a→b表之。至於有生長生殖之生物之二生命現象間或其有機體之兩部份間之相互依待以自類相生的關係，則宜以a⇄b表之。此卽生物現象之爲較物質現象爲高一層次之自然現象之理由。無論自然科學的範圍如何廣大，其內容要皆不外是此二類的自然現象之此二類關係的考察而已。

社會科學必本於人之心理的現象或存在來說明。所謂心理的現象，最低限度皆有一種觀念與實在的關係，或所知的目的與手段之關係。由前者而有知識，由後者而有心理的行爲。由個人之心理及個人之社會性的心理，而有人在社會之依於各種共同目的或差別目的，而發生之社會性，或有社會意義的各種社會現象和社會組織之存在，以成爲各種社會科學的對象。現在，我只擬一說明人的心理現象與生物之有機的生命現象之形式關係的不同，藉以見自然科學與社會科學之不同。

譬如以包含目的與手段關係之心理現象來說，此中人是在表現手段行爲之a之階段，同時知道其目的是b；而b即可說內在於a。又人在達其目的b之時，亦知其原于a；即可說a內在於b。此二者間之互爲內在之關係純賴人之有心之知而建立。而此a與b又是互相依賴而有的。由此遂可ⓑ⇅ⓐ之圖形，表此一心理現象中之兩項的關係。是見心理現象與單純有機的生命現象之無此種目的與手段行爲之互爲內在之關係者，有本質上的不同。因此二者之不同，連帶使緣心理而有之社會現象及一切社會的存在，與生物現象及一切生物的存在，有本質上之不同，而有社會科學與生物科學之性質和目的之不同。

但是，我們認爲社會科學之外，尚有人文學。人文學乃以精神之現象或存在爲其內容。此精神與上所謂人的心理或一般所謂心理，我們認爲其中應有一界限。此界限似不易講。因一般認爲精神的都可以說即是心理的；然而一般亦認爲心理的，不必皆即是精神的。此二名一般人亦不以爲全同義，故此界限仍宜加以淸晰的講出。

譬如我們說心理的行爲，必含一手段與目的。則凡自然發生而明顯有目的與手段兩方面之行爲皆是心理的。然而人對其自然發生的爲達一目的而有之行爲及此目的之自身，都可以自位於其上而對之加以一反省、自覺與估價，以觀其應有與不應有而加以取捨。此反省與估價而加以取捨，當然亦爲另一心理的活動。但此心理活動，其性質卻迴不同于前一心理的活動。前一心理的活動可爲一自然發生的心理活動，而後一心理活動則位居于此自然的心理活動之上一層次。這恒居于上一層次的心理活動，就是一純粹的精神活動。此精神活動對其下一層次的心理活動，能于加以自覺反省後，由取捨以決定其有與無，卽決定其存在與不存在。所以我們說一切精神活動皆有自覺的自作主宰的性質。而一切人之自覺的自作主宰而自己支配其心理活動之有與無，或如何進行與不如何進行，與如何存在或不如何存在者，我們皆可稱之爲精神活動。此精神活動之性質，分明與一般所謂心理活動不同，而宜標以一特殊之名稱。而于人文學，則我們將說明其以人之精神活動爲根據而有；其所包含之內容，亦卽人之精神活動之各種表現。

三

在人文學中，我們今暫包括歷史、文學與哲學三類。對藝術、道德、宗教之學，今暫不講，因此三者，乃更高級的人文之學，而非一般所謂學術。文、史、哲三者皆立根于人的精神活動，皆可稱爲精神科學，而與社會科學亦有本質上之不同。然此說法卻非人人所能承認的。首先，歷史是一社會科學抑或是精神科學，此卽已成一問題。如人們可說，歷史研究所憑之遺物及書籍，皆存于社會與自然，歷史皆人類社會之歷史，歷史學皆以研究一一之具體的歷史事件與歷史人物爲目標，故決不能說是精神科學或與社會科學在性質不同的一種學問。但是，我認爲此類說法，乃由于忽略了對歷史學之本性的認識所致。這是由于對歷史學之根原所在未加反省之結果。

我們要知歷史學之根原，應先問人類何以有歷史學。歷史學的對象明不同于現實的自然的現象或存在，亦非卽現實的社會的現象或存在。而只是現實社會的現象與存在之來原之所在；而已成歷史的東西，亦可說皆爲屬于過去的世界，而在一般所謂狹義的「現實」世界中似不存在的。此似不存在而已成歷史及屬于過去的世界中的東西，並不可由當前的感覺知覺直接把握的。現在，我們請問歷史學之所以存在的根據是什麼？此問題實一想卽知的。歷史學之所以存在的根據，在人之能記憶原屬于人自己所經驗之事，由記憶而有之記錄，及對于過去所留下之紀錄與其他歷史的遺物之再解釋，以追溯重構一過去的世界。然而，此成就歷史學之記憶、再解釋，及追溯重構過去之活動，皆與自然發生的記憶之心理活動等有本質上之不同，而爲人之一種精神活動之表現。

自然的記憶與成就歷史學或歷史知識的記憶之不同，卽前者非自作主宰的「去」記憶及去回憶，而後者則在開始——如人之最早之紀錄一日之所見成日錄——卽是由人自作主宰的去記憶去回憶，並估量衡量值得紀錄者而紀錄之所成。自然的記憶，是觸境而自然引起的；自作主宰的記憶，則是有意的自己引導此去記憶或去回憶之心理活動，以向我們自己過去所歷之事，而如其眞實，以重現之，再記下之。此自作主宰的「去記憶」與「去回憶」卽是精神活動。至於人憑他人或自己之所記與過去所留之遺物，再重加解釋，以追溯重構過去之世界，其中之更包括種種複雜的估量、評價，與取捨之活動，而爲更高級的精神活動，則更無疑義了。

我們通常想歷史學，總想它是以一客觀存在的歷史世界，作爲研究之對象的。其實，此所謂客觀存在，大不同于自然與社會之爲客觀存在的。從後者之客觀存在之標準看，歷史的世界正都是已不存在的——其存在，實只存在于人之歷史意識或歷史心靈中。而此歷史世界亦實根據人對其過去所經驗的世界之記憶與回憶紀錄，與對紀錄及歷史遺物之重重叠叠，繼續不斷的解釋、構造，與再解釋再構造而建設起來的，以成爲人之歷史意識與歷史心靈之內容。而此一切，亦卽人之自作主宰的記憶、紀錄、解釋，與構造等精神活動的表現。離開人之歷史意識、歷史心靈，及精神活動，則歷史與歷史世界皆不能眞實存在，最多亦只是消逝了的存在。而人之歷史心靈、歷史意識及此諸精神活動之價値，亦卽在使此消逝了的存在再存在，以挽救此世界之沉淪。而此處亦卽顯出歷史之爲一精神科學，與社會科學及自然科學有本質上的不同。

一切社會科學與自然科學無論其內容如何豐富，總是以現實的存在世界爲對象。自然科學與社會科學的應用，亦可成就人類社會的存在，以及若干自然事物的存在。但這些科學皆不能使不存在的再呈現而存在。而歷史心靈、歷史意識及治歷史學的精神活動，則能使一切似不存在的，再成爲人之心靈意識之內容而再存在。「誰道二千年往事，而今只在眼睛頭」——此卽人類之鬼斧神工的事業！

我們以上說了歷史學是精神科學之理由。

至謂文學與哲學是精神科學，則更容易說了。

一般說文學表現情感，哲學表現理性。但文學中之情感實非自然心理中之情感，哲學中之理性亦非人自然會運用的理性，而均應是在自然心理之層次之上的高一層次之屬於精神活動的情感與理性。

人之觸境而有喜怒哀樂，是屬人的自然情感。但文學並不立根於此諸自然情感而生的。人除了有這一類自然性的情感外，實尙有高一層次之對此類情感之情感的。此便是精神性的情感。譬如：人對聖賢豪傑崇拜或景仰，此崇拜與景仰是崇拜景仰其人格精神，亦卽崇拜景仰他們的志願與情感等。而此崇拜景仰之情，亦卽對他們情感所生的一種情感。我認爲凡文學中之情感都必須是對人之情感所生之情感，而非自然發生的原始情感。卽使文學中所表之情感，是純由個人之遭遇而起者，亦必須人先立於此類情感之上，再引生上一層次之一情感，如：自憐、自惜、自珍、自愛等，才有文學上的情感。此中，人之上一層次的情感對原先之自然發生之情感言，有一種再加以賞識或估價之意義，因而亦可主宰前一層次的情感之存亡與命運。故此高一層次之情感是精神的。而此高一層次之對情感的情感，又可自類相生以至無窮，其涵義則非今日所能盡述。要之，文學之情感必是此類。凡例外者，皆非眞正之文學的情感。故文學亦可說是一精神科學。

人由自然理性的運用可構成無數的觀念、判斷，與推理，以成就種種知識。但哲學則依對此種種知識之成就歷程之反省，及此種種知識之重加估價與綜合以產生。故哲學中之理性運用亦屬于自然的理性運用之高一層次；文學依于人對其自然情感上之情感；歷史是人對已成已有之事再加上一重現與重構之事，而爲事上之事；哲學則依于人之對其自然的理性運用之歷程與成果，再運用一理性的反省于其上，此可說是依于理性上之理性。此事上之事與理性上之理性亦是如人對情感之情感，同可自類相生，以至無窮。此卽構成人文學之天地之無窮。

討論到這裏，我們可以知道，文、史、哲學都有一本質上的共同處。這共同處，卽皆依于一種自覺的回頭的自作主宰的精神活動而產生，而其內容亦卽皆爲一種精神活動之表現，由此而與自然科學及社會科學之性質，便有一本質上之不同。這當然不是否認其中之關係——此關係當然是有的。此可以從各方面說。若站在人文學的立場說，則我們可說一切自然科學與社會科學皆屬于人類之整個的自然科學史與社會科學史，卽皆屬于廣義之歷史學。一切科學家之努力亦皆可以爲一文學上的歌頌的題材之一，又一切科學的方法及表現于成就科學知識中之人之理性，皆人之哲學的理性反省之所對。這亦卽是科學屬于人文的意思。但這不是要貶抑科學家，因爲科學家還是一個人，而不等於科學中的一個公式，或一條定律，或某一科學知識。

（黎華標記錄·一九六二年十二月七日「新亞生活雙周刊」第五卷第十二期）

對「人文雙周刊」的幾個期望

一

文章有各種體裁，出版物也有不同體裁，而副刊則是今日出版物的一種體裁。一篇文章表現爲某文體時，或適或不適；而每一文體，有其優點，也有其缺點。一文章刊載于一出版物時，也有適或不適之分。而任何體裁之出版物，對其所可能刊載的文章來說，也有其優點與缺點。今先說副刊缺點之所在，然後再論說其優點之所在。

副刊對於刊載文章的缺點，第一是在一新聞紙中，它只居于一附屬的地位。早上新聞紙中的新聞，到晚上卽成舊聞，此新聞紙卽可成爲投入字紙簍中的廢紙，而副刊中的文章，亦可同其命運。此是第一點。其次，新聞紙以報導事實爲目標，它的版面是展開的，暴露的。副刊文章的印刷，也是一樣。但一些有層次有深度的文章，它的內容，隨文章的進行而次第呈現，其印刷的形式，便比較適合于有前頁後頁之分，而不適宜在一覽無餘的版面中刊載。此是第二點。第三，副刊的版面，同時限定文章的字數，不像雜誌與書籍可增減頁數，而副刊編者的斷鶴續鳧，以湊合版面的字數，是不可免的。此皆是副刊的缺點，是許多作者不願在副刊寫文章；一般讀者不重視副刊的理由所在。

但是副刊的附屬于新聞紙，也有其人所共知的優點。此卽在新聞紙迅速的流佈，而副刊文章，卽可附驥尾而俱行。又以新聞紙發行數量多，而副刊之讀者也卽遍于社會各階層的人，使學術文化思想，也隨之而易于普被。因此今日的新聞紙與其副刊，卽無異孔子的春秋，司馬遷的史記，但非「藏之名山，傳之其人」，而係顯于朝市，佈於天下人。此是第一點。其次，新聞紙的版面雖然太暴露，如紅樓夢中大觀園之入門處，少了一屏風，無甚樂趣。但美感也有不同的形態。在直下展開的新聞紙上出現的好文章，也可如詩人所謂「山從人面起；雲傍馬頭生。」人和馬的匆匆趕路，並不妨礙山和雲的清寂。此是第二點。再其次，副刊對文章字數的限制，雖也是缺點。而對我個人來說，經常是不提筆則已，一提筆則不能自休，更不願受此限制。但自讀者方面說，則在當今匆忙的時代，長文章亦實在難有耐心的讀者。其次，字數之限制，也可使作者多若干意匠的經營，以爲補救。如中國詩中之絕詩與律詩與詞曲之美，正在其字數音律皆先已限定，而更見作者鎔裁之功。這樣，上段所說副刊的三種缺點，皆可翻轉而視爲副刊優點之所在。

二

副刊作爲一個出版物的體裁來看，有它本質上的缺點，也有它的優點。因此副刊中所刊載的文章，它的價值與影響力，皆可相距懸殊。以我少年時所讀報紙的副刊來說，如北平「晨報」的「晨報副刊」，「民國日報」的「覺悟」，「時事新報」的「學燈」，民國二十年左右「大公報」的「文學副刊」等，其對中國社會政治敎育文化界之影響力，皆曾風靡一時，而這些報紙，也由於這些副刊，馳名至今。然而一般報紙的副刊，卻又大多隨報上的新聞之成舊聞，而湮沒無聞。這雖是由于上述副刊本質上的缺點所致，但也可說由于大家不能正視副刊的優點，而不能充量發揮這些優點，而去其缺點所致。要充量發揮副刊的優點而去其缺點，則依上面所說，我想可提出二點。第一點是副刊上的文章，不可首先卽預備隨報上新聞而轉瞬成爲舊聞，而應像其他著述一樣有相當永久性。再進而期望一報紙也以其副刊文章的永久性，而獲得人永久的懷念。如上述的「晨報」、「時事新報」之類。人們如本此心情爲副刊寫文章，必將大大提高副刊的水準。其次，由于報紙銷數之廣，一篇文章卽可能有成千成萬的讀者在面前。而每一篇文，卽皆無異於一公開講演。講演重在實大聲宏，略示方隅，而善聞者自能舉一反三，而觸類旁通。像易傳所說「鳴鶴在陰，其子和之，我有好爵，吾與爾靡之。居其室，出其言善，則千里之外應之……」。這樣，影響自然廣遠。此是我對副刊之兩點希望。前一點是望其「可久」，後一點是望其「可大」。求可久，是爲了避免副刊隨新聞成舊聞的缺點。求可大，則是順報紙銷數之廣，而求發揮副刊優點之道。

三

至于專就本刊稱爲人文雙周刊來說，則人文的範圍至大，而雙周刊近半月才出版一次，其所能刊佈的文章，與「人文」範圍之大，也極難相稱。但它所以名爲人文，是由於主編者都是東方人文學會的社友。此學會是一些年齡不齊的朋友的自然結合。初發起時，長如張君勱先生，當時已年近八十，亦算社友。年輕的不過二三十歲。此學會成立了數年，也沒有什麼一般社團的活動。除人生出版社出版了我個人與牟宗三先生的幾本書，是用學會名義外，只曾爲張君勱先生八十壽辰，約了日本、韓國及歐美的若干學者，編了「儒學在世界」一個論文集。又爲熊十力先生逝世，與新亞哲學系，合辦一追悼會。但是學會中較年長的朋友們，卻大多于治自己的專門學問在學院式刊物寫文之外，兼曾辦一些社會文化性之刊物者。不客氣的說，此是上承儒者之兼求明體與達用的精神，不甘心于只當一麻木不仁的新學究。此可直溯到三十年前在重慶出版的「理想與文化」。上文所提到之熊、張二先生及梁漱溟、歐陽竟無諸先生，皆曾在此刊有文刊載。後來有「歷史與文化」、「學原」、「民主評論」、「人生」雜誌，在文化意識上，皆大體相承。三十年中，時代的變動太大，這些刊物皆不能繼續。其中有許多理想與觀念，尚非當前的社會所能接受。或尚待于以更專門的學術理論形式來表達，或尚待于更多之具體之事例，加以證成。但其所以一波既沉，一波再起者，此中也有一相續的願心，與大體一貫的學術思想與文化之方向。不然，三十年之時間，雖不算長，但亦不算短，沒有大體一貫的方向，也是支持不下去的。簡單說，此一方向，卽是一自覺的求建立「人極」，以求「人文之化成于天下」的方向。此亦卽是中國文化原始的方向，也是世界其他不同文化不必自覺，而實不能外之方向。未來的宗敎、政治、社會組織，與科學技術的運用，都要向此一方向走。此方向亦本是天理人心所同然。順之者正，逆之者邪；順天者存，逆天者亡；本可一言而決。但要信得及，也非易事。向此一方向走的學術文化思想，也是經緯萬端，有種種不同方面，不同形態，以殊途同歸，百慮一致。而在行旅之道途中，也到處有問題，有阻隔，須逢山開路，遇水搭橋。有時也須徘徊瞻顧，或曲以求直，屈以求伸。非少數人之力所能盡辦。要在慧命相續，繼繼繩繩，積涓流以成江河成滄海。一人之生命力有限，但就我個人所尊敬之前輩與平輩諸先生而言，我認爲他們大都盡了生平之力，開闢草萊，對時代對學術多少有交代，就個人說，已可仰不愧于天，俯不怍于人。但就文化的影響說，則亦只能作存斯文于一線，而涓涓不息，距成江河滄海尙遠。我期望負此刊編輯責任的年青朋友們，與其他同情的撰稿者，也能繼續這個意思，對此有限的篇幅爲文，亦如獅子搏兎之用全力，向「人文」之「存亡繼絕」，及「化成于天下」的方向走去。

我寫完此文之後，忽然聯想及陸象山與朱子唱和之一詩，正可槪括上文所言：人文之存亡繼絕及于小見大，于暫求久，以寄托我們之希望。玆抄錄于下，以爲本文作結。

「墟墓興哀宗廟欽，斯人千古不磨心。涓流積至滄溟水，拳石崇成泰華岑。易簡工夫終久大，支離事業竟浮沉。欲知自下升高處，眞僞須先辨只今。」

（一九七〇年六月一日「華僑日報・人文雙周刊」第一期）

研究中國學術的態度

——在新亞研究所所會主辦學術演講會上的講詞（註）

研究所本來每月有二次月會，先生講，同學也參加討論，後來停止了。因爲先生講好像是職務上的，職務沒有此要求，就不能繼續了。其實，要提倡學術上的研究風氣，要整個學校形成一個學風，先生當然有關係，而同學也有關係。研究所這幾年有些事情還在繼續發展，比如說有好幾位同學到日本去留學，而最近將要派一、二位同學到法國去研究；這幾年也出版了多少書；還有遠年老同學辦「中國學人」。但是從整個學風上來說，研究的風氣不能算是很好。所以，同學們能積極發動這個演講會，我感到很高興，因爲這是自動的。假如是我要你們做這件事情，就沒有什麼價值了。而且一個東西若是靠外面的動力來推動，動力一完，這東西就停止了，只有自動，才能夠繼續。所以主動性是最重要的。現在同學們主動來發動演講會，表示同學們自己想提高研究所的學術風氣。我希望以後能每個月舉行一次。在程度上，可以商量，最重要是使到能繼續，繼續是非常難的事情。現在我想講一椿事情：在新亞書院最早期在桂林街的時候，每星期有一次演講會。那時候我是教務長，要主持演講會。雖然來賓不多，有時十幾個，有時三、四十個，五、六十個，但每星期一次，共維持了一百三十幾次，前後四年的時間。這個可以說是我最初爲新亞書院做的事情。當然是請人講，不是我一個人去請，而是大家商量。搬到此地來以後，我覺得一個人搞這事情不成，應該各位同人共同維持，各系的系主任也請來商量。但是沒有多久，這個講演會就停了。後來有一個時候，有幾個同學也發動辦講演會，由孫國棟先生、唐端正先生、李杜先生等人主持。舉行了幾次，但不久就停止了。爲什麼這樣困難呢？因爲來聽的人越來越少。而另一方面，學校發展了，同學們的興趣專門了，對於文化性的講演就沒有興趣。所以我告訴諸位同學，講演會要維持下去並不容易。

今天除了研究所的同學外，還有其他同學，這也很好。研究生所講演會，公開一點也好，但是完全公開，讓很多人來聽，也不是很好，因爲內容和聽衆有關係。比如對研究所的學生是假定他的程度高一點，可以講專深一點，但對一般學生，一般社會上的人士卻不能這樣講。如果聽的人太泛，講者對聽衆的性質不清楚，如講得太專太窄，聽衆只有一部份人有興趣，其他人毫無興趣，結果場面弄得很尷尬。所以研究所的講演會公開一點，可以，完全公開則會發生剛才所說的情形。

你們能够自動發起講演會，很好，但是要把它維持下去，眞能够每個月一次，一百四十次就要十多年了。希望你們能打破以前講演會的紀錄。

我今天所講的題目比較廣泛，就是「研究中國學術的態度」。一般來說，做學問要講方法、講態度。方法與態度，是不是一樣呢？有時方法就是態度，但有時也可以說方法與態度不同。比如說，作一個研究，收集材料、整理材料、鑑別材料是必須的工作。如何整理材料？或用統計的方法來整理，或用其他分類的方法來整理。如何鑑別材料之眞假？鑑別之後如何選擇材料？選擇重要的，眞的。這都是學問的方法。再者，對材料之解釋，也要講方法：如解釋文字的意義，要用訓詁學的方法。由所能見到的文字、文物去了解它的意義，從已經了解的去推論不了解的，由此一意義推論彼一意義，這也要方法，推理的方法。在推理裏面，又有不同的方法，如演繹的方法、歸納的方法等。我們可以說：方法卽如何處理我們研究的對象。

態度則不同，態度是研究時的心理狀態，廣泛的說，還可加上生理的狀態，卽在研究時，你對你所新研究的東西的心理、生理的狀態及其程度，總叫做態度。舉一簡單的例子來說，如對人，有些人對人很和平、和易，有些人對人很認眞；認眞與和易，便是不同的態度。態度卽是對一對象所表現的心理、生理的情態。我很認眞，我的心理的情態是認眞的，我的動作、容貌是認眞的；我很和易，很和平，我的心理狀態是和平的，我的動作、容貌也是和平的。此心理、生理的情態，因著某一確定的對象而生，所以研究的態度，是對準所研究的對象在研究時所發生的心理、生理的情態及其程度。生理方面的態度在研究時較不重要，故在此不談。就心理方面而言，研究時的態度就是研究時心理活動的方向，就是心理活動的姿態和目標。

現在卽就此講研究學術的態度。研究學術的態度有廣義的、狹義的，狹義的如研究中國學術的態度卽是。研究中國學術的態度有很多種，究竟那一種比較正大，似很難說。每個人有每個人自己的態度，而各時代的人各民族的人亦有不同的態度。現在把各種態度大致分爲三大類，之中又分爲十一種。

第一類：純興趣的研究態度（二種）

第一種：興趣純粹是由好奇而來，由自己發出來的。比如西方漢學家在淸末到中國，見到很多新奇的東西，他們覺得好奇，就進行研究。現在舉一例：美國哥倫比亞大學有個敎授叫做 goodrich，他研究中國的床。中國從前家庭裏的床大得很，在床上擺茶壺、煙袋、風爐、吃的東西，一大堆，而床前的床廉有貼圖畫。比如我的外祖父的床就是這樣，好多玩意。我小孩子的時候就喜歡到外祖父的床裏面去玩。Goodrich 敎授對中國的床有興趣，故研究中國的床。他說中國人可以完全在床上生活，床裏什麼東西——吃的東西，穿的東西，玩的東西全有。對此，你不可以說他不是研究，他當然是研究。這一種的研究的態度卽由好奇而來的純興趣的研究態度。我也不必多舉例。

第二種的研究態度也是興趣的，但其興趣不是從好奇引起，而是由時代的風氣所引起。他的興趣不是自發的，那個時代的風氣是怎樣，他就有怎樣的興趣。他的目標是隨風氣、趕時髦。他的研究對象是看那時代喜歡什麼，他就研究什麼。這一時代喜歡讀經，他就研究經學；這一時代喜歡讀詩，他就研究詩。他的方法也可以跟著時代走的，這時代那一方法最時髦，他就用那一個方法。如五四時代講科學方法，他研究就用科學方法。後來共產黨來了，講唯物辯證法，他研究就用唯物辯證法。總之那一個東西在那一時代時髦的，他就拿它作研究的對象；那一個方法在那一時代時髦的，他就用那一方法。這種研究的態度是興趣的，但是其興趣非出自好奇，而是出自時代風氣之感染。風氣是什麼，他的興趣就是什麼，風氣變了，他的興趣也沒有了。

第一類就分此二種，我並不希望你們的態度是此二種。

第二類：純學術的研究態度（三種）

第一種：此一種研究的態度是純粹爲求某一專門學術的眞理或解答某一專門學術的問題。此一態度之特性是不管學術效用的價值，只是爲研究而研究。換句話說，其研究一門學術，對這門學術在客觀文化上的價值可以不管，而只是研究問題，解決問題，從而求得某一眞理，而在其中就有他的價值——純學術的價值。從前胡適之先生說：我們研究一個字，研究這個字的起源、演變，就如研究天上的恆星一樣。發現天上一顆恆星，別人沒有發現而你能發現，就是了不得。這在一般的文化上可說沒有用的，但你能發現一顆恆星，就是發現一眞實存在的東西，就是發現一眞理，就是積累了知識。這種是純學術的態度。在這裏不能說那一種眞理的價值高，那一種眞理的價值低，只要是眞理，他都是有平等的價值。如中央研究院有人專門研究方音，如福建方音。此研究你說能使福建人講福建話說得更好嗎？那不一定。你說以後會以福建話作爲全國的語言嗎？當然也不會。其研究的目的純粹是爲研究福建的語言究竟如何，其結果或者可以解決中國音韻學或文字學上的一些問題。但他是否有什麼特別的用處呢？可以說沒有。因爲以後福建人可能根本不說福建話，大家都講國語。故在實用上可以說沒有價值，但是他可以解決一些音韻學、文字學的問題，他有純學術的價值。以純學術的態度研究純學術的問題，就有純學術的價值。這一種研究中外都有，如以前英國有學者研究莎士比亞死在什麼地方，葬在什麼地方，寫了很多書以證明，言之鑿鑿。但挖掘後，並沒有莎士比亞的棺木。而即使是把莎士比亞的葬地完全正確地考證出來，又有什麼其他價值呢？沒有。但是他本身就是一眞理。正確地考證出莎士比亞葬在何地，本身就是一大發現。解決了一個純學術的問題，就得到一個純學術的眞理。這是純學術研究態度的第一種。

第二種：純學術的研究態度的第二種是研究某一專門學術的問題，但他的目標不是爲解決這一門學術的問題，而是藉對這一門學術的研究去顯示一種研究學問的方法，這種研究的方法爲其他學者接受之後可作其他方面的研究之用。例如胡適之先生有一個時期專爲「水滸傳」做考證，後來又爲「紅樓夢」做考證。他說他爲什麼要做這些考證呢？他並不想解決「水滸傳」、「紅樓夢」本身的問題，他的目標是要告訴人考證的方法，所謂科學的方法。這是純學術研究態度的第二種。

第三種：純學術研究態度的第三種是研究某一專門學術的問題，但不是爲了解決此一專門學術本身的問題，而是爲了解決另一專門學術的問題。如達爾文講自然淘汰原理，是受馬爾薩斯人口論的啓發。他把人口論用之於自然界而演成自然淘汰之理論。故一門學術是可以刺激另一門學術的研究、發展。臺灣的薩孟武先生，他研究「水滸傳」，著有「水滸傳與中國社會」。這本書我三十多年前看過，覺得很有意思。他從「水滸傳」而談中國社會的結構。「水滸傳」是文學著作，他研究「水滸傳」是想了解中國社會的結構，了解各階級的關係，解決社會史上的問題。以研究一門學術而解決另外一門學術的問題，這也是純學術的研究態度之一。以上三種是第二類——純學術的研究態愛。

第三類：非純學術的研究態度（六種）

非純學術的研究態度，他的研究目的是在研究以後或研究以上。非純學術的研究態度有下面幾種。

第一種：研究某一問題，其目標是要辯護或維護某一本書的價值或某一人的人格，或某一文化的價值。如胡適之先生研究「水經注」，是因爲有人提出疑問：戴東原著「水經注」時究竟有沒有看過

「永樂大典」中的「水經注」？是否他盜用了「永樂大典」中的「水經注」？胡先生把這問題看得很重要。他要證明戴東原沒有偷人的書，因爲他是最佩服戴東原的。戴東原的哲學他贊成，戴東原的學問方法他也贊成。所以他一定要維護戴東原的人格。這一問題我們新亞書院的錢先生就是說戴東原偷了別人的書。究竟誰對誰不對，我不能確定。而胡先生的研究這一問題的態度就是爲維護戴東原的人格而作研究。再舉一例，如李易安的改嫁問題。她的詞好，但是她晚年究竟有沒有改嫁？照現在的看法，改嫁無甚所謂，而按從前的看法，好像改嫁的婦人人格有問題。從前有人說李易安改嫁了，但亦有很多崇拜她的詞章的人極力替她辯護，並作文章證明她沒有改嫁。如俞正燮就爲她辯護，他說他辯護的目的是：「素惡易安改嫁汝舟之說。是非天下之公，非望易安以不嫁也，不甘小人言語，使才人下配駔儈。」其研究李易安有沒有改嫁的動機是要證明李易安不但詞好，其人格也好。他開始就承認他的目標是要維護李易安的人格。這一種要維護一人的人格或一本書的價值的研究態度，有時也不完全不對。因爲要維護某一東西而引起了研究的興趣，可能從此研究而發現其他問題。比如說吧，儒家講五倫，但是三綱是否儒家說的呢？三綱是君爲臣綱，父爲子綱，夫爲妻綱。我個人不喜歡三綱，但我喜歡五倫，因爲三綱把君權看得太重，也把丈夫擺在妻子之上。重男輕女，尊君卑臣。我就不喜歡三綱，所以我總是想找出三綱不是出於儒家的證據。出於何處呢？我想是出於法家，於是我就找法家的書，慢慢發現了：儒家裏沒有三綱的說法。儒家講五倫，五倫是對等的關係，三綱是統屬的關係。三綱與五倫及其他的儒家思想衝突，三綱之說出自韓非子，法家尊君，君是男性，是父親、丈夫。三綱出自法家，並不出自儒家。儒家五倫是比較平等的，三綱是階級性的，現在我這個維護儒家的目的可說達到了。但我要維護儒家，我才注意此一問題。所以說以維護一東西而研究不一定就壞，但也許維護得了，也許維護不了。再舉一例，「孔子家語」說孔家三世出妻：孔子離婚，孔子的兒子伯魚也離婚，孫子子思亦是離婚。我心中不喜此事，何以孔子會離婚，而且兒子、孫子都離婚？三代離婚，怎會有這樣的巧事？我把這事情與徐復觀先生、牟宗三先生談。他們說是眞的，我說一定是假的。當然這只是我個人感情不願聽到孔子三代離婚，此事是眞是假，我仍想研究。後來我看到崔東壁的「考信錄」，他說此事是假的，是法家的人造出來的。崔氏的說法是否站得住腳，我也不敢說。到今天我也不能解決這一問題。但想維護一東西而去研究，也不完全壞。我因爲要維護那東西，我會盡量找證據來證明，或會有所發現，像研究李易安是否再婚就是有所發現而達成他維護的目的。再舉一例，研究所的導師潘先生研究「紅樓夢」，當然「紅樓夢」我不懂，但潘先生有一想法，他要維護「紅樓夢」是反淸復明、民族大義的書，動機很好，但成功不成功，那很難說。如果是成功，那當然很好，不能維護就不該堅持。維護得了維護不了，就要辯論。由此可知不能說維護某一人或某一書的價値爲研究的態度是不好的，但其維護成功不成功，就要看研究的證明够不够了。

第二種：非純學術研究態度第二種是研究此一東西，就是爲了反對這一東西。例如以前顧頡剛、錢玄同研究中國古代的歷史，其目的是要說明中國古書靠不住。那時代的時代風氣是要反對中國的傳統文化，顧頡剛、錢玄同都是受了反對中國傳統文化的風氣的影響，他們研究的目標多多少少是想推翻中國的傳統文化。顧頡剛說大禹是一條蟲。大禹是一條蟲的話，則中國人崇拜的禹就沒有價值了。故許多人反對他，反對他的人的態度是剛才所說的第一種，他們要維護中國文化的傳統，所以一定要把顧頡剛的說法打倒。再舉一例，這是牟宗三先生告訴我的，西南聯大有個聞一多先生，他的學問不錯，是教授、詩人。他研究莊子、老子。別人問他爲什麼要研究莊子、老子，他說我研究莊子、老子就是要證明莊子、老子沒有價值。又如臺灣大學的教授毛子水先生，他也是個著名的學者。他在臺大講「論語」，講完後，最後他說：「論語」講完了，我講「論語」，就是要證明「論語」沒有東西。講了一學期只是要證明其沒有東西，這種研究某一東西是爲了破壞此一東西，也是研究態度中的一種。此一態度與剛才所說的第一種態度相反。但也可以同有二個態度。如顧頡剛先生早年說禹是一條蟲，但抗戰時他的態度變了。當時各行業立節日，如教師有教師節，工程師也要有工程師節。工程師節要定在那一天呢？這是一問題。後來顧頡剛先生出來了，他那時不說大禹是一條蟲，而說大禹是一個人，而且禹的生日他也考出來了，是六月六日。禹是中國第一個大工程師，他劈山開河。於是工程師節就定在這一天。這一研究是由第二個態度變成爲第一個態度，變成維護禹，維護中國傳統文化。

第三種：非純學術研究態度的第三種是既非爲了維護某一物，也非爲了反對某一物而去研究，而是爲了瞭解某一物，以便了解之後決定如何去對付，適應此一物。因此，此一態度也不能算是純學術的研究態度。

如明代以後西方傳教士研究中國文化。由利瑪竇起，他們研究中國的宗教，中國的儒家思想，目標是爲了瞭解中國的宗教及思想的情形以方便傳教。研究清楚了，才決定用什麼方法去傳教。

又如近年美國人研究中共，研究機關多得不得了。他們的目標是想了解中共是怎麼樣的一回事情，然後才知道怎樣去適應它或對付它。

研究是求客觀的了解，但其後別有目標，其本身是預備了或對付或適應，至於如何對付、如何適應，則暫時保留，研究得到客觀的事實後，才決定如何對付或如何適應。這是非純學術研究態度的第三種。

第四種：非純學術研究態度的第四種是爲了增加自己的知識而研究的態度。研究一東西並非想解決專門學術的問題，也不是要由此而顯示一學術的方法，也不是要由一專門學術的研究而去解決另一專門學術的問題，而是研究一東西，爲了得出許多新的知識，以同原來的知識配合，成一更大的全體。比如一個西方學者，他研究哲學，他對西方的唯心論已經有了知識，現在他要研究中國的唯心論，他爲了什麼呢?是爲了把中國的唯心論與西方的唯心論配合起來，而成爲他自己對唯心論知識的更大的全體。他不一定要解決某一問題，他可以事先沒有問題。現在很多西方人想了解東方，就是想以東方的知識和他自己已有的西方知識配合成一更大的全體。這等於是自己對某一門知識缺乏一部份，故要補足之。這種研究態度是很有價值的。我以前讀書也有這樣的態度，如我要讀某一類的書，讀了這一類的一部份書後，對於這一類的其他的書也想法去讀。比如我讀先秦諸子，讀了儒家，道家，我就想讀墨家、法家，以墨家、法家與儒家、道家配合起來，對先秦諸子的哲學可以有較完全的了解。後來我爲什麼唸佛學呢？因爲讀了佛學，把佛學加上去，對中國的哲學就多了一些了解。爲什麼要讀西方哲學呢？因爲加上西方哲學，就增加了自己的哲學知識。又如我讀希臘古代的戲劇，我讀了莎福克的戲劇，覺得不够，就想讀其他古希臘戲劇家的。希臘的戲劇我讀了幾本，我就覺得近代的莎士比亞和歌德的戲劇也不能不讀。十八世紀的戲劇讀了，十九世紀的也不能不讀。覺得這方面的知識我已經有了，而某一方面不足，就補足那一方面。在哲學的研究也是如此，經驗主義知道了，就想讀理性主義的書。理性主義知道了，就要讀康德。就自己知識之所闕去補充，這樣子去推進自己學問的興趣，是很好的方法。我們研究是爲補足原來知識之不足，由這一態度出發，就希臘整個學術文化來說，即是補充中國整個學術文化之不足的地方。我們研究中國哲學的目標是爲創造一個未來的中國哲學，或者說爲把哲學這門學術的內容擴大，使對哲學這門學術，無論在中國或世界的範圍內，都因爲加上了我們的研究結果而增加了其內容。這一種態度，用之於任何一門學術，都會產生這樣的結果。

第五種：非純學術態度的第五種是爲了教育的研究態度。研究學術最後的目標不只是自己發現許多眞理，也不只是建立某一門學問，充實了學術的內容，而是爲了教育。學術要傳下去，就要教育下一代。教育能發生廣大的社會意義，以至未來的意義。假定我們研究一學問是爲了教育的目標，則許多學術的研究需要一整合。如何整合呢？現在一般研究哲學、文學、歷史的方法，若以教育爲目標是否就都很適宜呢？這有問題。比如研究哲學的著作，專講抽象的理論，以此去教一般的學生、一般的人，並不好。如我發現我所著的許多書就不能達到教育的目的。如果爲教育的話，哲學的書應該怎樣寫法呢？哲學的書不但要有抽象的理論，還要有哲學家的傳記、詩文，還加挿一些與此書內容相關的圖畫。比如著書說程明道的哲學，除了程明道的哲學理論之外，加上程明道的傳記、他的詩文，及時人或後世人評論他的文章，使讀者能在程明道的一生行事及其心有所感自然流露而寫出的詩文中，體會到程明道的眞人格，因此更能了解程明道的抽象的哲學理論。若再加上一些圖畫，則趣味性會更高。如羅素的「西方哲學史」有很多圖畫，使人讀之不覺枯燥。傳記是歷史、詩文是文學、圖畫是藝術，把歷史、文學、藝術配合哲學，這本哲學書的教育意義就大了，比我同牟宗三先生寫的書的教育意義就大得多。換過來說文學吧！如研究陶淵明的詩，把他的傳記、思想都加進去，把文學的研究加上歷史及哲學思想，就會很有趣味而使人更易了解陶淵明的詩。又如研究歷史，中國的傳統史學有史論，史論是史家對歷史事實的見解，歷史講事實，史論則就其事實以論其是非，對史實提出解釋批評，卽使史實更易爲人所了解。如寫劉項相爭一段史實，加入了漢高祖論、項羽論，不論其見解是高是低，對或不對，卻可以幫助開通思想。史論是歷史中的哲學成份，而中國傳統也有很多詠史詩，詠史詩是以詩詠史實。把史實、史論、詠史詩三樣加起來，就是歷史、哲學、文學的配合。我以爲最好的教育方法是敎歷史要與哲學、文學配合，故文學要與哲學、歷史配合，教哲學要與歷史、文學配合，此外若能加上藝術，就更好。再者，若能把教育推及到全民，使到社會所有人不但在學校，而且在日常生活中都能自然的受到教育，這樣更能促進中國的文化建設。

我們研究中國的文、史、哲，或者對於國家建設的某些方面無能爲力，如對工業、農業的建設，其作用最多只能是間接的。但是國家建設的內容很大，除了工農業的建設外，一般社會性的文化建設，也是很重要的。如西方的博物館，有自然博物館，也有人文博物館。人文博物館是把歷代人的生活情形以其衣服、帽子、用具、交通工具、建築等形式表現出來。我的理想中的大規模的人文博物館，是把古代各時代的文化重新模仿出來，使參觀的人有如走進古代的世界去一樣。中國要是設立人文博物館，分成清朝的、明朝的……各代的人文博物館，把各代人的衣冠、用具、交通工具、書籍都擺出來，使參觀者由上古開始參觀到清代，有如自己親身經歷了中國數千年的歷史。要設立人文博物館，則我們學的歷史、哲學、文學統統有用處，這是一樁。

另一樁是發展各地方獨特的文化，每一地方都有不同的山川、歷史人物。這些都是當地人民所熟悉熱愛的。我們的文、史、哲研究，可以搞清楚各地方獨特的文化傳統而促進各地方的文化建設。中國每一地方都有歷史性的人物，這些歷史性的人物有些已有陵墓、祠堂等紀念性建築，但也有些沒有，我們把這些人物研究清楚，重建或加建這些歷史性人物的陵墓、祠堂，加題對聯，再把其傳記及與其有關的詩、文廣爲流傳。這樣可以把中國的社會變成眞正的人文社會。因爲中國的歷史久，每一地方都有不少歷史性的人物，都發生過不少重要的歷史事件，這些歷史人物和歷史事件的紀念物配合中國的河山，其教育意義，是不可思議的，比講什麼理論都好。我小時候住在成都，到趙堂祠、武侯祠，到老子廟看幾個對聯，這使我幾十年不能忘記。因此，這種文化建設是需要的，而這種文化建設要以我們的研究的文、史、哲爲基礎。

所以文、史、哲的研究，我覺得要配合中國的地方情形。中國各地都有方志，方志包含了該地的風土、物產、歷史人物。但這種方志有缺點，比如各地方的諺語、歌謠、舞蹈、戲劇就沒有收在內。假如把各地方的戲劇、山歌、民謠、諺語、舞蹈等都收集起來，研究各地方的文化，不但可以使我們的研究發生更大的社會意義，更使我們的研究更全面，更深入。如中國的哲學在許多諺語中就可以看出。如中國人有「天理良心」這種諺語。自宋朝講理學後才有講「天理」，自王陽明講良知以後才有講所謂「良心」；現在大家講天理、良心，其實宋明理學都在這「天理良心」裏面。哲學的民間化變成諺語，我們研究這些諺語，當然對哲學的理論及其在民間的影響可有更淸楚的了解。又如中國的文學、音樂，在民歌和地方戲中就有綜合的表現。把各地的民歌、地方戲劇收集起來研究，把她變好一點，變雅一點，這也是偉大的文化工作呀！屈原的九歌就是楚地的民歌，屈原把她變雅一點，就能流傳千古。但是現在不少學者看不起民間的音樂、文學，這是沒有理由的。學者以爲民間文學、民間音樂拙俗，但可以把她修改成巧雅一點呀！如「阿里山」這首歌修改了，可以唱而且深得大衆喜愛。把民間的文學、音樂雅化，這本身就是文學音樂的無窮盡的源泉。這樣看來，我們研究地方的諺語、民歌、戲劇、舞蹈等許多東西，原可與中國未來的文化建設有很大的關係。

中國未來的文化建設應該是以各個地方自爲中心。各地方的地理不同，山川不同，歷史文物不同，風俗不同，各有其特殊的文化。廣東的文化不必同於浙江的，山東不必與江蘇一樣。以其各地特有的文化配合教育，看中國各地的民性、歷史以定那地方要辦那一類的學校。如藝術性的學校要辦在江南，軍事性的學校就不能辦在蘇州，而要在北方。再細分之，那地方出那一類的人物，則辦那一類的學校。如在朱夫子、王陽明的地方應該辦哲學學校，在陶淵明的地方應該辦文學學校，在岳武穆的地方辦軍事學校，這樣把教育與地方歷史人物、民風等配合起來。當然，這不是個人所能做得到的，但我們的學術研究可以推進。

再如節日，中國的節日皆有意思：五月五日講忠君愛國，是國家觀念；清明上墓是家庭觀念；七巧講男女之愛情；九月九講神仙，是宗教觀念。我們應好好地利用各個節日，以之配合相關聯的文學、哲學、藝術活動。如在清明的時候，舉行與思親或家庭有關係的文學、藝術活動；五月五日舉行與愛國教育有關的文學、藝術的活動；九月九日舉行宗教性的活動；等等。中國節日的意味，我覺得比西方的節日好，西方的節日都是宗教性的，中國的節日是倫理性、文化性的。古希臘有奧林匹克節日，在節日裏，有表演、唱歌、講演、體育比賽，這就把文化的風氣提高起來。奧林匹克與希臘文化有密切關係。假如中國人把中國節日與相關的文化活動配合起來，作爲民間的活動，而每一地方又可以有其特有的節日，如廣東可以有孫中山節日，陳白沙節日，把歷史人物與地方文化活動配合起來，這是中國未來文化建設的大路。這當然不是唯物史觀的馬克思主義可以講的。但我們學文、史、哲的自由文化工作者一定要講，爲未來的中國文化建設而研究。中國未來的文化建設與我們現在的研究好像很簡接、很遙遠，但卻不能說沒有關係。比如說「天理良心」與宋明理學的關係：理學家講「天理」、「良心」，現在大家都會講，這就證明學術研究對未來的文化生活可以有決定性的影響。現在我們若把「天理良心」再用歷史來說明，用社會民間的文化生活加以肯證，這樣，我們的學術研究亦可影響未來中國的文化和人類的文化。假使有一天中國開放了，實現這些文化理想，中國就等於一整個歐洲，各地方的山川、歷史不同，文化可以多姿多彩，不必全國一個模子。

第六種：非純學術的研究態度之最後一種，亦是研究態度中最重要的一種，就是要用自己的研究去激發別人的研究。我們要有能够激發鼓勵別人之研究的研究態度。這樣說好像空泛，當然我們研究的範圍可以很窄，但我們可以激發鼓勵別人的研究，然後再結合別人的研究。前面說的爲教育而研究，研究哲學要研究歷史人物、地方志、民歌、戲劇、對聯等，當然不可能自己把這些都全面作研究，但許多人分頭做可以作到。故我們的研究工作一方面是總結前人的成績，如收集中國的民歌，聯語等，其數量很多，全都收集起來就不得了。中國沒有歌謠全書、對聯全書，若能全部收集，就是成績。故總結前人的成績很重要。但總結前人的成績工作巨大，要許多人共同去完成，故要自己研究之外，使別人也能研究，才能合作，所以激發、鼓勵別人的研究是很重要的。至於影響力有多大，當然很難說。但一個人影響十個人，十人影響百人，百人影響千人，這個效用就不可思議，這就是研究風氣的形成。如何形成研究風氣，本身也值得研究。如你們發起學術演講會，也是促進研究風氣之方法，研究的態度最後還要包括研究如何促進研究，這種研究態度是不可少的。

小結

總結起來，研究學術的態度三大類：第一類是興趣的，分好奇及受時代風氣影響二種；第二類是純粹學術的，分三種；第三類是非純學術的，是研究以外還有其他目標的，其中分爲六種。共是三大類十一種。

我們的研究工作雖說與中國未來的文化建設的關係很間接，但總不能說沒有關係。只要我們的研究配合著敎育，以文史哲三科作綜合的研究，再加上研究中重視民間的文化，則我們的研究在中國未來的文化建設中一定會有用處的。

註：本篇爲作者在一九七〇年新亞研究所所會主辦之學術講演會上的講詞，由該所會學術組記錄，從未發表。作者在記錄稿首頁批有「須細改，去重複」六字，但對內文改動不多。這次收入本書，編者只略作文字上的修訂。——編者

孔子誅少正卯問題重辯

——兼答四近樓主附答仲簡

關於孔子誅少正卯的問題，本是一般人不大注意之學術史上的小問題。在清代以前無論主張孔子之有無此事，都認爲孔子總是對的。民國之吳虞等，才說孔子之此事，是誅戮異己，妨碍言論自由。其據此以攻擊孔子，乃意在維護思想言論自由，尚未可厚非。而最近中國大陸報章之重提此事，其目標完全相反。乃在指出孔子代表奴隸主階級，少正卯代表新興階級的知識分子。孔之誅卯，是階級鬭爭。在階級鬭爭中，聖人亦是要誅殺異己的知識分子的。由此以便繼續挑起大陸之階級鬭爭，與政治鬭爭，鎭壓大陸之知識分子與政敵。然其批孔，同時是以孔子爲鎭壓異己言論者的先導與模範，又正是變相的尊孔。此卽證明我上月在明報月刊上所說，此孔子之誅少正卯之一事之政治意義，全無一定，而根本不值一辯。

但孔子誅少正卯之事，畢竟有或無，以往之記載，可信不可信，總是一問題。於此當知所謂考證一歷史上的事之有與無，卽考證對其有之記載可信、不可信的問題。此我在明報月刊文，已說得淸淸楚楚。人說世間過去有任何事，只須其言說內部不自相矛盾，不與其他已有事實相矛盾，皆不能據其他一切已有之事實，以斷其無。此卽所謂死無對證。但一記載之可信不可信，卻有證據與理由可說。有證據與理由說其不可信，而無理由與證據，足够平衡此不可信的理由，則不當說其有，而且當說其無。此是一切考證的論斷中之有與無的意義。於此亦見一切考證的限度。若過此限度，而談一事實本身之有與無，卽只是獨斷與盲信。

至於見書上說有，便說有，亦只是「隨人腳跟，學人言語」，更不足以言考證。

關於孔子誅少正卯之事，我是主張其只是傳說，而非信史的。此傳說，當然是有，否則書上不會有此記載。但有此記載不證明此記載之可信。一記載之經二千年，輾轉抄襲，卽更有千萬卷書，加以記載，亦不證明其可信。此關鍵在最原始的記載之可信不可信。如果原始的記載不可信，則以後的全不可信，此千萬册書的記載，卽全不可信。如一書是印錯了字，再印千萬本，並不會使此字未嘗印錯。

關於孔子誅少正卯的事，魏晉人以後之記載，多本史記與孔子家語。朱子首指出其不可信之理由，而謂其爲齊魯諸儒所僞造；葉適、陸瑞家等，指出其出於荀子；王若虛至淸崔東壁等更指出其出於法家。經八百年來，學者之硏討，此中所提出之不可信之理由，逐漸增多（我在明報月刊文中已將崔梁之說略加綜合爲四，其實不止於此），對其來源所自，亦逐漸有迫近眞實的了解。卽見對此事之考證之不斷進步。民國以來，梁啓超等只複述朱子至崔東壁等所提之理由者，可不論。錢賓四先生先秦諸子繫年，曾提出荀子有坐篇孔子誅少正卯之語之數句，與非十二子篇相類，而主張誅士之論，始於荀卿，誅少正卯之傳說，則成於荀子之徒，韓非、李斯等。此是兼綜合原於荀子與法家之二說。此說代表一進步。再則徐復觀先生於其中國思想史論集，更考此傳說之如何由韓非子書中所引孔子言及狂矞華士之故事，而次第形成了淮南子、說苑、在宥、尹文子，以至史記、孔子家語中之說。此是更求詳說此傳說之如何形成。又代表一進步。足見自朱子以來，認爲孔子誅少正卯之說不可信者，是在認眞研究問題，不斷對此問題，有迫近眞實的答案。然而反過來看，主張孔子實有誅少正卯事者，卻是提不出更多的證據與理由，以平衡歷代學者相繼提出之此事不可信之證據與理由，說來說去，還是只有荀子有坐篇旣載有此事，此事想必有據，一個老調。而不知此最早之原始記載，已後孔子二百數十年，自始卽是可疑而不可信的。說此事可疑，非爲孔子諱。事有才須諱，若事原可疑，則根本無可諱。

當我寫在明報月刊九十八期之文時，忘了徐先生之文，亦未注意錢先生之文，進於以前之說之處。後細讀兩先生之文後，更得一些啓發。但我對錢先生所謂荀卿之非十二子篇已有誅士之論，尙未能全部苟同；其書所引戰國策之趙威后問誅於陵仲子之事，我亦疑其仍爲法家與起後之傳說。荀子以前，仍是時君爭養士的時期，法家起才有顯明的誅士之論，而發展爲秦始皇之坑儒。至於對徐先生之說此誅少正卯之傳說，乃由淮南子而說苑，而荀子宥坐；我亦以爲其次序，尙待討論。我在明報月刊之文，重在指出荀子宥坐所記孔子對少正卯之誅諭，幾句句皆由抄襲非十二子篇而來，其全文之他語，又與荀子非十二子篇文，互相矛盾，故謂其非荀子所著。則凡欲假借荀子爲大儒之權威，以證孔子之誅少正卯爲實事之根據，卽全然無據。此與錢徐已認定誅卯事必無，更考其來原者，又有新意。

昨日二月十七日看見星島晚報之四近樓主，再辯孔子誅少正卯之文。他說他不是附和大陸之批孔者，而當應聲蟲。他的態度是討論學術，不是以學術爲政治工具。我是相信，而加以尊敬的。他的論據，是荀子在一篇中未說過的事，可以在另一篇說到；荀子旣然說到孔子誅少正卯，其事便爲實有。照我的意思，人當然可以在一文中未說某事而在另一文說到。但此問題不是說「事」的問題，而是「思想義理」的問題。亦是有關二說是否一致，是否互相矛盾的問題。凡二說相矛盾，則其一必可疑而不可信。此應當是考證之學公認的原則。

我在明報月刊之文中，已指出非十二子篇之文與宥坐篇之孔子對少正卯所下之誅諭，幾句句相同。此句句相同，絕不能是偶合。則此中只有或「孔子先說這些話」或「荀子先說這些話」兩個可能。非十二子篇爲荀子正文，依此正文，是「荀子先說這些話」。則二百多年前的孔子，不能未來先知，而先說此同樣的話。此卽證明孔子未嘗說此對少正卯的誅諭的話。你不能據爲荀子書附錄之宥坐篇文，謂孔子先說了這些話，而荀子反抄襲其自己之所記之孔子的話，以作其非十二子篇；以成一循環論證。荀子之非十二子篇與其他文，乃一家之言，自成一思想系統，自鑄語句，自成體段。此是荀子書之可信的部份。而爲附錄之宥坐篇，乃荀子書可疑部份。我們只能據「可信」以疑「可疑」，而不能據「可疑」以疑「可信」。非十二子篇可信，則宥坐篇文卽必然可疑。

其次，我更說宥坐篇文非荀子所著，只一傳說之記載。此乃因此宥坐諸文，同時見於大戴禮、禮記等書。孔子誅少正卯一事，亦見尹文子、淮南子、劉向編成之說苑。說苑只是記一大堆傳說。可能劉向在編說苑時，卽同時見孔子誅少正卯之傳說中之語，與荀子非十二子篇相同，卽同時編入荀子。由王先謙荀子集解附錄之劉向校記，可見今本荀子，初卽其所編。如果說因荀子書中有此編成之文，便說是荀子所著，則亦可由淮南子、尹文子，說苑之有此文，而說其爲淮南子、尹文子等所著。故由荀子書中載此文，逕謂其爲荀子所著，便不可信。

不只說宥坐篇文爲荀子所著不可信，卽說荀子贊成此文所載之孔子誅少正卯之事，亦不可信。此卽因荀子在非十二子篇，對有少正卯之罪者，未嘗主張加以誅殺，並言及君子之有寬容之德。如荀子忽然贊成此種誅殺，卽與荀子所說之思想義理，互相矛盾。而宥坐篇文中，以太公殺華士之例，證「異世同心」的少正卯當殺，乃只爲華士「自耕而食，自織而衣」。此絕非儒家思想，亦非荀子思想，而只爲法家思想，則我在明報月刊之文已詳說。今如說人之思想可以變遷。荀子在作宥坐篇時，變成了法家。此當然亦有可能。但卽如此說，著宥坐篇之荀子，仍不是著非十二子篇與荀子主要論文的荀子，而無異另一個法家之徒的荀子；亦非我們大家心目中視爲「儒家宗師，因而其對孔子之言行之記載，足以信賴爲考證之憑據」的荀子。

總之，對孔子誅少正卯之說，有種種證據與理由不信，亦有理由證據說其爲法家之徒所造。而以之爲可信的人，除了重複說荀子載之，後人亦沿襲而載之，此外別無證據與理由之提出，以支持此一傳說。則我們便不當相信其有，而當說其不可信。但是此傳說畢竟最初如何形成？我們尚不能確考。畢竟先載於尹文子之書？或先載於荀子之書？或先載於淮南、說苑之書？尚可是一問題。我在明報月刊文，更是傾向於說：先有尹文子中之一段。因尹文子之書，較近法家。但此事不能絕對確定。又孔子誅少正卯之事，亦可先由誤傳，而成僞造。而此誤傳如何而來？亦是一問題。我最近因細看了錢徐二先生之文，以爲可合以構成一假設。錢先生說鄭「駟顓殺鄧析」之事，曾誤傳爲「子產殺鄧析」。有坐篇、淮南、尹文、說苑之載子產殺鄧析，即妄信傳說。駟顓殺鄧析之事正在孔子爲魯司寇之年。故錢先生懷疑乃由此而誤傳爲孔子殺少正卯。徐先生之文中，則更謂少正之官名于他書未見，並據左傳指出子產爲鄭國之「少正」。我由此想到，此誤傳之線索：可能是緣——駟顓殺鄧析——子產殺鄧析——少正殺鄧析——殺少正鄧析——而進行。此時適孔子爲司寇乃司刑者，於是再加上孔子，成孔子殺少正鄧析——而鄧之析字形近卯，遂成孔子殺少正卯之傳說。後人再加上荀子非十二子篇一段文，即成荀子、尹文所傳之傳說了。此自只是一猜想、一假設。上述之線索亦非邏輯的線索。但是人們之誤傳一史事，本來是不依邏輯，而是依聯想與想像進行的。如果此一假設，能再有證據與理由，加以證明，則對此一問題的研究，便可再進一步了。（二月十八日上午）

附記

此文寫就，電告徐東濱先生請於中華月報發表。承其面交今日（二月十八日）大公報仲簡君對我文駁議，要我略作答。此駁議文，尚不失學術討論態度。至少外表不同於大陸批孔之文，以學術爲政治工具者之橫蠻無理。故遵囑略答，作爲附記。所答雖略，對照駁文以觀，則意無不備。

一、我原文開始一節，只是總括地提起問題，說明此節是閒話，故將史記世家，以及由荀子宥坐至孔子家語而流行之「七日」，無意間合爲一句。此不能說是「杜撰」。而明報月刊出版，我卽已發覺。並於本月三日函其編者胡菊人先生請校正。至於喪家之狗之喻，則意在說孔子不怕人笑罵。此事與孔子之思想人格風度，無矛盾之處，亦不能必其無，故隨文加以引用。崔東壁於此事辯其必無，正帶頭巾氣。此不同於孔子殺少正卯之說，與孔子思想人格矛盾。二者不可相提並論。「茫茫」二字，乃總括孔子栖栖皇皇的情態之辭。我未明引史記。必對照史記原文，自當改爲纍纍。

二、關於崔梁之四點致疑理由，我原文早已說明，分別觀之可對具有若干心態之若干人，無說服之效力。駁者正不出我所預料之此若干人中之一。駁者畢竟具何心態，可以原文爲鑑照，自加反省。

對此四理由我原文曾說：「合而觀之，則至少足證孔子之誅少正卯之事可疑，而不可輕信」。卽不可作爲信史，廣加宣傳，以爲批孔之罪狀。我此語則絕對無疑。大陸文人以此批孔，只是造孽。其或本王充書所載後來更附益之「孔子與少正卯之門人三盈三虛」之說爲眞實，依我看，無異想以大陸文化大革命時期之左派、右派羣衆，轉來轉去，想像孔子當時之情形。羣衆一天跑一次，三盈三虛，共成六天，卽湊合了第七天而孔子殺少正卯之說。說此爲新史料，只是荒唐笑話。——孔子後六、七百年之王充，何處見此新史料？

三、駁文由孔子非絕對不用刑以證明孔子殺少正卯之說，全不能成立。因依孔子之教，必先德教而後刑。而誅少正卯之傳說中，孔子對少正卯，乃不教而誅。卽與孔子之思想人格，矛盾不合。故可疑而不可信。共產黨人可以想：從事階級鬪爭，必須殺人，亦可以殺孔子；但不可以本可疑之傳說，以一口咬定孔子爲政，第一件事卽是殺人。你們爲了鬪爭政敵，可以隨便把劉少奇、林彪皆化爲孔子之徒；但孔子之徒不容許你們隨便化孔子爲你們一類的人，作爲你們摧殘異己的護符。至於駁文謂孔子有「刑不上大夫」之言，以證孔子對庶人主用刑。則少正卯正是大夫，何以孔子對大夫用刑？

四、駁文謂孔子因權力不及三家，故不先誅三家。我原文亦已預先料及有此一說，可查原文。但駁者亦不能證明大夫之少正卯之權力，必不及三家，則孔子何以必先誅之？

五、崔梁之「以孔子不能輕易誅殺與之有平等地位之大夫，作爲孔子誅卯之事不可輕信之理由」，駁文無法動搖。

六、一事同時書不載，自不證其絕無，我原文亦說。然此卻可證其書之可疑，不可輕信。

七、禮記之書爲編儒者之文而成，本非整個之書，亦無所謂本來面目。昔所編成之書，自可散失。但駁者由何而知，散失者中，必卽有孔子誅卯之文？今只能本現存之禮記等書，以說其中無誅卯之記載，以看編者之態度；卽已可說其事非編者之所信。

八、駁者說我對荀子之意見與楊某一樣，其實根本不同。荀子之禮涵法之義，而與法家之法不同。簡單說，先德敎先禮樂者是儒，先法令、先刑罰者是法。此是依原則以分儒法。無原則以分儒法，則儒法混然不別；亦無所謂由儒變法，對儒法是非，亦無由討論。今有坐篇文有以韓非子中之太公殺華士，以證少正卯之當殺之論。此乃不敎而誅，卽是法非儒。荀子未有此不敎而誅之說，荀子非相篇謂，對姦人之雄之「不得變」者，聖王誅之。但其前文亦言君子之必辯。此仍是先以言求變之，不得變，然後誅。此與宥坐篇文之不敎而誅之說，仍有不同。故我說其非荀子著，而爲法家之徒所作。

九、非十二子文爲荀子正文，宥坐文爲附錄。此二文比對，意在由荀子正文無孔誅卯之說，亦無不敎而誅之說，而有坐有之，以證宥坐爲法家之徒抄襲荀子所著，宥坐文之言孔誅卯，非儒家之傳說，而爲法家之傳說。此亦皆我在原文及今文，已詳說。宜虛心細看。方可再商量討論。

十、凡駁文中所引大陸文人所謂孔子爲奴隸主服務之說，乃本之馬列敎條而有之妖妄之言，不值一辯。但我亦無意視這些文人爲少正卯，何況孔子？（二月十八日下午）

（一九七四年三月「中華月報」總第七〇二期）

孔子在中國歷史文化的地位之形成

一、導　言

對於孔子之如何有其在中國歷史文化中之崇高的地位，自民國以來，有一種流行的一般說法：是謂孔子原只不過先秦諸子之一，或先秦哲學家之一；其在中國歷史文化中之崇高地位，乃由歷代帝王，或其他在政治上，居上層地位的統治者，特加提倡而致。而或者更說：乃初由漢武帝之罷黜百家，獨尊孔子，遂使二千年來之中國文化思想，皆不能跳出孔子之範圍，而停滯不進。這種流行的一般說法，亦似有若干證據，加以支持。如歷代帝王多賜孔子以封號，並建修孔廟，唐宋以後之政府，以孔子所傳之經書考試；由考試出身者，卽學而優則仕，以為政府官吏；以及孔子有政治上之君臣等級名分思想等，均似足以證明：原只為先秦諸子之一的孔子，其所以有此崇高的地位，要在由孔子思想之適合政治上之統治，而為帝王所提倡。由此而今之中國既到民國，便不應再尊崇孔子，以使歷史倒退。此說乃由清末至民國初年而逐漸形成，到處流行。後更與自蘇俄傳來之馬列主義結合而形成：

後來曲解孔子之學爲封建社會之統治階級，或奴隸社會之統治階級服務之說。以至最近有中國大陸之藉對孔子之侮辱謾罵，以打擊政敵及摧殘文化之論。但迄今仍有若干中國知識分子說：孔子不過先秦諸子之一，推倒了儒家的孔子，仍有其他先秦諸子，亦仍有中國之其他學術文化的存在。然而實則推原究本而論，此一般流行的說法，自始卽全屬似是而非。孔子在民國以前，初亦並非只被視爲先秦諸子之一或只一儒家，孔子亦尚不只是一今所謂狹義的哲學家；而是被視爲先聖、先師。孔子在中國歷史文化的地位之形成，初亦不由于帝王或政治上居高位者的提倡；卻是主要賴于孔子之弟子後學，及後來各時代在不同的學術文化領域中興起的特出人物之尊崇。而這些人物之興起，則經常是當其個人居貧賤之位，在困阨憂患之中，或整個民族生命，文化生命，遭遇艱難挫折，人心危疑震撼之時：由對孔子之教，有種種不同之體悟，而自動興起；求對孔子之學與教，上有所承，下有所開；而後二千五百多年來，中國人對孔子之尊崇，乃歷久而常新，相續而不已。孔子與中國之歷史文化，亦以萬縷千絲，密密綿綿，以相連接，如血肉之不可分，以形成一整個之中華民族之文化生命。至于歷代帝王之尊崇孔子之種種政治上的措施，只是順歷代之人心之所向，而不得不然；至多只是形成孔子之崇高地位之後來的助緣。故說孔子之地位，乃由政治上之統治者之尊崇而致，乃倒果爲因，一無是處。本文卽將就上文所已標出之結論，簡單加以說明，以闢除掃蕩此一般流行的觀念，然後孔子之學，可得而講。

二、先秦諸子之淵源於孔子、孔子弟子，及諸子對孔子之推崇與孔子在中國學術文化之原始地位

我現在先說，自清末民國以來，一些人之于孔子，只視爲先秦諸子之一，或一儒家，或一今所謂哲學家，卽尚不是眞正適切的。以前人與今之有識者對孔子原不如此看，將來人亦可不如此看。照班固承劉向七略而著之漢書藝文志諸子略所說，九流中之儒家「祖述堯舜，憲章文武，宗師仲尼」，孔子卻並不列在儒家之中。儒家中有孟子、荀子等，而無孔子。又班固于論述九流中之任一流時，都說其學合于孔子所言或所傳之六藝之敎之一端。如說名家合于孔子言正名之旨：法家合于易之「明罰飭法」之義；陰陽家合于書經中義和之「敬授民時」之義；縱橫家合于孔子貴「使者」之義，農家合于孔子「所重民食」之義；小說家合于孔子「雖小道必有可觀者」之義；道家合于「易之嗛嗛」之義。但班固並不說孔子爲九流之一。班固乃以孔子之學，上承六藝，下統九流，此說幾爲由班固至清末之學者所公認。宋明儒者更進而稱孔子爲至聖先師。直至清之章實齋雖以先聖稱周公，仍以先師稱孔子。只在清末至民國之一些學者，以西方希臘之文化之情形，比例中國先秦文化之情形，才以孔子只是諸子之一，如蘇格拉底爲當時之哲人之一。于是有以孔子與老子並立，爲先秦南北兩學派者；有以孔子與墨子並立，爲儒、墨兩學派者；更有以儒、墨、道三派之思想，以至儒、墨、道、法四派之思

想，皆是並世而生者。但是墨子後孔子而生八十年，著老子書之老子，近人考其年更後。晏子、管子書，乃托于晏嬰、管仲、非管、晏自著，亦已經論定。我們亦不能再說晏嬰是墨家、管仲是法家。則自歷史年代看，墨子、及著老子，管子、晏子書者，卽皆後于孔子，不能與孔子並稱。我之中國哲學原論，本以論中國哲學義理爲主，而不在論哲學的歷史起原。但我純從哲學義理上考察的結果，卻逼使我不能不再重歸到此傳統之孔子地位之說：初只有孔子之上承周公之禮樂之教，而由孔子之學，乃有後來之諸子之學之次第興起。在孔子時，亦無所謂南北二學派思想之對揚，或儒墨兩派思想之對揚。但孔子之思想，除其知天命一面外，乃有「行義以達其道」以治人、安人；及「隱居以求其志」以修己之兩面。依孟子說，古代之伊尹「五就湯，五就桀」，必求達其道于天下，爲聖之任，卽重在治人。但伯夷之重自潔其身，高尚其志，爲聖之清，便重在修己。孔子則兼而有之，當進則進，進以禮；當退則退，退以義，爲聖之時。看墨家之倡貴義以合天志，本義道以利天下，摩頂放踵，亟亟于救世，正近伊尹之聖之任，亦正是順孔子之思想之「行義達道」之一面而發展所成。道家避世，以自潔其身，高尚其志，更游心于天地之道，萬物之初，則正是順孔子思想之「隱居求志」而發展所成，而近于伯夷之聖之淸。至于由孔子，而墨學，而道家之思想之義理的線索，及如何傳承之歷史線索，自不簡單。此我在「原道篇」一書卷一，已有大體之說明。今不復贅。至于法家，則更爲後起。其原亦有可溯至道、墨、儒思想之一方面者。然其根本精神，則要在純以法、術、權勢，成就一極權專制的政治。至于此外之先秦諸家，亦莫不後于孔子，亦皆有可考其淵源于儒、道、墨、法之四家之處。要之，中國先秦之學術思想，皆可說以孔子爲先驅，而次第開出。故如以孔子爲諸子之一，亦當謂孔子爲諸子之祖。但諸子之祖，亦可不視爲諸子之一。此蓋卽以前人不以孔子爲諸子之一，而只以之爲儒家之宗師，爲先師、爲先聖、爲聖哲之理由所在。

我在上文之所以要重提出傳統之對孔子的看法，並不以孔子爲諸子之一，亦卽所以矯正一般之以孔子只是一儒家的哲學家的看法。如孔子只是一儒家，則孔子之地位與他家應平列，如孔子非聖哲、只是今一般所謂哲學家，則哲學家之地位與科學家、政治家、教育家之地位亦平列。平列的地位，卽是相對，而非絕對。而孔子之上承以前之六藝、夏商周之文化，爲保衞文化之傳統，而尊王攘夷，以及其開創後來之諸子之學的歷史地位，則是一獨特、而唯一無二的；因而亦可說是絕對的。孔子自然是儒家的宗師，但孔子未自標爲儒家。孟子以孔子爲集先聖之大成，亦未明說孔子爲儒家。荀子乃以周公、孔子爲大儒。但在荀子心目中之大儒，乃「知通聖王之道」之「全」者。此儒亦非只是九流之一、諸子之一的儒。我所以要辨明此點，是爲了說明孔子之所以有其在中國歷史文化中之崇高的地位，初並非只因其開創一派哲學而致，並非只因後世之儒家的哲學家加以推尊而致。孔子之所以有其在中國歷史文化中的地位，乃由于孔子之弟子，及其學術上後輩，——如後來之道、墨、法家之徒，以及後來之一切學術文化上的特出人物，所共同尊崇而後致。我們必須有此認識，然後知孔子與整個中國之學術文化不可分。並知孔子地位之形成，非只孔子個人之功，而同時是後代一切尊崇孔子的人之功。孔子的偉大，亦非只孔子個人的偉大，而是整個之中國學術文化生命的偉大。反過來說，則侮辱孔子，亦侮辱一切歷代之尊崇孔子的人，同時侮辱整個之中華民族學術文化生命，而對孔子的反叛，即對整個中華民族之學術文化生命的反叛。

關於孔子之思想學術與人格之偉大在何處，及相繼而生之諸子與其後之思想學術之各有千秋者在何處，及如何有諸子學派之對立等，本文不擬討論。我今此文，只指出一些孔子如何被後世人尊崇之事實，以見孔子之在中國歷史文化中之地位之所以形成，更決非因他之哲學思想，適爲歷代帝王之所善，而加以提倡之故。

孔子在生前當然有人加以毀謗，如論語所說之叔孫武叔即謗孔子。但論語亦記太宰問子貢「夫子聖者與？」亦有人以「天將以夫子爲木鐸」稱孔子。然孔子之道，並未大行于當時。孔子中年後，流亡異國，史記孔子世家說其「垂老溫溫無所試」，乃歸魯。其歿時，只魯哀公有「天不憖一老」之言，加以弔唁而已。孔子之鐸音，實際上在當時只使其少數弟子，有其心靈之醒覺。史記說孔子之學生有三千人，只推想其辭。後人所能考得者，不過百數十人。而實際上經常與孔子同游弟子不過十餘人。但孔子死後，據孟子滕文公章所載，其弟子皆廬墓三年，比于親喪。三年期滿，「門人治任將歸，入揖于子貢，相嚮而哭，皆失聲，然後歸」，「子貢反，築室于場，獨居三年，然後歸」。此孟子所說孔子死後弟子廬墓之事，卽證孟子所謂「七十子之服孔子」乃「心悅而誠服」，決非虛言。史記孔子世家據孟子載，子貢爲孔子廬墓三年之後，更說「弟子及魯人，往從冢而家者，百有餘室，因命曰孔里。魯世世相傳，以歲時奉祠孔子冢，而諸儒亦講禮、鄉射、大射，于孔子冢。孔子冢大一頃，故所居堂，弟子內後世因廟藏孔子衣、冠、琴、車、書，至于漢，二百餘年不絕」。對此一段文，我們應當鄭重地加正視。由此一段文，我們卽可知孔子在中國歷史文化中之地位，乃先由孔子弟子及民間的人衷心崇敬其人格，而自然建立，而與當時之政治上之時君世主，毫無關係。

史記儒林列傳又載「自孔子卒後，七十子之徒，散游諸侯，大者爲卿相師傅，小者友敎士大夫，或隱而不見。故子路居衞，子張居陳，澹臺子羽居楚，子夏居西河，子貢終于齊。如田子方、段干木、吳起、禽滑厘之屬，皆受業于子夏之倫，爲王者師」。此孔子之弟子散在天下，而其弟子之弟子，爲王者師，正表示孔子之敎澤流行，以影響及于當時之學術文化與社會政治，乃次第由微而著，非一朝一夕之功。其中之田子方爲道家之徒，禽滑厘爲墨家之徒，吳起乃兵家法家之流，此亦可證前文所說道、墨、法之流，皆後孔子而次第興起。故孔子不特爲孟子、荀子所推尊，卽墨子非儒，亦說孔子之言，自有其「當而不可易」者（墨子公孟篇）。墨子只非儒家之禮樂，故責孔子之「盛容脩飾」、「強歌鼓舞」。但墨子稱詩書，尙仁義，明承孔子之敎而來。故淮南子要略謂墨子乃初「學儒者之業，受孔子之術」。而在道家之徒，如莊子之游心于天地之道，萬物之初，自不以孔子所言之仁義禮樂自足。然他對孔子之人格德行之境界，則亦多推崇。如就莊子內篇而言，則如人間世、德充符、大宗師諸篇，對孔子與其弟子顏淵等之人格、德行之境界，皆備加稱道。莊子之學與顏回之學，明有相契應之處。唯在莊子外篇如盜跖、漁父等，乃多貶抑孔子之語。然此諸篇，昔人皆已謂其非莊子所著。而外篇中如秋水、寓言、達生、田子方等數篇，亦皆有尊崇孔子之語。至於在後之法家，如韓非，則其論政尚刑罰，固更顯然異於儒者為政之重德化者。但韓非子於其外儲說中，亦數次說到孔子亦不去刑之事。此固意在藉孔子以自重。但亦同時證明在韓非子心目中，對孔子尚存敬意。韓非子五蠹篇，謂「仲尼，天下聖人也，……魯哀公，下主也，……而仲尼反為臣」。其意原是在證明仲尼之仁義，不敵魯哀公之勢，而成其貴權勢之論。但其貶哀公為下主，稱仲尼為聖人，亦正見其深心，未嘗不尊崇孔子。要之，孔子後之道、法、墨諸家，以及其餘先秦諸子之思想，自與孔子有所異。然對孔子之言行，則皆各有所稱述。孔子在先秦之歷史文化中之地位，亦卽先由此時人之共同稱述其言行而奠立。固非只由儒家之徒之推崇而建立，更非由當時之周王，與時君世主之推崇而建立也。

三、晚周秦漢之儒學，漢代之緯學、史學，與孔子地位之進一步的形成

由孔子之弟子施敎四方，孔子為當時人所共推尊，故由晚周至秦，而宗孔子之學者，仍相繼不

斷。除人所共知之孟荀書，爲孟子荀子所著者以外，自來對於其他之儒書，如禮記中之大學、中庸、樂記、禮運、及易傳、孝經等，爲何時人所著，原有問題。此諸書皆規模弘遠，氣象濶大，內容充實而有光輝。今人若覺論語所記孔子之言，過於簡淡，不得孔子之旨者，正宜先看此諸書。若照漢儒所說，則此諸書皆孔子答其大弟子之問，而爲此諸弟子所記。如謂禮運爲子游記，樂記子夏記，大學孝經爲曾子記，易傳商瞿所傳，中庸則孔子之孫之子思著。但經宋代儒者以後至今人之考證，卻於此提出種種問題。今之學者，乃多不信此漢儒之說。此則講來話長。簡單說，此諸書中引及孔子言者，恒冠以「子曰」二字。至少可見其餘未冠「子曰」二字者，非孔子所明言。漢儒之謂爲子游、曾子、子夏等所記者，亦可只是推想之辭。漢儒之必謂此諸書，皆孔子所說，弟子所記，乃因其必欲確定諸書之著者，並由此以推尊孔子，及其弟子。但我們不說此諸書爲孔子所說，弟子所記，亦並不是謂孔子不能說此諸書所說，亦非卽貶抑孔子。實際上，就此諸書之內容說，皆可爲論語所記孔子之言，及此諸書中明說爲「子曰」者之所涵。孔子亦當自能有智慧，以說此諸書之所說。但此卻不證明只有孔子能說此諸書中的話。作爲一偉大的敎師的孔子，應當使其弟子、以及弟子的弟子、亦能將孔子明說者隱涵的意義，加以發揮，而更明說之者。所以，在我個人對於堅主此諸書皆孔子所說，弟子所記者，固不願多所爭辯。人一定要如此說，亦未嘗不可，因總是一孔子之道。但認爲若從歷史考證看，則我仍偏向在說此禮記、孝經、易傳之書，乃孔子之弟子、或弟子的弟子之所著。其成書當在晚周、秦漢之際。

今說此諸書之言，非由孔子所明說，孔子之直接的弟子所記，而使我們不能確定此諸書之著者，自會使人覺有一遺憾而不滿足。但是我們於此可從另一面去想。卽正因我們不能確定此諸書之著者，我們更可對此諸書之著者，只求發揮孔子之道，而不求傳其個人之名的精神，更加以感佩。所以我在原道篇說：著此諸書者，乃是晚周、秦漢之際「遯世不見知而無悔」之儒家中之賢者，亦天下大亂、秦政暴虐之下豪傑之士。而除了著此諸書者外，參加秦代呂氏春秋之編著者，及漢初淮南子一書之編著者中，同樣有不少儒家中之賢者，而名不見經傳者，然後有呂氏春秋，淮南子書中之儒家思想。這些儒家之士，念念不忘孔子之言，對孔子之學，力求加以保存於秦漢之政之下，以傳孔子之名聲於不朽，而他們自己，則寧隱姓埋名而不惜。此正見他們之偉大處，而更值得我們之無限的感佩。若莫有他們，孔子在秦漢之後的崇高地位，亦無由建立。他們只是一些社會民間上之無名的人士，顯然說不上是有任何政治現實上的勢力。

在秦政的暴虐之下，始皇焚書坑儒。而首先反抗秦王，而造反的陳涉，則史記儒林傳載其好儒術。陳涉稱王，而魯諸儒，持禮器往歸之。陳涉又立孔子後人孔甲爲博士。顯然此時之儒家思想，只存於社會民間。漢高祖初起亦看不起儒生。過魯時，乃以太牢祭孔子；其得天下後，乃聽聽陸賈之以仁義之道治天下的話。然漢初之政，仍雜用黃老與申韓，儒家思想並不得勢。董仲舒之賢良對策，要漢武帝罷絀百家，獨尊孔子，不是在百家之中獨選一孔子，而壓制他家之學術思想。只是因孔子原不被視爲百家之一，而是上承其前之中華文教，爲諸子學術之共原。罷百家尊孔子，即謂須尊此學術共原，以立國本，不可只以一家之言如縱橫、黃老、申韓之言，爲政教之本。故尊孔並未阻止當時他家學術思想之在社會流行。但董仲舒之要漢武帝「正其誼不謀其利，明其道不計其功」。則是針對漢武帝之急功好利而說。漢武帝雖採納了董仲舒之設立五經博士、博士弟子員之議，但對董仲舒所講之孔子之道，並未眞正相契。董仲舒在其春秋繁露之三代文質改制之篇，明主張王朝須更迭而興，有如陰陽家之五德終始之說中，言一朝代之德既衰，則有新朝代繼之而起。此乃本於孔子、孟子、荀子，皆以天下非一人之天下、天命無常、得乎丘民爲天子，其尊君只是尊得民心之君。故孔子稱堯舜之禪讓，孟荀皆稱湯武之革命。陰陽家及董仲舒之說，皆承此而來。後董仲舒之弟子眭弘，更明謂依其先師之教，勸漢帝應「求索賢人，禪以帝位，而自封百里」（漢書眭弘傳）。此董仲舒之思想，顯然非只爲漢代之君王設想，亦非爲維護一家一姓之統治權而有。漢武帝立鹽鐵由政府專賣之法令，以與民爭利。但到漢武帝歿後，昭帝宣帝時期，卻有賢良文學之士六十餘人，與當時之政府中之丞相、御史大夫之一大辯論，紀在桓寬鹽鐵論一書。此賢良文學之士，正是本董仲舒之貴民、愛民之儒家思想，以反對當時之丞相御史大夫之只求富國，不求富民之法家思想，而主張取消鹽鐵由政府專賣之法令者。此令亦終廢。此即證明董仲舒及賢良文學之士所代表之儒家思想，與漢帝及政治上居高位者之法家思想，正處於一對反的地位；而以其所持之「理」，與居政治高位者之「勢」相抗。則試問今人之說儒家思想，只是爲專制帝王服務之說，如何說起？說此董仲舒之推尊孔子，是爲投帝王之所好，或說孔子之地位之提高，乃由漢武帝之聽信董仲舒之獨尊孔子之言而來，又如何說起？汲黯明說漢武帝「內多欲而外施仁義」，漢武帝何嘗眞正尊崇孔子？董仲舒與賢良文學之士，皆是在政治中居下位，而爲孔子之道奮鬪的人。由他們之奮鬪，而後漢代之儒學之地位、孔子之地位，日益提高。後來之儒家學者繼出。至東漢之光武，因嘗爲太學生，故能更崇儒學。而有顧亭林日知錄卷十三所說之東漢之風俗之美，見於東漢之末之講學之風之盛，氣節之士之出。此是儒家之影響及於政教，而固非儒學由漢武帝表面之尊尙，而盛興之謂也。

孔孟荀以降至漢之儒家思想，與中國歷代之現實政治之關係，當然是極複雜的。儒家自然莫有建立現代的民主選舉制度，以前的中國，亦無行民主選舉的社會條件。儒家原亦主張天下國家在平時應有君臣名分的維持，以建立平時之社會政治的等級次序。但依儒家之理想，是力求人之賢德與才能之價値秩序，與社會政治上之等級秩序，互相配應。在其不能相配應，而君主無道時，則主張禪讓與革命。故就現實政治對儒家思想之利用說，則儒家之言君臣名分，固可爲君主、官僚，所利用爲維持其現實政權之工具。然儒家之禪讓，亦可被權臣利用，來逼使君王讓位。如由漢讓位王莽起，而魏受漢禪，晉受魏禪，直至宋、齊、梁、陳，皆藉儒家之禪讓之名，以行臣代君，而改朝易姓之實。而在另一方面，儒家亦主張在上位無道時，在下者可以叛上。論語中記：公山弗擾叛，與佛肸叛，孔子皆嘗欲往。無論孔子之目標何在，總是許此下叛上之事。墨子非儒篇更記孔子之弟子爲臣，而處處叛上之事。陳涉亦好儒術而革命。直至清末之革命，仍本孟子之民貴君輕之說。在儒家思想，兼有維持君臣名分、禪讓、革命三者。無論人要三者之任一個，皆可以儒家思想爲根據。儒家於君王、臣、民，並無偏袒；君有道，則尊君；君德衰，則當禪讓；君無道，則人民得而誅之。儒家只是堅持人之「道」與「德」，爲政治之標準理想所在。至於要加以利用，昏君要固位，權臣要篡位，暴民要作亂，皆可取片面的儒家之言爲據。但我們須知世間任何好的思想，無不可被利用。於此，被利用的孔子所傳之儒家思想，可不負一切責任，孔子之地位亦不因之而動搖。

然我們眞要了解孔子在中國歷代文化中之地位之形成，更當自宗教思想、史學、文學、哲學之各方面看。此乃屬於儒家之廣義的「師道」之內者。譬如在漢代，孔子之地位之提高，便應追溯在緯書中所傳之孔子。此緯書，乃一儒家思想與陰陽家方術之士思想之混合品，而表現漢代之民間知識分子之宗教思想，而只假託諸孔子者。在此緯書中，孔子被神化爲天上之黑帝所誕生；孔子作春秋而「天雨粟，鬼夜哭」；孔子預言秦之必亡，亦爲其後之新時代立大經大法。由此而衍成漢人之孔子爲漢制法之說。此孔子在緯書中之被神化，有如耶穌之在新約中被神化，皆約在二千年前。但耶穌初乃神化爲一贖罪者，而非判罪之審判者。必俟下次耶穌再來，耶穌乃成爲審判者。而在緯書中，則孔子直下神化爲一歷史政治上之大事之判斷者，卻非判斷個人之罪者。此孔子由被神化，而地位提昇在一般人王之上，乃一般人民崇信孔子者之功。亦如耶穌之被神化，而爲萬王之王，乃一般人民崇信耶穌者之功。如順緯書中之孔子之思想而發展，儒教亦可變爲宗教。但依中國之人文思想，中國之學者不能相信緯書中之神化孔子之論，而緯書之說被張衡、桓譚等，斥爲妖妄，更爲王充所詳細評論。然而緯書中「孔子，爲歷史政治之判斷者」之一觀念，則爲漢代之春秋家與史家之所共同承認。由此而漢代有春秋三傳之學之興盛，孔子爲「貶天子、退諸侯、討大夫」之「素王」之說；亦有空前的史家，如司馬遷、班固等之降生。

漢代之諸子，固無反對孔子者。其經學家，對孔子所傳之六經，亦視若神聖。但對孔子之精神人格，眞能相契會，而加以讚頌者，則莫如司馬遷。于司馬遷之史記之定孔子爲世家，後人之評論不一。此所謂世家，明不同于其餘一切之世家。此乃一文化學術的傳承所成之世家。孔子不能列爲本紀，視同帝王。因孔子原非帝王。帝王只是一時代的政治元首，亦限于一時代。以孔子爲世家，則孔子之敎縱貫歷史各時代，而顯其長久的意義。司馬遷學孔子作春秋之意，而作史記，亦寓其個人之褒貶，于其書之體例，及讚頌之文之抑揚語氣中。司馬遷史記自序述其先人之言曰：「自周公卒五百歲，而有孔子；孔子卒後，至于今五百歲，有能紹明世、正易傳，繼春秋；本詩書禮樂之際，意在斯乎？小子何敢讓焉。」孟子言「五百年必有王者與」。司馬遷爲李陵事，與漢武帝爭辯而下獄，受腐刑。由其與任少卿之書，可知其對漢帝之怨憤。則漢帝不足當司馬遷心目中之王者。王者不興，而史記一書興，卽足承孔子後之五百年運。此卽司馬遷之抱負所在。司馬遷之史記，爲後世史書之祖，司馬遷以作此史記，表示其對孔子之精神之承繼與崇敬。後之班固，則更對司馬遷之過於尊重處士游俠等，有所不滿，而一意尊儒，以孔子之言，衡定諸子之學之價值。然而孔子之地位，亦卽由此司馬遷、班固二史家之共同推尊，而更提高。於是後世之一切史家，亦更無敢輕謗孔子者。我們今天說孔子在中國歷史文化中之地位之形成。亦決不能抹殺此中國之史學家之功。

四、魏晉玄學家之以孔子為聖人之標準，及孔子在佛道二教中之地位，與魏晉至隋唐之文學家對孔子之尊崇

從魏晉至南北朝隋唐；其經史之學，只承兩漢之緒，無大開創。在純學術思想上說，則此時是玄學佛學的時代。此乃前所未有。而在一般文化上說，則此時代是文學、藝術、宗教興盛的時代，亦前所未有。一般說，玄學清談老莊，佛學只崇敬釋迦。但我們不能忽略在魏晉玄學家，如何晏、王弼、郭象等，雖講老莊之學，但同以孔子爲聖人的標準。漢人經學重五經，而不重傳記。論語之記孔子之言行者，乃在傳記中，只揚雄作法言擬論語，見其對論語之重視。他人之著，亦時有引及論語者。漢人對論語之注疏之功，並不多。何晏乃爲論語集解，而由孔子之言行，知孔子之聖，在「實體無而不

言」。諸玄學家看老莊，只以「言虛無」之義理勝。世說新語文學篇記王弼說「聖人體無，無又不可爲訓，故言必及有。老莊未免於有，恒訓其所不足」。此卽謂老莊言無，正證其有不足。郭象莊子序雖亟稱莊子，但亦說其「未始藏其狂言」。亦卽謂莊子尚未至聖人之無言之境。故「不經」而爲「百家之冠」，百家之冠，亦百家之一而已。此魏晉玄學家心目中之「爲聖人之孔子」之境界，自不同於漢代經學家、史家、緯書中之「爲聖人之孔子」。但亦不能說孔子之人格精神中，定無此玄學家所想之一面。孔子自謂「空空如也」，「予欲無言」，自喻如「天何言哉，四時行焉，百物生焉。天何言哉」。此正卽當時玄學家所理想之「體無」「生而不有」之聖人境界。故亦不能說此諸玄學家對孔子之學，無所契會。玄學家談義理，自多本老莊；然談聖人境界，仍以孔子爲標準；值得大家注意。本來談義理之玄學，卽是一種哲學。這些玄學的哲學家之偉大處，則在其談哲學、談玄學，而知有其上之孔子之聖人境界，非玄學非哲學者。故對此玄學家之談玄，後如范寧等，雖視之爲清談誤國。但由他們之仍推尊孔子於老莊之上，卽亦不能說他們背叛了孔子。而我們亦可由此玄學家知有：在一切玄談之上之孔子之聖人境界，而亦有將孔子之地位，更加以提高之功。

至於佛學之入中國，自然另形成一學術宗教的潮流，亦與中國原有之學術宗教，發生若干激盪、若干衝突。佛教與道教間，尤多爭執。但佛學在印度初起時，乃是反對印度傳統之宗教文化者，後亦終爲印度人所排斥。然佛教到中國，對中國之學術文化之傳統，初卻並未取一味反對、貶斥的態度。

此亦如基督教初興起於西方時，乃對猶太教叛逆，與希臘羅馬之宗教與哲學及回教思想，初皆互相鬪爭。而明清之際之基督教，傳入中國，雖反對當時之宋明理學，卻亦先自附於中國之古儒眞教之列。佛學入中國，中國人終將印度之佛學，全部容納消化。此歷史，說來話長。簡單說，譬如第一個融化印度佛學，而以中國文字，系統的論述佛學的學者，是僧肇。在僧肇心目中，卽以孔子、老莊，與釋迦之聖心境界，本質上無差別。故其書中處處以孔子、老莊之言，與佛家般若宗經論之言，互相證明。後來之吉藏、智顗等，乃始貶抑老莊。但對於孔子之五常，智顗於摩訶止觀卷六，曾說其與佛家之五戒相通。後來顏之推之顏氏家訓，亦承之而言。智顗於維摩詰經玄疏卷一，又本清淨法行經，說孔子爲大乘菩薩之化身，乃佛所遣，先來中國，開中華禮義之教者。後之華嚴宗之澄觀之華嚴疏抄、圭峯之圓覺經疏抄，均喜用儒家經籍語，以說明佛理。如澄觀疏抄以易之天道喻正覺，人道喻有情，地道喻世間。圭峯疏抄序，以「元亨利貞，乾之德也」，喻「常樂我淨，佛之德也」。宋天臺之智圓，自號中庸子，主儒佛之教並行。契嵩遂有系統地論儒學之書。宋之禪宗之宗杲，則深嘆儒學之衰微，望爲佛學者，改頭換面，以振興儒學。至明末之德清、智旭，而爲中庸、易經作注，以明儒佛之道原來不二，正如僧肇之所思。當然一般說，在佛教徒心目中，釋迦之位第一，孔子只居第二。如在道教徒心目中，老子居第一，孔子只居第二。後來明末清初西方基督教入中國，則以耶穌居第一，孔子之位仍居第二。然而在孔子之徒看來，則於此等事，可並不以爲怪；亦可以加以容許，加以欣賞。佛教徒當然應以釋迦爲主，爲第一；道教徒當然要以老子爲主，爲第一；基督教亦當然要以耶穌爲主，爲第一。孔子對此諸教徒之言，自非主而爲賓，賓則爲第二。但是佛教徒與道教徒，卻互相排斥。基督教在明清之際入中國，又與佛道二教互相排斥。佛道二教，互視爲異端邪說。基督教與佛道，亦互視爲異端邪說。異端邪說的地位，則不在次第之列。只有孔子在中國任何宗教中，皆確居第二之位。孔子名仲尼，仲卽是第二。今日之輕薄下流之文士，以孔老二之名侮辱孔子，實則此侮辱不了孔子。此孔子之第二的地位，貫通於中國一切宗教中，使其皆得並存於中國文化中，則孔子在中國文化中的地位，仍居中心的第一之位。故此中國佛教徒、道教徒與後來之基督教徒，於其教主之外之推尊孔子，同有助於孔子在中國歷史文化中的地位之建立。所以由魏晉南北朝至隋唐之佛道二教之盛興，而孔子在此二教中屈居第二之位，孔子之徒亦不必以爲卽孔子之地位受貶抑之證，而致其嘆惜。孔子之徒，原當有此雅量，到了佛寺、道觀、教堂，卽自視爲賓客，任和尚、道士、與神父、牧師爲主，自居於第二之位。這才能表現孔子之教中視「道並行而不悖」，而「無所不容」的風度與氣概，同時我們還要知：此亦正是孔子在中國歷史文化中得居中心的第一地位之理由之所在，而當更對佛教、道教、基督教徒，皆以第二之賓位待孔子，加以感謝才是。

魏晉南北朝隋唐之思想界的聲光，在玄學與佛學。傳統的經學儒學之著述，有功力而無精彩，亦無所貢獻於孔子之歷史地位之提高。此時期之君王，亦並不特尊崇儒學。唐代君王更特尊道教與佛教。但是在此時期，卻有若干文學家，文學批評家，深心崇敬孔子。此文學批評家，可以作文心雕龍的劉勰為例。劉勰後出家為僧，亦為文心雕龍一書之著者。此文心雕龍在文學批評中之地位，如司馬遷之史記在中國史學中之地位。司馬遷後孔子五百年，而意在以史學承繼孔子；劉勰又後司馬遷五百年，而意在以文學理論承繼孔子。劉勰之論文學，自然亦有若干取于道家佛家思想者。但由其書首原道、徵聖、宗經三篇，最後一篇序志，與全書之主要內容看，則顯然是意在承繼孔子之詩樂之教。所以在其序志中，自謂「在齒踰立，夜夢執丹漆之禮器，隨仲尼而南行」。又說「文章之用，實經典枝條」，由此而發憤著文心雕龍，以承繼孔子。至於此時期之文學家推尊孔子者，則有陶淵明、陳子昂、李白、杜甫、韓愈等。陶淵明、李白之詩，自然有極多之道家情調，李白尚有「我本楚狂人，狂歌笑孔丘」的詩句。但是陶淵明詩有「野外罕人事，游好在六經」「先師有遺訓，憂道不憂貧」之句。其先師明是孔子。陶淵明之「羲農去我久，舉世少復眞；汲汲魯中叟，彌縫使其淳。鳳鳥雖不至，禮樂暫得新。洙泗輟微響，漂流逮狂秦。詩書亦何罪？一朝成灰塵」的詩，亦證明其心中所最懷念的歷史人物是孔子，最慨嘆的，是暴秦之焚孔子的詩書。故又有詠荊軻之詩，慨嘆荊軻刺秦王之事之不成，而有「其人雖已歿，千載有餘情」之句。李太白的古風，想復興風騷，而其第一首用「大雅久不作，吾衰竟誰陳。王風委蔓草，戰國多荊榛；龍虎相啖食，兵戈逮狂秦」開始。其深惡狂秦之句，正承淵明而來。李白此詩終於「我志在刪述，垂輝映千春。希聖如有立，絕筆於獲麟」之句，則更見其復興風騷，在承孔子。至於陳子昂，據姚鉉唐文粹謂「唐三百年，用文治天下，陳子昂起於庸蜀，始振風雅。」其感遇詩三十八首，乃言志之作，而最後一首，則始於「仲尼探元化，幽鴻順陽和」之句，以自見其志之所歸。後之杜甫，則大家公認是詩聖，以儒者之性情爲詩。他明知「紈袴不饑死，儒冠多誤身」，而自稱爲「乾坤一腐儒」；他爲詩「但覺高歌泣鬼神，知焉餓死塡溝壑」，而志在學孔子「致君堯舜上，再使風俗淳」。韓愈之散文，起八代之衰，他著原道，以闢佛老，而發揚孔子之道。陶淵明、陳子昂、與李、杜、不同於孟、荀、董仲舒以哲學經學承孔子，又不同於司馬遷之以史學承孔子，亦不同於劉勰之以文學理論承孔子。陶、杜是直接有契於孔子之人格中之淳厚的心情，而承孔子。陳子昂、李白是有契於孔子正風雅之心意，而承孔子。韓愈之闢佛老，其義理境界並不高。但他特有感於當時天下之僧尼道士之衆，無所事事而衣食，使天下民窮財盡，遂敢於在上上下下皆信佛之時代，直諫憲宗之迎佛骨，以至貶謫蠻荒之地。其與孟尙書之書謂其闢佛，「雖被萬戮，豈有悔哉」；則是用「孔子之承堯舜禹湯文武之道」的「承先啓後」的精神，而更以傳孔子之道自任。我們可以說，在魏晉至隋唐之儒家的哲學家、經學家，並不能大發揚孔子之道。然而這些文學家，卻對孔子之人格精神，有一深透的直覺，而以其文章表示其對孔子之懷念與崇敬，以維持孔子在此時期之中國歷史文化中之的地位。

五、宋明儒者之民間興起，以匡扶世運，及孔子之至聖先師地位之確定

由隋唐歷五代，而有宋明儒學之復興。但此宋明儒學之復興，並非只由宋之太祖太宗之有若干尊崇儒學的政治措施。此宋代學之興起，當如宋元學案之說，始於在野講學之孫明復、石介、胡安定三先生。此三先生生年略後於孔子一千五百年，皆初無政治下之高位，只是民間講學之攻苦食淡之學者。後來之范仲淹、歐陽修，雖由田舍郎而爲廟堂之宰相，於奬勵儒學之人才有功。但大家要知道，在北宋初年政治上居高位之名臣，大多信佛。如楊億、呂夷簡、富弼、韓琦等，皆信佛。歐陽修作本論，亦說「釋勢盛，自難與之力爭，唯當自先明吾理。吾理既立，則不必與彼爭」云云。此後才有周濂溪、張横渠、程明道、程伊川等之發憤闡明儒學。周濂溪，乃一山林隱逸之士，名不聞於當時。朱子濂溪先生像贊，乃始推尊之爲「道喪千載」後之一「先覺」，而被稱爲宋明理學之宗師。張横渠於其正蒙乾稱篇下，嘗謂「千五百年之學，出於佛氏之門下……自非精一自信，有大過人之才，何以正立其間，與之較是非得失？」二程遺書二上嘗記明道言：「昨日之會，大率談禪，使人情思不樂，歸而悵恨者久之。此說天下已成風，其何能救？……某則才卑德薄，無可奈何它。然據今日次第，便是數孟子，亦無如之何」。又記明道嗣慨嘆「今日則人道廢……天壤可謂孤立」。可見程明道當時心

情。後程伊川爲程明道墓表說「孟軻死，聖人之學不傳。……先生生千四百年之後，得不傳之學於遺經」。此非故意誇大明道之地位。此只因伊川慨嘆於當時言佛者「自謂之窮神知化，而不足以開物成務；言爲無不周遍，而實外於倫理」（明道行狀）；又慨嘆於「聖人之道不行，百世無善治；聖人之學不傳，則千載無眞儒」之故。此皆足證當時張程等，復興儒學之事之吃力。亦足見他們之復興儒學，皆同是舉世不爲而爲之豪傑之行。橫渠只在關中講學。二程雖列身朝廷，但爲王安石所排。後之朱子承周張二程之學，亦被韓侂冑斥爲僞學。程朱皆是在政治上不見用，而初只有少數學生相從之儒者；只由師弟代代相傳，歷元至明，而朱元璋乃以朱子之書考試。然以朱子之書考試，則朱學成利祿之門，非朱子之幸。故明代之儒學有生命、有朝氣者，乃是近陸學之陳白沙、王陽明之一流。陳白沙之師吳康齋，則正同宋初之三先生，只爲一民間之攻苦食淡之學者。陳白沙初學於康齋之門，亦要與康齋同下田，至刈禾傷手。王陽明早年之師婁諒，亦出於康齋之門。王陽明雖後爲大官，但其悟良知之義，則在其初貶謫龍場，死生呼吸之際。宋儒之傳至文天祥，明儒至顧憲成、高攀龍、劉蕺山、方以智、黃道周、張煌言等，則皆以氣節殉難。故此宋明儒學之得成爲數百年之學術文化之主流，要皆由儒者之困扼奮鬬中得來，宋明之皇帝多崇信道教，大官則信佛者多。此宋明儒學之得其地位，乃要在於民間及社會講學，逐漸蔚成風氣。此皆有史可考。至宋明儒學家心中之孔子，則非漢人之素王，亦非何晏、王弼、郭象心中之體無之聖人；更非佛教徒心中之菩薩化身，亦不同陶淵明、李、杜心目中之孔子。宋明儒者心目中之孔子，乃一眞正從事教人希賢而希聖的至聖先師。而孔子之爲至聖先師之歷史地位，亦由宋明儒者加以確立，而後明清之帝王，亦隨之而不再以文宣王封孔子，而只以至聖先師封孔子。至於在宋明之亡之殉難的節義之士，如文天祥、東林之士等心目中，則孔子更是一殺身成仁、舍身取義的至聖先師。

自宋至明之推尊孔子，而以之爲至聖先師，乃重孔子之設教。此與秦漢儒者之推尊孔子，而反抗秦之暴政，以孔子乃作春秋，爲漢制法之素王，固然不同；亦與漢代緯書與一般儒者心目中，以孔子爲天降之聖，一般人所不能學者不同。宋明儒者雖尊崇孔子，然以孔子之聖德，乃學者所可學。如周濂溪之說「士希賢，賢希聖，聖希天」；二程亦深信「聖人可學而至」。孔子之聖，對學者只是師。學者之學，亦可與師相等。故學者皆可爲聖人，而同於孔子。此亦卽孟子「人皆可以爲堯舜」，荀子「塗之人可以爲禹」的意思。此理由何在？乃在宋明儒者大都看一切學者或一切人，皆與孔子同此心、此性、此理。故由宋初三先生復興儒學，歷五百年，而距今亦爲五百年之王陽明，更由人人之當下現成之良知，以指出常人與聖人，同此心，同此性。人人有此良知、此心性，卽人人有成孔子的可能。而人人心中，亦都可說：原有個聖人，原潛藏一可能的孔子。故王陽明的詩有「個個人心有仲尼」之句。此王陽明之說「個個人心有仲尼」，一方是明確的指出一個人之良知心性，與孔子之良知心性，平等尊貴。一方亦卽將孔子的地位，置定在每一個人的心中。我們不必去想孔子是天生的聖人，或古代的聖人。孔子卽在個人之良知心性之中。人一念反省，便見孔子在此。由此而有晚明爲王學者之豪傑氣慨，狂者風度。最後卽轉成東林之士劉蕺山等，鐵肩擔道義，而大雄無畏之殺身成仁，捨身取義的精神。

六、孔子在清代學術文化中之地位，及清末以來之貶抑孔子地位之說之衍成，與其說之謬誤

至於在清代，則孔子在文化中的地位，與宋明又不相同。清代學者，因有鑑於宋明儒或空談心性，而不好學之弊，遂重經史之考證之學，而傾向在以漢代之經師爲法。孔子本嘗自述他是好古敏求，則我們學孔子亦當好古敏求，而重經史之文獻上之考證之學。此亦卽所以承繼孔子之好古敏求的精神。此是總括的說孔子在清代學術文化中的地位。

今如稍分別說，則孔子在清代學術文化中，亦有其前所未有的地位。首先我們可說就歷代帝王之好學者而論，則清初之康熙、雍正、至乾隆諸帝，很可能是中國歷代帝王中最好學者，亦較能推尊孔子之教於佛道之教之上者。康熙本來極好天主教士傳來之西方科學，但爲了羅馬教廷之禁止中國天主教徒之拜祖先與孔子，則斷然對天主教加以驅逐，亦值得欣賞。此清初諸帝皆以孔子爲先師，而爲其學生。這亦使孔子之地位提高。但是清帝是滿族，其統治漢族，卽不願漢族人講民族大義，因而屢興

雍正著「大義覺迷錄」，以駁斥曾靜承其師呂留良而來之「夷夏之辨」。雍正乃只本孔子之「夷狄而中國，則中國之」之文化觀點說；而將孔子「內諸夏而外夷狄」之民族立場，加以淹沒。雍正自集政統、敎統之大權於一身。其權勢之所在，卽「理」之所在，而以其「勢與理」，箝天下人之口。此卻使中國歷代儒學之傳，受一大寃屈，使中國知識分子不敢仰首伸眉，論列眞正的「理」之是非。而學術界之乾嘉諸老，遂只能埋首於文獻之硏究，以從事於樸學。孔子之道被視爲在客觀外在的文獻中，學者只有終身求之，而不敢以此道自任；更不敢如宋明學者之自信聖人爲人人可學，孔子人人可學，「個個人心有仲尼」了。又因孔子之道在客觀外在的文獻中，而孔子只是二千年前之一遠古之聖人。文獻之硏究未完，則孔子之道可望而不可卽，孔子亦可望而不可卽，其地位只在遙遠的古代，亦如只在遙遠的天邊了。

在清中葉以後，洪楊之亂起，洪楊之要推翻滿淸，正本於漢族之民族意識。但洪楊不能承繼中國之傳統的文化意識，而以一變態的基督敎思想，反對中國之傳統文化。洪楊藉上帝之名，鞭撻孔子，以六經爲妖書，而與孔廟，一齊加以焚燬。此時乃有承繼中國儒家精神之曾國藩、羅澤南等之在民間練兵，討伐洪楊。大家知道：曾國藩在討伐洪楊之檄文中，並未提到效忠淸室，只說洪楊之亂，「舉中國人倫，一旦掃地蕩盡。此豈獨我大淸之變，乃開闢以來名敎之奇變。我孔子、孟子之所以痛哭於九泉。凡讀書識字，又焉能袖手旁觀，不思一爲之所也……」。無論後人對曾國藩等如何批評，他們之決心在民間練兵，討伐洪楊，初斷然出於一保衞孔子所傳之中國倫理文教之文化意識，而自民間奮起，以擔當世運的精神。而孔子在此精神中，所居的地位，即大不同於在其前之清代之從事經史考證之學者心目中的地位。此「痛哭於九泉之下」的孔子，亦是活在曾國藩等之心中的孔子。只有此孔子，才能感動一切讀書識字之人，使其共同參加討伐洪楊之大業。

在乾嘉時有章學誠治史學，以中國古代之學，集大成者爲周公。周公爲先聖，孔子只傳先生之政典之六藝，以教學者，而只爲先師。但其書未行於其世。在道咸以後，經學由古文學轉到今文學。今文學家重經世致用，其心目中的孔子，卽是一建制立法者。公羊家之學，發展至晚清廖平、康有爲諸先生，皆重孔子之政治思想之開未來世之一面。孫中山先生亦重孔子禮運大同篇中「天下爲公」的政治理想。章太炎在清末，則以孔子之地位只是一史家，而整理古代文籍者，乃比同之于漢之劉歆。在此中，廖平、康有爲對孔子之敎之開未來世的意義，說得太誇大；並以六經皆孔子託古改制之著，而只表現孔子個人思想者。此卻使孔子之學，反成「前無所承」者。章太炎初年本佛學以貶責孟荀中庸易傳，而輕視宋明儒學；只視孔子爲傳佈整理古代文籍之史學，則又使孔子之學，若成「後無所開」者。章太炎與康有爲之弟子之梁任公，在清末，更以孔子不過諸子之一，其地位或尚不如老子、墨子。至於民國創建，本是依於孔子之夷夏之辨，以「驅除韃虜，恢復中華」，而終於五族共和。此原當是孔子之民族思想、文化思想，一齊伸展光大之千載一時之期。但民國初年之學術文化界之學風，卻承清末之學風下來。遂或沿康、廖之以六經皆孔子託古改制之著，無異孔子所僞造，更一味疑古，以孔子所承之古代文化，皆不足信者。又有沿章太炎之以孔子爲只有傳佈整理古代文籍之功，而以「整理國故」，代替一切對孔子精神，中國文化精神，加以承繼發揮之說。再有鑑於清帝與清末大臣遺老之尊孔，袁世凱之欲當皇帝而尊孔；遂說孔子之學自始爲維護帝王之統治而存在，孔子之地位亦由歷代帝王之提倡而形成者。再由中國人百年來之飽受外侮，於是學者不免自怨自艾，歸罪中國傳統文化，而有打倒孔家店之說。此後更與外來之馬列主義結合，遂成中共之以孔子爲封建地主服務、奴隸主服務，而更當加以打倒之說。此則皆是次第下流而形成之論。

但是，此清末以來至今對孔子地位之上述的流行看法，只是一短時期中之人們之看法。這些看法，全不能說明孔子在中國歷史文化中之崇高地位所以形成。其前之中國學者，對孔子之地位，並不如此看。今若要反本歸原而論，須知：由清中葉之公羊家下來至今，只從社會政治上之建制立法的觀點看孔子，已是只偏重孔子之外王之學之一面。在曾國藩、羅澤南心目中所要保衞之孔子之敎，無寧是重在孔子所傳之倫理與文敎。章學誠之以孔子爲先師並不錯，但說孔子是先師，只周公爲先聖，又說六經皆史，皆先王之政典，則依宋明儒者看，卽決不能同意。依宋明儒者看，六經及中國之學術義理，與禮樂文敎，原非只一時之政典。孔子是先師，亦是先聖。如在孔子弟子心目中，孔子同時是聖與師。在魏晉玄學家，與佛道二家之心目中，孔子亦同是聖賢。在緯書中，孔子是天上之一帝所誕生。在漢儒心目中，孔子是素王。在司馬遷、劉勰、與晉唐文學家心目中，孔子是史學與文學之本原。今要說孔子在整個中國歷史文化中的地位，大有賴于綜合各歷史世代的人之心目中的孔子，而兼從宗教道德的內聖之學，政治社會的外王之學、哲學、文學、史學之全面人文的各方面，去通貫地去理解。則知孔子的地位之形成，乃由二三千年來之歷代人士之共同推尊，而逐漸形成，與整個中國之歷史文化，有千絲萬縷之關係，而合為一體。此孔子之地位，豈是短短的時期中之偏激之說所能推翻？而我們更有充足理由，以說五四以來流行之「孔子之學，自始為維護政治上之統治者而存在，其地位乃由帝王之提倡而建立」之說，根本不合于歷史之事實。今依上文所說，再作幾個反問，即可顯出此流行之說的謬誤。上文說孔子之地位，乃始于孔子之弟子對孔子心悅誠服，廬墓三年，魯人之依孔子塚為家，先秦諸子之共對孔子有相當的尊敬，晚周及秦政之暴虐之下，諸名不見經傳之儒者之發揮孔子之學。今試問：這些事與政治上時君時主，有何相干？上文又說董仲舒有「帝王次第退位」之說，其弟子眭弘嘗勸漢帝退位，承其教之賢良文學之士，反對政府與民爭利，而與朝廷之公卿大夫抗爭。最尊崇孔子之司馬遷，為李陵事，向漢帝抗議，受腐刑。試問這些事與維護帝王專制之事，又有何干？我們又都知道，魏晉名士與玄學家，多遭當時之政治上之統治者的殺身之禍。他們在政治思想上主張人君要無為。他們稱孔子為聖人，亦正因孔子有「無為而治」之說。如果孔子之學眞是幫助帝王專制，試問此魏晉玄學家如何能視孔子為聖人？再如上文所說劉勰只是一和尚；陶淵明、杜甫只是貧士，皆一生窮餓，只短期爲小官；陳子昂初只一西蜀邊鄙之寒士。試問他們有什麼政治上之權位？其推尊孔子，又豈爲了孔子之教能維持帝王之專制？宋明之儒學初起于民間講學之三先生與吳康齋，而反對當位之人所崇尚之佛學，而以發明儒學，教「士希賢，賢希聖」。試問此與帝王之統治又有何干？上文再說佛教、道教、基督教之人，同認孔子爲聖賢。試問此與帝王之統治更何干？然而從歷史事實看孔子之地位，則正由這些歷代人物之推尊，而後次第建立。歷代帝王與政治上之居高位者，明只是順中國歷代人心之所向，而賜孔子以封爵，以孔子之書開科取士，助其爲政。豈可倒果爲因，而說孔子之地位乃由帝王之提倡而建立？我看只有兩眼皆是勢利的人，才會倒果爲因，視此帝王之提倡，是天來人事，乃以爲帝王之提倡，即孔子之在中國歷史文化之地位，所以形成的理由所在。退一萬步說，此帝王之提倡，亦只是形成孔子之地位之一外在的助緣。你如再多說一句，即證明你心目中只有勢利，不知學術文化爲何物。

七、結論及餘論：孔子與中國文化生命之一體性

今再總結上文所說。我之此文之宗旨，是在說明：孔子在中國歷史文化中有崇高的地位，決不可依五四以來之流行的觀念來說：「孔子初不過九流諸子之一，只因帝王之崇信——或只因漢武帝嘗納董仲舒議，罷黜百家，獨尊孔子——歷代帝王以孔子書開科取士，遂有其崇高的地位。依上文所說，

孔子之崇高的地位之形成，乃初由孔子原爲一上承六藝之學，下開諸子之學者，其人格直接感召其弟子。由此代代相傳，而後孔子成爲中國學術文化的世家。上文同時說明，尊崇孔子者，初不限于儒家之徒，先秦之墨、道、法諸家，對孔子皆同有相當之尊敬。尊崇孔子者，亦不限于後世爲子學或哲學者。孔子與中國之哲學、以及文學、史學、宗教，整個之中國文化，互相連繫，而不可分。其何以如此，則一方面自然由于孔子之思想、學術、人格之偉大，在各方面皆有值得後人崇敬之處。孔子之弟子顏淵，對孔子之學，說「仰之彌高，鑽之彌堅，瞻之在前，忽焉在後，夫子循循然善誘人。博我以文，約我以禮，旣竭吾才，如有所立卓爾，雖欲從之，末由也已。」子貢又說：「自生民以來，未有盛于孔子者也」，「夫子之不可及，如天之不可階而升也。」達巷黨人亦說：「大哉孔子，博學而無所成名」。孟子說：「麒麟之于走獸，鳳凰之于飛鳥，類也。聖人之于民也，亦類也。」天有日月、地有珠玉、鳥獸中有麟鳳，人類中豈必無聖賢?孔子以前之中國文化已二三千年。二三千年中，不知生了多少人，則生出一個偉大的孔子，被視爲聖人，並不奇怪，亦不算多。此非孔子自封爲偉大的聖人。孔子只嘗稱讚堯、舜、禹、湯、與當時之管晏，爲其弟子之顏淵；只自稱爲好學。謂「若聖與仁，則吾豈敢！」。現代人亦曾看了孔子所留下之若干言行，覺得孔子亦不算什麼，而曾去評議孔子之所不足，以至對孔子謾駡。但是我要請問你之才力、智慧、德行，自比孟子如何?自比荀子如何?自比司馬遷、或劉勰、或李白、或杜甫、或韓愈、或程、朱、陸、王等，又如何?如果你自知還比不上，便應當虛心一點，想想何以這許多天才的歷史人物，皆尊崇孔子，其中總有個道理。你說孔子不算聖人，不算偉大，亦可以。因孔子既未自稱爲聖，爲偉大，孔子亦可承認你的話。但中國歷代之一切推尊孔子之人物，卻不能承認你的話。你要對此一切人作一大翻案，應當先度德量力，亦必須先想想他們之尊崇孔子，其道理在何處。只就你自以爲已知之孔子之言行去看孔子，還不行。西哲叔本華嘗說：一偉大的書，是一鏡子，你是什麼人，卽于鏡子中只看見什麼。孔子的言行，亦是一鏡子。如你是巨人，則鏡子中亦照見一巨人；如果你是侏儒，則照見的亦只能是侏儒。你如果由孔子的言行中看不出什麼，此只證明你自己的無知。你應當先試去想，在中國之一一歷史之人物心目中之孔子是什麼，才能逐漸了解孔子。

但是我們從另一方面看，亦可說孔子之地位之所以如此崇高，不只是由孔子本身的偉大，而亦是由于此一切崇敬孔子的歷史人物的推尊之所致。我們可以說，孔子之純粹學術的地位，乃由推尊孔子之儒家的哲學家如孟、荀諸子、董仲舒，及宋明清之儒者而建立，亦由史學家之司馬遷、班固、文學家之陶淵明、杜甫等建立。孔子之宗教性的神聖地位，始于緯書之神化孔子，及佛道諸教之同承認孔子爲聖賢。孔子之政治思想的地位，主要由漢儒之推尊孔子爲素王，然後有唐宋君王之封孔子爲文宣王。孔子之至聖先師的地位，主要由孔門弟子及宋明儒者之以孔子爲師而建立。孔子固然偉大，而後世之一切推尊崇敬孔子的人物，亦同樣是偉大。此後世之歷史人物之心靈，如不亦相當偉大，豈能知孔子之偉大？人于此要說，由中國後世之歷史人物，將其心靈中之大，賦與孔子，才使孔子更顯其大，亦是可以說的。如我們亦可以說，耶穌、釋迦並不如此偉大，因其門人與千萬基督教徒、佛教徒之崇敬耶穌、釋迦；而後耶穌、釋迦如此偉大。所以我們崇敬孔子，亦不須貶抑以後之歷史人物，而可更崇敬此以後之一切崇敬孔子之歷史人物。而且我們果能眞正了解而崇敬此以後之一切歷史人物之偉大，卽當知我們自己亦卽並不小。依王陽明「個個人心有仲尼」的話，則我們每一人皆與孔子平等。故亦用不著爲了崇敬古人，而貶抑我們自己。須知：只有自己是渺小的人，不知自尊自重，看不起自己，才看不見歷史上的人物之偉大與孔子之偉大，而輕薄地加以貶斥，卻不知此正是反照出其自己之卑賤與渺小，如三尺侏儒之立于一大鏡子之前。

于此如果有人一定要問：究竟孔子之偉大，那些是屬于孔子自身的？那些是由後代的人之崇敬而賦與的？則此一問題，可以問，而難有一定答案。只視各人的認識而定。但亦可以不必問。因在孔子自己，與崇敬孔子者，皆可不發生此問題。後世人對孔子之崇敬，次第積壘，以形成此孔子之崇高的地位，有如壘土已成山，則一切土結爲一體，而可更無須再加分別。我們只須綜括的說，孔子之地位之形成，乃由孔子自己之偉大，與後世之一切崇敬孔子之歷史人物之偉大之合力而形成。我們固不能說孔子之偉大，只是崇敬孔子的人之嚮壁虛造。若是虛造，則何以後世人不對另一人而虛造，而以其對孔子之崇敬心情，對其他人？亦不能說只由孔子之有一神秘的力量，或帝王之提倡孔子、利用孔子，遂使二三千年的人，皆被迫的不得不崇敬孔子。因依本文所說，二三千年人之崇敬孔子者，在各時代次第由民間興起，皆是自動的、自發的。我們只可說，乃由孔子與後世之歷史人物，以其思想、精神、人格，互相感應，便有此後世人物對孔子之崇敬，孔子之地位之形成。

如果我們了解孔子的地位的形成，乃孔子與後世之歷代人物，以其思想、精神、人格互相感應而形成。則我們一方面亦可說在各時代的各種人物中，各有其心目中的孔子。如孟子心目中的孔子，不必同于荀子心目中的孔子；爲史學家之司馬遷心目中的孔子，不必同于陶淵明、李白、杜甫等文學家心目中的孔子：漢儒、宋明儒與淸儒之心目中的孔子，又各不同。由此而有人主張把漢儒心中的孔子，還之漢儒，宋儒心中的孔子，還之宋儒，……此自亦可以說。現代人亦可爲孟子心中之孔子、荀子心中之孔子，……各作一學術論文。因一人心目中的孔子，自可說屬此一人。但若只如此去說，卻不夠。因若只如此去說，則一個孔子，分散爲無數人心目中之無數孔子，而無唯一的孔子。須知每一人心目中的孔子，雖不必卽是孔子之全，然要爲孔子之一方面。若果孔子全無孟子心目中所想之一方面，孟子不會推尊孔子。若果孔子全無荀子心目中所想的一方面，荀子亦不會推尊孔子。……此孔子之各方面，合爲一整體的孔子的思想、精神、人格之各方面。則我們亦不必說眞有無數的孔子，分別存在于後世之歷代人物心目中；而當說曾生在先秦時代之一整個孔子之思想、精神、人格之各方面的意義，在後來各時代之歷史人物的心靈中，次第展現，或次第被重視，被欣賞、被讚美、被崇敬、被發揚光大。而此孔子之思想、精神、人格之各方面的意義，展現于何時代之何人心目中，孔子亦卽存在于何人之心目中。

循上所述，我們卽不能說孔子只存在于先秦時代之其一生所歷之短短的七十三年之中，而當說孔子實存在于一切世代之知有孔子之人們之思想、精神、人格之中。說孔子之思想，只限于其時代，顯然錯誤。如果孔子思想不是迄今仍存在，亦不會今尚有人要打倒孔子。說孔子之思想，限于其所在之社會政治階級，亦顯然錯誤。因在孔子後之世代中之居不同社會政治的地位的人，皆同樣受孔子之思想與其精神、人格的感召。我們可以比喩孔子的思想、精神、人格，如一發光體，後來一切世代之人之思想、精神、人格，亦是一發光體。孔子之光，越過歷史的世代的距離，照耀及前五百年之周公，更及于後人。孔子後五百年而有司馬遷，以史學承孔子；再五百年而有劉勰，以文學承孔子；又五百年而有宋初三先生之復興儒學；更五百年而有王陽明之言「個個人心有仲尼」，定孔子之位于每一人之心靈中。此二千五百多年來之中國人之心靈的光，亦越過歷史世代的距離，以照及于孔子。二千五百年如一日；然後有我們上所說之孔子與後世人的思想、精神、人格之互相感應，而有後世人對孔子之崇敬，以形成孔子在中國歷史文化中的地位。今只在此互相感應處看，亦如自諸發光體之互相照耀處看，則亦並非必須說此光原于孔子，或原于後世之一切人；而可由孔子與後世之一切人，皆屬于一整個之中華民族之文化生命之中，以說孔子的精神的光輝，崇敬孔子的人的精神光輝，合以形成此民此民族文化生命的偉大與崇高；孔子的地位的形成，即是此民族文化生命的偉大與崇高，即是此民族之文化生命的次第形成。此方是一更適切的對孔子的地位的形成的看法。依此看法，則在此民族文化生命中，除了孔子，其所包涵的東西，還很多。人可以不講孔子，亦可只講孔子之一方面，而對其他方面懷疑，此皆原無不可。孔子之思想、學術、人格、精神之對現代及未來之意義，價值何在，亦有種種說法。此則不在本文之內。但人絕對不能對整個的孔子，加以侮辱。而誰侮辱孔子，即無異侮辱中國之一切崇敬孔子之歷史人物，亦是對中國民族之文化生命之侮辱。此正孔子所謂「是可忍也，孰不可忍也」。

然五四以來至今，對孔子之地位的看法，及侮辱孔子之思想，我們亦只視之為中華民族之文化生命之大流中，一時岐出的思想逆流，必將流入斷港絕潢，而自歸于乾涸。我們如能眞正認識此孔子在中國歷史文化中之地位之所以形成之故，再看看近來中國大陸文人之由「哲學的貧困」而甘為蘇俄之馬列主義之思想之奴隸，並因孔子已不能現身說法，而視為可欺，乃任意加以誣毀侮辱之一切不學無術之論，我們雖不能不對神明華冑之何以墮落至此，感到痛心；但對其一切言論之內容，亦即可視為不值一辯。因此一切言論，皆在眞理世界，中國文化生命大流中，無眞實根據之言，即無本之言。我們即可如孟子之說，而斷言之曰：「苟為無本，其涸也，可立而待也」。

（一九七四年三月「中華月報」七〇二期）

附錄：「中國哲學原論原教篇」附錄部前言（註）

吾中國哲學原論之原教篇編成，歷二年而排竣。在此二年中，竟有所謂批孔運動之猖狂無忌者，欲絕吾中華自孔子而來，羣賢繼出而成之學術文化之慧命，眞所謂「蚍蜉撼大樹，可笑不自量」也。吾應中華學報之約，爲「孔子在中國歷史文化之地位之形成」一文，其文多本吾此書及原道篇之述及孔子者，以爲論。此乃應世之時文，故未能極莊重端誠之意以爲之。其以口語寫成，復與此書文體不類。但由此文，亦可略見孔子精神之彌綸于中國學術之全體，其道正足以貫中國哲學中之道，誠所謂不廢江河萬古流者也，故今附錄于此，兼誌此晦盲否塞之一時之運。又吾于此二年中，慮來日大難，復將先父孟子大義一書重刊，先母之思復堂遺詩影印，各有刊後記。吾今之哲學原論六卷述由孔子而來之先賢之學，雖自謂乃以不敢慢、不敢欺之心爲之，然其果有當于先賢之心者幾何，則亦非吾有生之年所可及知。蓋必形骸既化，神還太虛，然後知之爾。然其中若有少當，則皆由吾幸得生于此綠野神州，得承孔子及諸先賢與吾父母之教而致。吾鄉近賢白屋詩人吳芳吉先生弱冠時有詩：「……逝如江水，江有回頭水。人生墮地從此始，朝朝暮暮停晷。我生不帶一絲與粒粟，誰非天地父母之撫育？我生不識人道與禽域，誰非賢聖豪傑之庇覆？不思報答空躑躅，奈何躑躅長碌碌？」此詩，吾亦弱冠時讀之，迄今不敢忘。吾父爲孟子大義自序，謂依吾華先哲之敎，人苟「于人倫有遺憾，則雖功烈震寰宇，著述充楹櫥，亦適爲兩間之稊稗」。吾父逝世四十三年，吾之所述作，亦不少矣。然此果何有于我哉？吾之今生是否能終免于爲兩間之稊稗，亦猶不可知。此則吾之所不敢不勉者也。故今並將吾父母遺書之刊後記，列爲附錄，亦姑誌未敢忘先人之德之意云爾

甲寅七月君毅誌

註：本前言原爲「中國哲學原論原敎篇」附錄部之說明。該書附錄部共三文：附錄一卽「孔子在中國歷史文化的地位之形成」（見上文）。附錄二爲「孟子大義重刊記」、附錄三爲「思復堂遺詩編後記」（見全集第廿九卷）。——編者

孔子在中國歷史文化中之地位如何形成

——在孔聖堂中小學、孔聖會小學畢業典禮上的講詞

本人今天不想對孔子思想，多所講述。貴校校長及諸位先生，平日與諸同學講的必已很多。今天本人只想簡單的講講孔子在中國歷史文化中之地位之如何形成之一問題，並提出兩點個人的意見，希望大家指教。現在有許多人說，孔子在中國歷史文化中的地位之所以形成，乃由孔子思想合乎政治上的統治者之利益，遂爲中國歷代之帝王所提倡，而形成孔子之崇高的地位。更有人說，只是因漢武帝採納了董仲舒之「罷黜百家，獨尊孔子」之議，遂使中國後來之學術思想，定於孔子之一尊，而更不進步。今天我要同大家講的，只是簡單指出此說完全不對。我們知道孔子生前在政治上，並不得意。他半生皆流亡異國所如不合。故其弟子顏回說：「夫子之道大，天下莫能容。」莊子書亦說孔子「再逐於魯，削迹於衞，伐樹於宋，窮於商周，圍於陳蔡，見辱於陽虎，被逐於季氏」。孔子晚年乃歸魯刪詩書，訂禮樂，與弟子講學。如果孔子稍爲遷就當時政治上之統治者之意，決不會至「天下莫能

容」。

孔子之所以爲後世所尊崇，其初只由於其學生們的尊崇，如孟子所謂「如七十子之服孔子，中心悅而誠服者也」。所以孔子死後，據孟子、史記所載，其親近的學生，皆在孔子墓前廬墓三年，比於親喪。此決不同於古往今來生前權勢熏天之政治人物，其死後卽被鞭屍，被萬世唾罵的情形。據孟子、史記所載，孔子學生廬墓三年期滿之後，學生門人要回家時，卽相向而哭，皆失聲，然後歸。而孔子之一學生子貢，他是孔子學生中最長於外交辭令與貨殖的，又再在墓前住三年。後來，更有其他人民都絡續在孔子墓前築屋居住，遂成孔里。孔子死後，歷二百多年至秦漢，仍有孔子之世代的學生，在那兒弦歌不輟。而孔子之一些學生更散於天下，「大者爲諸侯之師，小者友敎士大夫」。於是孔子才不只爲弟子所尊崇，更漸爲政治社會上之人所崇尊，更爲歷代帝王所尊崇。但這些都是後來的事。孔子之所以在中國歷史文化中有那樣崇高的地位，初只由於其世世代代的學生之尊崇，而與政治上之任何勢力無關。所以今天大家亦只稱孔子爲至聖先師。

從孔子與政治之關係看，除了孔子在生前在政治上之不得意之外，後來秦始皇更想以政治勢力摧殘孔子之學，而焚書坑儒。但是孔子之學仍在民間流行，而第一個反秦王之暴政的陳勝，史記卽謂其好儒術。漢高祖起來，初亦很討厭儒生，但後來仍對儒家屈服，以太牢祭孔子。以後固然有很多帝王，與孔子之徒互相利用之事，如漢武帝想到利用董仲舒，而董仲舒亦想利用漢武帝來提倡孔子之學。但董仲舒亦在政治上鬱鬱以死。然而董仲舒之弟子，則仍繼續反對漢帝之與民爭利之鹽鐵政策，而終於成功。這些事，今不能多講。我望大家了解的，只是孔子思想自來是生根在「教育」與「社會」上，在政治上則孔子是眞正站在愛人仁民的立場，而決不是站在爲統治者之帝王的立場的。但是在中國民國初年，曾有袁世凱之利用孔教來當皇帝，於是五四時代的人，便說孔子思想與帝制不可分，說孔子在中國歷史文化中之地位形成，全由歷代帝王之提倡而致。謬種流傳，直到今日。其實此說乃與歷史事實，完全不合。此是希望大家注意的第一點。

其次五四以來還流行一錯誤的觀念，卽以爲人尊崇孔子，卽將使學術思想，限於儒家，而更不進步。如董仲舒之罷黜百家，卽使中國學術後來更不進步。此亦是閉眼瞎說。其實董仲舒所謂罷黜百家，是針對其時之帝王之爲政，或只尙黃老，或信任縱橫，或專用申韓之一偏之見，而說：在政府中，不能只用百家之一，須尊崇孔子與其所傳爲中國文化學術本原之六藝，才能免於一偏之見。大家要知道，在漢儒乃以孔子位居九流之上，儒家以孔子爲宗師，但孔子上承六藝之學，下開諸子之學，其地位在一般之儒家之上。大家可以看看班固之漢書藝文志諸子略，對九流之學，皆引孔子或五經之言爲證；便知當時人乃以孔子之道，兼通諸子之學。故當時人之尊崇孔子，乃尊崇孔子之上承六藝，下開諸子之承先啓後的地位。並非將一切學術思想限制在九流之一的儒家。而董仲舒本人之思想中，卽有陰陽、道、法諸家之成份。故董仲舒要人尊崇孔子，其本意只是要人尊崇中國學術文化之統諸，政府不再只本百家之一以爲政。此大不同於西方中古之異端裁判，現代之極權國家之壓制出版言論學術之自由。

實際上孔子之思想是最反對壓制學術，而主張人之思想要開放的。論語記「子絕四，毋意，毋必，毋固，毋我」。孔子自謂「學不厭」，「三人行必有我師焉」。學生說孔子「夫子焉不學，而亦何常師之有」。此卽足見孔子之思想最開放，其學術之包容性，是最大的。後來孟子承孔子而反對當時之他家思想，如楊墨等，亦要在說其「執一廢百」。後來荀子亦說「凡人之患，偏傷之也」。故孔子與其以後之儒家之思想學術，皆同有其極大之包涵性。若大家多多研究中國之思想史，便知歷代之儒者對於道家、墨家、法家，以至外來之佛教，明代西來之耶穌教，以及今日之西方學術，無不能多多少少，本孔孟荀之思想之包涵的精神，而加以選擇的接受、攝取，然後儒家思想才成爲中國思想之主流，孔子得爲中國歷代學者所共尊崇。故卽在佛教徒、耶穌徒對孔子，亦無不有相當之尊崇，而使孔子在中國歷史文化中，一直保持其崇高的地位。至歷代帝王之尊崇孔子，亦只是迫於大勢，而不敢不尊崇。此卽見無形的學術思想、教育、文化之力量，遠超於有形之任何現實的政治力量。所以秦始皇之焚書坑儒，終於失敗，洪秀全之以政治力量，燒孔廟與孔子之書，亦失敗。後之視今，亦如今之視昔，我敢於說，孔子之地位，決不會因一時的詆譭而有一絲一毫之動搖。子貢在二千五百年前，聞他人詆譭孔子，卽說過「仲尼不可譭也，……仲尼日月也」。直到今天，孔子仍是如日月之長明，爲任何一時之陰霾所不能蔽。大家可由此以深信：學術思想與教育文化之力量，是必然超於任何現實政治之力量的，而沿孔子與歷代儒家之思想之包涵性，開放性所形成之正見，是任何封閉於一家一曲之思想的偏見，所不能比對的。這卽見人類學術思想之尊嚴所在，教育文化之尊嚴所在，亦是諸位孔聖堂的董事先生，諸位教師及諸位同學之尊嚴所在。希望大家加以珍重。今天所講的，卽止於此，已躭擱了大家不少時間，希望諸位先生指敎。

（一九七四年十二月二十四日「華僑日報」華僑教育版）

重申「孔子在中國歷史文化中之原始地位」

一

「中華月報」編輯部由香港寄來「大公報」五月五日漆叐書批評「中華月報」本年三月號所轉載我論「孔子在中國歷史文化的地位之形成」之一文，意在望我略答。此文稍不同於大陸批孔者之狂妄無恥下流。今日無事，略答數語，意在藉以重申我文之旨。

二

我原文之旨在指出孔子之地位，乃由中國歷代學術文化中重要人物之共同推尊而形成。原文二、三萬字，皆是意在指出種種歷史事實。此文二至七之五節，各說一歷史世代中孔子地位之如何形成。每節皆同等重要，亦皆同應虛心細看。評者謂以後諸節皆由第二節演繹而出，只是胡說。論歷史事實之相承，亦根本不能說是演繹。

在第二節之中，評者再將我文斷章取義而作評論。其所評文句尚不及此節文之六分之一。此節文論孔子之原始地位之形成，乃依於孔子學生之尊戴，孔子對諸子之學之開啓，諸子對孔子各有相當之推尊，皆正是歷史事實。我說自班固漢書藝文志以孔子之學上承六藝，下統九流，此說幾爲班固至清末學者所公認。此亦是一歷史事實。依此說，「儒家者流，祖述堯舜，憲章文武，宗師仲尼」。而仲尼則初非被視爲諸子中之「儒家者流」之一。在漢書藝文志諸子略，中有孟荀等書，而無論語。論語乃以六藝之傳記而列在「六藝略」中，已將此點表露無遺。若要談「宗師」二字之訓詁，則依班固意，儒家「宗師仲尼」，非將仲尼列在九流之一之儒家之中，亦如大夫之家，以國君爲宗君，而國君不屬于大夫之家。班固於述九流諸子時，各引一孔子或六藝之言爲標準，以分別加以評論，更顯然是以六藝及孔子之言，在諸子之流之上一層次。此亦是事實。評者不能否認此一一之事實，而只謂論語稱經乃後來之事，以轉移論點。此論語之稱經爲後來之事，乃人所共知。但班固置論語於六藝略中而不置之於諸子略中，卽已是不以論語爲諸子之書，而六藝略原卽是七略中之經部。班固既不以論語爲諸子書，而說其以孔子爲諸子之一，卽顯然違悖事實。

評者徵引了王充論衡儒增篇之二語：「夫論語之篇，諸子之書」，視爲至寶，以爲可證王充已以論語爲諸子之書之一、孔子爲諸子之一。實則此乃評者於儒增篇之文，不諳文理，而斷截二句所成之謬說。案論衡此篇乃其論「傳說由次第增益而成虛妄」之篇之一。其原文是：「夫論語之篇、諸子之書：孔子自衞反魯、在陳絕糧、削迹於衞、忘味於齊、伐樹於宋……至不能十國。傳言七十國，非其實也。」如略諳文理，便知此乃是說：「據論語之篇及諸子之書等所載之孔子自衞反魯等事，孔子所經之國不過十國。而傳言說孔子經了七十國。此卽爲增益了事實，而非眞實，爲虛妄。」此中說到論語之篇，乃因論語載了孔子自衞反魯、在陳絕糧、在齊聞韶三月不知肉味等事。說到諸子之書，乃因呂氏春秋、莊子等乃明載孔子之「削迹於衞」、「伐樹於宋」等語之故。此儒增篇文，顯然是將「論語之篇」與「諸子之書」並列，以說其所載之有關孔子之行蹤，而非在說論語之篇卽屬諸子之書、孔子卽諸子之一。

論語只「一書」，諸子之書乃「諸書」。一書非諸書。說孔子是「諸子之一」，亦非「諸子」。若王充說此二語，意在說論語之篇卽諸子之書，卽不成文理，與下文亦義不相貫，更無將此二語置於儒增篇之必要。實則王充於此之將「論語之篇」與「諸子之書」併列，正顯然由其知論語之篇在「六藝略」，不同諸子之書在「諸子略」，故須二者併舉。如王充已以二者爲一，則正不須更加以併舉。今評者乃欲本此二語謂王充乃以論語之篇，爲諸子之書，以證王充乃以孔子爲諸子之一者，正所謂適得其反。而竟放肆張皇，大談起學術道德的責任來，不能不令人啼笑皆非。

在中國數千年來之文化歷史中，亦可能不待至近代，早有人以論語爲諸子書之一、孔子爲諸子之一。對此「可能」，我文中未加以否認。故只說班固之以孔子下統九流之論，「幾爲」後世所共認。

但評者橫截論衡儒增篇之二語，則不足證明王充卽是持此種意見之人。

三

我原文說在中國歷史文化中，孔子之地位，不只是一狹義的儒家哲學家。此與班固之不以孔子爲儒家諸子之一，其意相類。但我乃兼取證於後文四節所說：司馬遷之以史學承孔子、劉勰以文學承孔子、孔子爲聖哲等。我之全文於此所述及者，遠較班固所及者更爲廣遠。我從未說孔子「在儒以外」，如評者所裁誣。我只是說孔子初未自稱爲儒，孔子弟子及孟子稱孔子，亦要在以「師」與「聖」稱孔子。此乃意在說明：我們不當以「與後來之諸子相對立之儒家者流」之觀點，來橫看孔子在中國歷史文化中之原始地位，而應當自孔子之「上承六藝，更下開其後之諸子之學之次第興起」，以縱觀孔子在中國歷史文化中之原始地位。此亦與班固之以孔子爲「上承六藝下統九流」者相似。但我在文中，已明說關於孔子之後諸子之如何次第興起，其與孔子之學之關係如何，我之說法見於拙著「原道篇」第一卷。此卷所論之孔子與九流關係之說法，卽與班固大不相同。要知我之說，應看此書。而評者以班固之說卽我之說，而加以評論，可謂粗心已極。

四

關於班固之如何對諸子之九流，一一說其可統於六藝之敎及孔子之言，原文具在。其理由則或是或非，評者於此所論，我無一一爲班固代答之義務，亦無興趣更一一指出評者對班固所評者之不當之處。不過評者要對他人之說，如班固之說，作評論，總應先求虛心了解。如班固引孔子所重民食之言，以說其與農家精神相合。此「民食」二字，在漢書顏師古注卽「民之食」；依此了解，卽足够而恰當。但評者於此，更橫生枝節，去引何晏論語集解所引之孔安國說，謂論語原文「民、食、喪、祭」乃四事。實則此論語文如依朱子注，亦是「民之食」、「民之喪」、「民之祭」之意，乃三事而非四事，與顏師古注亦合。何晏引孔安國之說，原非定說，亦與班固原文意，不直接相應。此外班固於述及縱橫家時引孔子「使乎使乎」之語，評者亦橫生枝節，去找出此語之上下文，而說孔子此語乃讚美一好使者之語。實則此處班固之引孔子之讚美一好使者，正是意在說明使者之事之重要，與使者之職責義務所在，而由此孔子之言以見孔子之敎，亦統縱橫家之學。此外班固說名家合於孔子正名之旨，此乃本於名家如公孫龍之自謂其「核名實」原於孔子之「正名分」。其言非無所據。在我之原道篇卷二，已有二萬字之文，論孔子正名之說如何演爲後世之名家之名實之說，今亦不更多說。大率評者對班固之說之評論，皆是隨處生無謂之枝節，談訓詁章句，皆喜畫蛇添足。至如其於陰陽家之原於「敬授民時」之義，憑空生出是爲了「剝削的利益」，以畫蛇添足，則乃兼由於其中馬列思想之毒太深，而一心亦充滿怨毒，故隨處發放毒箭，射古今人。到此處，則我只好不客氣的學孟子之「不屑敎誨」，學孔子之「予欲無言」了。

（一九七五年六月「中華月報」總第七一七期）

孔子在中國歷史文化中的地位的形成

——在臺灣師範大學演講詞

今天在此地與諸位見面，很高興，二十年前，當牟先生在此地任教時，我曾應人文友會之邀而作一次演講，今天是舊地重遊了。

今天講的是孔子在中國歷史文化中的地位，本來這題目是我的一篇發表在中華學報的文章，有二、三萬言，此文曾在香港轉載。因中共之批孔，故近來注意這方面。中華學報未必為一般人所見到，且那文章亦未將意思表達得完全，重點在那裏，看的人亦未必十分清楚，故今日再講這題目。

現不是說孔子的學問本身，孔子思想究竟怎樣，是另一問題。亦不是考訂孔子在歷史文化中的地位，而是看實際上孔子在歷史文化中的地位是怎樣形成的。這地位已經是一個事實，而為任何人所不得否認，現在是說明這事實這地位是怎樣形成的。當然，要研究孔子，發揚孔子的學問，亦必須參考過去的歷史文化中孔子的地位，了解古人對孔子的了解是怎樣的，這對研究發揚孔子學問是很有幫助的。

關於此問題，民國以來許多學者乃至外國之漢學家都有許多說法。孔子本是諸子之一，何以他的地位如此特殊呢？很多人說是因爲漢朝的董仲舒的尊儒而造成，因而妨礙了中國學術的進步，這說法到處流行。又有說因爲儒家與政治有密切的關係，爲歷代帝王所提倡，四書五經爲考試的內容，故孔子有崇高的地位。又有說孔子所講的道理，對統治者有幫助，如三綱五常之說。這些說法都極普遍，亦可說是事實。外國之漢學家，亦視中國爲儒教國家，重視儒家的政治意義。當然儒家影響政治是沒有問題的，但這究竟是因呢，還是果呢？若是因，則孔子思想便先天地限制於政治上；若是果，則這些都是因爲中國人推尊孔子而產生的結果，由於中國人的推尊孔子，而致使帝王提倡儒學，今天要說的重點便在這裏。其次，孔子地位的形成，並不是在某一個時候完成的，而是逐漸由各時代對孔子的推尊而漸次形成的，爲中國歷史上各種文化領域的人所共同推尊而形成的。政治與帝王的力量，只是果，而不是因。

我們爲什麼這樣子說呢？這是一歷史的事實。因若我們說孔子的地位是由政治造成的，則首先便有一不能解釋的事實，卽孔子在當時的政治界是不得意的，先秦諸子書中都有記載孔子失意的事情。只是死後，得魯君的哀悼。此外，便沒有其他政治力量。故孔子的地位，主要是靠他的弟子的尊崇。孔子死後，弟子們都以喪父之禮事之而無服、心喪三年，三年期滿後，弟子們聚會以話別。散後，子貢則獨自再回到孔子墳前再居三年。此後，孔子許多學生的學生及其他人，便聚在孔子墳前居住，一兩百年後，便形成「孔里」。由於孔子的弟子及弟子的弟子與政治發生關係，而使主政者對孔子的尊重，但這已是兩代以後的事。孔子的影響，直接是在於教育。孔子直接影響的是他的學生，後來這些學生許多從政，更有成爲王者之師，於是便慢慢形成孔子的地位。孔子直接的影響是在教育上，在這點如探本溯源，可見到孔子自己也說自己好學：「好古敏以求之」。他對前聖先哲，是自居於學生的地位，他是先爲學生然後爲師。孔子以堯舜禹湯文武周公，乃至晏平仲爲師，然後孔子的學生以孔子爲師。孔子在中國的地位，如同耶穌之在西方，穆罕默德之在回教國家，釋迦之在印度，但他們並不如孔子的有老師，而自居於學生的地位。耶穌是前無所承的，而爲後人之師，爲後人之教主，他並沒有老師在他之上。釋迦本有老師，但佛經上載釋迦出生時，便自謂「上天下地，唯我獨尊」。此代表佛教對釋迦的觀念，認爲沒有人能當他的老師。法華經上說佛之前身有老師，但今生則沒有老師，這說法在佛經上是一致的。穆罕默德承認在他之前有先知，如摩西、耶穌，但說他自己是最大最後的先知，並不是承繼耶穌而來的。他對上帝，有特殊的了解，而並沒有師承。是以他們都與孔子不同，都不承認有所師，都是空前的。孔子則不然，曰：「我非生而知之者，好古敏以求之者也。」他自居於學而知之，自謂「學而不厭，誨人不倦」，此可見孔子是自居於一學生的地位。故我們應說孔子是一大的學生，有許多老師，如堯舜……，又有許多學生。既承先，又啓後，既繼往，又開來。這是孔子的特點。而耶穌等雖啓後與孔子同，但卻看不起先輩。

其次，孔子所承的先輩，都屬於中華民族的，夏商周雖屬不同的部族，但文化是一氣相承的。如周公，雖代商之無道，但對商之聖主，仍是尊重的，故我們可視夏商周爲一大民族（華夏民族）。故孔子所傳承，所開啓的，是本身的民族文化。而耶穌之教，卻傳放外方，今日之猶太人，並不信基督教；釋迦亦然，今之印度人不信佛教。這雖使基督教佛教更有世界性，但他們所要求的宗教精神，與他們本身的民族精神，卻有一段距離。而孔子所要求的精神生活，精神生命，便能與中華民族的精神生活精神生命合一，爲中國人所共同遵守。回教在這地方與孔子同，但回教所以能爲阿剌伯人所信，因爲穆罕默德本人是政治軍事的領袖之故，是憑着軍政的力量，使阿剌伯人接受回教。孔子則純粹靠他的文化思想、學術內容，以「文」的傳承，成就中國文化，而不是靠軍政的力量，而使孔子的精神與中華民族的精神分不開。由以上之比較，便可見出孔子的特殊。孔子是「文」的承先啓後：承先，是承堯舜……，啓後，是開啓後來的學術，諸子百家差不多都是後孔子一百年方興起，可說多少都受孔子的影響。孔子的學問，可用「隱居以求其志，行義以達其道」二語，以表之，兼修己及治人二方面。而墨子，是得「行義以達其道」一方面，以義行仁。道家則得「隱居以求其志」一方面，重個人精神之遊於天地。於此可說道墨皆是孔子某一方面的精神，而孔子兼之。

故孔子在先秦是居於承先啓後的地位，而並非是諸子之一，是在諸子之上的。以孔子爲諸子之一，始自章太炎，以前人是不如此說的。孔子當然是儒家的宗師，但孔子並不只是屬於儒家，班固的漢書藝文志諸子略，於論述各家時，皆引孔子之言以作評論，可知班固是以孔子爲居於九流之上的。在這地方，我們可知孔子是上承六藝，下開百家的。學而不厭，是承六藝；誨人不倦，是開百家。莊子天下篇將學問分三種：一是政治，二是學術（詩書禮樂），三是百家，但沒有列孔子，百家中沒有儒家。可知儒家是歸入詩書禮樂部分，是從古代傳下來的，而孔子是承六藝之學而來的。百家之學與六藝之學並不相同，百家是後起的，而六藝是從傳統下來的。史記上說「考信六藝」，以之爲標準所在，最爲明顯。

由此可知董仲舒罷黜百家是要回歸到本源的意思，不肯只講分散的學問，而要講本源的。因百家是後起，而六藝是本源。其實若只講黃老，只講申韓，而不說本源，不能綜合，這是不够的，故要以本源處來統一。這是所以要崇儒的緣故。罷黜，是罷黜百家政治地位，而不是禁止研究。

六藝之學，以今語說之，卽人文的學問；詩是文學，書是歷史，禮是法律禮儀，樂是藝術，易是天道、哲學，春秋是明是非，乃歷史哲學。此爲人文學問的全體，故漢初之或言黃老，或言申韓，只是講得一部分，而非全體。故董仲舒的崇儒，是要以全體代替部分，並非如後人所想之專制。在六藝之下，百家亦可成立，但不能居於最高的地位。但亦無禁止之事，如西方之待異教。

其次，孔子不只是儒家，而可通於其他各家，亦不只是哲學家。以前人看孔子是先師至聖，是文宣王，並不是狹義的哲學家。他的思想爲孟荀所承接，但有許多人不是以思想承接孔子，如司馬遷：「孔子至今五百歲……」亦衷心欲繼孔子，故他是以史學來承繼孔子。董仲舒是以思想來承繼孔子，但他在思想史上的地位，可以與司馬遷在史學上相比嗎？故我們可說，漢代眞正承繼孔子的人是司馬遷。其後，劉勰亦認爲文章的各種體裁，是從六經而來的，而要宗經徵聖，顯然地他是以文學來繼承孔子。文學家中，如陶淵明，亦是要繼承孔子的，他雖有佛道氣息，但他說的「先師」，如「先師有遺訓」，明是指孔子，他曰「游好在六經」，他以他的詩來承繼孔子。李白雖曰「狂歌笑孔丘」，但亦說「大雅久不作，吾衰竟誰陳」，亦是要以風雅來繼承孔子。杜甫更是宗儒。雖然漢唐主流是明顯的繼承孔子者，但對孔子精神的契接，未必比得上幾位文學家。

這些推尊孔子的人，都在政治上不得意：董仲舒險遭殺戮，司馬遷則受刑，魏晉玄學家之尊孔者如王弼何晏等多遭禍，陶淵明是一貧士，劉勰是和尚，亦非政治上之人，李白、陳子昂、韓愈亦俱不得意。可知他們尊孔是純爲敬佩孔子的學問精神人格的，與現實政治毫無關係。宋儒之起，初是憑幾個在野的苦學之士（宋初三先生）；明儒之始，是一面耕種一面講學的吳康齋，他與陳白沙一起下田而弄傷手指，但仍力耕不輟。朱子被斥爲僞學，周濂溪是一隱士，二程張載在政治上俱不得意。陽明被貶，方孝孺被誅十族，文天祥劉蕺山則死難。這情況從清朝以後方開始變，清代皇帝多提倡孔子，但他們一面倡孔，一面興文字獄，可知並非眞能尊孔。淸代可稱爲儒家者，有曾國藩，但他只能在文化上表現孔子精神，而不能在民族大義上發揚孔學，而曾國藩亦是以在野之身爲扶持名教，練兵反對太平天國。可知歷代之尊孔契接孔子精神者，多是不得意的在野之人。而從民國以來所說孔子地位是由於政治力量所造成之論，是倒果爲因的說法。

清代對孔子的看法，與前不同，今不多說。

袁世凱想作皇帝，便推尊孔子，於是使人引起錯覺，以爲孔子是幫助統治者的，孔子的地位是靠在位者提倡而成的。而其實眞正了解孔子，推崇孔子的，在政治上都是不重要的，但你能說他們在中國文化上的地位不重要嗎？如司馬遷、劉勰、陶淵明、李白、杜甫，他們不重要嗎？可知孔子的地位的崇高，不只是在於思想上，而是及於整個中國文化的全體。無孔子，則無中國文化。

（楊祖漢記錄・一九七五年九月「鵝湖」第三期）

說中國人文中之報恩精神

一

我來香港後，乃注意及兩件與禮俗有關的事。一是見基督敎徒之吃飯前，先要謝上帝之恩，二是見廣東人家庭吃飯時，年幼者必先依次呼年長者之名，請吃飯。此兩事，初皆令我生一極大之感動，覺其意義深長，並慚愧以前全未注意及此。此後一事，只是一長幼之禮。幼者之生活上之事，宜承長者而起，以先後相續，故有此禮。然此人之生活上的事之先後相續，則是與中國人文中之報恩精神相連的。中國人文中之報恩，即要在報在先的人對現在的我之一切生活上的事之恩德。而此報恩之道，則又不必只是我之還報於對我有恩者，而恒是我之轉施恩德於此外此後之人之「轉報」，如以敎養子女報父母對我之恩，以敎學生報師恩。此即足以成就人之先後代之生活之相續，以及文化歷史之相續，亦即人生一切繼往開來、承先啓後之事業之本。若無此人之報恩精神貫注，則人之先後代之生活，只有互相隔截，而無相續，一切繼往開來、承先啓後之事業，皆不能眞實成就。

二

中國人文中之報恩精神最基本之表現，是報父母之恩、報於世有功德之人之恩，由此而有禮中之報本復始之祭祖宗，祭有功烈之人及聖賢之禮，以及報社稷天地之神的生物成物之功之祭禮。如天卽上帝，佛亦是聖賢，則基督敎對上帝之感恩，佛家之報佛恩，亦中國文化中之感恩精神之一端。但此二者不能是人之報恩之始點。上帝之恩與佛恩，初對人亦不親切。從中國文化說，人報恩之事，初在報其所直接感受之他人對我之恩德，此卽必以報父母之恩爲始點。父母之恩，對人亦最親切。詩經中有首蓼莪之詩：「哀哀父母，生我劬勞。……哀哀父母，生我勞瘁。……父兮生我，母兮鞠我。拊我畜我，長我育我，顧我復我，出入腹我。『欲報之德』，昊天罔極。」此詩在中國文化中，傳誦數千年，與舊約十誡中之空泛的孝敬父母之條文不同。佛家之報父母恩經，比較內容豐富，但亦無蓼莪一類之詩文之親切。人之感念父母之劬勞勞瘁，而欲報之，此是直接感受其恩德，而求直接加以回報。此感受無極，回報亦無窮。但在一般的情形，人恒是在困苦艱難中「養子，方知父母恩」。而依中國文化之傳統說，人養子亦是爲承宗祀，以盡孝，亦卽爲報父母之恩之一方式。此外人之繼志述事，如曾子之全其德，以全生而全歸，亦是報父母恩之方式。故中國之孝經以人之一切對現在未來之人之服務，而立功立德之事，亦皆可以作爲報父母之恩之事，亦皆是大孝。而後世之格言有百行孝爲先之語。

三

中國人文中之報恩精神，除表現於盡孝以外，亦表現於夫婦之倫。在中國人文中，於夫婦不只言愛，而兼言恩愛、恩義、恩情。夫婦間之恩愛、恩情之辭，似在中國出現較晚。我疏於考證，只憶蘇李贈答詩有「結髮爲夫妻，恩愛兩不疑」、「惟念當離別，恩情日以新」之句，以夫婦之情喻朋友之誼。以前孔子只言「三代明王之政，必敬其妻子也有道。妻也者，親之主也，敢不敬歟？子也者，親之後也，敢不敬歟？」（禮記哀公問）此是本孝親，以推至於敬妻子。但由夫婦間之敬，則可進而知夫婦間之有恩。一般之見，只知夫婦間有愛，或以此愛初純出自男女情欲上之求滿足。但卽初是如此，人亦可視此滿足爲對方之一「施與」。此意並不難懂，如西哲羅素，其個人之婚姻關係，並不足爲訓，但他在其「幸福之征服」一書中，亦言及此意。須知人在視此情欲之滿足，是對方之一「施與」時，亦卽可感其是一「恩賜」。其接受此「施與」，卽是承受一「恩澤」。以前之后妃遇皇帝駕幸，說是承恩。此是一眞實感。其實夫婦之愛，皆是承恩。但在一般情形之下，此承恩之感，則隱於情欲之下而不見。然人於夫婦之間之一切彼此互助體䘏之事中，感一相互之恩愛、恩義或恩情之存在，則人皆可有此感。直順此感，而稱夫妻爲恩愛夫妻，則是中國文化之一大創造，以使人於夫婦之「愛」

中，去發現此隱於情欲之下之「恩」者。西方人於夫婦間只言愛情。愛情之深者，自亦有互尊敬互感謝之情，存於其中。互感謝，卽互感謝對方之愛，如一施與、一恩賜。但依西方宗敎之說，感恩之情，歸在感上帝之恩，恒以夫婦之愛，根在情欲，地位甚低，故無恩愛夫妻之名。不知此夫婦之愛中有恩，則此愛卽由情欲而超情欲。如基督敎徒臨食之前，念此食爲上帝所賜與，卽可使人一念超越於其食欲之外。我們可以說，人若能於其飮食之事，皆視爲上帝所賜與、其他人或天地之所賜與，而時時生一感恩之心，人卽可超凡入聖；而夫婦之愛全化爲恩愛，人亦可超凡入聖；非必須當和尙神父，方能超凡入聖。我以爲此卽是中庸所謂「君子之道，造端乎夫婦」之本旨。夫婦之愛只出於男女之欲，則愛卽淫，而中國之格言中說：「萬惡淫爲首。」宗敎家欲去淫，而去男女之欲，中國文化則化情欲爲恩愛，而自不淫，故「君子之道，造端乎夫婦」。

四

中國人文中之報恩精神之第三表現，是在相知的師友君臣之間。管仲說「生我者父母；知我者鮑子也」。人之「相知」，是人自父母生後的最大之事。一切家庭以外之人倫關係與社會國家之團體組織，實無不根原於某一種人與人之「相知」。其中之凸出者，初爲師友、君臣之相知。人能知我，此「知」卽已是對我之一「施與」、一「恩德」。中國師友之道，立於孔子。孔子能知其一一弟子之爲人，而更教之、愛之。故顏淵死，子哭之慟曰：「天喪予。」子路死，孔子曰：「天祝（詛）予。」孔子沒而弟子廬墓心喪三年，比此師恩於父母。由此而後有師父之名，與西方神父之名遙相應合，自此樹立中國師友之道。至於君臣間之恩義相結，細考其原，除原於封建社會中君主原是族長外，初只是朋友之倫之推廣。書經亦原有「臣哉鄰哉」之語。春秋戰國之際，政治上居上位者，求才於下，居下位者求見用於上。一朝相遇，而有君臣之相知。「相知」卽是「恩」。報此相知，而後有君臣之「恩義相結」。史記中之聶政、荆軻之提劍入虎穴，只爲報嚴仲子、燕太子丹之相知。此卽「士爲知己者死」。反之，則君對臣無知遇之恩，則臣亦可離其君。此卽漢代司馬遷報任少卿書，所以爲李陵之棄漢降匈奴之事辯，而世傳之李陵答蘇武書，以「陵雖孤恩，漢亦負德」爲言之故。三國時諸葛亮之出師表，說其一生心事，始於「先帝三顧臣於草廬之中，由是感激，遂許先帝以驅馳」。卽見其忠心耿耿，只在報此知遇之恩。三國演義卽依其恩義之觀念爲中心而寫成。中國之君臣觀念，何時轉成「臣罪當誅，天子聖明」之說，今不必論。然要之由君臣之相知，而有之恩義相結，自是足貴。否則，如明末大儒劉蕺山之絕食殉難，自謂唯是「君親念重」之言不可解，而聶政、荆軻、諸葛亮之行爲中之道德的莊嚴性，亦不可解也。

五

中國人文中之報恩精神之最高表現，卽所謂氣節。凡父子、兄弟、夫婦、師友、君臣間之恩義不忘，而死生以之，皆是氣節。文天祥正氣歌所謂天地之正氣，由此正氣之流行，而人乃歷患難而不悔，卽見其堅貞之節。而氣節之士之慷慨捐軀、從容就義，其最後一念，恒正是報答其一生所受之恩澤。如文天祥死時寫於衣帶之語「孔曰成仁，孟曰取義，……讀聖賢書，所學何事?而今而後，庶幾無愧」。此卽見其殉節，只爲報答先師孔孟之敎。史可法在軍中念左忠毅公以自勵，其殉節亦不只爲盡忠於國，而是兼報其師相知之恩。故後人讚氣節之士曰「浩氣還太虛，丹心照千古，平生未報恩，留作忠魂補」。若他們平生未嘗知此敎澤恩澤之存在，亦從未嘗於此生感激，他們又豈能臨難而殉節，而留此忠魂於天地間，以補其未報之恩?

六

但是中國文化發展到現在，此類之報恩精神，卻若完全喪失崩潰，亦已很難被人同情的理解。此中之原因複雜，首是中國文化中不知何時起，而將君恩之觀念與君權之觀念結合，以君主之所爲，皆是賜恩於臣民之事，考試有恩科，批准公文曰恩准。又不知何時起，而人以私人的恩惠爲市恩之具。再不知何時起，而人不重自己之知恩報恩，只去想自己對他人之有恩澤，而責望他人之報恩，責望不得，而恩爲怨府。然此皆只是中國文化中之報恩精神顚倒而墮落之所成。再加上現代之種種西來之曲說，而此中國人文中之報恩精神，便成不可理解。此西來之曲說之一，是謂夫婦關係只是男女情欲，父母生子只是生物本能，此已非同昔之孔融言父母無恩之語，乃一時之言，而是一生理學生物學中之系統理論。而弗洛伊德之心理學理論，更謂兒子自始有殺父娶母之情結，所謂伊底帕斯情結，則家庭只是情欲鬪爭的戰場。更有西方哲學之以人之相知，只是互爲認識對象之說。依此說，我是如何存在，自有認識我者，我之存在，決定師友與他人對我之認識。人之知我，何恩可言。復有如馬克斯之謂人與人間只有階級利害之結合，施恩之事乃統治者之騙局之說。又有謂人類歷史文化學術，自然由古至今，不斷積累，後人自有權利，收此積累之果實，供其取捨利用，如「一脈青山景色幽，前人田地後人收，後人收得休歡喜，還有人收在後頭」。此只是歷史的自然進化，昔先聖賢忠烈之心血，俱爲往事，對我又何恩可言？至於西來之敎士，則唯謂上帝耶穌有恩於人，謂中國昔人之報父母師長之恩，乃低等民族之祖先崇拜與偶像崇拜。由此種種西來之邪曲、歪曲之說流行，於是中國文化中之感恩、報恩精神，遂若完全喪失而崩潰。

七

但恩義之本旨，原不限於君臣間。君恩與君權之結合，是偶然。市恩責恩，乃求於人，非同感恩報恩，乃求諸己。一切今日西來之曲說，畢竟是曲說，因其未依人之直接感受而說。人在直接感受得父母之愛，他人之相知，與前人田地之存在，而覺其如對我之一施與時，自然會感恩求報。其不求報者，只因於其所感受得者，在生活上加以享用受用時，只本私心加以佔有，飲水而不思源；更以曲說護持私心，或以其貪欲無厭，未嘗知足，只覺他人或社會或世界負欠於他，與他爲敵，而處處怨天尤人；然後人乃泯失其原能有之感恩報恩之心。但人在生活中，實際上無不有所享用受用，否則人無其已有之生活與現前之生命之存在。人只一念停下其向外追求之貪欲，而稍一念知足，對其生活中所已享用受用者，加以自覺反觀，亦無不能飲水思源，以至滴滴歸源而觀，而知其生命之降世，初原空無所有，一切所有，初皆他人、社會與天地之「施與」，以知感恩報恩。此乃人之天性，可泯沒而畢竟不能斷絕者。人如不加以泯沒，一念間對其生活中所享用受用之一切精神上物質上之事物，一一反觀其所由成之原；則人縱然初思此一切事物皆自力所致，旋亦會思及：「牡丹雖好，須賴綠葉扶持。」至少我以外之父母師友與相識者之助力，是綠葉；而對綠葉知恩。第二步則更可發現其所謂自力，如其體力、知識技能之力，其內容亦是初來自所受於他人之教育、社會之陶養與訓練。則如以此自力喻牡丹之花瓣，亦是春風化雨之所成。此外如說尙有個人之天賦的聰明或天才，如牡丹之花蕊，則此天賦的聰明天才，亦父母所生，或天所賦與，旣名曰天才，則亦原出於天。則此牡丹綠葉，無不可點點滴滴，一一歸源而觀，而見凡我生命生活之所有、所享用受用，無非父母人類社會與天地之恩賜。我個人很慚愧，亦是八年前以病目在日本醫院中三月，才試如此切實的想一番，一時頓覺遍體通明，我若空虛無物。後出醫院，見日月光華，花香樹影，飲食店中侍者之與我以食，車夫之駕我以車，皆如天外飛來之恩賜。我遂理解人眞能在生活上時時飲水，時時思源，一一還之於父母、他人、聖賢、天地之恩澤，於一無所有之中，更求有以報答之，卽人的生命之眞實歸宿所在。寫到此使我憶及我最愛讀之白屋詩人吳芳吉先生二十歲時之詩：「貴如黃金，金有五都市；逝如江水，江有回頭水。人生墮地從此始，朝朝暮暮無停晷。我生不帶一絲與粒米，誰非天地父母之撫育？我生不識人道與禽域，誰非聖賢豪傑之庇覆？不思答報空躑躅，奈何躑躅長碌碌。」中國文化中之報恩精神，應由吳先生此詩契入。

八

寫了吳先生之詩，本文不應再多說，人由此詩，應可知人之此報恩精神，純由內發。其發出之關鍵，則在人之能回頭反省其生活生命中之所有，皆可喻之如水，而知其有泉源，亦泉源之所施與，並感受其爲一「施與」，更有一還報或轉報之情。此中之泉源之爲何，尙爲次要者。此泉源自有多種，亦不限於昔所謂父子、師友、夫婦、君臣間之恩義。如以前之中國，重臣報君之知遇之恩，在今之社會，則一切被選出之議員、總統、主席、社團中之負責人，實亦皆當報選舉者之知遇之恩，以盡其公忠。凡一切人與人由相信任、相委託、相結合以成社會之事，無不賴於人與人間有種種默默進行之

「知遇」互相施與，其中皆有指不出、看不見之「人與人之相互間之恩澤」，行乎其中。不能說只由人與人之利害關係所形成。又不只師對弟子有恩，弟子知光大師學，亦對師有恩。不只父母對子女有恩，子女之繼志述事，亦對父母有恩。報恩之事，亦不必全是以所報之意爲意。「幹父之蠱」，改正師之錯，亦是報恩。亞里士多德之「吾愛吾師，吾尤愛眞理」之說，亦不善，當說愛眞理，卽所以報師恩，而愛吾師。凡承先啓後、繼往開來之事，皆是報恩。反之，一切個人，一般社會團體，以至於國家、國際，及全人類之文化歷史中，凡不知承先啓後、繼往開來，而只以新忘舊、以今非古，及以強凌弱、以大侵小、以衆暴寡、以智欺愚；收其利而忘其功，奪其實而沒其名，則皆是飲水不思源，而忘本負恩之篡竊。唯有對此一切忘本負恩之事，加以平反而成一切承先啓後、繼往開來之事，方爲人之所以報天地生人之恩，以使全宇宙合爲一之大恩澤所流行之境界者。此則中國人文中報恩精神之充量發展，以至於無所不極，而待人之默識其義者。若能有識其義之「識」，亦是我們對此中國人文中之報恩精神之流傳至我者之一報答也。

（一九七五年十二月「鵝湖」第六期）

民國初年的學風與我學哲學的經過（註）

今天我講的題目，就假定說是我個人學哲學的經過吧。最初，我想是隨便的談談，沒想到有這麼多的同學。我想這樣，專門說我個人學哲學經過，也有點不好，因爲這太帶一點主觀性，所以我想把這個題目稍爲擴大一點，就來講一講大概我在你們這個年齡時，中國的文化界，教育界，學術界的學術情形，或者說是民國初年的學風吧。現在是民國六十三年，我離開大學大概是民國二十年、二十一年，假如說民國二十一年以前算是民國初年吧，那個時候的學風大概是一個怎樣的情形呢？在當時，也不可以說我完全了解，過後，慢慢的反省，知識多一點，當然了解多一點。人生活在那個時代，不一定了解那時代，現在我對民國初年的情形了解多一點，是根據我當年的經驗配上後來的現在的知識。我想這樣子來講，對諸位多少也有一點好處，好多年來我有一個感覺，比如現在同大家同學談話，這裏面有兩個距離，一個距離是年齡的距離，譬如今年我六十五歲了，你們同學可能是二十歲左右，差四十多年，以前我年輕的時候，老師與我相差至多十年、二十年。年齡距離大，人的心情就不大同。另外一個是由年齡的距離，產生時代的距離，時代的距離就不只從個人的生命上說，時代是這樣變化，中國這幾十年來的時代變化很大，很可以說我不一定能了解你們的時代，你們也不一定了解我們那個時代。這裏面需要一個工夫，譬如我也在學習，我學習了解你們的時代，以至你們青年人的心理，反過來我也希望你們同學也要學習了解以前的時代，譬如說了解我們所處的那個時代，以至於假定你們現在已經五六十歲了，五六十歲的人他的心境又是怎樣呢？青年人也該了解的。歲數大的想法子了解青年，青年想法子了解歲數大的人，這一個時代想法子了解前一代，溝通不同年齡的人的心境，才能够使我們的思想學問更進一步。所以，從這個意思，今天的題目，我稍爲把它擴大一點，就是說我講民國初年思想界、敎育界、學術界的情形，一部份配上我自已那時求學的一段，後來我個人思想學術上也有一些發展，有些進步。我想不必一定要講得很多。而且我還有一個意思，我的反省是這樣，大概一個人的學問思想，方向大體在年輕的時候就定了，二十多歲便定了，如果遲的話三十幾歲便定了，有很多人大概在三十六、七歲是個關鍵。從前有很多古代學者三十六、七歲他就定了。西方的叔本華也說過一句話，三十六以前是人生的本位，三十六以後是人生的補足。通常人不過七十歲吧，從前面一半，學問的方向做人的態度大概就定了。現在我反省起來，大概在大學以前一段所想很多的問題，和我現在所想的是差不多，說進步，當然也有些進步，是客觀知識的進步，但對思想的根本問題、方向，在我個人進步是很少的。我就講這一段，連到我個人之事，就當時的敎育界、文化界、學術界的情形講一講，當然不是很系統性的，而是帶一點故事性的。

一

大概清朝末年，民國初年，是中國歷史文化一大變局的時候。中國二千多年來的君主專制，變成民國，我是很正視這事情，這是前所未有的。在這時候，思想的情形要從兩面看，一面是西方的，一面是中國原來的。清朝末年民國初年，中國思想界學術界究竟什麼思想的影響力最大呢？西方的進化論，影響其實還不是最大的。最大的是兩個東西，一個是從清朝講今文學下來的，如廣東康南海，這一條路的思想，在思想界影響最大。另一是清朝的很多古文學家，劉師培、章太炎影響下來的。當然一般的看法，這兩條路的人都同時講中國從前的學問文化，都是很保守的，但這個話不對的。最近我有一看法，這兩個思想流，實際上和我在開始讀中學時的很多思想有密切的關係，這個是我上個月寫一篇文章時想到的，意思是不是完全對，我也不敢說，現在先把意思說一說。

從康南海先生的思想說，表面上看，他是極端的保守中國文化的，他推崇孔子推崇得不得了，他到歐洲、美洲各處看了以後，回到中國來，要建立大的孔教。他所著的書如新學僞經考、孔子改制考、大同書，影響非常大，都是極推崇孔子的。但他的推崇孔子，產生另一個影響，恰恰後來五四時代打倒孔家店的思想正是由康南海的思想出來。這也很奇怪，他的新學僞經考、孔子改制考的一個根本觀念是什麼東西呢？就是所有的六經都是孔子一個人僞造的，是託古改制，託堯舜文武周公之古。

他同時說當時諸子的思想沒有不託古的。墨子是託古，他講的是堯舜；韓非李斯也是託古，他們所講的也是堯舜；孔子也是託古，孔子講的是堯舜文武周公。這些話最初看起來也未嘗不可以說，但這個說法假如眞正成立，可以涵有一個意思，卽中國古代的文化未有一個東西是眞實的，都是孔子造出來的。從這個意思再進一步，說孔子託古改制，是好的說法，不好的說法，則古代的中國文化，通通是孔子僞造。康有爲是極力推崇孔子，尊重經的，然而這思想影響所及，反過來很多疑經、疑古的思想是由這裏出來。

另一邊，章太炎先生講古文學。太炎先生是近代國學大師，他的說法恰同康有爲說法相反。康有爲說六經皆是孔子託古改制，章太炎說孔子是眞正的信而好古，是眞正的史家。康南海認爲後來的古文經是劉歆僞造的；章太炎反過來說，劉歆所傳的古文經都是眞實的歷史，孔子的地位與劉歆一樣，他的文化的工作，就是保存信史；孔子地位，是保守學術，傳到民間，對貴族平民平等看，於是把古代階級的關係剷平。這是章太炎先生的看法，這個看法比較說很達情理。但是章太炎先生有另外一面，他對於中國學術思想的看法，把孔子與劉歆平等來看。在清朝末年，他寫了幾本書：典論，國故論衡等。在這些書裏面，他說要講中國學問，如果做文章，就須以魏晉玄學之名理之文做標準，如果論思想，就要以佛家作標準。以佛家作標準，他怎樣看法呢？譬如對於孟子荀子，以佛家的標準來批評，孟子只知道「我愛」，荀子只知道「我慢」，至於孟子荀子講性善性惡都是偏見。對於中庸、大學、易傳，他說這個是像印度的梵天外道，他都看不起。再下來是宋儒，而在清朝末年，一般思想均與宋儒的根本思想相懸。因此一方面看起來章太炎先生相當之推重孔子，其實在清朝末年的時候，他這個思想並不眞很尊重儒家學問的。在民國他又變了，他晚年講中國的學問，有些名稱都是他創造的，譬如諸子學，國故，他以孔子也是諸子之一。以前時代不把孔子看成爲諸子之一，孔子是個聖人。國故這個名稱，我懷疑也是章太炎這本國故論衡之後才流行的，國故這名稱本來也很好，但假如用另一個意思，便變成這些都是過去的，是舊問題；可以說中國從前的學術傳統，孔子以後的思想家，都沒有一個人在章太炎先生的心目中。他自己當時很自負。

這兩個人的思想影響到民國初年的學風。在我開始讀中學的時候，那時講什麼整理國故，考據歷史，說什麼疑古，這些都是從章太炎先生的觀念傳下來的。我們細細看看，胡適之先生當時就是講整理國故的，他的朋友錢玄同就是疑古的，陳獨秀是批孔的，這些材料我都看過，初看起來好像是由新文化運動來的，其實都不是，是從清末章太炎、康有爲來的，他們一方面推崇孔子，尊重中國從前的經書，另一方面是開始了後來的懷疑經書，反對孔子的思想。從這處我連上我個人讀書的情形來講，也可以多少反映這個時代。

我自己最初讀書，與家庭的關係最大。我讀書時代很早，我父親是清朝的秀才，在四川敎中學，後來敎大學，他心目中最佩服的是章太炎，一談便談到章太炎。我最早讀的書，就是章太炎與他一個朋友編的一本書，好像是「敎育經」，是淸朝末年的一本書，裏面有講文字學的，有講諸子學的，是白話文，我七八歲時我父親就叫我看。其實用白話文最早的是章太炎編的「敎育經」。在我小的時候，我父親並不眞尊重孔子的。我讀書的時候很早，可以說是兩歲的時候，到我六歲的時候，父親敎我讀的第一本書便是老子。在我父親心目中，他認爲道家比儒家高，淸朝末年很多人都是這樣想。當然後來我父親思想也變了。章太炎先生喜歡講文字學。我父親在我八九歲的時候就強迫我背說文。淸朝末年一般敎小孩子讀書都是論語、孟子、禮記、詩經等四書五經，這個是根本。其實，我讀中國的書，我所受父親的敎育，都不是正宗的，都不是中國從前敎育的傳統。中國敎育的傳統是先讀四書五經。說文是小學，小孩子最不能了解，我舉這個例子是說我們的時代。我父親後來變了，章太炎先生後來也變了，他在淸朝末年很看不起中國傳統的東西。這些老先生變化都很大，譬如梁任公先生，在淸朝末年講墨子，到後來在民國以後，也講儒家。他們自己的思想在變，他自己變了以後，他們前期的思想的影響，仍留到後人。譬如章太炎先生到後來已不是他自己早年的思想，然而他早年的思想發生作用，影響到下一代。譬如說吧，在晚淸梁任公時尊重墨子，後來很多尊重墨子的人變到去講馬克斯主義，但那時梁任公不講墨子了。他講孔夫子，他也不喜歡馬克斯主義。章太炎也是如此，他到後來也不講國故了，然而他把中國學問只當成一種國故的觀念留下去了。他後來也不像以前一樣鄙棄宋明儒，或者鄙棄孟子、荀子、大學、中庸，然而這個鄙棄宋明儒，孟子、荀子、大學、中庸的思想留下去了。對他們自己而言，是進步，晚年比早年進步。但是他們早年的思想影響到下一代的時候，下一代的人承繼他們的早年思想來發展，反過來罵他們的晚年。在北平的時候，我曾聽過梁任公講演，當時我們的年輕人都是罵梁啓超的，說他是退步了。對章太炎也沒有好感，罵他的人就是受他早年思想影響的人。胡適之，其實也是受章太炎早年思想的影響。我年輕的時候都受章氏思想的影響。這中間的關係很值得注意。

我們最初讀書就在這個時代，我讀中學時，是五四時代，讀大學時，已是民國十四年十五年。那時在北平，學術界的人，譬如梁任公那時在北平講中國文化史，我也旁聽了；另一個胡適之先生也在，他在北京大學，我也考取了北京大學，我那時讀預科，也沒有當他的學生，只旁聽了一次，他講中國哲學史。除了他們兩個以外，魯迅在辦語絲，章士釗在辦甲寅雜誌，此外尚有吳稚暉都在那裏。

二

在這裏，我說說我個人的反應。年輕人都喜歡看新的。但是，做學問有一部份也不完全是從時代來的，而是由個人性格生活出來的，由自已性格來的東西，它不管時代的傾向。在這一點，我無妨講講個人生命裏的幾個經驗，這些經驗對我個人思想的影響很大。大概在我六七歲的時候，父親教我時，向我講一個故事。聽這個故事到今六十年了，我總擺在心中。故事是小說，講的是世界末日記，說在地球上有一天，太陽的光變成暗淡，太陽熱力慢慢減少。當然這在科學上是承認的。最後人都死光了，只剩一個人帶著一條狗。這個故事使我總想到地球是有一天要毀滅的。小的時候，我嘗見天上下雨，太陽晒後地面裂開，當時我就想，恐怕地球要破裂了，世界要毀壞了，世界會毀壞的思想常常在我心中。世界會毀壞，我個人也會毀壞，是不是有一個可以不會毀壞的東西。照我個人的哲學來講，我是相信世界是有不會毀壞的東西的。當然，你們同學是不是眞的相信這個就很難說了。可是，這個問題是從很小的時候問起的，我相信這個世界是應該有一個不會毀壞的東西。這是第一點經驗。第二個東西就是根據我的家庭而來，由於父母親的關係。我大概從十六七歲的時候，中學畢業讀大學，就開始到北平讀書。父親送我上船，與父親一齊睡在船艙上，天亮的時候，就開船了，父親便要離開。當然，在這個時候，小孩子會有一種離別的感情，一下子覺得很悲哀，而這個一下子的悲哀突然間變成不只是屬於我個人的，也不是由讀書來的，忽然想到古往今來可能有無數的人在這個地方離別，也有無數的人有這種離別的悲哀，一下子我個人的悲哀沒有了，個人離開家裏的悲哀沒有了。這個普遍的悲哀充塞在我的心靈裏面，這個古往今來離別的悲哀也不知有多少，這個是無窮無盡的，不只是過去有人離別，將來也有人離別，甚至中國有，外國有，這個時候，這個情感變成了普遍的情感。從這兩個東西，一個是小的時候從我的父親聽來而想到的，一個是從我的經驗而來的。

後來我到北平唸書的時候，聽到梁任公先生講演，聽到胡適之先生講演，我覺得很不對，根本沒有答覆到我心中的問題，我當時又聽到胡適之先生的另一講演「我們對於西方文化的態度」，這個講演是他後來認爲最得意的一篇文章，你們可以找胡適先生的全集看看。他說東方文化是知足的，保守的，西方文化是不知足的，進步的，我覺得他是站在西方的文化來看。那個時候，我聽他講演以後，覺得完全不對，他說進步究竟進步到什麼地方？進步到最後也不過是地球那一天毀滅的時候，進步在那裏呢？而且人是不是一定要不知足才是好的呢？知足爲什麼不好呢？當時，我的想法是人愈知足愈好，愈是不要求外面的東西愈好。當時，我的生活也是與一般人不大同，一般人要求物質方面好。我當時覺得人是愈知足愈好，而且最理想的人，我覺得都應該沒有欲望，你有欲望而你不知足，這不是好的。所以我覺得胡適之先生不對，他那時才不過三十三歲，我才十七歲，我對他不佩服。後來在十多年前，我在夏威夷開會，與他住在一起，住了一個多月，我覺得這個人很 Human，很 Social，但對於他的東西完全接不上，他說他自己沒有任何的 Mystical 的情調，我覺得這實在是一個怪人。爲什麼一個人會完全沒有這種情調？從宗教的到形而上的，他也完全沒有，他說根本就沒有這個東西，他心目中的頭腦是科學的。我與他也有些交往，不過，我後來也不管他，只是當時我覺得胡先生對我來說很不入。至於梁任公先生，他講中國文化史。梁先生這個人，他很誠，不過我沒有直接的與他接觸，因爲我們年紀還少。那個時候，他在北平，大概是在民國十四五年的情形，一般的青年因見他研究軍閥史，就替他加上一個罪名叫做「軍閥的變相的走狗」，我們所有的同學都是罵他的。他那個時候，寫了篇文章講王陽明的致良知。青年都說他講的是過時的，說他所講的東西都是帶點欺騙性。當時青年人對老一代的人，對梁任公批評之外，對胡適之先生則罵他是小資產階級的自由主義者。當時，我的一些朋友同學也是跟著這樣講。後來我在東方雜誌上看到一篇文章，是胡愈之先生寫的，現在這個人還留在中國大陸，他說世界上有兩個大陣營，一是資本主義的，一是社會主義的，他稱讚俄國很多地方，我當時覺得也不錯，人與人之間應該在政治上經濟上平等。我們有許多同學，他們是直接地參加共產黨，講共產黨的哲學，講唯物史觀，講唯物論。我那個時候爲甚麼沒有參加？當時有一個同學，我對他說這裏面有些根本的問題，我說在希望這個社會政治經濟的平等方面，我可以贊成的，但我們希望所有人類政治經濟社會的平等的這個心理，究竟是一個怎樣的心理，是不是可以用唯物觀念來解釋？這是一個心靈的要求，要求一切人類都平等，這個要求，是超出了我自己的身體，你不能說從我的身體的那些物質來發出這個要求，我這個要求是超出我的身體的，你又怎能說這個要求是從我身體內的物質發出的呢？我說這個要求是心理的要求，如果講唯物論就不能解釋這個要求，如果講唯物論則我們人的要求只限於我自己的身體。

我把這個問題，提給我許多年輕朋友，但這些朋友把我大罵一頓，說我完全是反動的，完全是唯心論的，像你這個思想永遠不能革命。那時，我左派的年輕朋友都罵我。一個姓游的與我關係最深，後來他正式參加共產黨，他當時就說，你這個思想不成。那時我是孤立的人，社會上之思想及朋友的思想一致。但我的觀念不能改，唯物論我不能接受。罵我最厲害的朋友就是那姓游的。這個姓游的朋友，約在民國十五六年，國民革命的時候，他是共產主義青年團團員，另外有兩三個同學一起參加武漢政府，就是徐謙那一派。徐謙是當時武漢政府主席，其實徐謙就是中俄大學校長，後來同共產黨拖在一起，他們去革命。後來汪精衞開始反共，把我另兩個同學槍斃了，他跑到南京。那時我已從北京到南京。南京正在清共，我就讓他住在我的家——其實也無所謂家了，就是在外面租一間房子。最後這個朋友很感謝我對他的友誼。其實我的友誼，並不完全是一種物質的東西。他後來脫離了共產黨，不久也死了。以前他罵我，後來沒有罵我，這事情對我個人可以說是勝利了。

三

在我心裏面，我覺得眞正的人物，到現在我一直都沒有變的，是兩個人，都是在我十九歲以前認識的，一個是在北京時的梁漱溟先生。他在北京大學，他沒有敎書，他爲什麼沒有敎書呢？他看不慣當時的學風，身體也不好。當時我曾經去看過他一次，也聽過他一次講演。他當時說學問有八個階段，我大約達到他所講前面的四五個階段。他說做學問，第一步是有問題，第二步是有主見，第三步是拿自己的主見同其他人的主見發生接觸的關係，由接觸裏修改自己的主見，或評論其他人的主見。後面我不完全記得了。他心目中看不起當時很多人的思想，他是一個對學問眞誠的人。在北京大學他也沒有敎書，只是一個人。但是，對於梁漱溟先生的思想，我亦有不能接受的，當然，這些影響到我後來一直所想的許多東西。他喜歡講東西文化，他講中國文化是直覺的。這個在我年輕的時候，很不能接受，我覺得直覺的東西最靠不住，直覺完全是主觀的。他的「東西文化及其哲學」在民國十年出版，我全部看了幾次。對於他其他的思想我也不很懂，當時我十五歲，我覺得理性是靠得住的，直覺靠不住，我不能接受。但不能接受的東西，我仍然把問題擺在心中，後來歲數越大了，我把直覺的地位一步一步的擺得越高。

民國十五年以後，我從北京到南京，我父親在南京，是歐陽竟無先生的學生。歐陽先生這個人眞是個了不起的人，當然和他談學問我沒有半點資格，他已六七十歲了，我只是十七八歲，他研究佛學，對於佛學，我連發問的資格也沒有。當時他的姐姐死了，我父親照樣去看他，看他時，他說他姐姐死了，不能見客。當然，後來也見過他幾次。他姐姐死了，他的悲哀的情感，就表現在他的態度上。歐陽先生這個人有眞切的情感，這個人有使你直接感動的地方，至於他的學問，我當時不懂。

梁先生歐陽先生這兩個人，是幾十年來都擺在我心中的。梁先生後來我還有機會見過他，也發生了關係。歐陽先生也和他發生關係。這兩個先生，在我個人來說，做人方面我都有佩服他們的地方。我隨便舉一些小事情，譬如在北平，梁漱溟先生，他白天不敎課，也沒有錢。他開了一串講演——「人心與人生」，他說要收一點錢，收聽講的人一塊錢。但是他又說恐怕學生沒有錢，沒有錢的可以寫信給他，可以要一張聽講的卷子，這是報上載的。我當時沒有去聽，爲什麼沒有去聽呢？其實我當時思想不是唯物論。我年輕的朋友都是前進的，要社會改革，政府改革，都是罵梁先生，說他是唯心論的思想，沒有點進步。我當時十七八歲，是受一種精神的威脅不敢去聽，週圍的朋友都說你不能去聽，他是唯心論。後來，梁先生——以前我已見過他一次——有一天晚上請一個姓潘的先生，帶了五塊錢給我，轉達梁先生的意思，說懷疑我在北京讀書沒有錢，所以未能去聽。其實我根本不是，我說這些錢我不能收，我也說不出個理由爲什麼我不去聽，我是受了年輕朋友精神上的威脅，不敢去聽，這可以說是我個人精神上脆弱的地方，其實我該去聽。這個事情，是我對不起梁先生的地方。到現在，梁先生仍在大陸，前些時候，我接到他一封信，另外他還告訴一個朋友，他現在還在寫這本書（人心與人生），隔現在已經是四十五六年，這本書寫成功寫不成功，不曉得，寫出來，在大陸也一定不會出版。

對於歐陽竟無先生，我也有對不起他的地方。後來，一段時候，我在中央大學敎書，他叫我放棄了敎書的事情，專門跟他學佛學。歐陽先生對我很不錯，他說我父親是他的學生，我父親可以當曾晳，我可以當曾子。當時我不肯，我想我怎能一輩子搞佛學。不過，我對這事情我覺得是個終身的遺憾。對於這位老先生，我心裏面一直都不能忘記他。他講學問，一方面同他的生命連在一起，他對於後學的希望都是眞誠的。同這兩個人比，老實說，民國以來很多像胡適之先生之名流，以至像梁任公這些，在我看來都及不上他們。當然我的觀念不同呀。一般人看來，梁任公胡適之在學術界的名氣大，歐陽先生、梁漱溟先生在學術界的名氣小。但我尊敬他們，多於一般有名氣的人。這個性格，我年輕的時候是有的。有些地方受一般同學朋友的精神威脅還是很大的，如果完全不受威脅，完全特立獨行便好，但是我是不够的，這點牟先生比我強，牟先生比我特立獨行。但是我也不是完全的跟著一般人走。最低限度，我當時尊重歐陽竟無先生，梁漱溟先生，便和一般人的觀念不同。

四

我現在說到此地，就說我個人年輕時的思想吧。歐陽先生，我覺得這個人了不得，但他的哲學怎麼樣呢？他講唯識論。唯識論這個理論，最初我完全不能接受。唯識論說境由識變，其實這就是西方的唯心論。知識論上的唯心論，開始的對象不能離開心。當時我看唯識論是這樣：如果唯識論成立的話，外面世界都是心——境由識變的話，這裏有一個最大的問題沒法解決，那麼別人的心怎麼辦？怎樣認識他心？如果說境是我心所變現的，別人的身體當然是我心所變現的，別人的心靈那便不能存在。當然西方很多人拿這個理由來批評唯心論，說唯心論最後變成唯我論。我最初想這個思想的時候，不是由西方來的，是我自己想出來的。我當時想，一切東西、他人，都是我心變出來的，都變成像我心中的東西，他人便沒有心，父母親都是我心中變出來的東西，這個不行。再其次我還有一個道理，都是我自己想出來的，如果一切都是離不開我當下的心的話，我過去怎樣，過去小孩的我是否有呢？我過去時候的心怎麼樣，我怎曉得它有呢？我現在的心能想到過去，說過去的心是有的，是根據現在的心，但也可能過去的心是沒有的，只有現在的心。我開始作哲學思辨，大概就在這個時候，想了幾天，如果說過去的心靈也是我現在心靈變的話，我便只有現在的我，過去的我根本沒有。再進一步，現在的我如果不被反省的話，現在的我也沒有了。如果被我反省的話，現在的我便是過去的我，那麼這個我就沒有了。當時我是在南京一個鐵路的旁邊，我忽然想到這裏，我想這個世界毀滅了，沒有了；過去的我沒有了，現在的我也沒有了。這個唯識論想到極端，一切都不能建立，最後歸到虛無主義。如果是虛無主義，這個唯識論也不能建立。那時歐陽先生有一個學生，王恩洋先生，我就拿這個理論同他談，他說你這個問題，完全不是佛學，你根本不了解，佛學講到唯識論，先要承認我的心外，尚有別人的心，這有許多的心同時成立，並沒有你這個說法。但我對開始就有許多的心同時成立的說法還有一個問題，即我有什麼資格說有其他心成立呢？我只知道我的心，我怎樣能承認別人的心？這從唯識論不能建立。一定要先承認我認識的對象自己存在，然後你可以說這個桌子存在，別人的身體存在，別人的心靈存在。我如果開始講唯識論的話，先就有許多心，但我不知道別人有沒有心。而且如果講唯識論的話，先就要否認客觀的物的獨立存在，以至否定他人身體之獨立存在，以至最後不能建立很多的心的存在。當時我就是這樣想。可以說我在大學唸哲學，我喜歡實在論，不喜歡唯心論。實在論認爲我認識一個東西，是個關係，它自己獨立存在。別人的身體也是獨立存在，別人身體的活動和我是差不多的，所以我才可以知道別人的心，也是獨立存在，父親母親朋友也是獨立存在，然後我才能同他們講道德關係、倫理關係，如果不講實在論，便通通不能講。

當時，我不贊成唯識論。我舉這個事情就是說，大概接觸一個人有兩個標準，一個是他人的本身，一個是他的思想，他的思想我可以不接受，無碍於我對他人的尊重。譬如歐陽先生，當時他的唯識論我不能接受，但他的人我尊重。就是梁漱溟先生所講的直覺之理論，其實我也不能接受，但他的人我尊重。但就從這一點上，後來我十分討厭馬列主義的理論，因爲它不承認人格的本身有一獨立的價值，這就決定了我後來的思想方向。大約民國十六年至二十年，馬列主義的書，當時出版得最多，尤其是在上海。這些書，我差不多全看了，俄國人的我也看了，但對這些思想我感到厭惡。它把人的價值純粹從階級背景社會關係說明，這個不對，我覺得這傷害了我的心。譬如當時人批評梁任公、胡適之、梁漱溟、歐陽竟無諸先生他們，通通從他們思想的社會的政治的結果處批評，這個不對。人的本身有一獨立價值，以至我不贊成一個人的思想，並無碍佩服他的爲人。我從這個地方出發，於是當時我看唯物論的東西，越看我越不贊成，後來我更不贊成以唯物史觀解釋歷史。我的想法如果要追求根源，最初不完全是知識的，而是生命的，我生命上覺得有很多東西不能拿這個理論來解釋，就不能接受。譬如說，講到政治經濟平等的要求。其實我這個要求很強，並不在所有社會主義之下。但我反省這個要求從那裏來的，我總不能承認唯物論的說法，也不能承認生理主義的說法，更不能承認階級背景的說法。我這個要求不是從階級鬪爭中出來的，是從我的良心出來的，是從仁心出來的。如果你不肯定良心仁心的話，你所講的通通是假的，你所謂社會主義公平、人類公平，你的根據在那裏？這根據只能在我的良心仁心中！這個道理不需要很高的智慧便可以懂得。我在跟你們相同的年齡那時，便這樣決定了，以後完全不變，可以說一點不動搖。

五

我時常說，年輕的時候，好些觀念是從性格裏面出來的。這裏面有很多眞經驗，眞經驗是思想學問的背景。有時候，你的思想學問未必與你的眞經驗配合，但思想學問的發展，彎來彎去的發展了，最後還是要與你的眞經驗配合。我後來的許多思想，可以說是環繞自己的眞經驗。我思想中最高的那一部份都是環繞那些眞經驗。就是說，有些時候是個人的情感，譬如當時我父親離開，離別當然是主觀的情感，但是主觀的情感也可以一下子普遍化的，就是我經驗到這個東西，不是我推論出來的。當時我是覺得我一下子想到古往今來的人無數的離別，一下子個人的離別的悲哀變成了古往今來所有的離別的悲哀。當然這古往今來一切人我並不曉得是誰，而我這種情感有多大，我也不曉得。但這個是眞的東西！一個既是情又是理的「東西」！我的哲學中，宇宙也好，人生也好，最後的東西是什麼呢？是一個又是情又是理的東西！不是情、理兩個，情的普遍化是理，理的具體化是情。人年輕的時候純潔，心地乾淨，歲數大了有時就趕不上年輕人。說心境的完全純潔乾淨，我三十歲以前那時最純潔乾淨，以後是不是一定就壞，當然不能這樣說，但是沒有這樣純潔，而且感情很弱，普遍的感情變得淺。我舉個例，一次是我十七八歲的時候，到了南京。天上月蝕，很多小孩在打鼓，說天狗把月亮食了。許多孩子在打鼓要救那月亮。我看了心裏難過得不得了。我想，這些孩子打鼓怎麼可以救得了天上的月亮呢？一下子我有一個感覺；像每一個小孩的心靈都向著天上的月亮，情感都掛在天上的月亮，好像無數的小孩，無數關連天上月亮的情感充塞於天地之間！我那時心裏難過悲哀感動得不得了。或者這些小孩只是由習慣傳下來，隨便打打，但最初想到打鼓的人，他鼓在這裏打，心情是向著天上，是要救天上的月亮。這一類事情，在我年輕的時候，時時出現，這就成了後來學問的根本。這種經驗好像過去之後就沒有了。我後來的思想就是回顧這種我曾經自己親自受過的經驗，去說明這種經驗。說這種經驗完全是經驗主義所說的個別的經驗，我想也不是，我想是個情理合一的經驗。

我思想就是要去說明這個東西，要說明這個東西就有很多麻煩。你怎麼去說明？用什麼理論去說明它呢？因爲有人承認這個，有人不承認；不承認，你要批評他，他可以再提出疑問，你要答覆他，這樣反反覆覆的去想，這樣子逼我走上哲學的路。其實開始時我並不是一定要學哲學的。這點我要舉梁漱溟先生的一句話。梁先生有很多話，也講了很多的思想，有人覺得他的話他的思想是哲學，但他自己心目中根本不作如此看，卽不理會是不是哲學。我也可以說，最初我想這許多問題，我並沒有一個意思學哲學，後來因爲有這麼多問題在，於是逼著我學上去，學上去後，許多學問的發展當然還有曲折，不必在這裏特別說了。但思想的後面，有一個親切的經驗，經驗後面是一個生命。這個我覺得還是個根本。生命的狀態當然各人不完全相同；我想大概生命的狀態在年輕時總是好的，歲數大了就不行。十年前我母親過世的時候，那個時候我覺得我的心很好，心裏一方面很悲哀，一方面覺得心裏很乾淨，很純潔，也很眞切。大概一個人遇到許多動人心弦的事情，你的生命之根、性情才顯出來。當然這幾年我亦有一些感受，有些時候我是感到一些又是情又是理的東西。整個來說，三十歲以後不如三十歲以前。三十歲以後，學問當然是進步了，如果詳細說，這中間當然有很多曲折，譬如剛才說我不喜歡唯心論，喜歡實在論，到我唸大學的時候，我就喜歡新實在論。那時方東美先生敎過我，我唸大學三年級，他也反對唯心論。那時老師裏面有個湯錫予先生，他講唯心論，我們攻擊他，說唯心論不行。但後來離開學校，我讀唯心論的書，那是我自己讀的。最初讀黑格爾和康德的東西。當時讀這些書，大概是讀到發現他們的思想與我不衝突爲止。或者是同我的思想有矛盾的地方，我想法子能夠有個解決就足够。以前我讀西方哲學方面的書，英文翻譯的康德、黑格爾全都唸過，菲希特、謝林也讀過，但對這些未作專門研究。我發現這些東西同我的生命有許多距離。在近代的哲學家就是懷特海（WHITEHEAD），我覺得同他相近一點。現在人講存在主義，我看存在主義的書，沒有得很多益處。我有篇文章講海德格，我覺得他們所能夠講的，我也一樣可以講，並沒有得到什麼特別的益處。另外的一些哲學，如分析哲學，這種專門的東西，我便不大下功夫。對於西方哲學，現在來說，我喜歡的還是黑格爾（Hegel），近代的是懷特海（Whitehead）。對於中國哲學，我的理解也是慢慢才進步的。在我年輕的時候，我也不喜歡中國哲學。其實我對哲學下的功夫，還是在西方哲學方面下得多。對中國哲學，小時候讀了一些書，後來念了西方哲學以後，便沒有讀很多中國東西了。對中國的東西，大概在三十歲以後，才有那種熱誠。後來我遇到熊十力先生和牟宗三先生，熊先生以前教過我。牟先生的思想路子是由邏輯方面先下工夫，他很早就喜歡懷特海（Whitehead），他不喜歡共產主義。我記得民國二十年以後，他，張東蓀，還有其他幾位寫辯證唯物論批判，他們那時批評這東西是從邏輯的觀點。我不喜歡唯物論，簡單說就是因爲我一定要承認人的精神生活存在。唯物論，我對它沒有好感情，但是辯證法，我就並不反對。我同牟先生最初接觸的時候，我同他談，我說唯物的辯證法講不通的，精神生活的辯證法可以講，這個他贊成，這樣子我們便成了朋友。

熊先生這個人了不得，他很眞。但如果就學問來說，我從熊先生處得到印證，但不像早年從梁漱溟先生歐陽竟無先生能引起我的問題，我的思想。我接觸熊先生的時候，我的思想方向已經定了，所以熊先生所講的，我沒有什麼阻碍。後來我便開始教大學，大概三十多歲思想方面就定了。當然寫的文章後來便寫多了。不過雖定，知識總是積累。現在我還是覺得，如果肯讀書，肯用心，大概每天早上還有一點發明。早上總是淸明，早上總有一點，好像思想的力量還未完全衰，但是方向則沒有改變。

六

大概我現在可以告訴你們，哲學的問題，站在正面的，我的見解都已經決定的。現在我想的是什麼東西呢？最近這一兩年，我在想反面的東西。這兩面，在形而上學上，我已經解決了，但在現實世界還有未解決的，就是罪惡的問題。罪惡的問題還要重新再想。罪惡的問題不完全可以就形而上的哲學理想講，哲學理想上講這個不成問題，但要配上現實的事實。對於罪惡的現象，在西方的哲學家，講得都不很够，佛家對這問題比較深入，宋明儒學家有很多見解，以罪惡是消極性的。罪惡也不止在外面，也在我自己的身上，每一個人生命中都有罪惡。要把罪惡的東西認明白，才能够超出罪惡，祗是認明白善還不行。宋明儒者較先秦儒家更能認識罪惡這個東西。佛學裏天台宗對罪惡認識得比一般佛學深，一般的佛學比西方基督敎深。要照見罪惡，不完全是客觀的理解，還要帶一點佛學的精神，要多一點悲憫的情感配上去來照，不然把罪惡的世界完全暴露出來，這個也不得了，會把人害了。如果悲憫情感不够，知道了罪惡，談起來，就好像許多張牙舞瓜的，會吃人的東西。所以要先學一個修養的工夫。假定我以後還有時間下工夫研究，可能在這方面下點功夫。

（劉國强、岑詠芳記錄。一九七九年二月十二日「華僑日報・人文雙周刊」）

註：本篇乃於作者逝世後，根據作者一九七四年自中文大學退休前對哲學系同學之演講錄音整理而成，作者本人不及過目。——編者

上下與天地同流

——關於中國哲學研究與治學態度答問

問：先生對中國哲學的基本觀念爲何？

答：我二十歲就對中國哲學「天人合德」之義，有所認知。直到今天，我已經六十多歲，四十多年來，一般知識學問或有進步，而這個基本觀念卻不曾改變。

一般人或許以爲這基本觀念的認知總該有進步，我卻不以爲然；我認爲每個人青年時代就可以決定自我思想方向，而這個青年時代的思想方向就能成爲一生思想的大方向，不必等到老年才做決定。所以，萬萬不可小看青年人。如像孔子，「十五志於學」。程伊川作「顏子所好何學論」時，不過十八歲，而程明道寫「定性書」，也是二十四歲的青年。青年人實在可以先決定思想方向，再力求知識，豐富思想的內容；知識的追求，這倒是後來該進步的。如同人走路，先要能決定方向，方向決定了，再就看走多遠了；又同樹木茁長，儘管日後枝葉扶疏，而它抽條長葉的方向，卻是幼枝能够主宰的。

除去「天人合德」，當時我還有一個觀念，就是：「分全不二」。我以爲中國文化精神的神髓，在於普遍化人的仁心來超越的涵蓋自然與人生，並求實現於自然與人生而成人文。這「仁心」就是「天心」。個人的心靈生命本能容納宇宙、文化和歷史，部分可以包含全體。這「天人合德」和「分全不二」又是一而二，二而一的。

最近，我繼續寫「中國哲學原論」，曾表明願意以「三極」來統觀中國哲學，而早在二十年前我的中國文化之精神價值一書的自序文中，已經借用這古人的人極皇極太極一貫之意，來闡明解說中國文化的精神了。先秦儒家思想發展至易傳，就成立了一個對於宇宙的究極概念，這是「太極」。漢儒用元氣來註解太極。魏晉人或用无來說明太極。宋儒又在太極之外再立一個「人極」，並且逐漸用「理」來說明太極。「理」在人卽是「性」。所以要立人極，正求人能盡性而天理得以流行。這樣，用理來貫通天與人，太極與人極，人道與人文便一一有了形而上的究極意義。而所謂「皇極」：皇者，大也。全幅人文的大化流行，並不以偏蔽全，這是「皇極」。

用淺顯的話來解說，「人極」是「人對自己的關係」，「皇極」是「人對人的關係」，而「太極」是「人對天的關係」。以西方哲學來說（姑且借用黑格爾的術語），便是從三方面來建立三個極——在主觀精神上立「人極」，在客觀精神上立「皇極」，在絕對精神上立「太極」。

我認爲西方哲學固然有這三方面的架構，而中國哲學在這三方面發展得較爲平衡，並且以「人極」爲中心。

「三極」中間的哲學，是由人道透視天道，天道保證人道。「人文精神」透到「超人文非人文的世界」，而「超人文非人文的世界」也可看作「人文世界」的根源。就像宋明理學家，可說是在超人文非人文世界和人文世界之間，眞看見了一條直上直下的道路。宋明儒者要求內在的「去人欲」、「存天理」，不像漢人求外在的天人感應，不是懸空的哲學玄想，而是最誠敬的道德生活。必要存了天理，人欲去了，人才成爲與天合德的人。孟子所謂「所過者化，所存者神，上下與天地同流」，中國人是隨處以一種圓而神的智慧，來體會自然生命，觀天地化幾的。

「天人合德」和「分全不二」八個字就是我解釋中國文化的根本觀念。這是我二十歲左右便具有的認知。多年來，這根本觀念沒有變異；而年歲日長，一般學問知識或有進步，更能自證我的思想方向正確，沒走錯路。

問：先生能否簡要說明中國傳統哲學研究態度的變遷？

答：這可以逐代加以說明——

1. 先秦是中國聖哲和哲人誕生的時期，這時的哲學思想都是創造性的。先秦諸子間，有相互的從學和辯論，也偶有概括性的評述，如墨子對於儒家，孟子對於楊、墨等。然而，他們相互間還很難說有客觀的了解和研究。

2.兩漢學者對六家要旨、九流學術的綜述，對經傳的章句訓詁之學，以及對經傳的大義微言的發揮，就存有了客觀了解的研究態度。不過，漢代學者，注重通經致用，相信聖人天降，講求師承家法；所以這客觀了解的研究態度是和實用的態度及崇敬家法的宗教道德性的態度互相結合的。這可以從「史記」、「漢書」的儒林傳等書察知。

3.魏晉南北朝的註疏，雖然繼承漢學而來，但是魏晉人自何晏、王弼以下，談說名理玄理，多求義理的發揮。他們對於義理的智悟，多和藝術性的審美態度並存的。我們只要讀「世說新語」、「晉書」等，便能明白。

4.南北朝、隋唐時代，佛學大盛。我們讀高僧傳和諸家判教的論述，可以得知：諸佛教大師的著述，雖有網羅外道和世學，尋求客觀的了解研究的態度，但是也著意弘揚佛法，為世立教；所以這種態度是隸屬於宗教性的修持信仰態度之下的。

5.宋明理學的初期，如周濂溪、張橫渠、邵康節，都自創系統。陸王一派，講說「六經註我」，「悟後六經無一字」，更求自得諸心。這些都是哲人之流，並不著意對已往的思想作客觀研究。到朱子才遍註羣經，要求客觀研究。朱子是兼備哲人和哲學研究者兩種資格於一身的。但是，朱子的博學、審問、愼思、明辨，除去自家身心的受用，也求樹立道統，這便有類似佛敎的宗敎性態度存在了。我們如果讀「宋元學案」、「明儒學案」，就明瞭宋明理學家這種精思力學的態度了。

6. 清儒倡漢學，反宋學。所謂「六經尊孔孟，百行法程朱」，是說程朱的德行可學，而孔孟眞義，不必如程朱的解釋。淸人由於漢唐註疏比較近古，就藉它尋求先秦儒學的眞貌，想要「以六經孔孟之恉，還之六經孔孟」。由訓詁來通經，考覈典章制度，以求明白義理，直得聖賢之心。所以戴東原說：「故訓明則古經明，古經明則賢人聖人之義理明。」而淸人講漢學，有漢人通經之意，未必有致用之志；求眞之意重，立敎之意疏，於是開出一個純客觀的就訓詁來講求義理的學術研究態度來。

7. 晚淸學者由經學今古文之爭，化爲變法革命之爭，純理的學術討論態度，就和政治上的實用態度互相混雜了。如今中國學術界並無漢宋學、今古文經學之爭。而淸末民初學者多有以中西印度之言，互相比附的言論。五四以來，更有新舊文化思想與東西思想之爭。而崇尚西方思想的，又有宗主英美式的自由思想、宗主俄式的社會主義、和宗主西方傳統的基督敎之爭。這些學者多是先研習西方哲學，只看西方哲學概念淸晰，論證嚴整，就拿它作底據，來強解中國哲學思想。這毛病在於先懷成見，不能對中國固有的哲學思想存有敬意而尋求客觀了解，所以不免附會多而成功少。這些都是中西文化交流之際不可避免的現象。以上是我對中國傳統的哲學研究作的客觀歷史敍述，這中間可以看出歷代研究態度的變遷來。

問：先生以爲青年人研究哲學應該抱持何種態度？而今後我們研究中國哲學的方向爲何？

答：你們今天這個時代和我們以往的時代不同。今天這時代的社會、文化、思想各方面變化太快，從事哲學的研究工作便有比較多的困難。好像急流洶湧，船隻不容易靠岸。不過，一些做學問、做人的信念，總是可以建立起來的。

首先，就我對哲學的看法來說，哲學的確要從懷疑（如笛卡兒）或批判（如康德）開始。但只是這些消極的活動，還不能達到哲學的目標。懷疑的目的是要對問題求得最後的淸楚答案；而批判是爲了除掉錯誤，從而認識眞理。所以，無論懷疑或批評，最後必定要歸到一種積極的建構(structure)。如果只是懷疑或批判，那哲學只能成爲一個破壞者。好比哥德浮士德中的魔鬼，他雖聰敏，又有思想和豐富智識，但他對眞理卻沒有信念，不能肯定，只會一味冷嘲熱諷，或幽默訕笑。哲學如果只是扮演這種角色，可說已經走入了魔道。

懷疑和批判不過表現哲學有能「破」的力量。哲學的可貴，還在於它有能「立」的理想。我們應當努力建立哲學的三種肯定：

1. 對自我的肯定（立人極）。

2. 對倫理關係的肯定（立皇極）。

3. 對宇宙價值——眞、善、美的肯定（立太極）。

如果沒有這些肯定，生命的意義就無從落實。就我個人來講，因爲有著這樣的肯定，使我一直都不贊成共產黨的理論。我反對唯物論的思想憑靠政治力量，成爲中國大陸唯一的哲學。因爲一方面，它用「階級」來抹殺「個體」。然而，只有個體才是眞實的，階級只不過是一個種類的概念。其次，它又用政治、經濟等關係來否定倫理關係。而我們知道，政治、經濟等關係是包含在倫理人際關係之內的，豈能把倫理關係單獨化成政治關係？這是肯定部分，否定全體。最後，宇宙中客觀存在的眞、善、美的價值更是不能用唯物論來說明的。再就這三種肯定來說西方哲學著重人的自我肯定，而對倫理關係的肯定卻不够。至於宇宙價值，有些哲學家加以肯定，有些不。

由此可見，哲學家仍然會有偏見。不過，最後用來糾正偏見的，還得靠哲學！雖然，哲學可能一時因爲魔鬼的誘惑而走入魔道，而勝利最後還是要歸於浮士德的。當然，以上各種關係的肯定，也可以透過文學來表達，只是表達的方式有異哲學。

我十五歲就開始學習哲學，而在早年就有了基本的肯定。這基本的肯定都很簡單，只因爲世道日變，各種偏見、邪說不時出現——甚至那偏見、邪說就存在自己的心靈與生命中，爲了辟除這些偏見和邪說，我才不得不更追求道，由那原始的、簡單的基本信念，逐漸演生出多方複雜的問題與思想，以求確保基本信念。我有關社會文化方面的好幾種著述，實際只在開展一種人文精神而已。人要求道是不容易的，所謂「道高一尺，魔高一丈」。但是，魔高一丈，道可再高十丈。要知道，魔鬼也有它的消極價值，只有一個浮士德也是不行的。魔鬼能刺激心靈尋求正道。因此，我們要能不怕懷疑，也不怕偏見、邪說，力求正道，這才是哲學的積極意義。

至於我們今後研究中國哲學的方向，我在以前曾有一文試圖指出一個研究中國哲學的新方向（所謂新，是對中國民國以來，表面上顯著的方向，而稱它新）：「由比較的觀點，以訓詁與義理交相明，而視中國哲學傳統爲一獨立的哲學傳統，而加以了解研究的方向。」就是說，我們要肯定中國哲學的獨立哲學傳統，避免清儒膠執漢唐故訓的缺點，而兼包清代學者純客觀的研究態度和前代學者態度的長處，來成就一個更完善的客觀研究態度。我以爲這個研究方向，可以依照下面的次序進行：先是哲學名辭的「義辭」研究、「義涵」研究。再是哲學思想體系的「義系」研究、「義旨」研究、「義趣」研究。再作「義用」研究，探求這思想體系對其他學術、文化的應用價值。更求「義比」研究，作不同哲學思想宗趣、義理、應用價值等的比較。直到「義通」或「義貫」研究，尋求諸哲學在歷史中生長轉易，凝聚開闢的迹相。以上每步都是不同方面的獨立工作，由一步通他步；又可以互相往復，成為多向的。就是說：整個秩序倒過來行，也是可以的。用這樣嚴謹的態度研究中國哲學，才能够研究透徹，再把中國哲學和西方、印度哲學比較融通，來建設中國的新哲學。

問：請先生談談您的治學計劃和您對社會文化的參與？

答：今後我將整理五、六年前寫的一本舊書——「生命三向與心靈九境」。這書大意是由生命心靈的前後向的順觀、內外向的橫觀、上下向的縱觀或豎觀，來開出九境。全書的歸趣不出立三極、開三界、成三祭。「三極」，我上面已經說過。「三界」就是人性世界、人格世界和人文世界。至於「三祭」，祭者，契也。與父母祖先、聖人賢者和天地契和相通，便是三祭。這書也討論從形而上來對付罪惡（魔）的問題。這是我著作中有關純哲學研究的著作。

我的著作可以分作三個階段：第一階段是有關純哲學問題的著作：如：「人生之體驗」、「道德自我之建立」、「心物與人生」、「文化意識與道德理性」等。第二階段是通論中西社會文化的著作。這是我經歷中國文化思想劇烈變動，對中國傳統的文化思想作深一層的反省，並對西方文化思想作進一步考察後寫的。像這三本書：「中國文化之精神價值」、「人文精神之重建」、「中國人文精神之發展」就是。第三階段是分析、確定和開展中國傳統哲學觀念的著作，如：

「哲學概論」、「中國哲學原論」等。近期我即將出版「中華人文與當今世界」一書，這書是應該歸屬第二階段的著述。

如果從西方哲學的觀點來說，一個哲學研究者應當注重純哲學的研究，因爲這關乎哲學研究者個人哲學體系的建立；對於哲學本身來說，這是極有價值的工作。如果從中國哲學的觀點來說，又應當著重中國哲學的研究。但是，我個人最關懷的，既不是純哲學的研究，也不是中國哲學的研究，而是關乎社會文化問題的研究和討論。

我以爲社會文化的問題，才是當今這個時代和未來時代最重要的問題。比較起來，前二項都不是切關時代的問題了。我並不關心我個人哲學體系的對錯或哲學研究的成就；我最關心的，同時也寄望青年人都關心的，就是我們整個民族、社會、文化的大問題。在今日中國文化歷經西方國家和共產主義侵襲之餘，中國文化之繼絕存亡，豈不全仰賴在青年的身上嗎？青年人能不警惕自勵？文化是天下的公物，範圍至大，凡是有所用心的青年，都必定會有所發見。這裏，我不客氣的建議你們青年人，可以讀讀我上面提及的四本討論社會文化問題的書。我願意再重複一遍，就是：1.中國文化之精神價值2.人文精神之重建3.中國人文精神之發展4.中華人文與當今世界。

我們如今是活在最艱困的時代，千萬不能把自己關在象牙塔裏。我原本可以不必花費時間寫一般性評講文化社會的文章，但是，埋首著述，固然可以成就一套體系，建立自我學問，這不過是「哲學」的研究。而我的理想卻要成就「儒學」的實踐。西方哲學的研究如果拿柏拉圖作標準倒好；如果離了柏氏，而採取今日專求建立自我體系的態度，甚而等而下之，研究哲學變成「理智的遊戲」(intellectual game) 或是一味懷抱批評懷疑的態度，那豈不是走火入魔了？我們不要忘記：中國哲學素來以聖哲作最高境界，這可是要講求一套關懷民族歷史文化的大學問的。

（案：唐君毅先生曾闡明「聖哲」、「哲學家」和「哲學研究者」三者之不同：對所宗主之義理，能思能悟，能信能證，能言能行，以爲世範或爲世立敎者，是爲「賢哲」「聖哲」。人對其所宗主之義理，能思能悟，不必能行，而能會通其所思得悟得之義理，以廣說應難而不窮，以自成一家之言者，爲一般所謂「哲人」或「哲學家」。對以前之聖哲與哲人或哲學家之學，能求加以了解承繼，或知其所示之義理之異同，相沿而衍生之跡，與所遺留之問題；而加以說明，以成就哲學之敎化，兼爲哲人聖哲出世之所資者，爲「哲學學者」，或「哲學研究者」。詳見唐君毅先生的香港中文大學講座敎授就職講演文：「中國哲學研究之一新方向」。）

（董挽華、鄭錦倫訪問及記錄・一九七四年「幼獅月刊」第四十卷第五期）

人文教育

中國教育應有之根本改造

自抗戰以來，國內人士，對於中國的現行教育大概有兩派人的意見。大多數人都感到現行的教育在戰時必須完全改造，以適應抗戰的情勢。然而在實際上主持教育者尤其是主持高等教育者，意想中卻仍然是要維持現行教育，而以歐戰中歐州各大學弦歌不輟，學者仍然照樣從事高深學術之研究爲美談。屬於前派的，發表的議論最多，在報章雜誌中充滿了他們的文章。屬於後派的，大概只在私人談話中發表他們的意見，而且在實際上作維持現狀的工作，如爭大學經費、爭遷校地盤之類。所奇怪的是眞正主持全國教育的教育部，至今未拿出對全國教育的辦法。我們於是一方面所聽見只是一片反對現行教育的叫囂，學生對於學校教育的不滿意；另一面所看見的卻是一切學校教育之照常進行，用同樣的方法教同樣的課程。誠然教育部對於戰時教育之具體的計劃之擬定，須要長時期的各方面的考慮，不能像作一篇雜誌論文之輕易。但是現在的情勢已迫不及待，戰時教育的計劃，已到非立刻拿出不可的時機，所以我趁著教育部尚未將具體計劃拿出來以前，約略一說我對於戰時教育的意見。

首先，我說的是：現在還希望維持現在的學校制度的人，是在作夢想。一、教育絕對不能與社會的要求隔絕，學校無法離開社會的要求而孤立，離開社會要求而爲孤立的學校，必然爲社會的要求所否定，會逼迫學校教育與之相應；二、過去的學校教育爲人所詬病已久，尤其是高等教育（本刊上期周輔成兄之「我對於中國教育之意見」一文可參看），過去學校教育培養出的人才之不能適合國家的需要，乃有目者所共見，在這國家危急存亡的關頭，過去學校教育更成了責備的對象，關心中國教育前途的人，決不願意維持他；三、青年學生關切國家之事，莫有適合他們需要的教育，決無法按捺住他們的熱血，勢必使學生的注意全移到學校以外去，精神上與學校分家或實際上逐漸都離開學校，否則便只有把學生教成麻木不仁。有此三因所以現在的學校教育在客觀情勢上，已無法維持。

其次，我要說的是：現在主張把現在教育改造來專爲適應當前戰時需要的，也是錯誤。前派的錯誤在不求教育與當前的社會環境相適應；這派的錯誤，在把教育視作專爲當前的適應環境。教育的作用本來有兩面：一面是適應現在，一面是準備未來。教育的效果有可以馬上見的，有只能在未來見的。教育的目的一是解決實際生活生存的問題，一是實現文化理想，教育之實現文化理想的效果，只能見諸未來。中國現在的教育除爲造出立卽能實用於當前的抗戰的人才計，還須爲抗戰以後復興文化的人才計。誠然當中國民族若不能生存，一切文化理想都是空中樓閣，適應當前戰時的需要是中國教育最大的目標。但是戰後怎麼辦？戰後所需要的政治人才應不應該準備？戰後應不應該努力於學術文化創造的工作？現在應不應該開始培育學術文化的人才？這是準備未來的一方面。其次中國的長期抗戰決不是一二年的事，將來縱有他國援助，以後國際間的問題糾紛還多，如果世界大戰爆發，至少是十年以上的問題，我們決不能把現在一切學生都弄來專門參加目前之抗戰工作。我們爲此次所謂長期抗戰眞能長期計，亦須爲未來人才準備，決不能只爲應付目前，這是準備未來的另一方面。現在許多人動輒說教育是應付當前環境，用一種錯解的實用主義的教育學說爲護符，以爲一說準備未來，卽係逃避目前問題、是迂闊之論。不知「因」只能先種，過去未種「因」現在才弄得手忙足亂。現在教育不計將來，將來轉瞬成了現在，仍然應付不了。這道理本極簡單，然而膠執於目前困難的人竟敢全盤抹殺。

下面將要說到我對於現在敎育改造的意見。關於這個問題，時人論者已極多，如關於敎材之改訂，課程之重新編制，論之者尤多，但我認爲這些都是枝枝節節的改進，由於一方面要維持現在敎育，一方面又覺不能不適應當前抗戰情勢，兩種心理互相牽掛而想出的辦法，並非眞正認定當前的敎育問題，而想出的根本辦法，這根本辦法應當是把現在的學校，完全變過。今就適應當前抗戰需要與準備未來人才二項，擬學校改造幾項簡單的原則如下：

一、現在之一般大學中學一向主要爲高等游民之製造所，學非所用，用非所學，卽側身大學中學中之敎職員皆有同感。平時以人事之關係不能裁併者，今應本全民族合力應付抗戰之要求，將以製造高等游民爲主要任務之大學中學盡量以裁併。

二、中國數十年來敎育之生機唯表現於近年之社會敎育運動。此中可包含中華職業敎育社之職業敎育運動，平民敎育會之平民敎育運動，山東鄉村建設研究院等之鄉村敎育運動，生活敎育社會之敎學做合一運動。此種社會敎育運動乃代表中國敎育應走到之趨向。但此種社會敎育運動近年來雖頗爲社會人士所同情，但在國家敎育系統本身，始終被認爲處於旁枝的地位。主持敎育行政者，仍以一般之大學中學爲敎育之主幹、敎育之正統。故此種社會敎育運動勢力仍不能普被全國。然爲適應抗戰情勢，則社會敎育運動者所提倡之敎育很顯明的當取現在之大學中學而代之。所以我們主張將現在之大學中學裁併後，卽將其經費改辦職業學校、鄉村師範、及民衆學校以培養戰時後方人民之生產能力，並負組織民衆訓練壯丁之責。（義務敎育經費由國家另籌充足經費，在此以外。）

三、民衆學校鄉村師範等之設立，當依各地之需要，在戰區中及距離戰區近之地尤宜多辦民衆學校、難民學校。距戰區較遠之地，則民衆學校固仍當多辦，但鄉村師範及職業學校更當注重。

四、民衆學校、鄉村師範、職業學校之師資，卽以現任中學大學敎員充任之。其不足者另辦民衆學校、師資養成學校、敎育學院、高級職業學校以培養之。敎育學院、高等職業學校之師資，爲方便計卽由現代大學敎員（敎育學院、工學院、農學院之敎員爲主）充任之，現任大學敎員之知識不足者，由其自行訓練或組織戰時敎育研究會，互相交換各種關於戰時敎育之各種知識。

五、關於公立之大學、中學之裁減，由敎育部以最大決心，由國家最高領袖以強力執行之。爲方便起見，先將戰地各學校遷移往內地者逐漸合併，如以前以人事關係未能合併成功之北平大學、北平師範大學、北京大學，於此時卽可正式合併之，以堅實其組織。又遷往某省之大學卽與該地之大學逐漸合併，私立大學之性質相同者由教育部飭令合併，其經費有國外之來源如屬於教會及華僑者由其繼續開辦，其餘以教育部之補助費及學生學費爲主之學校勒令其停辦或合併入他校，私立中學除公認卓著成績者外，在整個教育統制之下令遷往各縣或鄉村，改爲鄉村師範、民衆學校、職業學校等。

六、如此將大學、中學裁併之結果，預期所保留之舊有大學數不過十，中學校平均不過十縣一校，此種中學校可保存原先之以學術爲重之精神，但須盡量增加抗戰教材、軍事訓練，此種大學校亦可保存原先分科研究之辦法，但須注重國防科學之研究，亦須重軍事訓練。由此種中學、大學出來之人才仍期其可參加各種抗戰工作，但此種中學、大學之目的，卻須認明主要係以培養眞正扶危濟傾之人才、將來建國之人才，及將來學術文化之人才爲根本宗旨。

說到此，我們把此種大學、中學視作培養特殊人才之所，我知道必遭人反對。因爲民國以來的教育宗旨都是向著教育民生化的趨向去，以培養特殊人才爲教育宗旨，很明顯有教育貴族化的嫌疑。但是我的意思不如此，我認爲教育應當分爲兩種：一種是一般教育，一種爲專門教育。一般教育在教出社會需要，作一定工作的人才，專門教育則在養成社會各種事業的領導者，故專門教育尚不僅在訓練今之所謂專家。今之所謂專家只是具備一些專門技能，仍然不過是配備在什麼情境之下便可發生作用的人才。我所謂專門人才，今之所謂專家尚不足以當之，我所謂專門人才，是具備專門技能之外尚能對於專門問題能用心思的人，這種人對社會上某類專門問題特別敏感，總是在社會上未公認其爲問題時，他已感觸得非常深切，覺得岌岌不可終日，而在那裏蹙額深思，謀挽救之機於始謀之際。社會演進是無窮的，每一時期都有每一時期的問題，所以這種人總是站在社會的前面。這種人如果執著某專門事務的權柄，他常能消息於無形。古人所謂君子見機而作，不俟終日，確有是事。不必等社會上的一般報章雜誌都視作問題時才再能謀合力解決之方。天下事等人人都感其問題爲問題時，大多已敗壞得難以收拾。反之如果這種人不曾執著專門事務的權柄，則因他感問題特別感得早，積多時之研究，則在大家同感此問題時他便能立刻拿出具體方案，而藿然有當於人心。中國現在顯然很缺乏這種人才，不然何以過去每一社會政治經濟問題產生時，現在民族存亡成了問題時，竟處處只見發言盈庭而所言者多是剿襲附和往爲空疏之論，而罕見有切實具體之方案辦法拿出？中國近來社會政治經濟上產生了很多的變亂，從變亂中造出許多的名人，然而我們只看見梁漱溟先生是眞能感問題於人先，鑽到社會政治經濟問題裏面去，抱一番悲願去求解決問題的鎖鑰的人。但是如梁先生這樣人，中國太少了。梁先生常說他自己莫有什麼長處，只是好用心思，若他人能用心思，則所得未必下於他。我常嘆爲至言。所以我們認爲我們所需要的專門人才，不限於今之所謂專家，而是要對於專門問題能用心思的人，這種人才我們當然希望由此次民族所遭遇之空前災難而激發許多出來，但是我們仍當在教育上培植。我們認爲這種人才，是不能很多的。人類天生有智慧之大小，才情之厚薄，這種人才只能從極少數的俊秀資質中培養出來。而且這種人才也不需要很多的，因我們深信社會政治文化的轉捩的關鍵、維繫的樞紐實在少數人手中，猶如我們相信少數活塞的啓閉可以主持一部大機器的動轉，所以我注重培養特殊的人才。以上的話都是附帶的，但仍歸到本題。

七、此種少數之大學及其研究院開辦之初，必須具此宏願，由此養出之人才，必期其爲能在其所學範圍內用心思之眞正政治家、軍事家、科學家、文學家、藝術家、哲學家、農業家、工業家、教育家。

八、此種少數大學及其研究院之師生均有復興民族、建設中國文化爲己任之志，有對於國家人類深厚之責任感，互相勗勉鼓勵，共求精神之提高，人格之充實，才學之儲積（工農學院之學生亦當如此）。

九、此種少數之大學及研究院必須完全剔除過去稗販式之敎學法，對於一切學問，皆以問題爲中心，先啓發大家之問題，銳志精研，以期創獲。在文、法、理學院當盡量採取中國過去書院制及希臘學術團，印度古代寺院講學之精神。

十、此少數大學、研究院之敎師，可先就現有之大學、研究院敎師中嚴格去取，並羅致巖穴積學之士充任之。

十一、此少數大學、研究院學生必須從各方面作嚴格之考試，除已有學識外，又必需其天資穎異，志向高卓，感情深摯者始能取錄。以前招考之方法過於簡單，不易拔取優秀之人才。

至於各中學之教育，則當使之與大學教育之宗旨相銜接，其重在志氣之興起，人格之完成，學問興趣之啓發。大學教育亦無，今殊復論。

中國現在的問題的解決應了西洋人一句諺語：完全或者沒有（nothing or all）。中國民族不存就亡，文化如是，教育亦如是。所以一切事都是要改造就得全盤改造。此決心非下不可。我豈不知上面所言之辦法難於實行，中國教育當局無此魄力，爲此全盤之改造。中國處處都是人事之牽掛與顧慮，欲有改造，如連環之相套而不可解，如治亂絲之益勞。中國的大學校長與教師最好爭奪意氣，多只爲知識販賣者，不能負上之所望。我又豈不知今之主張完全取消今之大學中學，代以適應當前抗戰之學校（如山西陝北之抗戰大學）爲更痛快，且更能解決當前之問題。然我終不能不念及長期抗戰如何能長期及中國文化將來，而望中國大學有如非希特柏林大學之能造就復興德意志人才者；我又終不能不信今日爲中國教育之轉捩關頭，此時能改則關以後無窮之生機，不忍絕人自新之路，故終不能不望今之教育行政當局眞能發大願力以錘破連環、以刀斬亂絲，爲中國教育求一出路。望中國之大學校長及教師能以中國整個文化之發展爲前提，勿再爭派別，能發大心，與學生同擔負重建中國文化之大任。中國今日之事誠難，社會固積習難返，個人亦積習難返，懸岩滾石，已不知伊於胡底，然轉危爲安，終係於大家之一念。一念又何難，難者在顧後瞻前因循牽掛不得脫耳。若誠中國今日之學校教育無法擺脫牽掛而重新其精神，則與其如今日不死不活之狀，對民族當前之問題毫不相干，則我寧同情今之完全取消現有大學中學論者，而勢之所至，非至此不止。我雖欲爲主持敎育諸公迴護，不可得也。二十七年元旦

（一九三八年二月「重光月刊」第二期）

五四談青年教育(註)

「五四」，從前國民政府曾定爲青年節，後改黃花崗紀念日爲青年節。黃花崗烈士之殉難，是爲了推倒滿清，五四運動是起於青年之反對賣國條約。二者同表示中國近代青年之爭取國家民族之獨立而反抗壓迫之精神。這當然都是可貴的。

中國近代青年之精神之表現於壓迫之反抗，乃由於國家民族之危難，只有青年才能感觸深切。然而，這同時顯出中國數十年來之壯年之未擔當其應盡之責任。如果一國家永遠要賴青年的熱血與正義感作犧牲，來維持其精神生命，這正是一最大的不幸可悲的事。

青年的人生是在生長中的。在生長中的東西，最能直接感受壓迫妨礙其生長的東西。所以青年之富於反抗性是必然的事。然而數十年來之政治上之野心家常專門運用青年之反抗性，去作純反抗性破壞性的工作，卻是一不可恕的罪惡。而青年們之常不免先求有所反抗，有所打倒，而不先從培養自己，充實自己，磨練自己下工夫。亦是一莫大的過失。

青年的人生因其在生長中，其反抗性與反抗力，當然很大。但是如其生長力皆只用於反抗，則妨礙其自身之生長。國家民族之政治上的事，嚴格說只應成熟了的壯年人擔當。壯年人不能擔當，而需要青年去擔當、去犧牲，這是極其不正常的。不得已而須如此，國家亦須先培植青年，教育青年，青年亦須先培植教育他自己。所以我雖不反對黃花崗紀念日爲青年節，然而同時亦不忍心專心教青年學黃花崗烈士之殉難。殉難當然是偉大，但是人若不平日先有深厚之敎養，殺身成仁捨生取義，又談何容易？一般以此敎青年者，反躬自問，有幾人眞能具有此精神？反抗極權，爭取自由，當然是此時代一切人之一責任，但是人若非對人生文化有眞知灼見，又如何眞能反抗得心安理得？同時一般青年，如果亦只知將其全部精神用於反抗用於打倒、推翻，而不先用之於自己培養自己敎育，亦終什麼都反抗不了，什麼亦打倒推翻不了——縱然一切反抗了，又能作什麼？

共產黨之不好，根本上在其除一平均財富之理想外，對一切文化，一切人格之本身價値，皆不加以肯定，而驅天下人皆爲實現一遙遠之共產天國而犧牲一切，否定一切。而其革命之策略之最壞處，亦卽在其專利用青年之自然的正義感以至利用到兒童的眞率的性情。他只利用人之自然的美德去作破壞性的事，而不去培養人之自然的美德，去作建設性的事。此其所以殘忍而最不仁。我們反對它只爲維持一人道或仁道，然而如果反共者亦只知利用青年而不培植青年，則存心同是不仁，而是以暴易暴。同時青年們如亦只學得共黨之善於否定一切之精神，專以反抗，打倒，推翻爲事，這亦是變相的共黨精神，最終亦是以暴易暴。

道二，仁與不仁而已矣。仁是積極的肯定精神，不仁是消極的否定精神。仁者能愛人能惡人，他所惡者是不仁，故他亦有所否定。然其否定依於他先有所肯定來。先有所肯定而後有所否定是仁，先無所肯定而先否定，或肯定者少而否定多，卽是不仁。共黨之不仁，由於其處處是要有所反，其言動，遍是殺機。而其一切宣傳策略，亦專以挑動人之反抗意識爲事。其反抗之精神永無底止，故歸於自己內部相反。彼等縱征服了世界，亦必自相淸算以歸於人類之毁滅而後已。所以有仁心之人不能不與之爭。爭之目的所以實現仁。故吾人離開仁心一步，卽不配反共。而我們要不離仁心，則必須使積極的肯定精神，超過於消極的否定精神。同時我們之愛人類與人文歷史人格之精神，亦必須遠超過於反共之精神之本身。我們教育青年培植青年之意，亦必須超過只教青年去犧牲奮鬪之意。而青年們自己，亦必須要培植其自己教育其自己，使所愛多於其所惡；所欣賞讚美崇敬者多於所厭恨所鄙棄所藐視；所承受學習者，多於所反對打倒者；所自得於己者，多於所傲視於他人者；所創造者多於所批判懷疑者；然後才是使積極肯定的精神，超過消極否定的精神之道，才是近仁而遠不仁之道。亦才是徹底轉移共黨仇恨破壞之精神爲一仁愛建設的精神之道。亦才可使青年的人生，成爲眞正的向上生長的人生。而後，當現代的青年成爲壯年時，亦才能積極的負擔社會國家的責任，使下一代的中國再不致有專賴青年之熱血與犠牲來維持國家之精神生命。那時中國或將不再以黃花崗紀念日或五四爲青年節，而當以草木欣欣向榮之淸明節爲青年節了。

七、八年前有一老先生，看見中國一般社會風氣中，壯年人不能擔當國運，而只想利用青年之血氣，卻不加以培植，而青年人自己亦勢必只自恃其一點青年的朝氣，而只用之於消極的反抗懷疑破壞，以目空一切，亦不在學養上用工夫，於是青年時期一過，則墮落至比以前所反對之人之下，他即斷定中國必將被征服於最善於利用人之破壞心理之共黨。他並曾憂慮到此風蔓延下去，中華民族將永爲他人之奴。當時不覺其言之痛切，今日乃漸有此感覺。如果社會上之人與青年自己，還不知放大眼光，於此處有一眞切的覺悟，則後之視今，亦猶今之視昔。縱然共黨崩潰，而中國之亂源，亦將增益無已。我的話亦許殷憂過度，我希望不會應驗才好。四十一年五月四日

（一九五二年五月「人生」第三卷總第三十一期）

註：本篇發表時署名「君毅」。——編者

私立學校登記與社會人士心理

最近本港徵收工商業登記稅，而連帶到私立學校之登記問題，已引動本港各界人士之注意。當然最關心此事的是本港數百私立學校之先生與學生。此事香港政府聲明，只要能提出證據，不以牟利爲目的，即可免向工商業登記。同時在香港政府方面，本來重視工商業，今要學校向工商署登記，我們相信亦決無侮辱之意。而香港之少數學校之少數校主，不免有將學校當作私人財產，而剝削教師薪資，縮減學校開支，以多餘之學費作其開辦學校所投資本之利息之情形，我們亦不能否認。實際上現在本港之私立學校如要繳二百元之登記費，我相信亦都可能繳出。而此問題竟然引起各界人士之注意及教育界之鉅大不安者，則有一根本問題在後面。這點我們希望香港政府能加以認識，而改變爲一更妥善的辦法。

這根本問題之所在，是儘管有少數私立學校之校主，不免出自牟利之動機而辦學校，然而此動機只是其深藏於其個人之內心深處。我相信莫有一個學校眞願意被人視爲牟利的學校，或願名正言順的居於牟利的學校之地位的。如果有一學校自居如是，首先卽會被社會人士或全校師生所看不起。這個地方，亦許有人說，這是所謂中國人的面子問題。明明內心實是藉辦學校來牟利的人，亦要在不是牟利的面子之下來牟利。你可說這是虛僞與欺騙，老老實實承認是牟利又何妨呢？牟利愈多的工商業者不是愈受人尊敬嗎？但是，我們須知，在此我們如果一定要撕破他這個面子，我恐怕他們都寧肯學校停辦，而不願居此爲牟利而辦學之名。這個愛面子的心理的背後，有一個共同的認識作基礎，卽爲牟利而辦教育，是原則上要不得的。這一點在中國社會人士與知識分子之心理，尤爲特別淸楚。

中國現在是一窮弱的國家，亦是在分裂中的國家。此三年來無數的知識分子，因爲追求自由而來到香港。有好多學校的教師，都是這些知識分子。但是不管是原來在此的或新來的一切知識分子，同是中國歷史文化之陶養下出來的。依中國歷史文化之傳統的標準，從來莫有人眞主張教育是牟利的。西方的教育家，我相信亦莫有人主張教育是牟利的。我只知道希臘在蘇格拉底以前有許多從各地來到雅典的所謂哲人學派，曾名正言順的以知識換取金錢，不諱言牟利。而在中國歷史文化中，則連這一點亦莫有。中國歷史文化中，自漢武帝起，常有向商工業增重稅的事，但是從來莫有向教育家徵任何稅的事。以至征教員薪金之所得稅，亦不過近一二十年才有的事。中國的文化傳統，自始認定教育與牟利不可得兼。儘管現在中國文化在一天一天的墮落，國家如此貧弱，而又在分裂中。然而教育不是爲牟利這一點文化意識，確尚未喪失。當然說教育是神聖的事業的話，現在已莫有人敢說了。在大陸上，教育家能升到腦力勞働階級，已是教育家的萬幸。在此地許多從事教育工作者，漂流異地，亦無顏說有什麼教育理想，只好自認是販賣知識者。誰說教育是神聖的事業，即不被認爲反動亦被認爲阿Q思想。然而教育縱不是什麼神聖的事業——因爲，本來一切事業亦無所謂高與低，而是同樣的神聖。然而教育總不是牟利的。人如要牟利，牟利之道亦多矣，何必來辦教育？我希望香港政府對於真有牟利動機的學校，儘可促進其改善，或加以取締，而不當讓自認牟利的學校在工商署登記，以混淆學校與商店之名實。不管人們贊成不贊成，中國數千年來是一貫的傳下「教育非牟利」的意識；然而此意識，實際的存在於中國之社會人心。這並不以國家之貧弱與分裂而改移。在西方的社會，牧師是社會的靈魂，他們負擔提高人民之精神道德智慧之主要責任。其次才是教育家。而中國以缺宗教，故社會過去之士人，卽須負此兩重之責任。我相信中國現在，仍有不少的知識分子與教育家，依然知道他身負此二重之責任。這個國家不會永遠貧弱的，不會永遠分裂的。然而這必須待於非工與非商之教育家，不同於工廠與商店之學校之存在。當此中國大陸已將教育家工人化，學校工廠化之時，我希望在香港不會再有商人的教育家與學店，以保持中國人的教育之一點命脈。這將是香港政府對中國人民之最珍貴的友情。這同時待於一切香港教育界與社會人士之共同設法支持贊助非學店的學校，同時化一切所謂學店爲眞正的學校。是爲萬幸萬幸！

（一九五二年「華僑日報」）

華僑社會中的文教事業

一、賴文教凝結華僑

現在中國大陸雖然淪陷，但臺灣八百萬人，加上散佈在全世界各處的華僑千數百萬人，人數亦與四強之一的法國差不多。法國今尚可左右國際政治，如果全世界的華僑，都能合力同心，卽不算了大陸中無數的人民內心的反共，又何嘗不能扭轉乾坤？此中最大之問題，在世界華僑，都是散處各地，政治上受他人統治，用政治方式把世界華僑之力量團結起來，勢不可能。經濟利害，亦復各不一致。因而只有先賴文化教育之力量，以凝結團聚各地華僑之精神，然後才能進而謀經濟上政治上之聯繫與合力。

華僑社會中的文教工作究竟應當如何作？這問題實值得大家多多用心。我在此短文中，只想貢獻一點意見。

二、僑委會一個通知

我這一點意見，是在孫立人的案件，政府尚未公佈如何處理以前，此地一些刊物，得着僑務委員會的一個通知引起的。這通知之內容，是說到關於孫立人的事，政府正在審查期間，望各刊物報紙不要作揣測性的評論。但是有的刊物社及報社，看了此通知，當卽生了反感。本來照我的意思，在當時政府希望刊物報紙暫不作評論是可以的。如果一刊物報紙是屬於政府的，加以命令亦未嘗不可。但是得到此通知的刊物報紙，儘有是不隸屬於政府的，其經濟來源是獨立的。其所以反共，亦各是根據於編者們個人的思想立場，或個人直接對國家民族文化歷史的責任感。簡單說，卽其直接生根是在社會，而不是直接生根於政府之一部門。則政府的通知，便至少不宜雜有命令的口氣，而應以有禮貌的書信體裁寫信與編者表示政府的希望。這大約卽是該通知當時引起一些刊物報紙的反感之故。由此事便使我想到關於華僑社會的文教事業的一點意見。

我的意見是一切華僑社會中的文化教育事業，應當力求生根於當地的社會，而與政府的關係彼此不必拉得太緊。我說這話的意思，不是要拆散團結而正是要成就團結。政府要團結華僑，最重要的智慧，卽是尊重能生根於華僑社會的文化教育事業之對政府的一種獨立性，而此尊重，應當是出於一衷心的尊重。

此種衷心的尊重，首依於我們雖必須承認國家民族之高於個人，但屬於一國家民族中之政府與社會的地位，是平列的，政府中的個人與社會中的個人之地位，亦是平列的。次依於我們必須眞承認現在散在全世界各地的華僑之求反共復國，是由諸華僑個人之親身的遭遇，或自己對於中共之殘暴的認識，對於自由生活的寶愛，對於民主政治的嚮往，對於中國文化歷史的愛護，或自覺他的人生態度社會文化理想之與中共之政權無法相合，因而自其深心自動自發的要求反共復國。而實際上亦唯有此諸個人之自動自發的反共復國之要求之集合，才能形成眞正的力量。此種要求，直接是自其個人發出，亦是爲國家民族的，但不必直接是爲政府。我們只能說爲了個人與國家，我們應當愛護政府。因爲一國家之人民不能無政府。但是我們卻無理由要他們一切屬於政府，爲了政府。這也是一個事實上的不可能。然而只要他們的工作是有助於反共復國的，他們雖不是爲政府，而在事實上亦卽幫助了政府。這是一很簡單的道理。

三、減少依賴政府

我們上文說政府應尊重華僑社會中的文化教育事業之獨立性，此在另一方面卽是說，華僑社會中的文化教育事業當減少對政府的依賴性，並少着眼於政府，而多着眼於當地的社會。譬如出版刊物報紙亦是文化事業之一，究竟華僑社會的刊物報紙，是應多着眼於國民政府的施政呢，或多着眼與當地社會人心直接相關的其他社會人生文化方面的事呢？

照我的意思，如果一刊物報紙要求在當地社會生根，應多重後者。誠然，一刊物如本是純政治性，或一刊物之社會地位，自量能影響現實政治、又當別論。如其不然，則有些應景的政治評論，及不出自眞情實感的政治宣傳，不必要的政治牢騷與攻擊人陰私的政治內幕新聞，大可減少。因爲這恒不是廣大的華僑社會中的人，所特別關心的。在此點，我可舉在香港南洋一帶銷路頗多而由一些青年學生所辦的中國學生週報爲例。這刊物並不一定很合理想，中年人儘可說其見解不免幼稚。但是牠卻無一些中年人所辦的反共刊物之充滿政治宣傳與政治牢騷。其十分七八之篇幅，都是正面的談些學術文化、生活上的事，對政治上反共的問題，亦從人生文化之觀點去談。這樣便較能適合青年學生心理的需要，而能團結一些華僑青年之精神。我以此刊爲例，是證明以上的話，而非爲此刊宣傳。人如了解此義，亦儘可辦出比此刊更好而能在華僑社會中更能生根的刊物。

此外在華僑社會的學校教育中，我亦認爲無論對學生宣傳三民主義或第三勢力的政治主張，亦都莫有大效用。無論講國民政府如何好或如何壞，都不是青年學生與當地社會人士所能眞有親切感的，因政府不在眼前。這些宣傳的話，都並不能達到擴大反共與非共之陣營，及團結華僑社會的效果。亦不能使學校之教育在華僑社會中眞發生影響，更說不上生根。這我亦可現身說法舉我六、七年來參加的新亞書院爲例。

新亞書院不是已成功的學校，亦尚不是一已在香港社會生根的學校。但是香港是殖民地，則我們僑居於此，亦算華僑。而此校經錢賓四先生及各位董事先生之苦心經營，其前途雖仍不可知，但直到現在爲止，仍不能不說多少對香港的青年與華僑社會有些影響。但是這些微的影響是如何來的？這我可簡單說一句，卽由不直接着眼於政治而直接着眼於社會人生文化方面來的。當新亞書院初辦的時候，別人說這學校是政府的，是準備造政治勢力的，其中的先生學生亦都是反共或非共的，因此亦遭受多方的猜疑攻擊。這些話對不對呢？至少最後一句話可說是對的。但是實際上新亞書院是一純教育機關。其中的先生初莫有一個人是爲反共而反共的，更說不上爲政府而反共的。因爲他們皆素無實際上的政治關係與政治興趣。新亞書院自初辦到現在，並不禁止學生看馬列主義的書，初來的學生思想，亦儘有左傾的。然則何以此校被人稱爲反共非共者之集合呢？這理由只有一個，卽此校之先生們能多多少少眞切認識到有無數他們所寶愛的人生價值，文化價值，學術價值，倫理價值，社會價值，歷史價値，理想價值，眞理價值，共黨要加以否定。爲了要保護發揚這些價值，所以勢不能贊成共黨之所爲，而自然成了反共或非共者。新亞書院的先生，如果對於青年能有些微影響，幫助他們更成爲眞正的自由人，此亦只在其先生們之能多多少少展示他們深心所寶愛的這些價值於青年心地之前。而此中初不含任何政治性的企圖。因我們之所以要反共，就是反對共黨之以政治包辦一切，但是亦正因此中有一點爲教育文化而教育文化的精神，所以牠才能多少作一點凝聚民族精神之事而多少盡一點對國家之責任。這中間有一辯證的智慧，我亦希望人能了解之，而辦出無數比新亞書院更好的華僑社會中的學校。

十多年來，我卽形成一個思想，卽人必須先有眞肯定，才能有眞否定。人必須先有他眞寶愛的價值，才能爲保護此價值而奮鬪，亦必須能開啓激發他人對於此價值的自覺，才能使他人亦自動自發的爲保護此價值而奮鬪。這幾年我個人所爲此寫之文不少。而由新亞書院之多少對一些青年的影響，更使我相信在一切華僑社會的文化教育事業，必須要有直接對社會人生文化之價值有眞認識而眞寶愛之，直接對國家對個人良心負責的人來辦。這些人應當先在社會樹立信用。這些事業，應力求在廣大社會中生根。而其工作之要點，亦當初不在反面的反抗與批評，而當在正面的喚醒人對於各種社會人生文化，歷史理想之價值之自覺。由人們之此自覺而生之精神上之團結，方爲眞正之團結。而此團結中，終當轉化出無限的力量，非表面以觀，所能臆測者。至於實際工作之如何作法，則有各種隨境而易的情形，本文不能討論。本文之目標，只是希望在華僑社會從此在成就民族之精神之凝結團聚上用心。而此亦卽今所急需之最大的政治，將來復國建國之眞正基礎。

（一九五五年十一月二日「自由人」第四八七期）

僑民教育的新問題

——從香港專上學校教育說起

從大陸赤化以後，不少中國文化教育界人士，因義不帝秦，來到香港，在香港開辦了不少文化出版教育之事業。這多多少少提高了香港社會的文化，是人所公認的。這些事業在初辦時，皆異常艱難。但是歷六七年至今，已多漸取得在香港社會存在的權利，可以逐步謀圖發展。這是在此國破家亡的時期可聊以告慰的事。

香港教育的進步

關於出版界新聞界方面的事業，本文不說。在敎育界方面，中小學的情形，我亦不甚清楚，亦不說。在專科以上學校敎育方面，除崇基學院原由基督敎敎會聯合支持創辦，將在沙田建築新校舍，新亞書院亦得美雅禮大學之幫助，新校舍亦將落成外；聞珠海、廣大、香江、華僑、文化、光夏等各學院，亦將共同募集基金，聯合辦理爲一規模最大的學校。在英國政府方面所辦的專科以上學校，除漢文文商專科夜校是數年前新辦，香港大學於數年前擴充了中文系外；羅富國師範學院對於師資訓練，在此數年中亦擴大了範圍，加強了工作。這些都是香港專科以上學校教育，看得見而爲人所共知的進步。

沒有國破家亡之感

但是中國人在香港所辦之專科以上學校教育，卻將逐漸面臨一新問題。這問題是我去年在新亞書院招生時，忽然想着的。原來以前五、六年新亞書院招生時之投考者大都是面黃衣破的流亡青年。從口試中，可知他們之生活上的血淚史。而他們到學校中，亦比較對於國家民族人類文化的問題，能眞正關心。亦多有一些雖迷茫而較遠大的志氣。但是在去年招生時，來考的卻大多是香港本地中學畢業的年輕而衣着較整齊的青年。以知識程度說，這些青年並不比流亡青年差，而且對功課或更認眞，但是對什麼國家民族人類文化之問題，至少在他們初來時卻似莫有什麼感觸。因爲他們都未經多少人生的艱難，亦莫有什麼國破家亡之感。我由此想到了今後的流亡青年之少，以及流亡來的高級知識分子之少，將引出以後香港專科以上的學校教育之一新問題。

要保存中國文化種子

我之會想到此問題，不是說我永遠希望我們的學生，都是囚首垢面。年輕而衣着較整齊的男女青年坐在教室裏，觀瞻亦要好一點。我之會想到此問題，是因我總覺到，中國人在此地所辦之專科以上之學校，是應當負某一使命的。我這幾年一方在英國人所辦之大學兼課，一方在中國人自己辦之書院中任教，並暫時承乏，負一點行政責任。將二者對比，我無時忘了我們中國人在此殖民地辦教育的可憐。同時我亦總時時想到，我們在此辦教育之宗旨，不能與英國人辦教育之宗旨全相同。我們對我們之處境，決不抱怨任何人。因一切都只因爲我們自己中國人不行，國家不行，才弄到此地步。本地的政府辦本地的教育，當然有其自己之宗旨，勢不能與我們之目標全相同，猶如從前中國的政府之教育宗旨之不能與外國傳教士在中國境內所辦的學校之目標相同。所以無論香港政府之教育宗旨如何，英國所辦之專科以上學校宗旨如何，我們都只有依恕道，而加以尊重。我們如在教育司或這些學校服務，亦只有遵守其法令規則。譬如香港大學所求於我者，只是傳授知識，此數年來，我亦只是去傳授知識。此中只有很簡單的權利義務關係，莫有任何問題發生。但是我們中國人在香港所辦的專科以上學校，則除了遵守此地之教育法令外，至少在我們主觀的心中，還有一願望或目標。此目標，如謙虛一點說是保持中國文化之種子。如老實說，則是希望由此培養出的人才負擔重建中國之責任。這目標亦是眞愛中國之一切國際友人所同願加以贊助的。但是如何使在這些專科以上學校讀書的青年，眞自覺其有此責任，我卻由流亡學生流亡的知識分子之日益少，而日覺其艱難，因爲流亡到此的人，本來是流亡來的。他們的心願，本來是要回去，在此只是寄居，因而心底有一不安。此不安便自然要迫其求解決，而去縈迴於中國之國家民族及人類文化的許多問題，而生發出一種志氣，覺有某一種使命在身。但是在此地生長的青年，則可並無此不安。因而對這許多問題亦自然較少迫切之感，而相類的志氣，亦卽較不易生起。於是對這些純由香港出生、在香港受中學教育、較缺乏國破家亡之感、而升到專科以上的學校的青年，如何加以教育，會成了一問題。

身居海外心在大陸

此問題，我想最後會逼到：究竟我們是放棄我們原來的目標，而只希望這些專科以上的學校畢業的學生，能在香港社會謀求一正當的職業，在香港或海外之其他國家或殖民地，當一健全的公民爲止呢？或者我們還有一方法，在流亡的青年與高級知識分子來路斷絕之後，使本來在這些地方生長的青年人，亦同有一國破家亡之感，而同覺到如流亡人士所覺到的問題，而升起同一的志氣。在此二者間我們必須有一抉擇。

照我的意思，當然我不希望止於以上述之前者爲我們之教育的目標。因照我的看法，一切在此地與在海外的中國人，在若干代以前同是變相的流亡者。此地的爵士與大亨們之數代以前之祖宗，難道不亦是從大陸裹糧徒步來的？因而一切在海外的中國人的家，同在大陸，一切中國人的心，應當同用在爲整個中國大陸與其人民之前途而思索。其工作同當求直接間接有助於中華民族之復國建國。這是一天經地義的絕對眞理，然而人在一殖民地住久了，便可把這些事漸忘記了。

從何處來，為何而來

人在一殖民地住久了，便會忘記其如何來，爲什麼來，而心思日歸於痲木。這是一最可怕的事。而我們再回頭來看六七年來流亡在此的青年與高級知識分子，亦一天一天的在香港住久了。當然，有許多人依然在受苦。但亦有不少從前住調景嶺的，現在也許住洋房了。從前單人匹馬來的，現在也許成家立業了。從前不習慣社會的，漸漸習慣了。也許一切流亡的青年與高級知識分子，亦有些在向此樂不思蜀的心境而趨，爲我們所不自覺，這樣下去，我們亦將同樣忘了我們自何處來，爲何而來。我在此一年中，一直看見此一陰影之存在。此陰影並不代表一東西，只是一種正在散漫的氣息。如果我們自已亦感染到此氣息，則我們還要志在改換海外人心，使一切海外的青年同感到我們原初感到的問題，升起我們初來時的志氣與抱負，便更難了。

提升青年的志氣

對於此一問題，在此短文中我不想再說什麼。此問題如何解決，亦莫有什麼可說。此純是一青年與高級知識分子之一內部的精神問題。精神問題的解決，只在一念之間。此一念卽流亡來的人不要忘記他是流亡來的，而一切原住在香港的中國人，不要忘記他原是由大陸來的。我們之一切文化出版教育事業之求存在於香港其最後目標，是爲了重建中國。如果此目標爲一切從事文化教育工作的人所念念不忘，並爲此外之中國人與國際友人之所了解贊助，共謀以文化教育之力提升起香港之中國青年之志氣，則我們之一切文化出版教育事業之發展，是眞有意義有價值的。否則總是無大意義無多價值的。這值我們大家的警惕。

（一九五六年二月十八日「自由人」）

中美文化教育之比較

——遊歐美講學返港在新亞書院哲教系歡迎會上的講詞

在數週前，就有同學要我講些關於自歐美歸來後的觀感。在過去幾週中，我曾在校慶那天講過簡單的留歐美學生近況，對研究所的同學講過西人研究漢學的情形及一些零星報導，日前在自由人報社講過一些對歐美政治社會的觀感。這裏我想不再重複那些，來講講關於中美文化教育的比較吧。因爲我在歐洲、日本的時間比較短，現在就不談及。這裏談到的對文化教育的觀感，是就中美兩國來說，且可說恰好是可以互相比照的。關於教育，王書林先生比我知道得更多。不過同學們尚有不很清楚的，且最近二三十年來美國的教育情況也有改變的地方，當然要了解別國的文化思想社會情況，不必一定要自己親自去看，也可自書本上獲知，不過親身經歷可以增加親切感。現在我先談談美國教育方面的優點。今日美國的教育，每一國民均須受高等義務教育，並且將規定大學前二年亦爲強迫義務教育，目前美國有很多州立大學收費已極廉宜，這種使人人平等受到同樣教育的精神，由其制度卽可顯出。在美國近代思潮中，有很多教育家爲大家所重視，例如杜威提倡民主主義的教育，今日美國已有很多州實現了，杜威實奠定今日美國普及教育的基礎。此種走向民主平等的理想之途，實值得我人欽佩。

我曾參觀了近二十所的美國大學，他們今日所辦的大學有一共同的趨勢，即其所設的院系課程，是很密切的與社會配合起來的。這一點，連今日歐洲各大學也及不上美國。故每逢社會有一需要，便卽添設一院系，或開一講座，故很多院系及課程的開設，常是受某實業機關所委託或捐助。社會的需要是多方面的，社會之組織日漸繁複，故科系亦與日俱增。例如：爲了旅館事業，美國康奈爾大學等校卽設有旅館學系，以訓練經理人才，其中所有課程也花式繁多，甚至有管理茶房一課。這在歐洲人或中國人看，認爲太過繁瑣，但對社會需要言，確已達到了一項目的。這種重實用的精神，也可說根源自杜威思想。

由於美國提倡高等普及教育，社會人士又肯捐錢建校，今日全美國大專學校已達一千所以上，今日歐洲各國大學也沒有如此多。因爲多了，就發生程度參差不齊的現象，甚至一個成績好的大學生，往往可以敎一個差的大學生。還有一點，是美國的大學都是獨立而不受政府干涉或管制的。因爲中央政府並沒有設立類似我國敎育部這種機構來管理，他們只有一個由各大學組成的敎育會，用來審查會員的資格。如某校不合該會所定標準，卽被取消加入該會的資格。故今日美國有近二分之一的大專學校是未爲該會所承認的。學校多，可能流於散漫，這也不能不說是民主敎育的一種缺點。

至於實用主義敎育，也可以發生一種缺乏，且重學習專門技能，結果就會忽略通識。近來美國很多敎育家已注意到這毛病，認爲亦當重視廣博的人文修養，卽通識與專長，兩者不可偏廢。還有一點，亦正爲今日美國人士討論著的，就是如何培養領袖人才的問題。在民主主義敎育原則下，敎育固然普遍了，但是否能培養繼起的領導人物呢？這問題是很值得注意的。一個領袖當有遠見，有濶大的胸襟及廣博的學識與出衆的才幹，美國過去出過很多偉大的人物如林肯、傑弗遜、佛蘭克林、威爾遜，但今日是否仍能出這樣的人物呢？這很有問題。有些人倒認爲過去歐洲在貴族主義的敎育下出過不少領袖人物。我認爲近代政治家中像邱吉爾、阿丹諾等就是比較出色的人物。美國今日居自由世界的領導地位，當然能有繼起的偉大領導人物是很重要的。以上所提出的缺點，並非我個人的偏見，因爲這些正是今日美國人士正在考慮並正在計劃補救的問題。

其次我們再自敎育來說到一般的文化情形。我在美國時也曾注意到美人在宗敎、藝術、日常生活上的各方面，這裏暫不談及。美國人今日能居領導世界的地位，這不是簡單的，因他確有一種獨特的精神，這我們當追溯到美國當初的立國精神。美國的建立，是由當初一羣愛好自由的人士前往開發出來的。他們離開古老的歐洲，而去追求一個理想的新世界，並最後爲反殖民地而戰爭，終於建立了獨立國，這代表一種西方的偉大精神。這種平等博愛精神，已由美國開國初期的幾位領袖如華盛頓、佛蘭克林、傑弗遜等奠立了基礎。我曾去參觀過這些偉人的墳墓，他們的墓地是很小的，甚至這墓也是在他們死後數十年才建立的，這裏已充分地表現出偉大的民主主義精神。所以我總勸在美國的朋友當研究美國史時，應多注意美國開國初期的歷史，而不應太重視美國近來的物質文明進步。我亦嘗對美國的留學生說，當用文學欣賞的態度去了解他們的初期精神，如果只知享受他們的現代化生活，就毫無意義。應該多瞭解他們那種開國當初畢路襤褸，以啓山林的那種精神。美國開國時是赤手空拳的，一無憑依的，是從艱苦中創業的。

其次，我們知道當初的美國是接受了各國的移民，大量地吸收了各民族的優秀人材。在以前兩次世界大戰期間，美國卽吸收了很多的有才幹與特殊技能的人材，卽使今日美國限制外國人移民入境，但他們對有特殊才能的優秀人才，仍繼續容他們入境。卽以本港來說，近年來去美國的我國華僑也有不少，但他們都是我國的優秀份子，包括大學教授以至善烹飪中國菜肴的名厨師。這些同胞去了，他們可能不再會回來，因爲見到自己的國家那麼動亂，亞洲那麼的不安定，於是他們就入了美國籍，成爲美國公民的一員。這一點也可說是美國人最聰明的地方。

美國還有一點是得天獨厚的，卽他們的地大而人口少，全美國的可耕地比我們全中國還多，所以他們可以有不斷的創造和開闢。不僅地大，而且富財，所以當他們自歐洲接受了那些純理論的科學知識後，便馬上應用在現實上，這是配合了他們的實用主義而來。例如愛迪生就根據電學創造了很多幫助發展工業及改良物質生活的電器。由於科學的發達，而減少使用人力，所以今日美國只需全國人口的十分之一來從事農業，其餘的人力則可用來發展別的事業。中國則農民佔百分之八十，只有十分之二的國民來從事別的工作。將純科學智識理論卽刻用在實用上，這也是美國人的長處。

美國人還有一種傳統精神，自林肯解放黑奴開始，就反對種族歧視，故此種精神直傳至威爾遜。在二次大戰時，也爲了打敗強權，並衞護弱小國家而戰爭。二次世界大戰後，美國又領導反獨裁反極權，這是基於一種個人人格尊嚴與自由的要求。例如美國也首先提出反殖民地主義，要首先放棄僅有的殖民地菲律賓。這種偉大的精神，是十九世紀以前的歐洲國家所做不到的。因爲當時的歐洲人有一種民族優秀感的種族主義理論。所以我說，今日美國的地位能執世界的牛耳，也不是沒有理由。以上爲美國文化的特點，可以說美國是新西方文化的創造者。

但自另一方面說，美國今日亦有其缺點與危機。今日美國處於反極權的領導地位，有其崇高的價値，但今日美國在民主主義教育制度之下，要產生出第一流的如邱吉爾等的政治領導人物，則大有問題。沒有好的領導人物，就不能使自由世界有向心凝聚之力，不能更趨於團結。儘管今日美國在經濟上軍事上……等等各方面幫助了比較貧困的國家，且這是很善意的，但受助國對美國仍缺少好感，有時甚至仍口出怨言。這關鍵是在於領導人物，例如臺灣自由中國過去所發生的雷諾事件，中美雙方均有疏忽之處。一個領導世界的國家，就應抱有世界人天下人的精神，應具有世界性的文化道德責任感，不能單以一國的利益為出發點來處理世界事務。這種精神我不是說現在的領導國不够，其他各國處此情況可能也會不够，主要的是能知道後隨時修正其態度與方針。

在另一面，美國今日國運正蒸蒸日上，他們地大物博，有科學上的優勢，生活水準高。據統計，美國人平均每年每人的收入為一千七百美元，人的平均壽齡也提高到七十歲，但在另一方面說，他們最缺乏的就是憂患之感，所以他們也就不了解別國人民的憂患之感，不認識別國就不易領導別國。美國人民是比較重實用精神的，自來就缺少民族悲劇感，所以也沒有什麼憂患。我們看歷史上的偉大人物，幾乎都是從憂患中出來的；孔子、耶穌、釋迦牟尼無一不是。作易者，其有憂患乎！一個民族或個人，往往為他遭遇憂患時就生最高的智慧，所以猶太人被人稱為世上最有智慧的民族，可能與他們所受的憂患多有關係。我們當承認別人的長處，但當別人有缺陷時，我們也想想法幫助他。

在美國，我見到中國留學生的情形，與他們接近及談話的機會也不少。我深深感到我們中國人將仍是有資格佔世界上一席位的民族。五四時代的留學生，多數是去學文科法科，但近十年來的留學生，則多數致力於自然科學方面的研究。值得我們欣慰的是，他們的成績非常好，在學校中的成績常是名列前茅，尤以數學推理方面為最，使美國人也極為欣佩。有一次我曾參加一個我國留學生的科學研究報告會，當時由楊振甯君卽席演說。他是不久前推翻愛因斯坦理論的三位中國青年科學家之一。當時我雖然對於他們所討論的科學是外行，但見到這些年青人在眉宇間流露出一種英俊之氣概時，就使我高興。中國人的聰明智慧確實不在別的民族之下。我也認爲將來中國的重建是需要科學人才的，也需要工業化，故中國在歐美的留學生在那裏學習科學是很適當的。這裏我也順便提到他們的缺點，卽他們除了自然科學以外，對於國家政治文化等問題則很少注意，對於人生的見解也並不關心。這可能是由於他們的生活環境使然，因爲他們一天到晚所接觸到的只是機器，只是物質，與文化就接觸得不多。

關於種族偏見的不存在，中國人實高出世界各國。我們的種族，在很古以前就融和了。另外，我們中國人還有一種優點，爲美國人所沒有的，就是有憂患之感。近幾十年來，我國一直遭受著外患與內亂，成了科學上的阻碍，並且人多而耕地面積少，每當戰亂時，不但沒有吸收人才，反而人材大量外流，這一切正與美國相反。但惟其如此，中國對憂患的感受也愈多愈深。自長遠看，民族的命運也是常在轉變的。孤臣孽子，其操心也危，其慮患也深。多憂患的人，用心會深些，心境會沉著些。可能其存在之潛力會超乎各國之上，說不定有一天可以領導全世界。故憂患對國家與個人均是有益的。總之，一切事物，有優點必會產生缺點，正合易經與老子的道理。由此看來，在中美文化教育上是互有得失。中國還有一種優點，就是美國的文化是平面的，因爲他們的歷史短，立國不久，中國則有博大的空間，還有悠久的時間來配合。就以風景山水來說，我認爲中國的比西方的美，也比美國的美。當然西方也有風景好的地方，但是卻缺乏古蹟，卽使有的話，也只是幾百年的。人常有嚮往古物、愛好古蹟的心理。一個龐然大物如果只有兩歲，就沒有什麼值得驚異，如果一棵古松，幾千年了，是孔子弟子手植的，其情味就不同了，內容就豐富了。這一點確爲中國所得天獨厚。我們有深厚悠久的歷史，單看其本身價值就足以自豪。故我人不可自暴自棄。

就教育說，我國在科舉時代是比較地不普及，比較注意到少數人的培植，有點近似歐洲的貴族教育，但近年來也在普及教育上顯著的進步。要趕上美國高等義務教育，也不是很困難的事。關於我國高深教育是否應配合社會實際需要這一點，我認爲我國以後的教育方針可分成二支，一種是專門職業訓練的技能教育，另一方面，當注重人文教育。就實用方面，我們當向西方學習，但我們亦當保持並發揚人文主義教育才好。就上面中美的文化教育比較言，美國所有的優點，正是美國的缺點，這實是一很有意思的對比。因時間關係，就此束結。

（隆記錄・一九五七年十月二十九日「華僑日報」）

香港之大學教育(註)

諸位問到我對於香港大學教育，小至於中文大學，更小至於新亞書院的教育的意見，我是可以坦白的回答的。但我現暫不擬以爲中文大學與新亞書院的教師資格答覆，亦不擬以一知識分子之資格答覆。今只擬以香港二十年之居民之資格，略說我對香港之大學教育之一些普泛的意見。希望大家先能自一客觀的更廣大的社會觀點去看問題。

照我的意見，香港之教育問題，原是極端複雜的。香港之大學教育問題比香港之教育問題，又小得多。但無論香港之大學教育或其他教育問題，都需要香港之居民之關心教育，並有教育學之知識者，作專門之討論與研究。不是任何人都能隨便談教育，亦如不是任何人都可以辦教育。我自己亦不能說够資格，不過就香港大學教育之發展來說，中文大學之成立，卽本常識，亦可說其是空前的一件大事。在中文大學未成立以前之五六十年中，香港只有一香港大學。此一大學之主要任務，是培植香港社會之領導人才，作爲香港政府與中國人之廣大社會的媒介或橋樑。香港大學成立於二十世紀初，主要是承繼英國十九世紀大學教育的傳統。而十九世紀之英國大學教育的傳統，則亦是培植社會政治上之上層的領導人才的。大學的精神在本質上是帶貴族性的。文化知識上的貴族，亦非必不該有。而香港大學的原始精神亦原是多少帶貴族性的，雖然後來有一些改變。香港大學以往所培植的人才，多居於香港社會之領導地位，在已往亦盡了作爲政府與廣大的華人社會之媒介地位的若干責任。但中文大學之成立，卻證明香港之只有一香港大學之不足。香港大學是英國之傳統大學敎育的移殖，而中文大學則是由於二十年來中國大陸二百萬以上之人民來港，與原在香港的人，所合以形成的廣大的華人社會所要求，而產生的。中文大學未成立之先，已有新亞、崇基、聯合之諸學院。這些學院，都先是中國之敎育工作者，自動自發，主要由香港之華人社會之支持，然後辦起來的。這些學校辦起來之後，香港政府竟能要它們合組爲一中文大學，而承認其法定的地位，這不能不說是一明智之舉，亦是香港之傳統的大學敎育政策——或英國之殖民地敎育政策——之破天荒的改革和進步。在此意義之下，中文大學便是香港之敎育史上空前的大學。對於一空前的東西，我想任何香港居民，都應當加以愛護。你們既然是中文大學的一分子，亦更當首先愛護此一大學。而新亞書院在中文大學之三基礎學院中，更開始全是由大陸來港的師生，赤手空拳，全賴師生之合作，與社會輿論的支持，而辦起來的；尤其能象徵中國大陸之敎育與中國文化精神在香港的延續。你們是新亞書院之一分子，尤當首先愛護新亞書院。此不僅是爲了新亞書院、中文大學，亦爲了愛護此以新亞、崇基、聯合三學院爲基礎，而有中文大學之成立，所開啓的香港敎育史上的新頁；同時亦爲了不辜負一切支持此三成員學院，與其中文大學之成立的一切居於香港的人們之美意。此上所說，是一根本的前題。

如果大家已有了愛護新亞書院、中文大學、香港教育史的新頁的意思，則任何香港之居民，都可以而且應當期望中文大學的進步。不好不完善的地方，當然可以建議、批評、求改革，但是應當是積極性的。同時大家亦應當從中文大學對香港整個的教育與香港之廣大的華人社會著眼，去看若干最重要最基本的問題，對這些問題，先形成若干正確的理想觀念，更加以宣揚，使大家都有此正確的理想觀念，然後一切在現實制度上的改進，方自然輕而易舉。

照我個人的意見來看，此一香港教育史上之新頁——中文大學之成立——所遭遇之一根本問題，是由「中文大學之成立」先天所帶來的。卽此一大學既然是由香港華人社會的需要，與政府之承認其法定地位而成立的；所以此一大學，天然負有兩重任務，卽一方要滿足香港華人社會的需要，一方要求繼續得政府的承認。又此一大學，既是香港政府於香港大學之外所承認之第二個大學，則人們可以只要求此一大學，合於香港大學的標準，成香港大學第二或另一翻版。而人們亦可要求此一新大學後勝於前，或走不同的道路，向不同方向發展，另建立其自身之標準，不必對香港大學亦步亦趨。而此二種要求，卽可以互相矛盾。我們亦須先認識先承認原有此一矛盾之存在，然後能在矛盾中求協調，在協調中求發展。無此矛盾之存在，亦無協調與發展之可說。故此矛盾亦正是發展的動力，不必加以掩飾，而應當加以正視。

關於上述之矛盾的存在，我可舉若干例證。譬如說香港大學取錄學生的標準，一向重質不重量，一年只能取錄數百學生。但香港社會對於新辦之中文大學，卻要求其取錄更多的學生。香港大學少收學生，香港人們想此純是英國人辦的，可不加責難。但對以中國人自辦之新亞、崇基、聯合爲基礎而成立之中文大學，不能多收學生，香港之中國居民，便要多所要求，亦多所責難。再如香港大學之敎師等級制度，把敎師分六級，一大學只有法定的二十左右之敎授，形成敎師之金字塔形之等級階梯制度。因主要敎授多是英國人，中國人對其學術造詣，亦不甚清楚；故對此少數敎授之高居上位，香港之居民亦視爲固然。但中文大學之敎師制度，亦學香港大學，把敎師分成六級，待遇懸殊，便可使人不滿。如因敎授名額之有限，使許多已任多年敎授，大家亦知道其學問不必在現任之敎授之下的中國學者，屈居高等講師或講師之地位，便爲一人人所見的不公平。此敎師之過多等級的制度，原可妨礙到敎師間之精誠的合作。全靠中國傳統士人之熱心敎育之美德，同事間之道義師友關係來維持，方得和衷共濟。再如香港大學用英語開會、英語敎學，連中國人在那裏敎中國歷史、中國政治，亦要用英文講，大家亦視爲當然。而中文大學的敎師如以香港大學爲模範，亦卽可儘量以英語敎學，以英語開會，與之競賽。但一般香港的居民，亦可希望中文大學應儘量減少英語敎學，使他們之子弟學得知識後，可以用華語將其知識，傳播及廣大之中國社會；並以爲除非會場中有外國人不懂華語，而用英語與本國人會談，卽失卻中華大國民的風度。這些都是由中文大學一面要學香港大學，一面要滿足社會需要而產生之顯然的矛盾。此外還有許多，一時說不完。

從這些矛盾，大家亦應當知道中文大學辦理之困難，遠在香港大學之上。不過同時大家亦應知道由這些矛盾，中文大學之未來之發展，便有兩個不同的方向：

其一方向，是使中文大學成爲名副其實的老香港大學第二。老香港大學之所有與所能，中文大學亦有亦能。則以前香港大學之畢業生，所能在社會居的領導地位，所能得之封爵榮銜，中文大學的畢業生亦能得。在一個四百萬居民的都市，只有四五千法定的大學生，亦可能永居於天之驕子的地位，豈不亦是很好？至於我們這些敎師之待遇地位，更似天然較其他專上學校之敎師與一般社會文化人士高一等。而原只有若干中下層社會家庭子弟，就學之新亞、聯合、崇基之學院，現亦有上層社會家庭之子弟就讀，又豈不皆可自以爲榮？今更向此步步高陞，這明是中文大學之發展的一種可能的方向，亦可能是中文大學中若干師生的理想。但如果如此，則我可老實不客氣說，我們大家已得了特殊的權益，我們已無向社會抱怨的資格；要爭更多的特殊權益，當然可以，但未必能得社會的同情。

但是另一條中文大學發展的方向，則是從「中文大學之爲香港華人的廣大社會之所要求而成立、所開啓香港大學敎育的新頁」之方向去發展。依此一方向去發展，則中文大學將是一愈來愈代表華人社會的需要的大學。中文大學是建基於自此香港華人社會自身所生長出之崇基、聯合、新亞等學院；故香港華人社會的要求，加諸於此等學院者，同時亦加諸中文大學。中文大學先天的要對這些要求負責。而當其離開其成員學院，與其所負擔之社會要求時，它卽失去其社會存在的基礎。如果它只是香港大學第二，或香港大學之另一翻版時，則人們亦可持此以作爲其應與香港大學合併爲一大學的理由，以節省經費的開支。如在中文大學成立之先，亦有人主張只在香港大學中設一中文部，不必另成立一大學；更有人在過去與現在主張將崇基、聯合、新亞合爲一單一制大學，以節省經費的開支，則三學院固不必存在，而中文大學，亦當與香港大學合併而亦不必存在。所以照我個人的意見，中文大學未來發展的方向，應當而且必然亦自然的要向更適合此華人社會的需要方向走。而向此一方向走時，我以爲中文大學的前途是遠大的。此外香港其他大專學校的教育，只要能繼續生根於香港社會，合乎社會的需要，其價値與意義，亦應當且必當被認識被承認，其前途亦是遠大的。我們新亞書院與中文大學的師生，亦決不當有輕視其他大專學校教育的心理。我們學校之新亞研究所，一直有若干其他大專學校之優秀畢業生，來此就讀，亦就是我們之重視整個香港之大專教育之精神之一種表現。

照我的預測，當香港之大專教育與社會需要配合時，被承認的大學生的人數，是應當增加的。一個四百萬人口的香港，只有四五千名法定的大學生，四五十個法定的教授的位置，無論如何說都是太少的。又無論是政府承認的大學專上學校之內部之敎師，互相比較，或是此類敎師與政府承認的學校以外的學校的敎師互相比較，其待遇懸殊的情形，這在世界其他任何文明都市，都少有像香港的。此中之原因，固然很多，但總是應改進的。此外，大學敎育決非只是一留學的準備，大學生所獲得的知識，必須要能至少用於香港之廣大華人社會，多至於可用於其他地區之華人社會或未來之全中國社會。中文大學（以至未來之香港大學）與大專學校的敎師，亦應當能用中文翻譯西方的術語，以中文加以講解，然後學生離校以後，才能將其知識表達傳播給廣大之香港社會的人民。照我的意思，卽是外國的敎師來此任敎，而非敎外國文字與文學的，如又是年青而有學習能力的，亦應學習以中文敎課，而不應先要求學生學好英文，以便聽他的課。此有如中國人之到外國大學任敎者之必需學習以外國文任敎。而中國語文之必須成爲一法定的官方語文，亦是香港一切知識分子所應共同爭取的。……凡這些事，都是當中文大學與其他專上學校，都向「求適合廣大華人社會的需要」之一方向走時，所首當注意到，而逐步加以實現的最切近的敎育理想，而待於我們大家共同努力的。當然除此以外，香港之大專學校之師生所應負之責任還很多，如何使大專學校之敎育，能生根於此香港之廣大的華人社會，並使政府承認「一切大專學校之敎育應首對此華人社會負責」之基本原則，而擴大大專學校敎育的規模，使大專學校之敎育，不只養成少數的法定大學生爲香港社會之上層的領導者，而且能普及到社會的中下層之中，以提高整個社會人民之文化與知識之水準。其中之問題，仍是很多，但是我們只要能先定此一大方向，則一切具體的問題，可以一個一個加以研究。一切制度的建立，與實際的行政措施，其背後皆有其基本的觀念與理想。觀念與理想是一切人的行爲之基本動力。觀念與理想的方向，如不能在大體上一致，則落到實際，人總是依習慣的道路，與現實的利害的打算，去用心思，或依偶然的反感、臨時的刺激，作消極性的反應。這於事很少有補益。而觀念與理想上的事，表面看來似很空洞，而人眞認清一觀念理想之當然性，而定一觀念理想的方向，亦要許多眞實的理由，與對這些理由之眞切的認識。

我今天向諸位說的，不過臨時的談話，亦沒有多少敎育理論與敎育資料上的研究之根據，或亦不能說服大家。大家如要求此進一步之研究的根據，還需要多多用心思去想。好多年來，我恆期望香港有一論敎育學術與敎育問題的專門刊物之出現。敎育是社會的大事，「不見廬山眞面目，只緣身在此山中」，我們只在學校內部，各人只本其主觀的特殊立場討論，是斷然不足的。

（一九六九年四月「新亞生活雙週刊」第十一卷第十九期）

註：本篇爲「新亞學生報」記者訪問作者之紀錄，原刊「新亞學生報」第二十九期。——編者

對香港學生的期望

一

香港中學生研討會出版組來函邀請我寫「從花果飄零，到對香港青年學生的期望」。想是諸位編輯同學，讀了我在十年前在祖國周刊所發表的「說中華民族之花果飄零」，及「花果飄零與靈根自植」二文之故。我想諸位編輯同學，不過二十歲，還能在讀我十年前在一刊物發表之文章，覺得十分感動。今要我寫文，亦義不容辭，所以簡單寫一些意思，以報大家的盛意。

香港華人社會的子弟，本來都是百年來中華民族經歷一一大難，次第飄落到香港之花果。這些花果，如何在當地獲得土壤之營養與水份之滋潤，再而發芽，生枝長葉，開茂盛的花，結華美的果，應當是大家所共同關心的事。而青年同學們自己之覺醒，則是一決定的因素。

二

香港青年學生自我覺醒之所以重要，是因香港社會只是一中西文化之邊緣地帶。以前英國人在此創辦的學校，初只是技術性的，如香港大學始於一醫學的學校。其後英國殖民地的敎育政策，亦主要在配合當地政府的需要。而許多敎育上的觀念，如稱校長爲經理人，稱敎師爲僱員等等，則純是一商業上的觀念。此「商業」與「技術性」及「政府需要」的敎育觀念，三者自覺地或不自覺地結合，所形成之香港傳統敎育，是不合乎中國傳統敎育之理想，亦不合乎西方敎育的敎育方式，只能稱爲中西文化邊緣地帶的敎育而已。

專就香港對中國之關係來説，則香港在本質上，原只是中國數十年歷次政治上之劇變中，中國人民之一避難地帶而已。香港華人社會最原始的基層，除原住在九龍外，是鴉片戰爭時不滿意滿清政府，而與英國人合作，及到香港謀生經商的中國人。其後在滿淸覆亡之後，若干遺老遺少來此作公寓之地。再後來是民國初年及國民革命之後，若干失意的政治人物，來此等待時機而再起之地。直到日本侵華時期，與近二十年，共黨之征服大陸後，香港方是更多知識分子及敎育工作者，與一般人民的避難所。大凡一切以香港爲避難之地者，其基本心情，都是視香港爲暫時居留地，而未預備對香港社會負長期的責任者。許多原有抱負與理想的知識分子，及敎育工作者，到了香港，初亦只求在香港暫有一容身之地。因而他們對香港傳統的敎育方式，亦不願以客居者之地位，加以指斥、批評，或改革。同時亦不眞正對香港敎育，貢獻出全部精神與心血。而在二十年前，香港有志的青年，亦多到大陸，或其他地方受教育。於是一些只求保存香港傳統教育方式的人，亦即賴此等青年之不滿此地之教育方式者之於異地求學，及後來客居者不多過問當地事情，而只停滯在其原來之「商業」、「政府需要」與「技術性」三者所結成之教育觀念內。

三

香港是一工商業社會。工商業的技術教育，是不可少的。政府的需要，亦應當有學校教育出的人才，加以滿足。但是教育中的商業觀念，如視校長爲經理人，教師爲僱員等觀念，則絕對錯誤。我認爲香港的教育工作者首應聯合起來，先正其名。而教育之目標，除了訓練青年人有一技之長外，同時亦當使青年作一堂正有爲的人，作一個生根於香港華人社會，而能將其獲得之新知識，用中國語言傳授華人；同時對其生命本原的中華民族，以及世界人類未來的命運，能多少關心，而更求有一自盡其責的人。要使青年能如此，人文的教育，是不可缺少的。而教育的目標，則除了滿足政府需要外，更應當注重社會問題的所在，而求滿足社會的需要。故我們可以說：「以廣大的社會需要，包涵政府需要；以人文教育包涵技術教育；使教師爲眞正的教育工作者，或教育家，以代替一切教育上之商業觀念。」是香港教育必需有的理想。

但以香港社會教育過去的情形來看，此方向之逐漸轉變，還需一段時間。而以中國大陸之政治的情形來看，能代表中國人民之眞正要求，而承繼中國文化，以求發展出民主而非極權的政治，遲早必然出現，今亦尚未能出現，然而無論如何，不出二三十年，我相信中國人不只能找出自己之政治，社會文化發展的路向，亦可能爲世界人類提供一共同達到天下一家的道路。去掉一切民族的偏見，以觀「世運」的結論是：十五世紀，在西方是意大利的；十六世紀，到了西班牙、葡萄牙；十八世紀，到了法國、德國；十九世紀，到英國；二十世紀到蘇聯、美國。二十一世紀，是中國的世紀的話，早有人說過。英國歷史家湯恩比，及前港督葛量洪亦承認。這「世運」之方向，何以會如此轉移？說來話長，但大體上不會錯。所以二十世紀七十年代後三十年，應當是中國青年準備擔當「世運」的時期。諸位之年齡，只有二十歲，到二十一世紀，亦不過五十歲。這二三十年中，諸位如何培植自己，使足以開創二十一世紀之中國世紀，而又不走西方的白赤二帝國主義之老路；關係到中國之前途，亦關係到整個人類的前途。所以諸位的責任，實在十分鉅大。而諸位現生活於香港，在香港或他地，受了適當的教育後，能否先對香港社會服務，以用其所學，謀香港社會的進步；而不如以前人只視香港爲一客居之地；即諸位無數遠大事業前途的最先考驗。但我不希望諸位之理想，只限於一區區香港。還要放開目光，去看中國的前途，世界的前途，而自知其對中國社會，及中國與世界文化繼往開來之責任所在；更求具備多方面學術知識的素養。同時幫助所有在港從事教育的人，將香港傳統教育的方式，向前改進一步；而以「社會需要包涵政府需要」，以「人文教育包涵技術教育」，以「教育工作者之教育觀念，代替一切教育中的商業觀念」，好使香港教育，不只爲一中西文化之邊緣地帶的教育，而成爲培養「下一代眞正生根於香港社會，而建設香港社會，爲未來的中國與世界盡若干責任」的人才的教育。這是我對諸位的最大希望！

（一九七〇年七月「中學生」）

憶南京中央大學

——答臺灣中央大學「中大青年」（註）

編輯同學：

得信知任「中大青年」編輯，擬出「緬古懷今」欄甚好。但關於你所問的問題，一時不能詳答，因此間學校已開學，我亦甚忙，今只略答如下：

㈠我是民國十六年由北京大學至南京中大。中間休學了一年，于民國二十一年在中大畢業。我初去中大時之哲學系，原屬哲學院。當時之教育部名爲「大學院」。蔡元培先生是大學院長。故規定大學中有「哲學院」，但其中只有一哲學系。此制只行一年，後來哲學院取消，哲學系即屬文學院。系主任最初是湯錫予（用彤）先生。他敎我們之西洋哲學史、知識論、英國經驗主義與中國佛敎史。後來是宗白華先生，他敎尼采、倭伊鏗及人生之形式與美學及藝術哲學。敎授有何兆清先生，敎哲學概論、柏格孫哲學與法國現代哲學，及胡淵如先生敎中國哲學史及老莊哲學。當我在二年級時，有熊十力先生來敎唯識學，但熊先生因病，只敎三月卽離開中大。在我三年級時，方東美先生來到中大，敎科學哲學與人生、新實在論與價値哲學。另有馮文濳先生只在中大敎一年，他敎倫理學與柏拉圖哲學。

㈡中大的校風之傳統精神很難說。在民國十五年以前，南京東南大學時期，劉伯明先生、柳詒徵先生等曾樹立一西方科學與中國人文歷史並重之敎育理想，此不同于當時之北大之學風是本科學精神以懷疑中國之歷史文化之價値者。我雖曾在北大讀書，而未在南京東大讀書，但我自始認爲南京東大之敎育理想比較健康。不過東大變爲中大以後——卽我在中大讀書的時期——似乎此敎育宗旨已逐漸模糊。因中大在政治中心的南京，若干敎師與同學，亦染些政治氣習。至於中大遷至重慶以後，則此時之師生初頗有一艱苦敎學的精神。

我是在民國二十九年才回母校正式敎書。照我個人的意思，今要說中大之傳統精神，還是要追溯到南京東大的時代。臺灣的中大亦應復興此一精神才是。這不是說南京東大時期的敎育，已能充量體現此精神；更不是說後來之中大，莫有特出的師生。不過就整個學校風氣說，後來的中大，似乎有點大而無當。現在臺灣的中大，能由小規模作起，或當更易重建一科學與人文並重的學風。這是我個人對你們所提的問題的簡單答覆。

至于中大是否須辦哲學系，我莫有一定的意見。哲學系不易辦。從敎育立場說，我認爲要形成一整個的人格，最需要的是通識的培養。中國從前的理想學者，是對文史哲及社會與自然，都有相當的知識者。我認爲只有這種學者，才能成爲眞正的教育家及社會政治之領導人物。只是一單純的哲學系，縱然辦得好，若不與他系之教育配合，亦只能培植出哲學專家，尚不能培養出我心中所嚮往的人物。此間新亞書院及中文大學之哲學系，也可以說由我開始。今已歷二十年，現同事有十餘人，出來的同學亦不算少。但在整個大學與此間社會中，仍然不能發揮什麼作用，我想缺乏他系教育之配合，亦是一原因。

學問的事，重要在自己，與在大學時之出身于那一系，莫有一定的必然關係。在大學中能學點治學的方法態度，立定作人的志向，就已很好。至于知識，則無窮盡，而且由任何一門學問出發，都可聯繫到其他學問也。

拉雜奉復。卽候

學安

唐君毅啓　一月七日

（一九七四年六月台灣中央大學「中大青年」）

註：本篇標題爲編者所加。並據作者手稿作若干更正。——編者

我所了解之新亞精神

新亞書院是錢賓四先生與一些手無寸鐵的書生及若干同情贊助者合力創辦的。經過了三年之後已逐漸形成一新亞精神。這精神是由新亞學校內部之全體師生，與一切同情贊助者及一切關心新亞之社會人士合力形成的。此精神多多少少在一切與新亞有關之人之心中，而同時亦超越于任何個人之主觀的心之上。此精神且正在不斷的形成中——即不斷的創造中，因而對於新亞精神是什麼，各人儘可有不同的了解。我在此文中只說我所了解的新亞精神——亦可稱爲我所希望的新亞精神。

新亞二字卽新亞洲。亞洲之範圍比世界小而比中國大。亞洲之概念可說是世界之概念與中國之概念間之一中間的概念。而新亞書院講學的精神，亦正是一方要照顧中國的國情，一方要照顧世界學術文化的潮流。新亞書院的同人，正是要在中國的國情與世界學術文化的潮流之中間，嘗試建立一教育文化的理想而加以實踐。

亞洲是世界最大的一洲，他比歐洲有更古老的文化。有古老至四五千年之綿續不斷的文化之中國與印度。同時是世界最偉大之宗教——耶、回、婆羅門、佛等教——之策源地，他在人類文化史中，原遠較歐洲居于更前進的地位。然而此二三百年來，他卻成爲歐洲最大的殖民地之所在。科學與工業技術等之不及歐美，于是又使他被稱爲落後地區。科學與工業技術等之落後，並非卽整個文化精神之落後，我們可以根本否認此落後之判辭。但是我們亦不能不承認亞洲的文化有所不足，許多地方在歐美文化前相形見絀。此二三百年亞洲的地位之降落，亞洲人應負責任。中國之百年來之積弱，中國人應負責任。古老的亞洲，古老的中國，必須新生。我們相信只有當最古老的亞洲、最古老的中國獲得新生；中國得救，亞洲得救；而後世界人類才眞能得救。中國文化之一貫精神，是生心動念，皆從全體人類着眼。所以當此國運飄搖之際，我們仍不願只自限我們之精神于自己之一國家。而我們亦許在一時尙談不到有大貢獻于新世界。世界上此時亦唯有包括中國在內之古老的亞洲最迫切的需要新生。這當是新亞定名的本義。而爲新亞師生願與一切中國人，一切亞洲人，共抱之一遙遠的志願之所在。

中國需要新生，亞洲需要新生世界，人類亦需要新生。但是中國與亞洲之新生，據我所理解，尙不止是充量的接受歐美之近代文明之謂。我們並不相信亞洲與中國之文化精神已經死亡。亞洲是世界之一切偉大宗教——基督教、回教、佛教、婆羅門教——之策源地。他們都未死亡。中國的儒家道家之精神，亦未死亡。甘地之精神中有印度的慈悲，孫中山之精神中有中國的仁道，基督至今仍爲西方精神之最後的托命所，回教仍是凝合回教世界之一大力量。而中國文化精神之潛存于中國人心者之發揚光大，斷然能復興中國。至少我們可以說，人類如果莫有原自亞洲之偉大宗教精神與中國之儒家道家所培養出之各種德性，如仁愛、慈悲、謙讓等，人類定然毀滅。因而亞洲人與中國人，亦當永遠不忘其所固有之德性及文化精神，而求有新的覺悟。只要是眞正有價值，我們應當在文化教育中保存他，衰老的要使之年青，消逝的要使之重來。最偉大的生命之精神，是使莫有生命的，亦賦與以生命，是使死亡者復活。最偉大的創造，是化腐臭爲神奇。最悠久的現在，是古人所謂「誰道二千年往事，而今只在眼前頭」。最廣濶的人間，是使孔子、釋迦、耶穌、穆罕默德與一切過去之賢哲，都宛然與我們一堂晤對，而如聞其聲，如見其形。最眞切的日新又日新的精神，是掃除心靈上的灰塵，以心靈的光輝去照耀人類歷史文化之長流，予一切有價值者，皆感到一新妍活潑之情趣，而分享其初創造出時的歡悅，如亞當初到世界時，盤古初開闢宇宙時，那樣的歡悅。于是他將不看見任何有價值的東西是陳舊，而只是千古常新，中國人與亞洲人必須對其歷史文化中之有價值者，能化舊爲新，求其以通古今之變。所以新亞的精神，新亞之教育文化理想，我想不外一方希望以日新又日新之精神，去化腐臭爲神奇，予一切有價值者皆發現其千古常新之性質。一方再求與世界其他一切新知新學相配合，以望有所貢獻于眞正的新中國、新亞洲、新世界。古人云「士先器識而後文藝」；又曰「士不可不弘毅，任重而道遠。仁以爲己任，不亦重乎；死而後已，不亦遠乎」；又曰「高山仰止，景行行止，雖不能至，心嚮往之」。現在一堂師友不過數十人，然而此心此志，終當願與天下人共負之。

（一九五二年六月「新亞校刊」創刊號）

希望、警覺與心願

一

自本校創辦以來，大體說，師生們一直都有一希望與信心，卽本校會一天一天的發達的。現在本校雖然仍很不像樣，但五年來的經過，亦確表現本校之在進步。校中師生，逐漸增多。去年增闢了第二院。並卽將勘建新校舍。這樣下去，對于本校之未來，抱更大的希望與信心——相信本校將逐漸實現其敎育理想，而有所貢獻于中國之復興與人類世界之前途，都可說是應當的。但是我們如由過去五年餘來本校之在逐漸發達進步，便以爲以後亦必然一直向上發達進步，而想坐觀其成，卻是非常錯誤的觀念，而値得一切爲學校之一分子的人時時警覺的。而人之時時能安思危，進思退，警覺于未然，則是立于不敗之地的必須條件。此卽我爲同學們所辦之校刊寫此文之一微意。

我們之所以能時時警覺，必依于我們之能深切的認識：過去不保證未來，與一切事待因緣和合而生之理。過去之所以不保證未來，是過去已過去，而未來尙未來。過去是存在的，又是消失的。未來是可存在的，又是非存在的。「現在」一方送往，一方迎來，而成過去未來間的過渡；但是亦可能往者已送了，而來者迎不來，則現在成了分裂過去與未來間的深淵。人是隨時可殞沒于此深淵的，正由對隕于此深淵之慄懼，才產生人生之最深的警覺。

但是人依于其本性上的缺點，人在日常生活中，總是缺乏此種慄懼與警覺。人總是以他的過去的成功，預測他的未來。一個少年得志的人，總想他以後亦步步青雲；一次賭注勝利的人，總相信第二次亦會勝利，而實際上，則並不然。世間之一切事物都不是一直發展進步的。

事物之發展進步，一依于其內在的力量，此可稱爲因；一依于外在的條件之配合，此可稱爲緣。惟因緣和合，而後有發展進步之可言。然而任何自然中的事物對于其所遭遇之外在條件，皆不能有絕對的把握，故皆可由不得外在條件爲滋養，或以外在條件之阻扼，而夭折，而被摧殘。至于任何自然事物之內在的力量，則總是表現一分，卽少一分。如果不另增闢力量之原，表現完了，卽不能再發展進步，而逐漸退墮下去。故草會衰，花會謝，一切有生之物同有老死，人間的才人學者，才有時而盡，智有時而窮。此皆見一切自然事物內在的力量之表現完了，卽不復再有力量。但是在一事物正表現力量的進程中，卻恒不會去提防警覺到其力量會完，好像自己眞有無窮力量，可一直發展進步下去。如我們向天拋一石子時，好像此石子會一直上升天際；然而實際上，則石子之內在力量使其上升至一極限，一落便一直落下去了。由此二者我們便知一事物之盛衰進退的歷史之無定，過去之進不保證未來不退的道理。我們的學校，任其自然發展，亦不能例外。

我們的學校，是在一最艱難的時代，從一無憑藉的境況中開始的，亦可說是從無中創造出的有。其所以有今天不成樣子的樣子，一點一滴，皆來處不易，此當然源于其有一內在的力量。其最初的理想，及全校師生想實現此理想的精神，卽是此力量之源。此爲我們的學校之得存在的最初之因。在校董會未成立時，校董會諸先生及其他社會人士之幫助，最初只是學校存在之緣。但到校董會已正式成立了，校董會一方在法律上成了學校的主體，同時校董會諸先生對學校之精神上物質上的幫助，又成了學校內部之力量之源，而同爲學校存在之因。至于在法律上不成爲校董會或學校之一分子的其他一切社會人士的幫助，揄揚，與善意的批評，又都直接間接成爲學校之存在之緣。無論到什麼時候，我們學校之是否能繼續發展進步，皆繫于此成爲因者之是否能具足够的力量，及外緣之是否能相和合，並逐漸轉爲內因。如果能够，則人力亦可奪天工，而可不受上述之自然律的支配。

二

我們學校過去數年之所以能一天一天發展進步之故，上述的因緣二者，實同等的重要。但是成爲學校一分子的人，卻當想外緣的重要更大于因。而外緣中之最大者，則是自今之時代的社會人心自身長出的對教育文化的希望與理想。

我們看人，如只一個一個的看，每個人都有他的缺點或自私自利的地方。但是從整個社會人心來看，則他實時時都在望好的東西之出現。整個的社會人心，總是在那兒嚮往光明，追求光明，同時亦即在尋求堪寄託其公的理想、公的希望的地方。整個的社會人心，本是各個人的心集成的。但是各個人的心之私的理想、私的希望，總是相抵相銷，不能成爲公的理想、公的希望。把相抵銷的除掉，整個社會人心便總是嚮往光明追求光明的。而在一艱難困苦黑暗混亂的時代——如今日，只要那裏有一線光明或堪與寄託公的理想、公的希望的地方，社會人心便向那兒注意，與以過多的揄揚，最後則表現爲實際的幫助。此中，什麼人去幫助，亦可是偶然的。只要是一眞堪寄託此社會人心之理想與希望的事業，如果沒有這些人的幫助，亦或將有另一些人的幫助。此亦猶如一山眞有礦產，沒有這些人投資來開鑛，或可另有一些人來投資。但是反之，如果一事業不堪寄託此社會人心之理想與希望，則社會人心之理想與希望，必求另有所寄。此亦如無礦產之荒山，礦業資本家不向此投資，便另求值得投資的地方。拿這個道理應用于我們學校來說，我們便當說，**我們這個學校之所以能有今天，最重要的緣，只在自今之時代社會人心自身長出的對敎育文化的理想**，希望會通過一些幫助學校的人之手，而**多多少少寄託于我們的學校**。如果沒有這個，我們的學校，今天之小局面亦根本不會有。學校之有今天，當然亦賴全校師生的努力，亦賴諸實際幫助學校的人的努力。但是如果用一點超越的眼光來看，我們當說，這尙是次要的。重要的只在今日之時代之艱難、困苦、黑暗、混亂，社會人心有無數的公的理想希望，都無所寄託。于是其中關于敎育文化的理想希望之一部，便多多少少姑寄于我們之學校，因而對我們學校樂觀厥成，樂助其成而已。

我之所以要特別着重說明我們學校之有今日，是由于社會人心之曾多少寄其敎育文化之理想與希望于我們之學校者，一方是說我們學校中的人不要把我們學校過去之一點成績，貪天之功以爲己力；一方我還要再約略說明符合社會人心之理想與希望之不易。

符合社會人心的理想與希望之所以不易，是因社會人心一方是嚮往光明，望好的東西之出現，而願意加以扶持幫助，使之發展進步的。但是社會人心，又是常會寄託過多的希望與理想於一個人一社會事業，而恒溢出于此個人此社會事業能力之所能擔負者之外。一個人或一社會事業要出名是容易的；然社會人心之循名而生之期盼責望，日增無已，毀謗遂繼之而起，而社會人心，則或將移其希望理想而另求所寄。從此看，社會人心對于一個人與一社會事業，又總是多所苛求的，缺乏諒解的，或無情的。我們必須了解社會人心之嚮往光明，望任何好的東西，如好的人物、好的社會事業之出現之一面，及又對之多所苛求並對之無情一面，才知一個人立身行己及一社會事業之艱難。此艱難是必然隨一個人或社會事業之外表的名聲之增加而正比例的增加的；如果克服此艱難之力量不正比例的增加，與原來同樣的努力，亦不能保存一個人與社會事業原來的令譽，而結同等的善緣的。

三

我以上的話，都只是意在說明我們學校過去五年餘之逐漸進步，並不保證其未來之繼續進步，與其進步必待其內在的力量爲因，與外在的條件爲緣，二者相和合而後可能的道理。我們學校有種種長處，亦有種種缺點。許多地方，都不免名浮于實。成爲學校之一分子的任何人，如果不是自認是已達到成爲那一份子之最高標準的人，便都應分擔一部份的責任。在我個人的性格，常喜歡回頭看，我常覺自已所說的話，所作的文章，所作的事，合理想與希望的少，不合的多；每天的工作，自覺是在補過踐約還債的意思多，自覺是爲另有所希圖的意思少。對于一切屬於未來的事，我很少抱過大的希望，我亦很不願與人以過多的希望。因其是無必然之保證的。不久以前我曾到一處爲一些青年朋友講悲觀與樂觀的問題。我說人最好要超出此二者之外。如要於其中擇其一，則對未來寧取悲觀的看法。我常念孟子「志士不忘在溝壑，勇士不忘喪其元」的話。以此推之，我們學校中人，亦當常不忘學校有一日會不存在，一日社會人心會覺我們所標榜的教育宗旨，只是些預開的支票，永無兌現之日。這樣想亦並不妨礙我們現在當爲求學校之進步發展而努力作事、讀書，並檢點我們之日常言行，修養我們之內在人格。因爲這些只是我們作人的本分，這些都只是我們現在當作的事。不管未來的希望能否達到，現在便當這樣作。如果作這些只繫於對未來的希望，則一朝失望了，難道我們就不這樣作了嗎？對其未來抱希望，是情之所不能免，但同時亦是理之所不能必。故人之努力，不能只繫於此希望之存在，而應另去發現一鞭策我們努力的泉源，亦卽增加我們內在的力量的泉源。這是什麼？這是去激發開闢我們的心願。由心願之激發開闢而生之努力，才是眞努力，才有無窮的生生不已之力量與智慧出來。這中間另有一番大學問。如果這個一時作不到，則我亦不希望用希望激發大家的努力，我希望——應說我心願——大家從怕辜負或不忍辜負他人對我之希望之念出發，去鞭策自己的努力。我希望：我自己當先生的今後從怕辜負學生對我的希望而努力，學生們從怕辜負先生們的希望而努力，學校與校董會中的人及一切幫助學校的人，從怕辜負整個社會人心對於中國之敎育文化的公的理想與希望，而努力。這些理想與希望是些什麼，應當是些什麼，是値得我們隨時體察的。我相信，我們從怕辜負別人或社會對我們的希望一念出發，可以使我們少宣傳自己，少許人以希望，因而減少人的失望；可以更鞭策我們去努力符合人之正當的、公的希望，亦可使我們每人多求諸己，少所責望於人；而減少了自己之失望，增加對人之體諒。由此而卽可激發開闢我們自己的心願，使我們處處本我們自己之心願而努力。如我們眞能本心願而努力，我們亦將有無窮的生生不已之力量與智慧，自內部出來；這樣，則現在亦能保證未來天地之心，生民之命，萬世之太平，皆可由我們而立。這些話與前所說，似相矛盾，須切實參悟一番，才能明白。姑懸爲一公案可也。四十四年一月一日

（一九五五年一月「新亞校刊」第六期）

敬告新同學

本校創辦，至今已六年。今年新同學卻特較往年爲多，這當然是全校師生及一切關心本校的人所最感快慰的事。新同學們初到學校，舊有的師長同學對新同學們，應當說的話很多，我在此文中只想說到一點，是從新同學與舊同學之不同之點想到的。

此次入學的新同學們與舊同學之最大的不同，一點是年齡都比較小，一點是在本地高中畢業的同學，佔最大多數。年齡小，表示有更多的朝氣。本地高中畢業的同學，多來投考本校，表示香港社會已逐漸承認本校的地位。以後本校亦將與香港社會發生更多的關係。這樣可希望我們學校逐漸在香港社會生根。這都是很好的事。

但是對於本期入學的新同學們，我總忍不住要猜想，你們到本校來讀書的動機或志趣。究竟你們是依什麼動機志趣而來的呢？這與原來的舊同學來本校之動機志趣是否相同呢？

新同學們到學校，一定應當首先知道本校的歷史，知道本校最初創辦的精神與艱難的經過。但這些話，我想不多說。你們可以由老同學的口中知道。我要告訴你們的，是這些老同學們是怎樣來投考我們學校的。據我所知道，有些是從讀本校老師的文章著作而後來投考的，有些是由聽本校之文化講座中老師們的講演而來的。有些是嚮往本校創辦時所抱之敎育理想而來的。此外當然亦有是無錢在他校繳納學費而本校免費額較多，以及其他偶然的關係而來的。大體說，這些舊同學，亦多是經濟環境比較困難，且多是隻身流亡，飽經憂患的。因他們在現實生活上沒有保障，要一面謀生，於是讀書研究的時間，常感不足。然而亦正因他們在現實生活上沒有保障，所以在志氣上，理想上，反較能互相激發，堅苦自勵。這種舊同學的長處，新同學們應當加以了解和學習。我現在要問的是新同學們究竟是依什麼動機志趣而到我們學校的呢？這點值得每一新同學們自己反省。你們是否因讀了本校老師們之文章著作或聽了其講演而來的呢？是否因嚮往本校之敎育理想而來的呢？我想這類同學亦必不少。但是否還有只因本校要建築新校舍，因本校在社會上已有虛名或錢先生得了香港大學的榮譽學位而來的呢？或因本校與雅禮合作，你們希望經過本校，便可到美國留學而來的呢？如果你們是從這些動機來到我們學校，亦不是壞。這亦是人之常情。人從什麼動機作什麼事，亦不必永遠止於那個動機，而定學校之好壞之世俗的初步標準，亦免不了這些。但是我希望你們入學校後，能把你們的動機與志趣，再向上推進一步提高一步。你們應當認識本校之理想之本身的價值，錢先生及各位先生之人格與學問之本身的價值，及各位先生要你們看的書所指導你們研究的學問之本身的價值。你們應當想如何可使你們自己之人格本身成爲有價值、而値得存在於天地間的一個人，一個中國人。

我常想我們學校之有今天，除賴本校師生努力外，尤賴香港政府及英美之友人的多方襄助。而雅禮與本校之合作，更為我們學校之轉捩的關鍵。如果沒有雅禮的合作，今年的新同學們首先沒有教室上課，亦無法添聘這許多先生。這些國際友人對我們的幫助，是本於一普遍的人與人之相助的精神。這亦是本校師生所永當感念不忘的。但是無論如何，在我的深心，終覺有一難過。我想在本校一切師友的深心，當同有此一難過。卽為什麼我們現在只能在殖民地的香港，靠國際友人的幫助，才能辦此一學校呢？這個原因，我們一直去追溯，這中間總有一無限的隱痛。這隱痛，是原自整個中國國家民族之憂患。這憂患當是每一中國人所能同感的。不過由流亡而來香港的本校舊有師生或比你們生於香港長於香港的新同學們感得更為深切。然而要解除此隱痛此憂患，則我們一切無可依賴，只有憑仗自力。別人是國富民強，我們是國破家亡。從此點一直想，便知我們無論如何不能只作一個人，還要作一個中國人。中國人有他自己的問題，自己的責任。我們沒有資格與人恬嬉。所以我首先希望，我們學校漸能在香港之中國人的社會中生根，學校的經費漸能自給自足。因為如果一個學校之存在，還要仰賴於人，還說什麼去從事中國復興之大業？——但是我卻不希望來自香港社會的同學，其志願只在當一香港的公民或到外國留學後，成一世界的公民。在未達天下一家之前，中國人一定要是一個世界人，又是一個中國人，不能忘掉自己國家民族的憂患。我們之一切學問一切事業，總要直接間接多多少少要求有助於此憂患之解除。才可以使我們問心無愧。我在本文篇首已說，新同學們初到學校，舊有師長同學可以向你們講的話很多。我所想到的一點只是比較年輕的新同學，參加到我們學校，一定可以更鼓舞舊同學們的朝氣。但是老同學們所經的憂患比較多，亦當可更幫助激發新同學們的志氣。我希望新舊同學，在此點上能彼此相得益彰，共同努力，使本校能一方在香港社會生下根，一方共謀以學術文化的力量，逐漸解除我們共同的深心的隱痛與憂患。

（一九五五年十月「新亞校刊」第七期）

再說希望、警覺與心願

我在去年校刊中曾寫「希望、警覺與心願」一文，說我們應每人各有些心願，而各求盡己力，不要只是向他人、向學校、向社會，有過多要求與希望。同時應該大家多警覺精神的下墜。現在本校的新校舍快要造成了，新聘的先生日益增多，學校的行政制度在改進，圖書設備在增加，本校的名譽更一天一天增高了，要來投考的同學更多了，許多原來離開本校的師生亦多想回校了。經了六、七年的艱難，本校總算在香港社會立住了腳跟。但是我仍是要把去年之一文之意再提出來與諸位同學一說。

我之所以要再提出一些老話來說，是因爲在寒假中一些老同學，同我說到現在我們學校的精神，在好些地方，實趕不上從前。以致有的同學說到此還流出眼淚來。我想同學們的話並不全對。因此眼淚中卽表示我們之精神至少還在同學們心中。對於同學們的心情，我自信我能了解。這個心情，有如一小家庭，或爲一大家庭時，家中原來的兄弟姊妹同免不掉的心情。好似原來之家庭之本有的和諧與溫暖，都破壞了喪失了。我曾把此問題，正式在哲學概論班上提出來講過。我說此原始的家庭，是不能保持的。小家庭一定要變成大家庭，以至分成許多小家庭，而後才有社會。社會要以依理性而生之法制與公共的理想來維持，而不能只靠人與人之直接的原始情感來維持。學校大了，亦復如是。當然，在本校初辦時大家是希望此校當成一家庭。而許多流亡的同學，更是視學校的先生如父兄，亦尚有一些同學希望本校之教育文化之理想，能為中國指出一條道路，先生們都成他們之精神上之領路者。然而當此學校校舍正要建成之時，許多同學，都反感到精神上的徬徨與空虛。這些責任，是像我這在學校服務六、七年之久的人，當首先引為自咎的。

但是，從另外一方面說，則同學們對於學校之希望之過高，亦不一定都對。當然我們現在流亡至此，我們之一切學問事業，都須是為中國之國家民族求出路，進而為全人類文化謀前途。如果連這一點良心都莫有，直是禽獸不如。但是一個學校亦猶如一個人，就其為一有限的存在來說，他實際上亦只能負擔有限的責任。一個學校亦猶如一個人，總是有他的缺點，其現實的方面與理想的方面，總是相差極遠。我們雖然希望新亞書院能逐漸辦好，大家能負擔一部份的國家民族人類文化的責任，但是我們卻並不能把一切責任全部負擔起來。此不特本來絕無可能，而且我們如一定要這樣想，正是一大私心。而同學們之由對學校之希望過高而失望，亦可說是一自然的懲罰。

在實際上，我個人當然希望每一位新亞同學，都有極高的人格理想文化理想。但是一人之人格理想，只能各人自求實現於其個人。而文化理想則須與天下人共擔負，並不只限於與一學校中之同事同學共同擔負。所以我雖然是新亞書院之一份子，但是新亞書院比起我所當關心的世界來看，無論如何仍只是一極微小的部份，而我亦寧肯希望同學兩眼能多去看新亞書院以外的世界，而不希望同學只看此學校本身。譬如新亞書院之文學系所講的是屈原、李白、杜甫、荷馬、莎士比亞……，哲學系所講的是孔子、莊子、孟子、蘇格拉底、柏拉圖……，經濟系所講的是管子、王安石、亞丹斯密、穆勒……，這些人都在新亞書院未存在之先早已存在。如果新亞書院之教育能成功，卽是它能帶諸位同學去接近這些人物與其學術，而了解新亞書院以外之學術世界、文化世界，以謀共有所貢獻於今後之人類世界。只有此超於新亞書院之上之外之學術世界、文化人類世界，才是大家同學心思之所當注目之所，這是很明白的。反之，如果諸位同學之心思只注意到此學校本身，此學校中之幾位先生本身，以至此學校之新建築與人數之增多及學校名譽之增加之本身，正無異整個新亞之教育的失敗。這些話並不是故爲高論，這是一極淺顯的道理。

其次我將再引伸我去年之文，所說警惕之意，一加以發揮。我在去年之文中曾說，我們之學校之所以似乎一天一天發達，其主因在社會人心對教育之理想與希望之多多少少，暫寄託於我們學校，我說此話之意，當然不是否認董事會及學校諸先生對學校之辛苦經營的勞績。我的意思，是我們千萬不要以一件事之成功，是一個人或一羣人之主觀的努力便能成功。我們試想，在七年前在大陸時，董事會與學校中之任一個人同莫有能力在大陸辦一新亞書院。以客觀的眼光來看，如果不是大陸淪陷，新亞書院同人咸有國破家亡之感，都想爲中國文化留一點讀書種子，全校師生能表現出一股艱苦中奮鬬的精神，而國內外人士亦另眼相看，在報章雜誌上為之揄揚，及其他有形無形的加以幫助，此小小的學校，明是辦不成的。所以我在該文中希望大家警覺。我曾說到如果我們學校不能符社會上他人的希望與理想，則他人的希望與理想必另求有所寄，而不再寄於我們學校。但是這些話，還是以利害來動大家之警覺之心。實際上，我們在道義上便應該常想不要辜負社會上他人的希望與理想，這是一作人的起碼的責任感。但是我們大家自己心問口、口問心，我們眞能把社會上他人所寄託的希望與理想，眞放在心上嗎？在我個人總覺得慚愧。我們實在名不符實的地方太多了。但是往者已矣，來者尤可追。如果在慚愧之餘，我們能覺到我們之流亡在此，靠他人幫助才能辦一學校而感得恥辱，以求補過雪恥於未來，我想我們還有一日可問心無愧的。但是我擔心的是新亞書院從「手空空，無一物」到今朝之手中有物，精神便眞向物化的路走了。這仍是值得我們警覺的。

最後我再一說我對新亞書院的心願。我的心願是新亞書院以後要辦成一眞正的學校。此學校應該有一超於此學校與其中之一切分子以上之一理想，而學校中之每一分子應直接對理想負責。本校之敎育宗旨，是想以人格中心來補課程中心之弊，這本來是好的，這可使每一敎者直接對理想負責。本校今後之各系之敎授，絡續增多，每一敎授卽可成一人格中心，以供諸位同學在為學與作人上之效法。但是敎育之最高目的不在成就敎者，而在期望每一來學者都成為一人物。所以同學們之能直接對理想負責，尤其是重要的事。同學們固然當尊敬施敎的先生，但是尊師必與重道相連。道卽是理想，師之尊，在其有道，能引導同學們向道，故道尤高於師。而一切師友同到道的面前，便立於同一地位，當負同等責任，每人皆可以當仁不讓。只有在大家能重道而又能當仁不讓時，師友之關係，以大公之道爲媒介而聯結，而後彼此之感情亦才有堅固的基礎，才可以長久。否則一切師友間的感情的關係，必然轉成世故的關係，是靠不住的。這話的理由，可以說甚深甚深，但並不難理解。我希望同學們由此理解，大家警覺，由警覺中同發出一心願，每人同直接對理想、對道負責，以使自己成爲一人物。這樣，諸位同學成就了自己，而學校亦卽成功了。中國亦卽有前途了。

（一九五六年四月「新亞校刊」第八期）

告新亞第六屆畢業同學書

子游、欽松、文正、葉龍同學：你們所寄來之四封信，通通於前日看到。你們說本屆畢業同學多希望我說幾句話。所以我亦不再分別回你們的信，只把我臨時想到的幾點意思對大家一說。

一

本屆畢業同學都是在我們學校未與雅禮協會合作以前到學校的。再下一屆的畢業同學，便不是了。我們學校之與雅禮協會合作，當然是本校校史上之一最重要的階段。莫有雅禮協會合作，使我們學校能有新的校舍，得增加許多好的先生與同學，我們的學校不會有今天的進步，亦不會使社會上都逐漸知道我們的學校。對於雅禮協會的合作，我們當然是應當感謝的。但是我卻總是不能忘懷在與雅禮協會合作以前的我們之學校之一段歷史，而對那時到學校的同學，另有一種感情。而你們這一屆的同學畢業後，則原來的學生都完全離校了。這使我覺得有些話，不能不藉此機會說一說。

我之所以懷念我們學校在未與雅禮協會合作以前的一段歷史，不是說那時的新亞之精神一定比現在好，亦不是說那時的先生與同學們更能堅苦奮鬪，更像一家庭等。我所想的，只是那時我們之學校什麼憑藉都莫有，如校歌中所謂「手空空無一物」。我個人那時的心境，亦總常想到我們在香港辦學，是莫有根的。我們只有流浪在此。我們常講的中國文化精神，人生理想，教育理想，亦只是如虛懸在口中紙上，而隨風飄蕩的。但是正因爲我常有此流浪上無根之感，所以個人之心境，在當時反是更能向上的。正因我常覺一切精神理想都是虛懸在口中紙上，而隨風飄蕩，所以更想在內心去執定它。我由我自己的體驗，使我常想到許多流亡的同學，你們在香港更是一切都無憑藉，應更有一向上的精神理想，亦當更能執定它。我不知道畢竟你們這些流亡的同學，是否眞能從流亡中體驗到一些什麼。但是以後我們之學校，卻斷然是流亡的同學一天一天更少或根本莫有了。而我們之學校，有了校舍，逐漸爲世界所知，在香港社會立住腳，我們之流浪無根之感，亦自然一天一天的會減少了。這畢竟是我們學校師生之幸呢或不幸呢？

但是我又不能說我們學校不當有校舍，不當逐漸爲世界所知，不當求在香港社會立住腳跟。一切存在的東西都要維持他自己的存在，並發展他自己的存在。如自己力量不足時，卽希望其他存在的東西來幫助維持發展他自己的存在。學校之望有校舍，亦如個人之望有家宅；學校之逐漸爲人所知，在所在社會立住腳跟，亦如個人之在世界之希望有所表現於社會而爲人所知，而成就其事業。流浪飄蕩的生活，總要求有一安定休息之處。人只在內心有一向上的精神理想還不够，人必須在現實世界有一開步走的立脚點，並逐步實現其理想，此立脚點不能永是流浪飄蕩的。

由此我們可以了解一切個人的人生與人生之共同的事業，同有一內在的東西根本矛盾或危機。人必須在現實上之憑藉愈少而感飄蕩無根時，然後精神上之理想才愈能向上提起。但提起的理想又還須落在現實上生根。然而我們只注目在理想之現實上生根時，理想之自身卽可暫不向上發展。而現實的泥土，亦卽同時可窒息理想之種子的生機。這是一切個人的人生與共同的事業，同有一內在的根本矛盾與危機。這點意思，我希望大家能有一眞切的醒悟，然後再看我們有無解決矛盾與危機之道路。關於此一點，我想關連到各位同學畢業後之切身的出路問題，從淺近處一說，然後再回頭來說我們學校。

二

我們學校之畢業同學，以前幾屆都很少。從此屆起，則畢業同學愈來愈多了。究竟畢業以後，同學到那裏去呢？這些問題，不僅同學們自己關心，學校的師長們，亦一樣的關心。以學校的師長之本心來說，眞正的師長之望其畢業同學之各得其所，前程遠大，實際上與父兄之望其子弟之各得其所，並無分別。但是在畢業同學少時，學校之師長或能看見其畢業同學，都一一分別就業。而在學校大了，畢業同學多了以後，則一批一批的同學之畢業，從學校方面看來，卽如同送一批一批的子弟，到前途茫茫的世界，亦不知他們將歸宿何所。而畢業同學一離校以後，命運各人不同，或升或沉，或順或逆，五年十年之後，或相視如路人矣。從此處想，實有無盡之悲哀。但人生無不散之筵席，任何好的師長，至多只能盡他的教導之責，但是對於盡責後之結果，則全不知下文如何。而此悲哀，亦成古今中外從事教育者無法自拔的命運。而此時我所能說的話，最重要的一點，即是諸同學離校後要了解一個眞理：即人生所遭遇的命運，其價値要由自己去賦與。同學畢業之後所遭遇命運或處境可以千萬不同。但大別言之，總是非順卽逆，不是比較得意，便是比較失意。不一定學問好品德好的就會順境而比較得意。人之處境之順逆，有一半是偶然的。但同時我亦要鄭重說明，實際上一切順逆之境，都同樣可是對我們好；亦同樣可是對我們壞的。此好壞之價値，全由我們自己自作主宰去賦與。我們通常說逆境是壞，但所謂逆境者非他，卽人在現實上少一些憑藉與依傍而已。但是我們可以說人之精神理想之提起，正是由於人在現實上之莫有什麼憑藉與依傍而來。而所謂順境者非他，卽人所想望者或理想中者之比較能在現實上生根或實現而已。但是上文所述之現實泥土，即可窒息理想之種子的生機。在此處我們須要認定：在大多數的情形之下，世俗上的幸運都是使人精神理想向外下墜的；而世俗上的不幸，都是鞭策人之精神理想向內上升的。這個道理，古今之聖哲有無數的話足資證明。但現代人大均忘了。我想卽以此語，勉勵畢業後處於比較逆境的同學。

我這個話的意思，當然不是要同學們不去求職業，不去求比較順適的環境，進而謀求學問事業之成就。但是我再要說明，如同學們將來能得一比較順適的環境的話，同時千萬不要忘了一切順適的環境，都同時是宴安酖毒。此所謂「順適」、「宴安」，是最廣義的說，同時是比較的說，譬如畢業同學有的望留在學校，有的想留學而亦竟留在學校了。留校留學了，在此處同學們如果覺到好像有一依傍憑藉，這亦是一細微的宴安亦是一酖毒。依同理，如果我們覺到學校有了校舍，有了外面的援助，社會的稱讚，此學校如可以有所依傍憑藉，而永遠存在，此中亦有一細微的宴安，此念亦是酖毒。我常想人生有一件事，是要永遠要自己去勉勵自己的。卽人在獲得了什麼時，要覺自己並無所得。人在覺自己是什麼時，要覺自己並無所是。所以畢業同學們如果能留校留學，仍要想自己如仍在調景嶺時一般，並不覺留校有學校可依傍，並不覺留學可增加我之立身處世的憑藉。我們學校儘管有了校舍與外面之援助，社會的稱讚，但我們亦須常想到社會稱讚隨時可改爲譭謗，外面之援助隨時可斷絕，火亦可以把我們校舍燒掉。一切人所得所有的東西，原都是可失可無的。一切人今天是如此，明天都可不是的。這些話不是當作抽象的道理來理解，亦不是只當作一可能的想像來理解，這要眞正設身處地來理解。人眞正要作到要忘掉他自己之所得與所有，當然不容易完全作到。我自己亦不能作到。譬如許多同學要問我此次由日本到美國有什麼感想，我的感想之一便是我未能忘掉我之所是，如我是一哲學敎授，在接觸人的時候，實際上別人是如此看我，更使我不易忘掉我之所是。但是我一人在旅館中或街上走時，因人地生疏，我都常想到我此時在他人前，不過一中國人。在此我亦卽忘掉我所是之哲學教授，成了一純粹之中國人。而他人亦許不能分辨我是中國人或日本人，則我成了一純粹的人。此處我卽有一解脫感。但是此解脫感實並不需要由他人之如何看我反照過來，我知道我本來可以不是哲學教授，而只是一純粹的人。是這種只是一純粹的人，此外什麼都不是，什麼都覺無所有之解脫感，我亦不能常有。但我雖不能常有，但是我深信一個人要眞成一個人，必須從忘掉自己之所是、所有而空所依傍上下工夫。而此亦是一切眞正的智、眞正的理想與眞正的感情所自生之根源。這個道理似乎陳義太高，亦許諸位同學還不能適切的了解，但是我不能不以此期勉同學們。

三

由此再說到我們學校與雅禮協會等之援助關係。據我所知，此間雅禮協會開會的結果，是要想募款，預備學校第二期校舍的建築。這我們自然應當感謝他們的盛意。而大家同學聽了，亦必然很高興。但是我要說，大家如只是高興，此中就又有一依傍憑藉他人的心理。這個心理並不是偉大的。而社會上的中國人因新亞有國際朋友的幫助而另眼相看，這個心理亦並不是偉大的。當然新亞書院需要人幫助，只要出自純粹教育動機而來的幫助，無論是中國人的外國人的，新亞書院都是希望的。但是我們之此希望之背後，卻不能莫有一種複雜的感情。卽我們須要想，何以我們不能憑自己力來辦此一學校？何以香港的中國人不能以經濟力量支持此學校？這原因一直追上去，我們是不能莫有愧恥之感的，亦不能莫有哀痛之感的。而社會上的中國人必須待一學校在有國際朋友的幫助，才另眼相看，此亦猶如一些中國學生必須留學，一些中國學者必須經外國品題欽請，然後才爲人所重，同樣是一種可悲可嘆的心理。這些心理，原因複雜，我不忍心說這全是中國人之自卑自賤。然而至少其中有可悲可嘆處。此處我們要去眞切的想爲什麼一個國家不能自己樹立自己的學術文化標準與教育標準？又新亞書院與雅禮的合作，在雅禮方面的經費，本來是爲辦教會學校用的，現在用來支持一非教會的學校，在雅禮方面，對其原初的理想是有所犧牲。然而此犧牲中卻更見表現一眞正無條件的幫助人之耶穌精神。現在我們自問，用什麼東西去還報雅禮協會方面的同仁們所費的心血精力金錢呢？當然，新亞書院亦使雅禮協會同仁們獲得一幫助中國人的機會，但是我們不能只以此來自慰，我們還須另有還報。我在此曾經這樣想，我們終有一天，中國亦會富強，這時亦會有新亞書院的畢業同學，用他們的心血精力與金錢，在美國幫助美國的基督教徒辦基督的學校。但是我這樣想了，我們能對外國朋友說麼？我能有資格說麼？爲什麼使我莫有資格說，此中仍有可悲可嘆處。而我今對你們說，你們最初亦或將不免一笑。但是如果你們笑了，你們就有罪了。實際上照我的想法，如果我們不發一願心，使中國成爲頂天立地的國家，不僅能自立，而且能幫助世界，我們就不當接受國際朋友的幫助，新亞書院還是搬回桂林街的好。但是諸位同學們能發此願心嗎？

我離香港數月，已經歷半個地球。但是純從見聞方面說，實在莫有什麼多少增加。耳目所能及的，由書籍同樣能及。如果說此數月來眞有得益，主要還是自己的感情方面。我總覺到人類的人性是同一的，世界上任何地方的人，如日本人、美國人，都有許多可敬可愛之處，値得我衷心佩服。在此處是莫有國家民族的界限的。但是在未達天下一家以前，一個人只有求眞實地生活存在於其自己的國家民族與歷史文化之過去現在與未來之中，才能安身立命。我儘可以佩服他國的人，但我卻從未有過任何羨慕之情。我儘可承認他國的學術文化的價値，但我從未想任何國的文化可以照樣的移運到中國，亦從未想中國的學術的前途可以依傍他人。我隨處所印證的，都是一個眞實。卽我們要創造我們自己的學術前途與文化前途。我們無現成可享，亦不要想分享他人的現成。人在天地間所貴在自立，個人如此，國家民族亦然。能自立的人，亦需要人幫助，亦可以個人借貸。中國人之學習外國的學術文化亦是借貸。在此如果我們不能使中國富強，不能在中國學術文化之前途上有新的創造，以貢獻於世界，而亦有所幫助於人，則我們將永負一債務。我並時常想到，人生在根本上亦就不外是在求還人對其精神理想所負之債。人之精神理想愈高，則責任感愈重，而債務感亦愈深。人對照其精神理想來看自己之現實存在，不僅自己一切所有所是都算不得什麼，同於無所有無所是，而且此自己之現實存在中，歸根到底只有負面的債務，如永遠還不完。我想人亦或須常如此想，然後人才能眞正的自強不息，然後任何現實的泥土都不能窒息其精神理想的種子之生機。這個話陳義，似乎又更高了。但是我請諸位同學試想我們在雖有校舍而仍無土地的香港居住，面對五千年文化存亡絕續之交，我們的生命中除了對於中國古代之聖賢、我們之祖宗、千千萬萬的同胞及世界的朋友們之期望，未能相副之感與渾身是債之感外，又還有什麼？此意望與諸同學共勉之。

你們諸位同學就要畢業了，但是我不特莫有什麼話祝賀你們，亦莫有什麼話安慰你們，我反而要說許多話來更增加你們之沉重之感。但這亦是以後我再莫有機會向你們說話的原故。　六月廿八日

（一九五七年十月十五日「新亞校刊」第九期）

新亞書院之原始精神與同學們應自勉之一事

什麼是新亞書院之原始精神？在此，我想撇開初創辦時之一切高遠理想不談。這些理想，到今日所實現者，亦不及百一。於本文中，我只想說一點，即新亞書院之原始精神，只是中國大陸變色以後，炎黃子孫流亡在香港者，想對中國之文化與教育，負一點存亡繼絕，返本開新之責任之一種表現。

從這點說，新亞書院，在先天性質上，只是一流亡學校。新亞書院最初創辦時，大家師生夢魂繚繞的，是綠野神州的山川廣陸，古今人物；大家所想望的，只是早日重返家園，將自己之所學，貢獻於我們原來所在之中國社會。香港「雖信美而非吾土兮，曾何足以少留」，是大家當時共有的情懷。大家當時亦並未想到，我們必需要在香港有一永久的校舍。我們的希望，仍主要是誤信馬列主義而以之指導中國文化之前途，限制學術自由的炎黃子孫迷途歸來。我們可以在綠野神州之山川廣陸中，選擇任何一地方，辦我們的書院。

但是數年承蒙雅禮協會的捐助，竟然使新亞書院有了永久的校舍，而且最近還預備擴大。原初流亡在此的師生，能有此一庇身之所，大家的感謝，當然是說不盡的。但是在我個人，有時卻有一種似乎奇異的感情。我覺到新亞書院因有此永久校舍，而在香港永遠存在，這似乎是我不能，亦不願想像的。如眞去想像，這中間似有一種極難說的可怕。這可以說是，當我想像到新亞書院永久存在於香港時，我自己的精神之一部分，亦似隨這個東西之永久存在於香港，而如沉陷停留在香港這一地區。而這件事本身卽有一可怕性。這雖然似一奇異的感情，但是我相信大家亦同樣會有。

但是這種個人的主觀上的感情，在客觀上看來是不重要的。新亞書院的校舍，既然經香港政府規定爲永久作教育之用，不管以後的人事滄桑如何，新亞書院這塊招牌，總可能繼續存在下去。而新亞書院既然存在於香港，由香港之社會與政府加以支持，使其得繼續存在，則今後新亞書院的教育，亦需要對香港社會負責。近二年來，到新亞書院來的同學，既多是由住在香港的父老們送來的子弟，則這些同學們畢業以後，亦多勢須在香港社會求得正當的職業，以盡其公民的責任。如果同學們的學識與能力，全不能適應香港社會的需要，這卽是我們教育的失敗。而我們的學校，亦卽將無在香港社會存在的權利。

但是再從另一方面說。不管我們的同學是從大陸流亡來的，或從香港本地社會來的，或從南洋及臺灣來的，除了極少之外國學生外，都同是炎黃子孫。在香港與南洋出生的子弟，其父母祖先，仍是從中國大陸來的。大家在此仍只是僑居，在土地上是莫有根的。而大家在深心上所盼望的，仍同是中國之國家的富強、民生的康樂、學術文化的進步。一切有志的中國青年，仍在望自己學業有成時，能直接間接有貢獻於中國的復興。因而其目光之所注射，胸懷之所抱負，情感之所關切，氣概之所涵攝，仍決不能，亦不當只限於此香港彈丸之地。而其所當勤求之知識，所當培養的識見，所當陶養的人格，所當訓練之才具，亦不能只限於滿足香港社會之需要、在香港求得一正當職業、盡其對香港社會之責任而止。

以上所說，再合起來看，則我們的學校，既要對香港社會負責，又要對中國之民族與文化負責。我們的同學既要有適合於香港社會需要的知識技能，以謀取正當職業，又要能高瞻遠矚。立下遠大的志願，並求才學德行，足與之相副。我們既照顧到當前的現實，而我們又不能忘掉我們內心的理想。而此二者之間，實時時可能互相矛盾衝突，不易加以兼顧，這是我們學校之前途之最艱難的課題。

對於這個課題，我願意提醒大家的注意。大家的看法可各不同，而各同學來的目標亦各不同。然而有一點，我認爲是必需肯定的，卽新亞書院要存在於香港，莫有法子全不顧當前社會的現實需要。然而如果新亞書院要全放棄其理想的成份，而同學們的目標，亦一步一步落到只求在香港社會謀一職業，而只成一香港人，不求成一眞正的中國人，則新亞書院自始就不應當存在，而今後亦不必求繼續存在。因而我們除了兼顧此二面，而擔負此兼顧的艱難，別無路可走。

然而擔負此艱難的責任，主要在同學們自己身上。求學讀書是艱難的。在此香港社會，求正當職業，以盡為香港公民之責任，也是艱難的。捨此而外，還要求當一中華民族的孝子賢孫，使自己之才學德行，足與自己的志願抱負相副，以貢獻於來日之中國，尤其是艱難的。這只有賴於同學們之發願心以自勉。同學們若能如此自勉，則我想新亞書院亦未嘗不值得永久存在於香港。否則，大家試想，這農圃道的校舍，至少亦須一二百年而後壞，此一二百年中，年年歲歲，只是一些先生學生，人影幢幢，來來去去，各為職業，交易而退，何等無聊，何等乏趣。把這景象，多想幾次，大家亦會覺可怕的。

（一九五八年五月「新亞生活雙週刊」第一卷第二期）

國慶、校慶、月會

——在新亞第十二次月會上的講詞（摘要）

今天是國慶，亦是校慶，同時又是本學期的第一次月會，要把此具有三重意義的話同時講出，實在說，恐怕不易講得好。

一

我想首先就月會方面，簡單說幾句。

本校舉行月會以來，大體上說，同學們的反應都不錯。本學期的新同學，或者還不知道我們舉行月會的意義。我們的月會，一方是由先生跟同學們講話，或報告校務；同時亦可藉此機會，大家聚集一堂，彼此見面，使師生間或同學與同學間，互相了解，增進情誼。

本來照學校原定計劃，希望每年新同學的人數不超過舊生人數之三分之一；但今年情形比較特殊，新同學的數字竟幾佔舊生人數五分之三。因此，先生們亦擔心到新舊同學將較不易於打成一片。所以我希望新同學要多多與舊同學們接觸，舊同學亦應當本着新亞傳統之互助互愛的精神，多多予新同學以各方面的幫助。大家衷誠合作，使我們的精神融合在一起，亦使我們大家學習在一起。

本學期南洋僑生來校就讀的有二、三十位，廣東籍同學亦空前的增多。這些同學，有的不諳粵語，有的不諳國語，他們常感到聽課時因語言而生的許多困難。學校政策原決定以中國人之共同語言——國語——爲授課的語言；雖然有時爲了某些特殊的原因而偶用粵語，但此種情形只是一時之權宜。因此，我希望新同學能够及早學會國語，但亦希望南洋來的同學能多少了解粵語。這樣便可更增加同學們相互的了解與學習的方便。

二

今天是國慶，又是校慶。究竟國慶值不值得大家慶祝呢？從一方面說，這可能是一項疑問，有好些住在香港的中國人對此便表示了懷疑。他們不慶祝國慶，不懸掛國旗，正是表示他們之懷疑。究竟校慶又值不值得我們慶祝呢？我們都知道，中國人做大生日，大多等到兒孫滿堂，並且兒孫們個個都成家立業的時候方舉行，認爲這樣他的生日方值得慶祝。我們看看我們歷屆畢業的同學，許多到現在仍未正式成家立業，此喻他們未在社會獲得其應得的地位。就此而言，我們對校慶值不值得我們慶祝，亦是可以表示懷疑的。

但是同學們畢業後未能成家立業，亦不能全視爲先生們之過，或同學們自己之不肯努力之故。其中原因很多，最明顯的一點，是我們的畢業同學，並未被當地之法律承認具有正式大學畢業的資格。然則何以有此種現象呢？理由一時亦說不清。但我們若能由此一步一步細細想下去，我們亦可了解我們在此求學與辦學之不易，激發出我們對國家民族的感情，與我們自身的覺悟與努力。

現在再回頭說到國慶。我們中國已有五千年的歷史文化，中華民國亦已有四十七年的歷史。然而在今日世界上的人看起來，今日的中國，是分裂爲二的中國；此一分裂的形勢，不管是錯在中共，或錯在自由中國，世界人士都可說是中國人自己犯的錯，中國人自己不行，因而可說中華民國的國慶是不值得慶祝的。卽以前曾同情中國文化之世界名哲學家如羅素之流，亦以爲中華民國最好不存在。至於國際政客對中國政局之播弄，當更不必說了。

然而就另一方面說，我們卻又有一信心，我們相信校慶和國慶仍是值得我們慶祝的。究竟校慶和國慶爲什麼值得我們慶祝呢？我們試回顧新亞初辦的時候，全校只有三十幾名學生，先生亦只有區區的七八位，校舍狹小，設備亦簡陋到不成樣子；但是今天我們學校的規模卻大大的改善了。然而這些還不是值得我們慶祝之主要點，多幾個人或多幾間教室亦算不得什麼。

我想我們學校值得慶祝之點，主要的是：第一，從我們學校最初之一無憑藉，而發展至今天，所象徵的時代意義。我不說我們學校之能發展，是由我們師生共同努力之結果，我寧說此主要全是由於八九年來社會的人心，對我們學校不斷寄以希望，並不斷鼓勵及各方面之幫助的結果。而此所證明的，則是此時代之社會人心之無時不在有所希望，並求其希望之有所寄。此處卽見社會人心之向上的生機。此情形有如在荒山黑夜中，路上行人偶然看見茅屋中之孤燈如豆，人們亦會走入茅屋，而與其中住人，互相招呼，慇懃存問的。我想我們學校之受社會人士之同情幫助，亦類於是。我們學校之稍有一點成功是小事，但由此反證此時代社會人心向上之生機，其意義卻是重大的。

其次，關於雅禮協會與新亞數年來的合作，其意義更大。錢先生曾說：「新亞書院與雅禮協會的合作，是前所未有的。」他所指的是說過去美國人所協助中國人辦的都是教會的學校，雅禮協會亦原是在長沙辦教會學校的。然而雅禮協會卻並未要求新亞成為敎會學校，而只與新亞原有之同人，依新亞原來之教育宗旨彼此合作。這就是前所未有的。我常想：從雅禮協會的立場看，本當用其人力物力於敎會學校的，而今竟用全力幫助新亞，此在雅禮協會的同人之精神上，實有一極大之犧牲，亦表示出他們對於中國文化之衷心的尊重。而此犧牲的精神，亦卽是眞正的耶穌精神。這是我們所當感佩的。而此數年來新亞與雅禮之此種方式之合作之成功，當可為未來東西文化之互相尊重的合作之一典型。

第三點值得慶祝的似是一件小事，但我願特加提出就是：自雅禮幫助我們建造了此新校舍後，桂林街之校址，原由本院同學辦了一所專爲附近貧苦兒童而設之義校，卻一直由畢業同學會繼續辦理着。在那幾無人知的環境裏，畢業同學們仍盡心盡力的繼續教育着一羣窮苦人家的兒童。直到最近方由哲教系同學會幫忙辦理。我們的畢業同學，沒有什麼足資誇耀的社會地位，但此一精神卻是仍保持着原始之新亞精神。而此精神之價值，至少並不比我們之畢業同學一一皆飄洋過海飛黃騰達爲低。

三

最後，我要說到國慶亦是值得我們慶祝的。

世界上有這許多國家，每一國家都無不有其本身的特色；中國是世界上的一個國家，當然亦有它自己之特色。然則我們中國之特色是什麼呢？我們不必說得過多，只說人人所知之一種極簡單的歷史事實說，卽：中國是一個文化與其民族社會政治生活一直結合在一起之國家。世界上有許多具有長久歷史且有世界性之文化，如希臘文化，希伯來文化，它們固亦值得我們欣賞和尊重；但是此等文化在歷史上並未與創造它們的民族長期的連結在一起。而中國文化則數千年與其民族社會政治連結而未嘗脫節過。印度雖然亦是有幾千年文化歷史的國家，但它在政治上受英國人統治了三百年，回教人亦統治過印度。印度人的政治社會到了最近才能自己去管理。所以我們可說，除了中國，人類歷史上還未出現第二個數千年以其文化與民族社會政治生活連結爲一的國家。有人因此說中國文化缺世界性。此語究竟對不對，姑不去論它。卽假定此語爲眞，世界上有一個國家，其文化與民族之社會政治生活，能連在一起，還是人類的奇蹟之一。故我有時常想，卽使我們不站在中國人的立場，而站在人類的立場來說話，我們亦仍然應該愛護這個國家。

昔拜倫要到希臘幫助希臘人爭取獨立，因爲他以爲當時之希臘民族，卽古代之希臘民族。古代之希臘文化如此可愛，則今日之希臘民族，亦理當獨立存在的。但是他實在錯了。因爲此時之希臘民族，早非創造希臘文化之希臘民族了。然而中國現在這個民族，卻仍是創造五千年中國文化之中國民族。一株古松活了數百年，人還知寶愛，誰能不愛此五千年之文化與其民族之社會政治生活一直連結在一起之中國呢？

就近數十年的中國歷史來說，中國事實上是分裂的。但我們只這樣說是不够的，我們更應該細想，我們這數十年的歷史是不是走的錯誤的道路？我說，中華民國這四十七年來所走的道路是沒有錯的。推翻滿清建立民國沒有錯，反對袁世凱稱帝沒有錯，五四之愛國運動沒有錯，爲反抗日本帝國主義之侵略而進行之保衞民族的戰爭更是沒有錯。今天的中國是否就錯了呢？我想亦不是一定。有人說，今天中國分裂爲二，總有一個是全錯的。針對這一問題，我有一點意思，希望我們同學認淸的，就是：今天中國雖分裂爲二，但這兩個中國之任何一方，都未必全是錯誤的。大陸中國之所以錯是錯在共產黨徒之主義，而並非錯在中國人民之信俄國之協助中華民族獨立站立起來之動機。這話講起來亦很簡單，因爲中國近百年的歷史中，有一個鐵的事實是不容否認的，那就是：中國的積弱，與西方列強之只視中國爲做生意的對象與所加之中國民族之壓迫。當一個民族迫切要求站立起來，而又左衝右突找不到出路的時候，是可能飢不擇食、寒不擇衣而在思想上走入歧途的。因此而以反帝國主義爲名之馬列主義，是一時可以打動久受壓迫之中國人民的心的。這不是中華民族之自壓迫中獨立站立起來之要求錯了；此要求正是天經地義，並沒有錯。錯只錯在求中國民族之獨立富強，不當在思想上精神上作馬列主義之奴隸。這是數十年來我們思想界教育界的人當負責任的。我們須知，一個人的身體固然必須獨立的站立起來；但一個人的思想與精神更其必須獨立的站立起來。一個國家民族亦然。一個國家民族必須自己的文化站立起來，方是眞正的站立起來的國家民族。由此可見出馬列主義決不能領導中國民族之前途。而大陸中國之一切錯，只錯在誤信馬列主義。其實在大陸、在海外中國人爲中華民族之獨立站立於世界之要求與努力，同是沒有錯的。故今天的中國雖是分裂的；但那只是暫時的表面現象。從深一層看，中國人之文化精神與其社會政治生活，仍然是循其歷史的道路而合一的。暫時失寄之古先聖哲之靈魂，必定要回到他的子孫身子上去的，中國民族之身體與精神亦必然要以其獨立自主之氣概完全站立起來的。這應當是一與世界之其他國家和平共處，並與世界之其他優良文化可融會貫通之中國，而決非偏激狹隘橫衝直撞之馬列國。這一點是我們大家應該深信不疑的。

（鄭炯堅筆記・一九五八年十月「新亞生活雙週刊」第一卷第十一期）

對未來教育方針的展望

——在新亞第十六次月會上的講詞

今天是本校四十七年度下學期開學的第一天，我們在此舉行此一簡單之開學儀式；我有幾件事，擬向各位報告。

首先要向大家說的，是關於本校上學期之兩點進步：

第一，是關於國文教學方面的。上學期的國文教學方面，在先生們嚴格執行提高同學國文程度計劃之下，同學們的國文程度，確有了顯著之進步。學期之始，有部份同學抱怨國文教材過於艱深，抄書太多，作文太難……等。但至學期末，中文系主任黃先生說：同學們的國文程度已經進步了，考試成績亦好得多了。至其他的先生們，亦有同樣的感覺。由此看來，只要同學們能依校方既定教學方針，切實努力，不惟同學們之國文程度可以提高，而在其他方面，亦不難日益進步的。

第二，是本校工商管理系的成立，及藝術科之改爲藝術系。現在錢先生正爲此事在臺灣向教育部請求備案中。藝術系已獲本港教育司的批准。此是本校逐漸擴展過程中的又一進步。

今天我要向大家講的，還有一個更重要的問題。此問題是上學期好些先生個別提到，同時亦是校方與董事會極爲重視的；而同時此問題亦關涉諸同學對於學問之志願。這就是：本校創建，迄今已快滿十年了，至本年十月十日，便是本校創校十週年紀念日。本校當對未來再確定一第二個十年計劃。在第一個十年，我們的成就如何，實在還很難說；但概括說一句：我們的成績仍未達我們預期的理想。因此，我們在踏進第二個十年之前，我們實有從新檢討，以期迎接第二個十年之必要。雅禮的代表亦曾想到此一問題；但諸位先生及校董會方面尚無一定的具體意見，我本人亦沒有。不過我近來有一些感想無妨藉此機會同大家談談。

我們學校今天所遭遇到的困難，是現實環境與我們原來之教育理想間所存在之一問題。此事我曾與錢先生談及。今天願藉此機會提出來，並希各位先生指正。

我們今日所面臨之困難，是我們前此所未曾想到的。本校最初的理想，是希望在香港培植一些青年，待機返回大陸，重建我們的家國。然依目前的現實看起來，我們甚麼時候，才能回到大陸呢？這恐不會是短時間的事。我們的同學一批批的畢業，同時人數亦年年增多，在我們未能回至大陸之前，我們的畢業同學究該向何處去呢？因此遂引生出：我們教育理想與我們所處現實環境間之若干似不應合的現象，以及由此現象所再引生出之諸實際問題。

然則我們原來之教育理想究應否放棄呢？我想此實不應予以放棄的。我們原來的理想是將我們的學校辦成一所中國人的學校，其中心精神在繼承並發揚中國固有傳統文化，並注意中國人在現代所遭遇的問題。這個理想不只是由中國文學系與歷史學系去負擔，哲學系之重視中國哲學思想之研究與中國之教育問題，外文系之欲藉翻譯與介紹工作以溝通中西文學，經濟商學工商管理等系所致力之目標，亦是以中國之經濟及工商事業之問題爲主；而剛成立之藝術系，亦是以繼承並發揚中國之藝術爲主的。總之，新亞之諸學系雖各自分別成系，而其精神則是以中國之文化社會經濟文學藝術等問題之探討爲其共同致力之目標。我們以中國之問題爲中心，並非我們的態度保守。我們試放眼看看香港，乃至看看整個的世界，講學問而能以我國問題爲中心的，實在沒有多少。講學問亦應向多方面平衡發展，當世界之其他講學問者偏向彼方時，我們不妨略偏向此方。此雖一方偏彼而一方偏此，但就整個世界來說，仍然是一個平衡。

譬如西方的藝術，講的人特別多，而中國的藝術，卻幾乎沒有人講，如是發展下去，中國的藝術不是就要失傳了嗎？假如世界各地講中國藝術與其他學問，留心中國問題的人特多，那麼我們多講一點西洋的藝術與其他學問，多留心世界的問題，我想大家亦一定會贊同的。由此可見本校確定以中國文化及中國問題爲主，以之作爲我們教育之方針，實在是很正確且亦是極合理的。

我們的學校稱「書院」，與本港的其他學校之稱書院者，其意義不必是相同的。本校之稱書院，其原意在承繼宋明書院講學之精神。但我們今天的學校距宋明書院之理想尙遠；蓋宋明書院之敎育，是不注重學生的出路的。跟隨朱子或王陽明的學生，最主要的是先要立定志願，所謂爲往聖繼絕學，爲萬世開太平。此是超職業的。當時的學生雖亦可去應科舉；但第一流學生常是看不起科舉的。他們之志願乃在做一歷史上的第一流人物。當然將這種理想，求之於我們今天的同學，是太高了一些。我們的先生，亦無人敢自比於朱子與王陽明。再加以時代不同，我們所感受到的問題與宋明時亦異。此是我們創校十年，而成績遠不如宋明書院之原因。而從我們學校的現狀來說，不論校內外人士，都感到我們創校的理想過高，在實際上確遭遇到了極大的困難。因爲大多數的同學，是不能不理會職業問題的困擾。昔日之士子不去應科舉，可以在鄉間半耕半讀；而今日之時代異於往昔，我們亦無法歸田，因而亦無法一一效法古人。此是我們今日所面對之一大問題。我們所須顧及的，一方面是傳統的，一方面是現代的；一方面是理想的，一方面又是現實的；一方面是超職業的，一方面我們又不能不理會到職業的。這些問題在此時此地看來，實在是相當嚴重的。

那麼，我們是否應該摒棄我們原來之敎育理想呢？我們是否應完全以適應當前之社會需要，及同學個人之職業要求爲前提，以定我們的敎育方針呢？是的，就目前的情勢看來，我們的學校實在很容易一步步走上職業化的路上去，一步步把原來的理想放棄或解消的。但是先生們及同學們又未必眞願意如此。爲了解決此一問題，我與錢先生及一些先生曾談及我們今後可能要分別施行兩種不同的敎育方式。第一種方式是施之於那些理想高的，對學問有興趣而不甚重視職業問題的同學；第二種方式是專爲那些被職業問題逼迫得緊，或他自己對職業問題特別重視的同學而設。此二者，一方面是理想的，人文的，較尊重傳統的；一方面是現實的，職業的，更求適應現代的。我們希望以這樣兩種不同的教育，來配合同學之不同的要求。但這兩種教育，校方仍未決定何時開始實施，如何訂定相應的學校制度。我之得在此提到是希望同學們自己先作準備，徹底反省：自己的眞實志趣究竟在那一方面。如果你們的志趣是偏重於現實一面的，那麼你們應立刻決定對與此有關的課程與學問，多加努力；反之如果你們之理想較高，抱負較大，對學問本身有廣博的興趣，則努力的方向又不同。是否我們一人可兼顧理想與現實此兩者呢？於道理上說，亦並非絕對不可的。譬如宋明書院的學者，雖有許多是不應科舉的，然亦有走科舉之路而藉是以傳道的。總之，不管怎樣，你們總須及早認清自己的志趣，確定努力之目標，此於任何一位同學都是絕對必須的。

上面我所講的是如何處理現實之矛盾的問題。這一問題目前校方還未作下最後的決定。但有另一件事是已經決定了的，此即我們學校教育進程中之「常道」。不論我們的教育方針如何，理想如何；我們學校要辦得好，學生程度與整個學校之學術水準總要逐步提高，董事會與學校行政總要有效率，先生授課總要盡心盡力，同學們總要彼此砥礪學行，遵守學校的一切規章……。凡此等等，都是一切學校要辦好而不可變易之「常道」。以往我們學校規模小，同學亦大多能遵守學校所定諸規章，好像這些「常道」幾爲我們所忘記了。現在我們學校的規模大了，同學亦多了，我們於學校所定之規章，不得不認眞執行。以後同學們之升級，降級，以及畢業等等，均得依此規章，逐漸嚴格處理。本寒假中，我們發現有十幾位同學成績太差，經我們反覆考慮之結果，決定通知此等同學，自動退學。就教育家之心願上說，我們本亦可有敎無類，對一切來學者均願加以敎育。但就學校要提高同學程度之計劃上說，如果同學們程度太過參差，敎師爲適應這些同學之要求，只有降低敎材內容，程度較好的同學是很容易受拖累的。因此我們在不得已之情狀下，只好着令此等學生退學。

我們還決定待本學期終結時，對同學們的學業成績，要來一個更加嚴格的考核；若發現成績惡劣而平常又懶惰的同學，我們亦要着令他們退學的。但被着令退學的學生，我們並不認爲他們是絕沒前途的；反之，他們之中亦可能有天才的。我們之所以要他們退學，只不過是覺得只是其一時之程度，不適宜於在我們的學校受敎吧了。同學們若果眞要在本校繼續求學，應當從今日起便認眞發憤爲學，不負學校先生們對諸位之期望才是。

寒假中，我們發現還有好些同學所修課程超過二分之一不及格的。嚴格說來，他們亦須被着令退學的。但此等同學平時所表現的，還不算太差；因此校方仍然給他們一個機會，沒有令其退學。總之希望今後同學們個個都能自愛自勵，努力學業。同學們個個都是好學生，則我們的學校，當然亦就成爲一所好學校了。

（鄭炯堅筆記・一九五九年三月「新亞生活雙週刊」第一卷第十七期）

一個堂堂正正的中國人

——新亞書院一九五九年度開學典禮致詞

諸位先生、諸位同學：今天是中華民國四十八年度本校的開學典禮，再過不多久我們創校十周年的日子就要來臨。在這學期之始，在座之諸位先生與同學們，或者會聯想到我們的學校就要成爲一所大學了。但我們的學校不是原來就是一所大學嗎？爲什麼還說就要成爲一所大學呢？這可能是同學們還沒有了解之一個問題。在此我們當知道：大凡任何一件事都可以分爲兩方面去了解。一是內在方面的，亦卽是於自己方面的；另一是外在方面的，亦卽是屬於他人方面的。例如我們自己可以覺得很够資格做一位學者，但他人可以根本不承認我們具有做學者的資格；又如我們可以覺得自己是一個很有能力的人，但他人可以不承認我們是一個有能力的人。同樣，我們自己認爲我們的學校早已是一所大學了，而他人亦一樣可不予以承認的。反過來說，當別人承認我們有學問或有能力時，我們亦可以覺得自己實在沒有學問和能力。又有時別人不承認我們有學問或有能力時，而實際我們在學問上，可能已經有了很好的成就，我們的能力亦可能已足以應付我們面對的事物。而所以致於如是者，其關鍵在：他人不必能眞正認識、了解我們的學問和能力。卽他人可莫有那種「了解我們的學問和能力」之學問和能力。於此，可見我們所作任一事之能否得到別人合理之承認，必須基於如下之條件，卽：在自己方面必須是已經作了實際的努力，以具備他人對我承認之客觀根據；在他人方面，則要看他人究竟有否學問與能力來了解我們，承認我們。此二條件若任缺其一，所形成之「承認」或「不承認」，都將不是合理的。

我們的學校十年來，在自己方面，實際已經作了相當的努力，同時亦已表現了一點成就；而目前卻面臨著一個別人對我們之承認問題。本學期的三院聯合招生，亦就是使社會及政府承認我們之準備工作之一部。但三院聯合招生所定下之新生取錄標準，表面視之，似乎較已往之新生入學試的程度提高了，而實則依此一標準以取錄新生，與我們學校原來之理想，並不相一致。既不相一致，爲什麼我們要參加三院的聯合招生呢？這可以說是我們要求他人承認時，所必然招來之一個客觀的限制。我們要在香港創辦中文大學，在目前之狀況下，必須與其他學校共同合作，要合作，就免不了要有部份的犧牲。同時，本港之社會人士對本校亦有一需要與希望，希望本校成爲一所被法律所承認的大學，這一點，是與本校同學今後出路問題有直接之關係的。本校鑑於同學們畢業後需要職業，因此遂亦不得不去適應香港社會人士對於我們之此一希望，因而，亦形成一不得不與香港社會人士及政府合作之趨勢。

於此，我對各位同學還有另一點更重要的意思要說明的，那就是：我們的學校因爲存在於香港，雖然亦不能不求適應香港的社會，以培植可服務於此社會之有用之才；但本校亦決不能祇成爲一所爲香港社會培育人才的大學就算。因爲我們的敎育理想，並不只希望同學成爲一個香港人，我們原有我們自己之文化理想在。

當我們說到雅典人時，就會很直覺的聯想到雅典的文化。說到北平人時，便會直覺的聯想到北平的文化。說到德國、法國、英國……時，都同時會聯想到它們的文化。任一個地方的名詞，可以使我們生起關於該地方之文化觀念。今天如果對諸位說到香港人，請問諸位對於「香港人」此一名詞可直覺聯想到的是些什麼呢？我想大家除了聯想到香港特有之太平紳士與工商界人士外，恐怕不能再有其他了。這不是我們有意看輕香港，而是香港在文化意義上亦實在沒有什麼可說的。說到這裏，我突然記起一件事，就是前月我在夏威夷開哲學會議時，有一位哲學家要經香港回國，問起我：香港有什麼具有文化價値的東西？有大圖書館嗎？有大博物館嗎？有大的學術講演廳嗎？有經常從事於學術研究之學會組織嗎？對於這一一之問，我都以「沒有」爲答。當然我亦告訴他：香港有幾所中國人創辦的大專學校，此外還有一所英國人辦的香港大學。他問捨此就再無其他了嗎？我答他再就是在香港尖沙咀區，假使你到香港，你還可以買到全世界最便宜的商品。這些雖然有點近似笑話；但卻亦是老實話。

香港雖已有三百萬人口，而在文化上亦委實沒有什麼有價值的東西可以示諸於人。我們生活在香港，對於此種文化現象，實在是感到十分慚愧的。

說到這裏，我要希望諸同學必須立志做一個人。我們身居香港，自然已經是一個香港人；但是我們若只能做到一個香港人，這顯然是不够的。而我們的教育理想，亦不只是教育諸位成爲一個香港人。

我們學校的教育理想，是要同學們做一個人，這「一個人」，不止是做一香港人，而是做一堂堂正正的中國人，甚至做一個頂天立地的世界人。因此同學們的眼光及胸襟不當只在香港，而須擴大之至於中國與世界。

我們在學校不但要研究中國文化，並且亦要研究世界文化。我們研究杜甫、李白、孔子、孟子、荀子……朱子等；同時我們亦研究柏拉圖、亞里士多德、康德、黑格爾，以至於但丁、莎士比亞等，這些人，無一不在香港這小圈子以外。我們居住於香港，從事教育事業活動於香港，而我們之用心，則是中國與世界。

我們學校之創建，開始時只是一班由國內流亡來港的先生與同學；現在諸位同學則大多是久居香港或生於香港的。但諸位本身是中國人，而你們的父母或祖父母也皆是以前由中國大陸來到香港的，你們又怎可忘記自己的國家？我們與耶魯大學合作，耶魯的許多先生到我們學校來協助我們，這些先生們，可以說是來自世界的。可見我們的學校雖存在於香港，但是組成我們學校之人員，以及這些人員所用心與致力之所在，都超出於香港之範圍。因此，同學們盡管在香港讀書，而諸同學用心所在不應只限於香港，其理亦至爲顯明。

我們學校之教育理想，不希望同學只做一個香港人，而希望同學做一個堂堂正正的中國人，頂天立地之世界人；這個理想，亦可見諸於我們的課程之分配上。同學們或者會認爲學校有些課程的安排，於同學們畢業後在香港求職業上，並不是頂重要的；但請同學們別忘記上面已經說過的我們學校的教育理想，此等課程，正是於同學們的眼光之高遠，與胸懷之闊大，息息相關的。唯有使同學們有高遠之眼光與濶大之胸懷，我們的同學才可不止是一個香港人，而更是一個堂堂正正的中國人，與頂天立地的世界人。此一點是諸同學務必深加認識與理解的。

（鄭焵堅筆記・一九五九年九月「新亞生活雙週刊」第二卷第七期）

辦學的三大義與教學的三大事

——新亞書院一九五九年春季開學典禮會上講詞

諸位先生，諸位同學：

今天是本校一九五九年度第二學期開學的日子，剛才吳代校長已向諸位講過關於新亞辦學上所應當遵行的方針，及錢校長出國講學的情況。現在我要跟大家講的，可以分為兩部分：一部分是較空泛的；一部分是較切實的。

本人所謂較空泛的，就是希望各同學多注重本校的學規中所希望同學具備的精神，但這些精神要一一具體實現，必須要有良好的敎授為「人」師。

今年本校劃時代的一件大事，就是本學期有五位新先生到我們學校來，這五位新先生就是：吳俊升先生，謝幼偉先生，程兆熊先生，牟宗三先生（現在尚未到校），潘重規先生（今在新加坡，不久便可來校）。這五位新先生之學問、能力及性格雖然各異，但有一點是相同的：那就是他們對教育都有很崇高的理想，對學術的研究都有濃厚的興趣，並且最難得的，就是他們多能犧牲一部分自己研究學問的寶貴時間來爲本校從事一些行政的工作。他們在做學問，做人，做事各方面都非常值得各同學多多學習的。一間學校最重要的就是首先須要有許多「人」（先生）在一處做學生的榜樣，而敎學最後的目標就是要成就一個個的「人」。所以敎學生如何做人是辦學的第一義；傳授知識與鼓勵學術的研究是第二義；說到學校的課程的編排與學生們考試成績的問題是第三義。但第一義必須要貫注到第二義，第二義也必須要貫注到第三義。而第三義就是最切實的一點，這一點在嚴格說起來，也確實是不容忽視的。

本校的課程表一向是由本人編排的，但卻以本學期編課程表編得最高興，因爲本學期我們學校的敎授增加了，所以課程的數目從來不曾有過這樣的完備。但同學們也必須要想一想當如何對得起這許多課程和許多敎授才好。

以前本校辦學只著重第一義和第二義，對最切實的第三義卻多少忽略了，尤其是對各同學的成績考核上比較寬大。但自去年寒假起，本校在成績的考核上已一步步的嚴緊了，對於成績不及格的同學們，我們雖然也寄予同情，希望盡量爲他們設法；可是又顧慮到本校的成績如果不嚴格地提高，是會影響我們整間學校的進展的；所以最後只好很可惜地讓成績較低的同學自行轉學或退學。

今年四年級的同學須要參加一個聯合畢業考試。求學的第一義雖然不是注重考試，而在做人的品德修養方面；可是如果同學們考試成績不好，最低限度是與香港這個社會環境不適應的。我知道有很多同學雖然平日考試成績不大好，但他本人對學問卻有眞正的興趣。社會上從來也有很多名學者以前在學校考試成績不大好的，但後來在學術上卻有很高的成就。不過話雖如此，對於這一類的同學，本人仍希望他們的努力能够調和一下，不要只曉得太偏重個人的興趣，從今起當加重一點對功課及考試成績的注意，因爲考試成績不好，一方面固然影響校譽，他方面對於我們學校有這麼多位好的敎授而學生成績不好，對外人也是說不過去的。

今年本校很多系都加開了許多新的課程，其中有些課程有一部分的作用是用來輔助畢業同學應付聯合考試的，希望各同學多多努力，毋辜負學校的好意。

本校今年還有一大改進，這就是我們的圖書館方面。本人一向認爲：人物（先生）、課程、圖書館、是本校敎學三大要事。一方面圖書館裏的圖書是我們看不見的老師；另一方面圖書館也是人們最易看見的學校的門面。本校的圖書館以前一向只偏重選購最基本的參考書，因此所購的圖書與校中的課程仍未能有很好的配合。現在本校正式成立了圖書館委員會，在會議中決定：把香港敎育司補助給我們學校的圖書費，盡量購買與課程有關的圖書；同時敎科書也酌量選購。不過我以前覺得有許多同學有一個不良的觀念就是：凡能够在圖書館借閱的書，都不去購買。這在治學上不是一個好的現象。因爲書本如不是自己的，那末把書本還給他人時，也好像連同書中的知識一起還了給他人。反之，如果所看的書是自己的，自己與書本發生了關係，然後書本中的知識才能眞正與自己發生關係。希望各同學不要忽略。

（鄭烱堅記錄・一九六〇年三月「新亞生活雙週刊」第二卷第十六期）

告第九屆畢業同學

九年以來，對每屆畢業同學，我都照例有一臨別贈言。但對本屆之畢業同學，我卻不知應說些什麼。本屆之畢業同學，大都是本校遷至新校舍後入學的，並以廣東同學爲多；而本校與香港社會及政府之關係，亦正在不斷改變中。本校之將來畢竟向何方向發展，是很難說的。而我個人對本屆畢業同學畢竟抱何希望，亦難淸楚的說出。我在此文中只想說一點意思，以貢獻於本屆畢業同學。

我的貢獻於本屆畢業同學的一點意思是：畢業同學們應有一事業心，應對開創某些事業，作些準備工作。本校的歷史很短，畢業同學不多，而以前各屆畢業同學，大都是流亡同學，在香港社會未生根，本來很難說合作起來，便能開創什麼事業。但是我這兩年中，對於畢業同學多期望回校服務的事，卻有一深切的感想：畢業同學願回校服務，亦表示一種對學校的愛護和依戀，如子女長成者之仍不願離家。本校初辦時全校師生共歷艱難，亦實有相依爲命的情形，則畢業同學之願長相守，亦是自然的現象。本校之事業若果能無盡的擴大，在本校辦學的人之心願中，亦未嘗不願一切畢業同學皆能各盡其才，在校服務，爲終身師友。然而本校事業之無盡的擴大，明爲不可能之事；而一學校的培養出之人才，皆只爲自用，亦爲一種自私，使學校不能盡其對整個社會的責任。而且畢業同學對於母校的依戀，亦可夾雜種種依賴托庇的心理，這卻並不算好事。所以我這兩年常對一些想回校服務的畢業同學說，大家應有一事業心，並合作起來，共同奮鬪，創始若干事業。當然我知道，這並不容易，而對在香港社會漂泊無依之流亡同學們，更不容易。但是從本屆畢業同學起，在香港社會出生的同學，即比較多，我想畢業同學們，如果眞有心，而大家能合作互助，應當能創始一些事業，至少亦應於此作若干準備的工作，或先發下一願心。

對於我以上的話，亦許有的同學認爲不切實際。亦許有的同學想：我現在急須的只是一職業糊口。亦可有同學想，我現在是要讀大學研究所或到外國留學，待我學成再說。但是我要警告以繼續讀書爲出路的同學說，你在大學研究所畢業或外國留學回來，你畢竟作什麼事？此問題還是與現在一樣。同時要提醒只求一職業糊口的同學說，請你先自問是否只甘於以一職業糊口？如果你眞甘心於此，我無話可說；如果不甘心於此，則你仍得要想一想，你將來準備作一點什麼事業。我可以鄭重告訴同學們，一切事業的成就，常須要等待各種條件的具備；但是事業心的樹立，卻不能等待，必須當下加以樹立，因爲事業的準備工作，必須在事業正式成就以前，早已開始。從前人說立志應在少年，到大學畢業才立志，已經遲了。至於等待研究所畢業、外國留學回來才立志，更遲了。

至於說到畢竟畢業同學當抱什麼一種事業心，大家合作起來作什麼事，這卻是很難說的。但是我可以說，世間的一切事業，都是一創造。而每一創造，就其本身而言，都是一無中生有。如我們學校在十一年前，卽在上天下地，皆畢竟莫有。這卽是一無中生有。此外香港之大專學校，以前亦畢竟莫有。推而廣之，香港之任何學校，任何教育文化事業，以及其他任何工商業之事業，在未有以前，皆畢竟莫有。而全人類世界中古往今來之一切事業，在未有時亦畢竟莫有。其有皆是一創造，皆是一無中生有。就是爲無中生有而言，則在其未有時，無人能預測。如十一年前無人能預測香港之必有新亞書院之產生。所以同學們畢竟能創造些什麼事業，當抱什麼一種事業心，亦無人能加以預定，加以預測。而最重要的事，乃是同學們不要先預定預測自己必不能成就事業，先預定預測彼此一定不能合作來成就事業；這卻是同學們及一切人們內心中最易有而最難克服的幻覺。

這個幻覺的根源，是人們總是去看重已有的東西，而不去看重未有而將有與當有的東西。從已有的東西看，人總是會覺到自己不能有所創造的。譬如新亞書院是已有的，我們能再創造一個同一的新亞書院麼？這當然不能。推而廣之，一切已成的東西，就其已成處言，我們都無所施其力，亦皆不容人再有所創造。而我們如果專就一切已成的東西之已成處看世界，則整個世界只有鐵的事實，我們只有一天一天的覺到自己之無力，對一切只有隨便適應，更不能有所創造。但是大家忘去了這世間一切已成的東西，在最初都是人創造出來的，最初都原是無中生有。

人們之此幻覺還可以一理由作護符，卽人們常覺其從事若干事業，時期已太遲了。這話有部份之理由，因若干事業他人已去做了，你再來做時，卻太遲了。據說香港前數年有工業家作膠花，曾發大財，但後來的人倣效作的，卻蝕了本。但是世間一定有許多事，未經人作過的，或人作過而未作好的，而你去作這些事，卻永不會太遲的。

我何以敢於斷定世間一定有許多事未經人作過或人作過而未作好的，你去作這些事永不會太遲？這道理實際很簡單，卽人類社會永有他未滿足的需要，而還有他不自覺的需要。誰能有智慧去看見人類社會之未滿足的需要或其所不自覺的需要，誰便能與人合作來創造一新事業，誰便當對於這事業作準備的工作。而一有事業心的人，亦卽能目光四射，以去求發現人類社會之未滿足的需要或不自覺的需要，而到處與人合作，以作出所以滿足之事業的人。然而在一事業未作出先，亦可無人知此事業之將出現。

譬如上述之造膠花之工業爲例。膠花本來不是高級藝術品，人亦寧要鮮花不要膠花；但是人如無錢每日買鮮花，或當地無鮮花，則有膠花陳設，亦聊勝於無，因人對花有一需要，雖在膠花未出現之先，人又實並不自覺其需要一膠花。而此工業家之所以能創造一膠花工業，卽由於他能發現人之需要，而知用廉價的膠，製成膠花，加以滿足，並使人從今後亦能自覺的去買膠花，而自覺的需要膠花。

我舉香港之工業家造膠花的例，是用來說明凡人類社會有需要或有不自覺的需要的地方，卽是可容我們去創出一事業的地方。當然一切事業之實際成就，有極複雜的條件；但是我們決不能說當作的事業，已經他人作完，無我們自己揷足用力之餘地，而先預定預測自己決不能與人合作，去創始一社會之新事業。我希望同學們先把只看已成的社會中已有的事業之心習去掉，而去看人類社會將有與當有的事業；不單存依傍倚賴已有者之心，而存一欲有的創造由無生有之心；則世間事待我們施展抱負與身手之處正多。望諸同學共勉之。

（一九六〇年七月「新亞生活雙週刊」第三卷第四期）

新亞書院一九六〇年度開學典禮講詞

各位先生，各位同學：

剛才吳代校長對大家的講話中，提及「新亞精神」，使我於此亦有所感觸，因此亦想對大家講幾句關於此方面的話。但在我未講及此點之前，我想先將開學之後，同學們選課時所應注意的事，向大家說一說。

一年級新生對於選課或許不大熟悉；今天下午各系主任與新同學談話將會談及，不過所談範圍將偏重於各該系應注意之事項。我現在要向大家談到的是全校性的，同時亦是一般性的問題，藉此或可資各位新同學之參考。

一、本校各院系除設有專門課程外，仍設有各院系同學之共同必修課程。此意在使諸同學於初踏入大學時，不致把自己之學問基礎打得太窄；因此，學校特別要求每一同學必須修習本院系課程以外的若干他系課程，使同學不致陷於只有通識不具專才，或具專才沒有通識之弊害。

二、根據過去經驗，我們發現每年新生初進學校，大多沒有清晰之科系觀念，故未能就自己才性所近，選讀適當科系或適當課程。我希望今年同學們在初選課時，務須根據自己的興趣、長處及才性之所近，認眞考慮，愼加選擇。

三、同學們在入學上課之初，亦儘可旁聽其他學系之課程，在旁聽他系之課程，或可發現他系較自己原讀之學系者與自己之才性更爲適合；是則，同學亦可在學年終了時，請求轉讀此己性所好之學系。

不過諸同學若欲轉讀他系時，最好先行徵求師友們的意見，因爲一個人的長處，或才性之所在，自己有時可能不甚了了；而師友們對於同學們之了解，有時亦可能較之同學們對於自己之了解，或更透澈些。所謂「旁觀者清」，正是這個意思。

四、至於二年級以上同學應注意的是：從三四年級起，每一同學一定要有一個輔系。在選某一學系爲輔系時，又必須先選修該系的某些基本課程，如：哲社系的普通社會學、哲學概論；經濟系的經濟學等是。這些應該在二年級中儘先修習，到了三四年級，專門課程較多，屆時若要轉讀他系，亦較爲困難。但因本校新聘教師逐漸增多，各系課程亦因之增多，若干系皆有選修課程，容同學們之順其興趣去選修、攻讀。此是本年度課程之編排與往年略有不同的地方。

現在回頭來講到「新亞精神」。

不錯，今日的新亞，無論在精神方面或物質方面，都有顯著之進步；亦就是說：新亞創校到今天，已顯著地表現了一些成績。我們細心想想，這些成績得來亦並非倖致，此實是我們全體師生努力奮鬪的結果；當然外來的援助亦是一個重要之因素。十年來援助我們的，有團體的，亦有個人的，而其中最顯著的要推：(一)祖國各界人士；(二)雅禮中國協會；(三)香港政府等三方面。對於此等國內外之援助，我們當應對彼等致以吾人衷心之謝意；但我們亦要知道，此等援助之來亦是人與人間的精神自然感應的結果。

我們新亞是一所在患難中創立的學校，我們鑑於百年來國脈民命之不絕如縷，人類世界之亂源，究其深因，本質上唯是一個文化問題。我們深知：要復興我們的國家，必先復興我們民族之文化；要導致人類和平，必先溝通世界之文化。因此，我們於創校之初，卽以復興民族文化、溝通世界文化爲我們全體師生之職志。因爲我們是「中國人」，致力於復興民族文化，故祖國之各界人士予我們以鼓勵與幫助；因爲我們亦是「世界上的人」，兼致力於溝通世界文化，因此，雅禮協會與我們合作；又因爲我們是「香港的居民」，深感在香港辦敎育，亦不能不有所貢獻於香港之社會，而我們亦同時立心爲香港社會作育人才，因此香港政府資助我們。我們學校得到以上等等之援助，此中之理由，並非單純的或片面的；明白一點說，卽：此等予我們以幫助者，正是有見於吾人努力所對之理想與目標，與彼等之所期待者不謀而合，正是所謂「同聲相應，同氣相求」。故我說：此等外來之援助，純是由於人與人間精神自然感應之結果；捨此亦更無其他理由。

但，此種外來之援助，雖是我們全體師生與我們之環境中之一切人士，精神感應之自然結果；然我們同時要知，此自然感應並非必然的，我們有可以「感」人而不「應」的事亦很多；此即同於謂我們之是否得外來援助，並非是必然的。我們做人，一定要懂得孔子孟子所謂義與命的道理；義是我之所當爲，是求諸己的，可求而必得的；命是外在環境中的遭遇，是求而不必得的。個人如此，團體亦然。所以諸位同學千萬不可存一倚恃外來援助之心理，亦不可以爲我們學校可以無底止的繼續獲得外來的援助。我們應當有一精神，卽：一切皆求之在我，無論外面環境如何，別人是否繼續同情我們，而我們還是我們，新亞還是新亞；我們還是照常的肩負復興民族文化、溝通世界文化之艱巨任務，不因外在環境之稍變，而背叛我們原來之理想，捨棄吾人於民族國家及世界人類所當盡之職責。必如此，始足以言精神。當此學期伊始，本人謹以此與我諸同仁同學，共策共勉。

（宋叙五記錄・一九六〇年九月「新亞生活雙週刊」第三卷第七期）

告第十屆新亞畢業同學

新亞有同學畢業，已有十年歷史。每逢同學畢業之時，我向例總寫幾句話。但今年新亞生活雙周刊要我寫此短文時，卻覺不知如何說起。而且我覺到我十年來喜說那類的話，自今日起，要說，亦須換一方式來說。此文，卽足爲我十年來所說之話，作一個交代。

我以前所說的話，都是以新亞同學本身爲對象的。因以前的新亞，是一單獨的學校，我亦儘可寄過多的希望於新亞同學，並以新亞之立場爲中心來說話。但今日之新亞是正準備成中文大學之一員，而如在一過渡時期，到中文大學正式成立，眞值得存在時，必然要另表現一新精神。原有之新亞的教育精神，決不能照樣，只能如黑格耳所謂超越的保存；而且我亦並不以新亞已往之一切，皆盡美盡善，亦當逐步革新其自己。自各方之情勢看來，我最近亦覺悟到，新亞之再退回到過去之不可能。今日之新亞似乎只有前進，以成爲中文大學之一員，並須自動的局限自己在未來中文大學中之地位，以表現其在中文大學中之存在的價値，此外似無其他之道路可走。而我自己十二年來作事的天地，卻不過此一新亞。此種心境，是不能適合此情勢之要求的。而在此過渡時期，我一方明見過去的精神在轉向，一方於未來中文大學的新精神，亦尚不知是什麼，遂處處覺徬徨無所措。也許在此，我的感覺有過敏之處，所以我個人對整個學校之行政事務之興趣，亦只有日益淡薄，因而此次告畢業同學書，亦須換一方式。

我方才說我十二年來作事的天地，只限於新亞，此並不是說我之思想的天地，或關心的天地，只限於新亞。我雖不肖，尚未至此。從大的眼光看，新亞不過一學校。天下之好學生好先生，豈只限於新亞?所以我這次之臨別贈言，亦不再扣緊新亞講話，只是普泛的說幾句。

照傳統中國文化的觀念，人之一切學問，仍以希聖希賢之學爲第一。此點我個人雖一無工夫，但亦堅信不疑。然在現代之大學教育中，此學問畢竟放不進去：哲學與宗教學，在此中亦只是理論與知識而已。如要講此學，必須在社會上另開途徑，此亦不須有學校的機構。而在今日之學校機構中，要上溯宋明書院之講學精神，除非大家對教育之觀念皆改變，少數人是無能爲力的。但尅就現代式之大學教育說，亦有其在現代之社會文化中之特殊地位及特殊價值。此卽在養成分門別類之學術專家與社會文化工作者。此現代式大學在制度方面，不同於傳統書院教育之以個人之整體性的人格與學問爲中心，而是以各種專門之學術與學者，分別爲大學的重心。而每一專門學術之學者，則直接間接以學會方式，或其他方式，與同行者及社會之若干事業聯繫，而各有其精神寄託的天地；由此而大學之學術與其影響，非復政府所能控制，而大學內部之行政，亦漸退於事務性的地位。這似乎是現代大學教育的趨向。中國從前國內幾個有名的大學亦向此而趨。但眞向此方面去發展大學敎育到完善，亦不十分容易。此待於各種主觀的及客觀的條件。如專門學術界之事實上的存在；每一專門學術之權威人物的樹立；每一專門學者之自動的自我局限於其專門學術之內，同時由對其專門學術之深入，而如實認識各種專門學術間之相依性，因而能眞正尊重其他專門學術，不以一專門學術抹殺其他專門學術之價值，由此以養成專家間之合作精神；凡此等等，皆必須之條件。而在學校行政方面，尤其對於學術之提倡，亦需目光四射，顧及社會之長遠的需要，行政工作類如招收學生、聘請敎員等，亦必須有一自我限制。學生方面則應自覺其入大學之目標，在求專門之知識，而人生觀則須全賴自己樹立，亦不易期望由學校取得家庭式的溫情。總之，此現代之大學敎育之形成，是有其種種人們之主觀條件及客觀條件的。中國數十年之大學敎育，實際上亦是向此而趨。但此現代式之大學敎育，是否最理想之大學敎育，還很難說，其中亦有種種問題。然今我們卽視之爲一理想，對此諸條件之具備，大家亦不必能自覺的有所用心，並各自訓練自己以適合於此條件。此中有各種中西文化觀念，敎育觀念，新舊習慣之互相牽掛之問題，待於敎育思想家之從根本加以分析疏導，方能認識此中之曲折。對此問題，我個人亦作過若干純客觀的考慮，俟有較成熟之意見時再說，藉供大家參考。至於實行，則我亦將自我局限於一方面。在此點上，我亦希望畢業同學中有肯用心思的人，本其所感受的經驗，提出來供參考。

但今卽撇開這些純理論的亦非人人所必須想之問題及我個人之意見不論，現代大學敎育發展之方向，總是事實上在向培植分門別類之專家，以供社會文化之各方面之需要之目標而趨。要再進一步，亦須先具備此基礎。此恐是數十年以後的事，今日至多只能在敎育哲學之範圍內研究討論而已。大約我們學校在中文大學成立後，亦自然兼必然的會更能應合於此目標。所以畢業同學如有志於繼續研究學術者，必須自勉爲一專家——當然要爲一專家，亦須有廣博之通識爲基礎——同時收斂精神，不必多作人事之周旋交游；亦不必於人情世故上用心。愈到日後，一般人事上之周旋交游，與個人之學術上之地位及職業之關係，必然愈不相干。只要學有專長，忍耐一時期，社會亦決不會辜負你的。

至於畢業同學之無機會無興趣繼續研究學術者，則我意任何職業都可以作。現在我們在海外寄居，一切職業亦無高下。我從前有一同學，曾任大學敎授，在前數年，即在我們學校附近出租小說及連環圖畫爲生，但亦悠然自得。又有一學生，用自力在調景嶺開荒爲平地，現將其地賣了，開一小商店，即足一家四口之生活。他從前經常到我處借書看；六年前我於每月之第一星期日早晨八時半，有一文學講會，當時有十數同學參加；但此學生，恆於天未明時，即由調景嶺趕來，二年中風雨無阻。老實說：我對他們的尊敬，過於對一切比較得意的朋友與同學。在我個人確是尊重有傲氣的人。我想在當今之世，人皆應有一傲氣。擿婀取容者，最無出息。只要有傲氣，便可自己樹立，無入而不自得。但進一步，有傲氣的人，亦須彼此欣賞其傲氣，以求共抱一理想，謀開創一或大或小的事業。同學們畢業後如果不得意，應當多有幾個肝膽相照的朋友，彼此合作，所謂「亡人無以爲寶，仁親以爲寶」。照我的看法，只要有幾個朋友合作，同時不要看不起一般之社會事業，則卽在香港，大家所能開創的事，還是很多。自己開創的事，雖然他人不必加以重視，但皆是無中生有，零上加數，而任一數與零相比，皆是無限大。我一年來常常鼓勵畢業同學會，與辦一些事。亦有些畢業同學會之負責人甚爲熱心；但成效尙未見。我希望本屆畢業同學，畢業後能參加畢業同學會爲一生力軍，與舊同學合作，多少作出一些事。

拉雜書此，卽祝諸位畢業同學前途無量。七月六日

（一九六一年七月「新亞生活雙周刊」第四卷第三期）

孔誕暨新亞十二周年校慶講詞

主席、各位先生、各位同學：

剛才蔡先生錢先生蕭約先生都講到校慶及孔子誕辰。我不想躭誤大家太多的時間，僅就我所想到的幾點向大家講講。錢先生所講十點值得我們慶祝的，似都是就學校本身內部的發展而言；我再從新亞與外界的關係來看我們值得慶祝的幾點：

一、新亞開始之前，還有一個史前史。當民國三十八年錢校長等幾個人在廣州發起組織新亞文商學院，那年適為孔子誕生二千五百年紀念，敎育部本欲舉行大規模慶祝，終因政治混亂不能實行，改在報上出特刊，請一部份敎授們執筆。錢校長與我都寫了一篇。可見新亞的誕生恰接著孔子二千五百年的紀念日；而在政治上，又正值一個大變化，在此大變化中新亞書院產生了。中國有五千年文化歷史，在這五千年中，可分為兩段，孔子的誕生，使以後的二千五百年的文化歷史發出異彩。而新亞是緊接著另一個五千年的開始，雖然說不過是一種數字的偶合，但也不是全無原因的，這裏面就有著極重大的意義。

二、新亞能發展到今日，全賴於各方面給予我們的幫助，但在幫助我們的機構當中，以雅禮爲最重要，幫助亦最力。雅禮本爲一個基督敎傳敎的團體，新亞則以尊重孔子儒家爲主，在信仰方向上是不相同的。然雅禮之幫助新亞並無一點傳敎作用；他只是以一種基督敎的精神來幫助新亞，並不要新亞去接受他的宗敎。雅禮這種不帶傳敎意義的幫助是空前的，而新亞與雅禮的合作，可說是開一國際文化合作的紀元。關於這方面，我們要感謝雅禮衷誠的協助，而這也是我們學校值得驕傲與慶祝的。

三、中文大學就快成立了，以前我總覺得這沒有什麼了不起；但自從我最近由臺灣回來後，我覺得中文大學的成立也有一特殊意義。現在南洋各地的中文敎育都遭遇到了莫大的困難，據說：馬來亞政府並規定在幾年後所有的小學都要用巫文。正在各地都在禁止華文敎育時，香港政府贊助我們辦一所中文大學，亦可以說是劃時代的，也的確不容易。我們應該好好地珍惜這個機會。

除了上面值得慶祝之三點外，卻另有三點亦值得大家常常放在心裏，以資勉勵。第一、我們中國人講孔子的精神本應在北京大學或是臺灣大學講，這才是最適當的。而我們現在卻在新亞講，而新亞又是在英國殖民地之香港，這仍是一個中國人應視爲可悲與難過的事情。第二、雅禮幫助我們這種重中國文化以儒學爲宗的學校。反過來，中國文化與儒學對於世界人類又能不能眞有所貢獻？如果只是接受別人的幫助，自己毫無建樹，於世界人類無所貢獻，這該是一件極爲慚愧的事！第三、現在南洋各地皆限制華文敎育，如果同學們在這裏受了敎育，到南洋各地都沒有用；而海外之中國華僑大多數皆散居南洋各地。諸位服務之最適宜的地方，除香港臺灣，亦是南洋各地，此問題，大家亦應時時放在心中共謀加以解決之道。

上面所講三點值得慶祝的地方，與後面的三點值得放在心裏以資勉勵的地方，是相連而生的。所以諸位應一面慶祝，一面自勉才是。

（蘭文彬記錄・一九六一年十月「新亞生活雙週刊」第四卷第七期）

「新亞文化講座錄」序

憶新亞書院文化講座始辦，卽蒙社會人士之贊助。初意並非純爲學院式之講會，而在啓廸聽衆對中國文化問題、世界學術之一般認識，及人類前途之關心。於四、五年中，凡舉行百三十九次。所講內容，雖頗涉及專門學術，然始終不同於學院式之論文報告。世之覽者，如只以專家標準，加以衡量，亦將見其未必能盡合。然就諸講題之範圍之廣，與講者之包括儒、佛、耶、回諸敎人士，及各專門之學者而論，則可見當時諸參加講會之人士，其目光所注，意趣所存，乃在人類文化之全面，蓋亦各有其潛伏之心願在。今時移境遷，誠如古人云：向之所欣，俯仰之間，已成陳迹。此潛伏之心願，將以何因緣，得遂於來日，非我之所知。然卽在今日，將此諸講，合而觀之，引申觸類，亦尙可約略窺見學術文化之大體。孫鼎宸先生以二年之功，搜集當時之筆錄，加以整理，成玆一編，其意蓋亦在乎是。若非孫先生之不殫繁難，及諸主講之重加校正，則僅存之筆錄，將如斷簡殘編之不可識，抑亦將惟留俟後之好事者之考證。夫天下國家、歷史文化之存亡斷絕，與一人一家及一團體之不忘前事，義有大小而理無二致，要皆以所通古今而立人道；則玆編之成，而得刊布於世，又豈偶然哉！

孔子二千五百壹拾叁年　中華民國五十一年六月三十日　唐君毅序

（原載一九六二年七月出版「新亞文化講座錄」）

告新亞第十一屆畢業同學

十一年來，每逢同學畢業，我向例說幾句話——都是站在新亞書院行政立場，把諸位畢業同學視如一整體，而作臨別贈言。雖然每次贈言，都言不盡意，亦未必對諸位畢業同學有益，但總是些自心坎中所流出的話。然而到了今年，本校可能快要成爲此間中文大學之一部，大家都在期待新階段之來臨的時期，我卻覺不知應該說些什麼才好。我現在只能以個人資格，亦把諸位同學分別作一個一個的人來看，說兩句話。

我們知道，敎育的目標原在造就一個一個的人才或人物。從此看，一切敎育的機構，都是媒介或工具；其本身原不是目的。一切敎育的機構，其制度固不能有先天的固定性，亦不能期望其有永遠不變之精神。精神只能繫託一機構中之諸個人。我們的校歌有所謂新亞精神，我亦常談到。但此所謂新亞精神，就其內容而論，原只是中國文化固有精神之若干方面，而爲新亞師生所藉之以共勉者；並非新亞師生所能私有。假若新亞師生們不藉之以共勉，亦另無所謂新亞精神虛懸在此新亞之校舍之中。反之，如若干新亞書院同學之個人，能分別多少表現此一精神，則縱然新亞書院萬一不存在或自始未嘗存在，此精神亦未嘗不存在，而其價值亦自若。而其是否名之爲新亞精神，亦無大關係。從此去看。我希望諸位畢業同學，不要只去注意新亞書院如何成爲中文大學之一單位之一切事；在校同學亦不要只去注意如何適應新亞書院將來之新環境，及如何參加以後之考試等事；而應回頭來多注意如何使自己之學業及人格進步，以使自己成爲一個眞正的人才或人物。而我們在校中作先生的，亦應轉而多注意如何幫助個別的學生之求進步，而多寄望於個別之學生才是。（在此點上，我個人很慚愧，以前並未眞注意到個別的學生，而只注意到一般性之行政事務，與一般性的敎學。）只要諸同學能成爲一大大小小的人才或人物，則不管學校之組織制度、課程內容、敎學方法如何變，甚至不全合我們之敎育理想，我們學校之敎育亦還是成功的；而我們校中諸先生之努力，亦還是有意義有價值的。

至於諸位之學業及人格當如何求進步，以使自己成爲一大大小小之人才人物，則我在此只想在一點上，特加以提撕。卽：人要使自己眞正成爲一人才或人物，一方面固要回頭各注意其自己，一方面亦要認識我每個人之自己都不是一孤零零之自己；我們之自己總同時是一團體或「一類事物」或一「總體事物」中之一份子。如諸位現在是新亞同學之一份子，亦是參加統一文憑考試之一份子；而尙在校的同學，將來亦可兼成中文大學之學生之一份子。諸位又是香港居民之一份子、諸位之家庭之一份子、華夏子孫之一份子，以至世界人類之一份子、宇宙之一份子等。而你所學之學問，則是學問世界中全部學問中之一份。你之人格所表現之美德，亦是人類所當表現而具備之全部美德之一份。而你要眞正成爲一個人，卽須能兼成爲此種之「一份子」、亦具備此種種之「一份」。然而我們卻常會只求成爲什麼之一份子，而不求成爲其當成的其他什麼之一份子。如有的香港出生之子弟，亦可能會說我是香港人之一份子，而忘了他同時是中國人之一份子。亦有的留學生，可能到了外國而且自稱爲世界之一公民，而不自視爲東方人。亦可能有的新亞同學在中文大學成立後，卽只自視爲中文大學之學生之一份子，而忘了其原是新亞書院學生之一份子。亦有的人其所造之學問是人類全部學問中之「一份」，而其所表現之品德卻不是人類所當有之全部品德中之「一份」。這就很糟糕。大約人之不能成爲眞正的社會中之人才或人物，都由其只自限於是什麼之一份子，而忘卻其當兼是其他的什麼之一份子。由此心量之狹小、眼光之短淺，遂不能成爲一眞正的人才或人物。而人能如實的知道他自己之所當是的各種之「一份子」，而一一皆正視之、一一皆鄭重的承擔之，而求具備成爲種種之「一份子」所當具之種種之「一份」者，則這個人自然心量寬弘、眼光遠大；而不斷努力之結果，卽可使自己逐漸成爲一眞正之人才或人物。我今之說此話涵義，亦有其甚深廣之處，今亦不必多所發揮。希望諸位同學能據此以觸類旁通，我想對諸位之立身行己、建樹事業、以成爲眞正之人才或人物，當不無小補。卽祝諸位同學前程無量。　七月四日

（一九六二年七月「新亞生活雙週刊」第五卷第四期）

告第十四屆新亞畢業同學書

對第一屆到十二屆之新亞畢業同學，我都曾以一短文，作臨別贈言。但在去年第十三屆之同學畢業，我卻覺已無話可說。因同類的話，說得太多，即不想再重複。今年又逢各位新同學畢業，更覺無話可說。老生常談，自己亦談厭了。但回頭一想，諸位同學之新畢業，對諸位之自己而言，畢竟皆各爲盤古開天地以來空前未有的一件大事、新事。當一新事來臨，事中之一切，即無一不新。則我再說說老生常談的話，亦隨之而更新了。

諸位同學入學已四年。一年一年的聽講、讀書、考試，都是在爲畢業。現在畢業了，馬上又要去謀就業或升學。就業了，升學了，升學後的學業也完成了，怎樣？結婚成家？成家了生兒子，是否再送他到學校、由小學中學而再到新亞書院來求學、畢業？這固然都很好。但這就是諸位今日畢業的全幅意義之所在嗎？這就是新亞書院繼續存在的全幅意義嗎？老實說，我不願意如此想，我亦不希望諸位立志，即止於此。但此外還有什麼，我一時亦無從說起。還望諸位各人細細參究一番。

我現在要說的另一個意思，是奉勸諸位，根本上不要把一階段的生活，作另一階段的生活之手段。實際上如果諸位入學時，卽是爲了求畢業後之升學就業，便已錯了。諸位由中學入大學，只是由中學生活跳到大學生活，大學使諸位能够有一中學所無的學術生活、社會生活。這就是諸位入大學的眞正的意義。諸位之四年之大學生活，亦不只是以後就業或升學的手段。如果只作爲手段看，則諸位萬一不能升學，不獲就業，怎麼樣？豈不會失悔而埋怨此四年之虛度嗎？須知人生的任何階段的生活，都應有他本身的意義，內在的價値，不只是後一階段之生活之手段或工具。這點諸位如不能認識，則縱然諸位今日畢業之後，順遂就業或升學，以至成家立業，再送兒子到新亞書院畢業，諸位自己一生的生命與生活，卽只成了一過渡的手段與工具，終無異一片空虛。反之，諸位能認識此一點，知每一段之生活，都有其本身的意義內在的價値，則諸位畢業後能順遂就業或升學，而以後一段一段的生活，亦從心所欲，固然是我所馨香禱祝的。但如萬一一時不獲就業、升學，以致失業失學，諸位此四年之生活，亦應還有値得諸位回憶的地方。諸位亦應知道，萬一的失業失學，仍是人生之一段生活；有如失戀與競選總統失敗，仍是人生之一寶貴的經驗、寶貴的生活；又如登山遊覽，忽遇傾盆大雨，滿身淋濕，爲一人生之寶貴的經驗、寶貴的生活一般。

諸位同學中，應當還有少數人有更大的志願，如求永恆普遍的眞理以延續歷史文化之慧命與「爲天地立心，爲生民立命」者。這些大志願，不能常出之於口，只能各人默存之於心。如要完成，亦非一人一時之事，而是許多人共同的終身之事。諸位中若有存此志願於心者，亦儘可在今日滿目之所見，皆與之相違，而處處有天下無道之嘆。但是對諸位之眞有此大志者，我亦要奉勸諸位，忍受承擔此慧命之外表的斷絕與「人類之當前的災難」中所表現之「天地之無情無心與生民之無命」。在此忍受承擔中，發憤爲學，以道自任，正是成就諸位之精神生活之無盡的莊嚴者。

一般對同學畢業，照例是恭祝大家鵬程萬里，前途無量。但據我的記憶，我十多年來對畢業同學，似很少說這樣的話。因爲我們雖自許爲綠野神州之神明華裔，但今只寄身於此區區之地，縱橫不過百里，前途豈能無量？我靜觀世變，深知諸位青年朋友，以後無論升學就業，立德立功，其所遭遇之艱難，亦只有愈來愈多。故我寧說一些望大家能忍受失意與承擔艱難的話。諸位若眞能把一切未來可能有的失意，可能遭遇的艱難，都於今日先算在心中，而先在自己之胸量、心量與德量上求「無量」；則諸位之前途亦必然無量，鵬程亦必然萬里，又豈此百里之地百年之身所能限哉！　六月九日

（一九六五年七月「新亞生活雙週刊」第八卷第四期）

孔誕、教師節暨新亞十六周年校慶典禮講詞

董事長、吳校長、各位先生、各位同學：

今天一方面是孔子聖誕，一方面是教師節，另一方面是學校校慶的紀念節日，學校希望我講幾句話。吳校長剛才已說過三個紀念同時舉行的意義，而董事長亦談及新亞辦學之宗旨注重在做人。我想今天隨便講一下個人對於孔子的感想。上月我曾到韓國逗留三四個星期，發現那裏有一所純儒家的大學，這大學是現代式的大學，亦有文理法等科，外有五百多萬會員的儒道會支持它。韓國似尚在兵慌馬亂中，國家窮困，政治不安定，而有這樣的大學繼續存在，使我生無窮的感想。又在日本，還有專門發揚儒家學說的學會。在越南，孔德成前往訪問時，人們把他當做宗教領袖崇敬他。我們中國是一泱泱大國，又是孔子的故鄉，而我們卻反未見怎樣尊敬孔子；這一點，我們實在是很慚愧的。不過孔子之精神，原不限於中國，孔子是亞洲的、是東方的，而亦應當是世界的。大家公認釋迦、孔子、耶穌、穆罕默德是世界的聖人，但我們試看紀念釋迦、耶穌、穆罕默德是這麼多的人，我們同學今天回來慶祝三個節日，雖然意義豐富，孔子所佔的卻只有三分之一，平心細想，實亦不大公平。誠然，釋

迦的大悲、耶穌的贖罪、穆罕默德之崇高之德，都很偉大，但孔子卻有其更偉大處。孔子之偉大，是在其能承認一切人之偉大。如穆罕默德是先知，耶穌是上帝之兒子，釋迦降世曾說上天下地唯我獨尊。他們在此世界都是空前之聖者，亦無人配當其師，但是孔子的老師卻很多。孔子所講的，從堯、舜、禹、湯、文武、周公、晏平仲、左丘明以及其學生如顏淵，都是他的師友，他是以承認一切人的偉大處，為其偉大。後來中國人之能承認釋迦，接受佛敎，以及今日之崇尚西方的偉人，如蘇格拉底與耶穌，可說都是本此孔子之精神而來。孔子在過去曾被稱為素王，後又被封為文宣王，但宋明儒卻認定孔子為先師而非王。後來孔子乃專稱為至聖先師。但是大家知道，孔子之所以能為師，是因其敎不倦。其敎不倦，又由其學不厭來。在敎不倦的意義，孔子是大老師；在學不厭的意義下，孔子其實是王、文宣王，進而為至聖先師。但是我們當說孔子之所以是至聖先師，正因其為一至大之學生。先師之地位比王高，而最大之學生之地位，亦可比世間一切單純的敎師與敎主還要高。單純的老師只希望人學其學，而單純的敎主只敎人信其敎；但是很少敎師敎人去學他人的學，敎人無所不學。亦很少敎主敎士能敎人去信其他的敎。於是世界的學者與敎士很多，但卻只敎人學自己之學，信自己之敎。於是學術的世界分裂了，宗敎的世界亦分裂了。這樣要去挽救世界分崩離析，如何可能呢？所以現在的世界需要一種學一種敎，此卽敎人去學的學，敎人去學的敎。我們能學此一種學，敎此一種敎，卽可將學術之世界、宗敎的世界，都整合貫通起來，此卽孔子之學與敎。此是敎人為眞正的一大敎師之敎，亦是學當一個眞正的大學生之學。我們今天紀念孔子，是紀念人類歷史上的大老師之敎，亦是紀念一大學生之學。大家應該從此去紀念孔子的意義，才是。方才吳校長說新亞於孔子二千五百年紀念之時創辦，並不是偶然的。記得在新亞創辦時，我曾想起五百年有王者，五個五百年之後，亦更有王者興。但細看來，中國歷史中孔子由素王、文宣王之地位，進而爲先師，我今天又說孔子爲大學生；則王不如師，師不如學生。與其望五百年之王者興，不如望五百年之有大敎師興；與其望五百年之有大敎師興，不如望五百年有大學生興。

又記得新亞在桂林街時校中有招牌，是「新亞書院大學部」，當時是以大學爲新亞書院之一部，好像新亞書院比大學更大。外面人看來很奇怪。但實亦不奇怪，因爲任何眞好學的人之學問的精神，原可以比有形的大學更大，雖然每一人實際學的又很小，而在實際上看新亞書院現亦只是中文大學之一部。但我望大家試想甚麼是一個大學生或大學呢？甚麼是眞正的大學與大學生之精神呢？我想大家還是應以孔子之敎爲最高標準才是。

（一九六五年十月「新亞生活雙週刊」第八卷第七期）

吳士選先生「農圃講錄」序

吳士選先生最近將他十餘年來在新亞書院學校典禮及月會講話之講辭二十餘篇，輯爲一册，並將他前在新亞文化講座，與香港其他學校之若干講演之講詞五篇，列爲附錄，預備加以印行，贈送新亞同學，作爲他將自新亞退休的臨別禮物。承他不棄，要我亦寫幾句話。此美意很難辭謝。但作爲一序，則不敢當。

在此二十篇之講詞之前數篇，是當吳先生輔助錢賓四先生任新亞副校長時的講詞。由這些講詞，已可看出吳先生對於新亞教育之觀念與理想，與錢先生同樣是承繼中國文化，與中國二十年前之大陸教育的傳統而來。至於後十數篇之講辭，則是吳先生正式接任新亞校長以後所講；而貫注於其中的精神，則更注重如何使此一志在承繼中國文化與中國教育傳統之新亞書院，能在中文大學以內與其他二學院合作，並適應香港社會的需要與若干世界大學教育思潮的趨向。這從吳先生之講詞中，大家都不難看出，不需要我更多說。

本來無論在學術思想、社會風俗、政治制度、教育組織中求承繼傳統，與求適應現代，開展未來，三者皆同不可少。所承繼者如樹之本根；適應之表現，如同四方伸展之枝葉；而所開展之未來，則如花果；三者亦不可相離。但眼前之枝葉易見，本根之藏於地下者難見。本根壞而枝葉必凋零，花不能開，果不能結，人們卻最易忽略。所以無論在學術思想、社會風俗、政治制度與敎育組織上，都需要有人能目光四射，顧往瞻來，以返本開新，然後人類文化之長流，乃能波波相續，而新新不已。

在人類文化中，敎育之本質，原是爲下一代的社會人才。如要說敎育是適應社會的需要，亦不應當只是適應此時此地的社會需要，而且要適應未來的社會與更廣大的社會需要。而此時此地的青年，如何兼能適應未來社會與更廣大的社會之需要，正是此時此地的青年，應有的自覺，同時亦是此時此地的敎育家應抱的理想，應負的責任之所在。

現代的社會，在急劇變化中；文化與敎育，亦在急劇變化中。人能適應今日之變者，不必能適應明日之變。依中國傳統思想中之一道理，是人要能安常，方能應變。如數學中之變項外有常項。全是變項之數學公式，無法演算；在文化與敎育中，亦應有若干之常項，以通古今之變。此常項，只有兼能顧往瞻來，不忘本根，以求開花結果者，方能眞切的認識。

以上的話，只爲約略幫助說明，何以吳先生之講詞中之論及敎育者，雖從未忽視香港社會的需要，世界思潮的趨向，而仍念念不忘中國傳統文化傳統敎育的精神之故。在此處，我尤其要特別指出附錄中第二篇「中國大學敎育的特色」一文，希望大家細讀。如果一個此時此地的敎育家，或此時此地受敎育的青年，對中國傳統之敎育，完全無知，必不能眞稱爲一有理想有責任感的敎育家，亦必不能成爲未來的中國之廣大社會中所需要的青年。希望大家不要忽視。

新亞書院原是中國大陸流亡到港的師生所共同創辦。所以新亞書院的敎育，先天的是中國大陸敎育之延續。誠然，我們住在香港，便是香港的人；我們能到世界各處，亦是世界的人。我們對香港與對世界，都有責任。但我們不能忘記，我們原自中國來，亦將回到中國去，我們對中國亦有責任。不特流亡的師生是如此，所有在香港與海外的中國人都是如此。但不幸我們一時不能回去，於是我們便恆易忘了我們的來處而忘本，亦不想未來的去處，而更無遠大的理想與抱負。這就唯有賴於大家之不斷的自己提撕警覺，同時不斷去喚醒一切一時忘本，而失卻理想與抱負的人們。新亞書院既是中文大學的一份子，亦是香港敎育機關之一份子。我們當然願望中文大學的師生們，以至一切香港敎育機關的師生們，大家互勉，不要忘了：大家除是香港的人、世界的人之外，亦是一中國人。並望大家應當於談英國敎育、美國敎育之外，亦能像吳先生一樣，談中國的敎育之過去與未來，而視我們之此時此地的敎育，爲一承先啟後的事業。到大家都視敎育爲承先啓後的事業時，照我的想法，新亞書院即不存在，亦未嘗不可。但在那個時候未到以前，自最客觀的眼光看來，新亞書院的獨立存在，仍是不可少的。而復興和發揚新亞書院的原始敎育精神，及維護新亞書院的存在和發展，這應當是大家的責任。我想這亦當是吳先生在臨退休之前，自印此集，留贈我們在校師生之一番意思。希望大家不加以辜負才是。至於吳先生講辭，無論講及爲學與爲人之道，其立言之周至，期望於同學之懇切，當爲有目所共見，亦不待我多說了。

中華民國五十八年二月廿六日　唐君毅拜序

（原載吳俊升著「農圃講錄」）

略釋「誠」「明」

新亞學生會學術組甘偉培同學，昨日來同我談，說學生會學術組之一目標，是發揚新亞原有之學術精神，但對新亞之校訓誠明二字，許多同學都覺不大明白，要我寫一文解釋。我說此二字之意義，大家應皆多少明白。你們可以自己作文解釋，亦可請任何其他先生加以解釋。甘同學說，同學們雖多少明白，但不眞明白，仍要我寫一文解釋。其實大家要求眞明白，就已是求誠明。誠卽眞實，明卽明白，仍可不須再解釋。但是，同學們既有要我加以解釋的誠意，而我前日在禮堂中見誠明二字之匾，亦佈滿了灰塵，快要看不見了；我亦無妨本我之所見，說幾點意思，幫助大家更明白此二字的意義。

誠與明之定爲校訓，初主要是取中庸一書講誠明的意思。中庸講誠明的意思，亦確有不易爲人所完全明白之處。現在我暫先不管中庸原意，只將此二字之義，分爲四層，由淺入深，次第略講，以漸接近中庸之原意。

一

我們說誠卽眞實，此眞實可以是指一客觀的眞實，如客觀的實事眞理，都是客觀的眞實。依此說，誠明的校訓，其意卽是要大家同學，明白眞實的事理，或求眞理而明白之。嚴幾道先生在淸代末翻譯穆勒名學，對西方之 Truth 一字，卽譯爲誠。求眞理卽求誠。大家同學到校讀書，讀書是爲求眞理。如讀書而只求記誦之以應付考試，卽非爲求眞理而明白之，便不合校訓。眞理有種種，判斷書中的話眞不眞的標準，亦有種種。有的話因自相矛盾，前後不一致，而不眞；有的話以不合客觀的事理而不眞；有的話以不能應用而不眞；有的話以不合當然的理想規範而不眞。有的學問，只要求其所論述者不自相矛盾前後一致，便可說其所論述者相對地爲眞。如數學邏輯中之眞理，只須爲其前提之設定公理等與其所推出的其他定理、其他邏輯命題，彼此不矛盾，便可稱爲眞，不必另求合於其他客觀事物之事理。但是歷史與純理論的自然科學社會科學中的論述，則兼須合所謂客觀事理然後眞。而應用的自然科學社會科學的技術知識，則兼須能應用於一技術的目標之實現完成，然後眞。至於文學藝術與道德倫理學的知識，更須論到美與善的理想、規範。這些理想、規範，都是人從事文學藝術創作、有道德行爲時理所當然的。而我們之文藝創作，道德行爲，如不合美善之標準，我們亦可說其不是眞文學、眞藝術、眞道德。這就見在不同的學問中，眞與不眞判別的標準，不全是一樣；亦可說各種學問中有不同的眞理。如果我們只以一種學問中判別眞不眞之標準，去概括的斷定另一學問中所論述者之眞與不眞，卽不必皆恰當。而我們之能知道「眞理之有此種種，不能隨意加以混淆……」，此所知道者，亦是一種眞理——此卽哲學中關於「眞理之理論」的眞理。此關於眞理之理論的眞理，又屬於另一層次，亦是另一種眞理。這些我們不必去多講。總之，眞理有種種，如眞卽是誠，則誠亦有種種。世間常有若干專家學者，只以一種眞理標準，概括其他，抹殺其他，以爲其他眞理不存在，此「以爲其他眞理不存在」卽不是眞理，亦不是「誠」。如大家不明白此上之道理，亦卽不是「明」。所以如果大家以眞理釋誠，則誠明的校訓之主要意義，便在使大家知道去求眞理而明白之，並明白眞理的有種種，不能輕易以一種概括抹殺其他，而免於輕易概括之意見之錯誤。若大家要求逐漸免於此種錯誤，大家於學一專門學問之外，兼須對於正宗的哲學中關於「眞理的理論」的眞理，有若干了解，否則便須有天生的廣博的胸襟，然後才能知眞理的世界之大，以免於此種錯誤。

二

我們的校訓，誠字之第二層的意義，卽是以誠指我們個人之言說的態度，而不以之指一客觀的眞理。誠卽是說老實話。如連上段所說來說「說老實話」的意義，我們可說，如對於任何客觀的眞理，我們知道便說「知道」，不知道便說「不知道」，孔子所謂「知之爲知之，不知爲不知」卽是說老實話。世間的學問無窮，知識無窮，眞理亦無窮，任何人所知道，皆極有限。所以牛頓到晚年時，說他只是在眞理之海邊拾石子的小孩。此不是故意謙虛，此是說老實話。此老實話中，亦有一客觀的眞理；「眞理無窮」本身，亦是一客觀的眞理。但此說老實話之本身，是一言說的態度。此態度連於作爲科學家之牛頓之人格，牛頓之人格與其能說老實話的態度，是牛頓之一切科學上之成就之根源。牛頓之說其不過是眞理大海邊之拾石子的小孩，雖是在其晚年才說，但我們可以相信牛頓在小孩或青年時，已走到眞理的大海邊預備拾石子。在這時，牛頓未拾得石子，便說未拾得，拾得一個便說拾得一個，便是誠。如未拾得一個，而說已拾得一個，以不知爲知，便是不誠。我們相信牛頓從小就決不是以不知爲知的人。因如果他是以不知爲知，則他既自以爲知，亦不須再去求知；則他亦不會一生求知科學的眞理，亦不會成科學家，成牛頓。所以，諸位同學要造學問，求知識，求眞理，不怕「不知」，只怕「以不知爲知、不知而說知」。不知而說「知」，以欺人欺己，使人不明白眞實，是爲誑言妄語。以此誑妄言語，欺人不必能欺人；而以此誑言妄語欺己，則阻塞了自己求明白眞理，求學問知識之進步的路。因爲一切誑言妄語，都好似在我們自己與眞理之間，撤下一團迷霧，築一道牆，便會使我們自己不明白眞理，而使我們在求學問知識的歷程中必不能眞正的進步。所以不作誑言妄語，是一切想求學問知識的人的根本。根本上壞了，枝葉決不會敷榮；根本上不壞，枝葉亦必然會不斷長出。所以，諸位同學，不要怕「不知」，只須怕「以不知爲知」，不要怕自己知識學問不如人，只要謹記住：不說誑言妄語以欺人自欺，則我可以保證你們之學問必然要進步，卽可說「雖愚必明」。同時對於一些聰明而已有相當知識學問的同學們，如果你們未免掉誇大等以不知爲知的妄語之習，則我可以斷定，你們之學問知識必不能眞正進步，而且你們之聰明亦終將一天一天的喪失。因爲你們雖有聰明，尙未明白此上所說之一根本的道理。你們以妄語掩蔽眞理，撒下迷霧，本身便是使你們自己之聰明，變爲糊塗昏昧而不明的。所以你們之天生的聰明，必然隨年齡之日長而日衰。於此亦可說雖明必愚。如果大家眞明白此一點，便明白說老實話不妄語的意義與價值。說老實話，不妄語，卽是「誠」，明白其意義與價值，便是「明」。

此上講說話要誠的意義與價值，是連着第一段說的。實際上說話要誠的意義與價值，還有許多。而與誠言相反的妄語，亦有種種。有意的於不知說知，以自欺欺人，只是顯然的妄語。此外人尙有種種無意的妄語。如對他人的妄語，不加判斷，便隨聲附和；流行的標語、口號、惡俗的辭句，聽慣了，隨口說出，此亦是妄語。又爲了討不同的人喜歡，而隨便說不同的話，而不問其眞與否，此亦是妄語。再行文說話的習慣與方便，不知不覺間，帶出了一句並非自信爲眞的話，以及人之隨意編造文字，與由思想混亂而說出之無意義的語言，都是妄語。而此類之妄語，卽學者或賢者，有時亦不免。人妄語，而恆不明其妄語，所以人要作到說話全無一句話是妄語，不是容易的事。不免於妄語而說已能不妄語，不容易的事說其容易，此亦是妄語。妄語有不同種類不同層次之妄語。全無一切妄語，才是「誠」，此固不容易；而能對自己與他人之一切妄語，皆明白其是妄語，則是「明」。明亦是不容易的。

三

誠與明之再深一層之意義，不是自人之說話的態度上說，而是自人之行爲、生命精神與人格自身說。如以欺人自欺的事來說，此亦不只賴言語，亦可賴行爲。人可以妄語欺人，亦可以僞行欺人。如表面與人親熱，而內心則懷敵意與利用人之心，此便是虛僞的行爲。人之虛僞的行爲，種類甚多。人之聲音笑貌，行止坐臥之一切行爲，無不可是僞裝。而誠實的人，卽不只是一說眞實話的人，亦是一行眞實行、無虛僞的行爲的人。但人的虛僞的行爲，亦可是有意的，可是無意的。有意的虛僞行爲，人可以自覺到，雖全加以改正，亦不容易；而無意的虛僞行爲，則恆爲人所不自覺，亦賢者之所不免。我們須知，虛僞的行爲之所以虛僞，是因其與我們內心中所原有的不一致；由此而凡我們之行爲與心意中所想的不一致者，亦皆可說是虛僞的。譬如我們有許多習慣的、本能的、衝動的行爲，常不自覺的自然發出，這並非我們眞視爲當有的、合理的，而我們卻會依習慣本能衝動而發出，發出後，才知其不當有不合理。凡我們知其不當有而又有的行爲，皆與我們「所想的當有者」不一致，卽皆有此一虛僞性。此種行爲與我們「所想的當有者」不一致，卽都可造成我們自身的生命精神或人格之一種「內在的分裂」、「內在的矛盾」，亦都是爲了形成我們之統一的生命精神、統一的人格時，所以必須加以去掉的。我們如果莫有統一的生命精神、統一的人格，則我們之生命精神與人格，卽尚未眞實的形成，亦尚未眞實的存在，亦卽做人未做到眞誠的標準。所以凡是我們有不合理而不當有之行爲時，我們卽尚非一眞實存在的人，亦不能算一眞誠的人。但是人要使其行爲皆是合理，皆是當有而後有，則是千難萬難的事。我們任何人都不敢說，已成一全幅的眞誠的人，亦不敢說我們已是一全福的眞實存在的人。能作到的，我們說他是聖賢。但世間亦莫有一個聖賢，在生前自說他是聖賢。聖賢對生前的人說，只是我們做人的理想。此理想，可能我們永遠達不到。在知識的世界中，在無盡的眞理之大海邊，我們永遠是小孩，尙未成人。在聖賢的眞誠的標準上看，我們亦永遠是小孩，而亦未成人。但如果人永遠要去求眞理，以爲其知識的理想；人亦應永遠要學爲聖賢，以爲其行爲與生命精神及人格之理想。希望大家不要以流俗的「知識」觀念，來誹謗此理想；此誹謗，只是上段所說之妄語。理想的聖賢，只是其自然發出的行爲，無不是合理的、當有的。此在「中庸」，稱爲「不思而中、不勉而得、從容中道」的境界，宋儒稱爲天理流行的境界。在此境界，他的行爲、生命精神與人格，前前後後是一貫的、統一的，此在「中庸」稱爲「純亦不已」。他內在的心情意志之表現於外表的言語行爲，亦無任何遮遮掩掩、曲曲折折的情形，都是「誠於中，形於外」，事無不可對人言。所以他的人格之前前後後、內內外外，互相映照，全是一片光明，通達貫徹；以此光明來成就自己，亦成就自己以外的世界。在「中庸」稱之爲誠而明，以成己成物。當然做人要做到此一步，上已說過，誰也不敢說已做到，但是以此為作人的理想，則是一青年人亦可有此一理想的。孔子十五志於學，亦只是現在一初中學生年紀。世間有許多偉人的理想，中年老年人所不能抱的，青年人可以抱。

四

至於誠明之再進一層的意義，則可以從誠之成己成物的意義，說到誠之為一宇宙的大道。此主要是自誠字之右半面去看，誠卽成。一切事物之成都是誠。事物不成，卽無事物，故曰「不誠無物」。求眞理求知識的事，是成就對眞理的知識；對眞理之知識不「成」，則無知識亦無眞理可見。說話是為成就表意。妄語誑話，不眞表意，不能成就表意；表意不成，話卽不成話，亦不是話。使行為合理，是成就行為，成就統一的生命精神人格。統一的人格不成，則人不成人，亦不是人。以至天地萬物要成為天地萬物，上帝要成為上帝，鬼神要成為鬼神，都賴乎此「成」。此成卽是誠。這樣，誠卽是一切人與天地、萬物、上帝、鬼神之所以成為人與天地萬物上帝鬼神之道，卽宇宙之道。什麼是成？不是說只「一時有了」便成；必須有，而且繼續不已的有，然後成。所以治學，必繼續治學，才能成學，說話必繼續說到前後一致，內外一致的話，才成話。作人必繼續向一作人的理想前進，才成人。天地萬物必繼續不已，天地萬物才成天地萬物。上帝鬼神必繼續救人愛人，才成上帝鬼神。一切存在的，必繼續不已的存在，然後為有「成」的存在、眞實的存在。繼續不已，亦卽是承先啓後，卽是繼往開來。所以中國教育文化，不能承繼五千年之教育文化，以開啓中國未來之教育文化，中國之教育文化卽非眞實的存在；新亞書院之教育不能承繼新亞之原始教育精神，開啟未來之新亞教育精神，新亞書院之教育亦非眞實的存在。而承先啓後，卽是使「先」更光大；繼往開來，卽是使「往」更光大。光大卽是「明」，亦卽是繼續不已的結果，卽「成」或「誠」的結果。所以有誠有成，卽有明。中國之明的意義原是明月透入窗。窗外有明月，窗內亦有明月。此便是光明之由窗外到窗內，而繼續不已。如果有窗帘隔了，明月之光便斷了，窗內一片黑暗。所以明月之光明，亦必須繼續不已的向窗內照入，才有此窗內之光明。此皆是無誠卽無明，由誠而有明的意思，在「中庸」說爲「自誠明」。但是從另一面說，無「明」亦不知此誠。如窗內無明月之明，亦不能照見窗外的明月，亦不知窗外的明月向窗內照，與其照之繼續不已。所以人與天地萬物上帝鬼神之繼續不已的眞實存在，雖然已有此誠之道在其中，但能明白此誠之道者，卻是我們之心靈之光明。如果我們之心靈無此光明，亦不能知此誠之道，亦不能知一切眞實存在者之所以爲眞實存在。所以由明亦可到誠：在「中庸」稱爲「自明誠」。

將誠明說爲一宇宙的道理，或許一些同學不易明白，現在亦不需再多講。每一位同學只須自己誠心想想：在宇宙中有一個我，我有一心靈的光明——此一心靈的光明，我老實告訴大家，原是一無限的光明。所以它能明白天地萬物的道理，明白一切世事人情，明白古往今來的人類歷史文化，明白自己的理想……。又請大家誠心再想想，此一個我，屬於我的家，我的國，我的世界，我的宇宙，亦在此我的宇宙中，放出此心靈的光明；更能以此光明，去照見古往今來無數的人之心靈的光明中所照見的，而彼此光光相照，以相繼不已。大家把此二點想通了，如能更本此光明，去立定志向，以成就自己之光明磊落的言語，行爲與事業，亦使之繼續不已。這便算明白我們校歌中所說的「五千載今來古往一片光明」的意義，亦算已明白此段所說之誠明二字的意義了。

（一九六九年六月二日「新亞學生報」）

在新亞董事會歡宴吳校長、沈校長會上的講詞

今天承董事長唐星海先生的雅意，要我代表董事會同人，表示董事會同人一方面歡送吳校長，一方面歡迎沈校長之意，本不敢當。但或許諸位先生，因兄弟與吳、沈二校長共事較久，要兄弟說幾句話，亦不便固辭。兄弟能藉今天的機會說說對於新亞書院的教育之若干個人之感想，亦覺得非常榮幸。

對於吳校長十年來由擔任錢賓四先生之副校長，到正式接任校長，對新亞書院的教育之功績，這已爲董事會諸先生，及其他校內校外之人士所共知，不必由兄弟多說。對於沈校長答允繼任吳校長爲新亞校長後，必對新亞之教育，繼續加以發揚光大，諸位先生亦同有此信心，亦可以先預料得到，固不必由兄弟多說。兄弟今天所要說的，是吳、沈二先生，都是一生從事教育事業的教育家，教育家以作育天下英才爲己任，本不限於在一個學校或機關中，從事教育工作。一個教育家之教育工作，教育事業，與其作爲一個教育家的人格、精神、道德的價值，亦尚不能只以其對一個學校的功績來衡量。

對於沈先生之從事教育的精神，我以後亦要說到。今天先就我個人與吳先生前後二十年共事，對吳先生從事教育的精神，先略說幾句話。

吳先生本來是研究教育哲學，對兄弟個人說，亦可說是一半同行。吳先生較兄弟年長七八歲。當吳先生出版其教育哲學一書時，兄弟只是一後進的讀者。當我讀到吳先生之教育哲學一書時，我印象最深的是其中論理想主義的教育哲學的一章；而吳先生一生在教育事業上，亦一直有一理想的抱負。在這一點上，我想亦與吳先生之鄉賢胡安定先生之精神上之感召有關。胡安定先生是開始宋明數百年儒學的大儒。新亞書院之教育宗旨說上溯書院精神，卽要上溯至胡安定先生。安定先生於宋初在湖洲講學，一面講經義，一面講治事。經義卽講爲人與文化的理想，治事卽付諸實踐。而吳先生對於教育，卽一面講教育哲學、教育學術，一面實際從事教育事業。此種以知與行相輔爲用，而求其合一，卽是中國儒者的精神。吳先生從事之教育事業，我想最重要的是當吳先生在民國二十八年在重慶時，任教育部之高等教育司司長之一段時期。當時有千千萬萬之青年，從前方逃到大後方，數十個大學由中國之東南東北遷移到大後方，這都是當時主持高等教育者的責任，其工作之艱苦，我們卽不身當其境，亦不難想像。其次是在國民政府撤退至廣州至臺灣，吳先生又曾兩次任教育部次長，都是在最艱難困扼的環境中，求多少保存中國之教育之命脈。關於這些，我嘗與吳先生私人談話，希望他能寫出以供後人之借鑑，我亦不必多說。吳先生最近一段時期所從事之教育事業，卽在二十年前與錢賓四先生，及其他由中國大陸到港之學者，共同創辦新亞書院的事。在新亞書院之前十年中，錢賓四先生單獨負校長責任，以「承繼中國之歷史文化而更求發展之於未來」，爲新亞之教育宗旨。吳先生在新亞之最初十年中，曾一度回臺灣，擔任教育部次長，與張曉峯先生同在臺灣創辦了若干重要的教育文化事業。十年前，吳先生又重回新亞。此十年即新亞書院與其他二學院共同合組中文大學，直到中文大學成立至今之一段時期。在此十年中，吳先生擔任錢賓四先生之副校長共五年；代理並正式接任新亞校長亦共五年。在新亞二十年中，新亞一直在艱難困扼中：在前十年其艱難困扼，尚只是經濟上的，只是對內的；在此後十年之艱難困扼，則兼是精神上的、理想上的，亦是對外的。

不過就整個來說，新亞書院之教育宗旨，在根本上始終仍然是承繼中國之歷史文化，而更求發展之於未來。此宗旨中包涵「保存過去」與「瞻望未來」之兩方面。在保存過去方面，是希望新亞書院之師生，不忘其「生命」與「文化」之本原；在瞻望未來方面，還希望由新亞書院陶養出的人才，對於中國之未來學術文化與社會，有其更偉大的貢獻。但是這亦不是說，新亞書院的教育只是造成一些「留戀過去」與「夢想未來」的書生。新亞書院既然存在於香港，而香港是一個國際的城市，由新亞書院畢業的學生，自然應當適合香港社會的需要，亦須在國際的社會學術教育文化界，有其被承認的地位。在最近十年，因新亞書院參加中文大學，而與香港社會發生更多之關係。新亞書院亦自始與國際的文教機構，如雅禮協會有密切的合作，而新亞書院師生之足跡，與出版著述的影響，亦可說遍及全世界。在此「求與香港社會與國際之文教機構發生更多的關係」之一點上，吳先生與新亞書院的同人，在這十年中，正有更多的注意。但新亞書院之教育之「根本上的精神理想」，仍然繫託在中國之國家民族歷史文化上之繼往開來上。而新亞書院的教育，對中文大學或香港教育，可以希望有的貢獻，仍需要從此「根本」中生長而出。在此我順便說說。依我個人的看法，我亦常想香港教育之本身的命運，原繫於兩根線上：一根線是橫的連繫到世界；一根線是縱的連繫到中國五千年之文化教育。香港教育只是其交叉的一點。如將此一點孤立，卽如將香港地區孤立時，我們在地圖上一看，便知其實至微小而不足道。所以我有時還與朋友們說笑：說如將香港孤立，則香港只是一斷港；而將香港教育，如只變成地方性的，而與國際之學術教育以及中國之歷史文化截斷，則此香港之教育，亦只是一斷港教育。香港教育如要不成「斷港教育」，必需連貫到此兩根縱橫的線上，亦須由此兩根縱橫的線來的學術文化力量與精神力量，來加以滋養與支持。在這一點上，新亞書院之教育之根本上的精神理想，應該對中文大學與香港教育有其極重要的貢獻。

我又記得前二月新亞書院研究所與社會系，曾請在崇基學院擔任工商業課程之日本慶應大學來的訪問教授十時先生，開一座談會，他說他到香港，一方面是爲研究香港此二十年來經濟與工商業之所以迅速發展的因素。他說此中因素，雖然很多，但其中最重要的則是由大陸來到香港的工商業之企業家、管理人才及技術工人，以及轉移來的資本，能與香港原來的工商業界人士取得了密切的合作，才形成香港今日二十年來之經濟的進步。而在座之諸位董事先生，正多是對香港工商業的企業家或工商界人士。我今天想起了此日本教授的話，想想教育文化界方面的情形。我個人覺得似乎甚爲慚愧，亦有些遺憾：卽由大陸到港的教育文化界人士，似乎莫有這樣對香港之教育文化有這樣鉅大的貢獻。有許多由大陸帶到香港的教育文化上之觀念、理想、與學術思想，似乎並不能在香港再生根而開花結果，如像由大陸到香港的工商業的勢力那樣，與本港工商業勢力那樣取得密切的合作，和彼此的信任。所以我個人常想，如何使由中國大陸帶到香港的教育文化上之觀念、理想、與學術思想，能亦在香港生根而開花結果，使其能對香港社會有更多的貢獻，並與香港之教育文化界人士，共同培養出更多的英才，能「一方對香港社會服務，同時對中國之歷史文化負起繼往開來」的任務，當是我們共同的責任。而在此點上，新亞書院實最需要諸位董事先生之指導與幫助。不過這亦皆早在諸位先生之洞鑒之中，亦固用不著多說。

現在吳先生雖然自校長的職務中退休，但是一教育家與一切眞正的事業家都永「不知老之將至」，亦永遠是年青的，原無所謂退休之日。所以董事會於吳先生辭謝校長之後同時請他正式擔任董事，則吳先生之擔任董事的工作，正將開始。我相信吳先生在教育上的觀念理想，在其任內不能實現的，必能通過與董事會其他諸位先生的合作，而逐漸實現。所以我們對於吳先生之自校長之職退休，而轉任董事，我們可以莫有惜別之意。至於對沈亦珍先生之由正式董事而轉校長，亦同樣可說只是一職位的轉移。對於沈先生，我在開始已說過，他與吳先生，同是一生從事教育事業的教育家。沈先生在約五十年前，即以東南大學與香港大學的交換學生的資格，在香港大學卒業。在此點上，正象徵中國大陸的教育與香港大學教育的最早期的合作與交流。此交流與合作，亦正是我以上所說的今天的新亞書院的希望。後來沈先生在國外求學，在國內各大學任敎，及辦學的事，大家知道，亦不必由我多說。沈先生在二十多年前，在上海辦了馳名南北的上海中學；後又在臺灣，一面在師範大學等校任敎，一面辦了國際的文化學術交換的事業；再來到香港辦蘇浙中學，擔任新亞書院的董事，並在新亞研究所兼指導研究生學習英文。沈先生以辦上海中學的精神，轉移到香港，辦蘇浙中學，以在臺灣辦國際文化學術交換的事業的精神，轉移到香港爲新亞書院效力。今又擔任更重大的校長職務，此本對沈先生艱苦經營的蘇浙中學的教育事業，暫時有所犧牲。但是因爲新亞書院，正在更大的艱難中，新亞書院與蘇浙中學，同爲中國大陸教育與香港教育之交流與合作的象徵，必須有與吳先生抱同樣教育理想的人來繼任。所以沈先生在道義上，不能不暫時有所犧牲。而在此處，亦正是我開始所說一眞正的教育家的精神，原不限在一個學校的意思。

總而言之，吳先生與沈先生，同是一生從事教育事業的敎育家，而不是一般以校長爲職業的人。職業可限於一學校一機關，亦有一定期限，其任務可以條文規定；而事業，則不限一學校，一機關，亦無一定期限，其任務大有超出條文規定之外者。一從事教育事業的人，與從事任何事業的人，都有其一番理想、一番抱負、一番精神，在此精神上表現其人格。對此理想抱負精神人格而言，職位的轉移是不重要的。所以吳先生由任校長而轉任正式董事，與沈先生由正式董事與蘇浙中學校長，而轉任新亞校長，都同是一樣，亦都同是以「中國傳統之優良的教育精神之延續爲根本，以更求與香港社會適應與國際之學術文化相通接」，爲其共同之理想與抱負。而此一理想與抱負，亦不只是吳、沈二先生的，亦原是新亞之董事會諸先生與新亞之校內外師生所共有的。同時我相信亦是香港社會之最大多數的人們，所寄特別希望於新亞書院，亦希望於香港之一般大學教育的。所以今天的盛會，對吳、沈二先生之職位的轉移而說，原無所謂歡迎，亦無所謂歡送，既是歡迎，亦是歡送，整個來說，只是由董事會與在校師生合成之一教育團體，歡宴我們自己的以教育爲事業而不以教育爲職業的二位教育家，亦歡慶我們自己有一共同的教育理想，並以始終先後，彼此合作的精神來求加以實現，以求有所貢獻於海外之中華兒女的教育。

今天我所說的話，我想只是把在座諸先生，如古之詩人所謂「含意俱未伸」的，試代爲說出。可惜說得太長。躭擱大家彼此歡慶的時間，十分過意不去。還希望諸位先生原諒和指教。

（一九六九年七月「新亞生活雙週刊」十二卷四期）

新亞二十周年校慶典禮講詞

主席、各位董事、各位來賓、各位同事、各位同學：

今天承主席及新亞書院教職員聯誼會推選兄弟代表教職員講幾句話。但說代表，實不敢當。今天兄弟只想試站在一比較客觀的立場，說說我個人對新亞書院二十年來之教育與未來之一些觀感和希望。

一

通常一般對新亞書院的教育之觀感，似乎是認為新亞書院之教育，比較著重與中國過去大學教育之傳統之若干方面求相銜接，或加以承繼，更求其發展。此話自是可以說的。我個人亦常如此說。但是自客觀的觀點看，則在中文大學之內之其他二學院，亦同樣是與中國過去之大學教育，在若干方面相銜接，而亦能加以承繼的。如聯合書院之定名為聯合，即表示其是由先已存在之幾個書院，聯合而成的。這幾個書院，如觀其名稱，並追溯其歷史，大家亦都不難知道，其與中國大陸原有的大學機構的關係。又如崇基學院，其與大陸上原有之教會大學的關係，在其董事會之組織方面看，卽顯然見其是互相承接的。所以我們可以說此中文大學之三成員學校之先天的性質，同是中國傳統大學教育之延續於香港。對中國之大陸教育之加以承接，更謀發展，應當是中文大學與其他三成員學校共同的理想、共同的責任之所在。我們不能說只有新亞書院的教育，才是求與中國之傳統大學教育，相承接而更謀發展的。如這樣說，我們就忽視了整個中文大學與其他二成員學校之存在的共同的歷史使命了。

二

但是新亞書院的教育，在中文大學中，我想仍然應當有它的特點。這一特點，如從新亞書院之開始存在的歷史上看，與其說是與中國之大陸之大學教育，有什麼人事上、組織上之承接關係，不如說是全然莫有。無論由新亞書院之定名，與原初之董事會之組織來看，我們都可知道：新亞書院，純粹是一在香港「無中生有」的學校。這一學校之形成，純粹是一些愛好自由，原在大陸從事教育工作，而流亡到港的中國知識分子之結合。這些人來自天南地北，最初並不都彼此相識。首任校長錢賓四先生，初是此一結合的中心。但他亦可能只與其中之二三人，原來相識。這些人，只因中國政治上之一大變局，偶然同聚在香港，遂有此新亞書院的創辦。這時又適逢孔子二千五百年。當時中華民國之教育部，在廣州舉行了孔子二千五百年紀念會，後來新亞書院，遂亦定了孔子聖誕之日，卽教師節，爲新亞書院之校慶日。但此亦可說是偶合。由此而我們亦可說：此新亞書院之創辦，無論從香港看，從中國大陸之教育傳統看，皆只是一「無」中所生之「有」。亦卽可說初是無根的。如要說根，此根只在「這一些自由的知識分子之若干大體上共同的教育理想」。新亞書院卽初是空無所有的。此卽形成後來新亞校歌中所謂「手空空，無一物」的話。至於校歌之下一句「路遙遙，無止境」。則是就此原初之理想，似永不能實現方面說。又凡人所抱的理想，原都時時可以與現實遭遇，而不免於動搖、歧出、以至互相衝突，而銷毀的。則以理想為根，亦可同於無根。於是我們可說新亞書院之存在，卽存在於此「下在實際世界，無根；而在理想上，則有根亦可同於無根」之中。易經有「上不在天，下不在田」的話。新亞書院初期的情形，亦是如此。耶穌曾說「飛鳥有巢，狐狸有洞，而人子無家」。新亞書院的初期，亦是「無巢無洞，亦無家的」。由此而我們當說「無巢無洞無家之一羣知識分子，為一些教育理想而結合」，卽新亞書院的先天特性。

三

但是新亞書院，依其先天特性而創辦之後，竟然陸續獲得社會的同情，國際的幫助——如雅禮協會的幫助，中華民國教育部與國際學術教育文化機關之承認其學位與著述出版的價值，……最後得香港政府的承認為合法的專上學校，並被邀請參加中文大學的組織。而今日之新亞書院之董事會，亦更對書院負責，也有更多的社會人士，樂於參加董事會爲董事。這似乎表示新亞書院的教育，有了他的實際存在的地位，有巢有洞亦有家了。這亦同時表示社會上之人們之能承認一「純依理想而結合之一羣知識分子所創辦之學校」之價值，尤其是證明了社會上不相識的人們間，原有一彼此初看不見的「文化教育上的共同的教育理想與相互的道義關係」之存在。這都是十分可感的。

四

但是我今天還要問一更進一步的問題，即是否新亞書院經二十年之發展之後，便由手空空無一物，實際上之一無所有，到有所有，由實際上之無根到有根了呢？我想不如此。如果如此，我們的校歌，首先應不要再唱；唱亦無意義了。須知新亞書院，雖得社會政府的承認爲中文大學之三成員之一，它仍是無根的。此所謂根，一方面可從新亞書院仍無一特定之社會文化宗教團體、地方勢力、政府之勢力爲根說；一方面可從其雖爲香港社會、政府、中文大學所承認——然而亦可不爲其所承認，如孟子所謂「趙孟之所貴趙孟能賤之」說。從此看，新亞書院之地位，不再被承認，此在邏輯上，與事實上說，都是可能的。則新亞書院這一條船，雖然過去已經渡了不少的灘險，卻並非能必然的一直順流撐下去的。新亞書院所現有的一切，仍皆是可無的。依佛家說，凡人去抓「可無的」東西，都是抓不牢，而亦終於空無所得的。所以我們需要認識我們現在實際上仍然是「手空空，無一物」的。我們現在所有的，仍只是許多未實際實現的理想，而此理想之實現，仍是「路遙遙，無止境」的。

五

然而我今天所要說的一最重要的意思，卻正是希望新亞書院的師生，與關心新亞書院的人們，認識此不求「一般所謂有所有」，正是一新亞精神之所在。因我上說新亞書院之先天的性質，即是一羣自由的知識分子的結合，而初無任何實際勢力的憑藉而創辦起來，因而原是無所有的。現在所謂知識分子，略相當於中國古所謂士。孔子之教，亦重在教人為士。士在周代，其社會地位，初是在貴族平民之間，士是不屬於一特定之社會階級的，而可仕可隱的。因而士是無「恆產」亦無「恆位」的，士只可說有「恆心」有「恆德」。無恆產無恆位，即在實際的世界上，可說是無根的。其所有之產與位，都是可無的。因而恆是手空空，無一物的。所以凡由士而成的事，都是出之於自由意志。士之作任何事，只為其應當做便去做，並非必求實有所得，求有恆產恆位而後去做的。士之作事，對於事之可成可敗，原是他所先知的。而他與事的關係，亦原是可即可離的。他如作某事，則他樂於與其他人，共屬於一作此事之團體。他如不作某事，即不屬某團體；然而他還是一士，一獨立自由的人格，或獨立自由的知識分子。而中國傳統所謂士的教育，即教人成為一「能作事，可作事，能屬於一團體；而在其不屬某團體，不作某事時，仍然是一頂天立地的自由獨立的人格」者。這樣的士，依中國傳統的說法，稱爲「國士」、「天下士」。從此看，一切社會團體的存在，對作事的士言，皆是第二義的；重要的是此團體是否一士的結合，是否能培養出士，亦卽是否能培養出「獨立自由的人格，而又能與人合成團體以作事的，或近乎國士、天下士的人」。人人若從此看，新亞書院作一教育團體來看，其存在之意義與價値，亦屬於第二義的。重要的是：形成此一團體，與由此團體所教育出的人。

六

然而就在這個地方，我們可說新亞書院的教育，有其特性在。從新亞書院的創辦的歷史上看，我們當然不能自許新亞書院的創辦人都是國士、天下士。但是他們來自天南地北，確原皆各有其相當之學術界教育界的不同地位；他們亦可說是一羣獨立自由的人格或知識分子。而後來新亞書院同仁，陸續增加，亦都各原有其學術上的地位，而亦分別來自天南地北，然後才合成今天之濟濟一堂。則我們未嘗不可說，新亞書院之同仁之結合，純粹代表中國之「士的精神之延續」，而此外之什麼也莫有。手空空，無一物。此正是新亞之一團體之特色。則我們今天希望新亞同仁與同學，無論在新亞，與不在新亞，都是一獨立自由的人格，一士、國士、天下士。應當是我們可懷抱的希望。而此希望之實現，亦是有若干事實作證的。

這若干事實，是我在此二十年中發現的。我的觀感是：新亞同仁，大體上說都是在參加新亞團體之前，卽已是一學術界教育界的士，而在離開新亞書院之後，亦照常爲學術界教育界的士者。他們在學術教育上工作，亦都一方連繫於新亞書院，一方超越於新亞書院，以有其對國家天下的價値者。卽在本校畢業同學方面說，我亦發現無論留在新亞書院，或散在東海西海者，亦大體都是能無所憑仗，而獨立奮鬪的靑年。他們留在新亞書院，亦未嘗不想新亞書院以外之天下事；他們散在東海西海，亦未嘗不與留在此南海之香港之新亞書院，有若干精神上之共契。此雖不是校歌中所謂聖人之心同理同，但亦是求爲士，學爲士者之心同理同。這是我個人視爲新亞書院之敎育，最値得告慰之點。亦只有從此點上，才可看見所謂新亞精神之蕩漾於現成的新亞書院之外。這是縱然新亞書院萬一不存在，亦仍然存在的。而新亞書院之存在，其未來敎育上的希望，我想亦卽應當在培養出更多之這樣「無所憑仗，而獨立奮鬪，並亦能共同作事，以開創更多之敎育事業或其他事業」之「士」；並希望其中能出若干「國士」、「天下士」。而此亦卽所以上承孔子敎人之爲士之意。從此去說，則新亞書院之適創辦於孔子二千五百年之後，亦不可只說爲一偶然的事，而當說是一當然的事，必然的事；同時新亞書院的實際存在，亦才可說是有根了。這是我個人對於新亞書院的敎育之未來的希望。今說出來，望諸位先生指敎。謝謝各位。

（一九六九年十月「新亞生活雙周刊」第十二卷第八期）

歡送張丕介先生

今天大家在這裏歡宴張先生，我個人是有些感想要說的，就是我們新亞書院的三個創辦人，錢先生和張先生都先後退休了，只有我因年歲較他們稍輕，還留在學校裏，不無孤單之感。

俗語說，天下無不散的筵席。將來我也會退休，離開新亞書院。不過，我覺得退休只是一件事情告個段落；其他的事情，例如：精神的影響，人格的感召，還是在繼續、在進行，並不因退休而停止。所以我們今天在這裏歡宴張先生，最主要的目的是感謝他，感謝他二十年來對新亞書院的貢獻！

在這裏我要說說張先生、錢先生和我創辦新亞書院的經過。這些事情是許多後來的同學所不知道的。

我和張先生在南京就認識，那時大家都在敎書。因張先生附帶主編一個刊物，我常常替這個刊物寫稿，於是我們之間便建立了編者和作者的關係。後來我走難到廣州，在那裏又遇見張先生，同時還遇到錢先生和徐復觀先生。最後我們一起到了香港，大家住在沙田附近，每次見面時，就商量開辦一間學校，以收容逃難失學的青年。

但辦學校是需要錢的，那時我們的生活都成問題，那裏有錢呢？所幸徐先生已將「民主評論」復刊，聘張先生擔任主編，受一份薪水；錢先生和我就幫助撰稿，領取稿費。這樣，我們才有能力租到一層樓，作爲校址，白天當課室，晚上就是我和錢先生的宿舍。這種艱苦的情形可想而知。前些日子錢先生在校慶會上說，最初新亞的經費每月只有三千元，其實那還是很久以後的事。

最初的新亞書院，敎師上課不支薪水，完全是義務的；行政方面由錢先生擔任院長，我擔任敎務，張先生擔任總務。大體上這樣分工，但並不嚴格。例如說敎務的事吧，仍是大家共同商量辦理；只有總務的事，卻是張先生獨力承當，我和錢先生都不過問。事實上學校窮，也無法過問；因爲巧婦難爲無米之炊呀！特別是我，大家都知道，我最不善理財，縱然學校有錢，也未必支配得好，沒錢更糟。到時房租、水費、電費、雜用賬單來了，不知怎樣辦才好；但張先生卻能精打細算，挪東補西，一一應付過去。

有錢能辦事，不算什麼，辦好事情亦是應該的；沒有錢而能辦事，有少量的錢而能辦大量的事，這才算本領。張先生就有這種本領。所以我說張先生到底是學經濟的，不愧是一位經濟學家。

最後，希望在座的諸位都和張先生多飲一杯，並祝張先生身體健康！

（楊楠記錄・一九六九年十二月「新亞生活雙周刊」十二卷十二期）

在新亞研究所第一百一十三次月會上的發言（註）

此次月會，因爲時間關係，諸先生說得多，同學說得少。下次月會希望同學多發言。學問是一歷程，譬如登高，一程一程，登得越高看得越遠越廣。師生間的討論批評，就是希望能大家都走越高看越遠。關於章學誠，可以說是民國以來的顯學，許多人都講他。我想其學問可由兩面看。就史學上，他講史學體例，講方志，講校讎，辨章學術，考鏡原流，大家加以推重應無大問題。但在經學方面，講「六經皆史」的觀念，就會產生流弊。就像一般人說「理學卽經學」的說法有弊病一樣。徐先生已把此弊病指出。我想，史觀不等於史學，章學誠的「六經皆史」說應是他的史觀，不必是史學。他是把「經」作「史」看。我們在今日應對「經」抱何種態度，是一問題。五經之書，其中包涵有爲後世所謂子史集之共同之原，亦卽涵有今所謂文、史、哲之成分。經學應是一綜合文史哲之學。但現在應如何講經學，値得深思。

楊同學文章頗好，但內容方面有缺點：（一）他說告子所講的是「事實判斷」，孟子是「價値判斷」，這很不妥。告子明講不動心，這是一種修養工夫；孟子批評告子的不動心是「以義爲外而制其心使不動」，則這個「義」不能沒有價值意義。

（二）楊同學認爲告、孟之「杞柳之喻」的論辯，是由孟子誤解告子「以……爲……」句型引起，但就整個原文看，告子的「爲」實有「製作」義，非孟子誤解，我們讀古書，本來讀得順的地方，非有證據不必另作他解。

（三）徐先生剛才已指出，了解告子應先由他的「生之謂性」來解釋。此甚重要。由「生之謂性」而說性無仁義，故以仁義爲造作。仁內義外之「仁內」，其所謂「內」不必指天性之內，可能只是從仁以我爲主便爲內說，此不礙其以此「仁」仍爲後天造作所成之說。

潘先生徐先生等對何同學、楊同學的報告，都提出很多重要批評。徐先生的批評尤其嚴，都在督促大家。我說過，學問是一歷程，在歷程中人總要翻過好多方面層次去看問題。潘先生說徐先生是在高一層看告、孟，事實確如此。義理不僅有平面的方面之不同，亦有層次上下之別。楊同學以語意分析告、孟用詞，那是立在次一層次，故其了解告、孟只限於此。徐先生則立在深一層，故看出楊文之不足。爲此，我實在希望同學注意學問的層次問題。站立不同高度，看法自有不同。

大家都知道，朱子一代大賢，他讀書的工夫我們就不能說他不細密，但若讀他四書集註，他對告子的解析卻不精。他說，告子首先主張「人性本無仁義」，近荀子性惡；後其說變爲混善惡而一之，主張「無善無不善」；然後又改爲「生之謂性」，近佛氏之作用是性；最後說其「仁內義外」乃是謂：學者當用力於仁，不必求合於義。故謂「告子之辯以屈於孟子而屢變其說」。但朱子又說告子論性大旨在生之謂性，則如何可說其屢變其說？並且朱子謂告子重仁不重義亦有問題，告子所重者正在義。可見學問是在一歷程中。朱子大賢之註亦不必妥善；但由之而更進至另一方面一層次去看告、孟之辯，這仍有益處。

（梁瑞明記錄・一九七〇年三月「中國學人」第一期）

註：本篇節自「中國學人」第一期「新亞研究所第一百一十三次月會紀錄」。——編者

理想與現實

——中文大學的精神在那裏？（註）

一

「新亞精神」這個名詞最初出現在新亞校刊第一期，初時指新的亞洲，新的中國，後來指中國人文教育的精神，亦針對幾十年來學術劃分太多而沒有人文文化的通識的弊病，我們辦新亞書院的目的主要是爲中國人文精神傳統。新亞精神的第二點強調先生作爲人格的中心，每一先生有其做學問的態度方法和人格，而同學圍繞著他來談學問。中國百年來的教育有過很大的變化：民國以前以日本的富國強兵爲理想，國民黨國民革命運動以前以英美爲理想，國民政府成立後，在抗戰以前，慢慢以歐洲爲理想，到了後來共產黨又以蘇聯爲理想。新亞書院向來都不會贊成這種種做法，學日本、學英美、學歐洲或學蘇聯也好，中國教育家總應走一條自己的道路，這道路是屬於中國的、中國人文理想的，這包涵著中國過去的文化通過現在向將來的發展。換句話說，教育和文化應該是承先繼後的，在繼後的意義下，中國當然必須與西方接觸，但是儘管接受西方文化，最終也是爲中國。就算不得爲全世界，但至少也是爲中國的。

理想是這樣：在現實方面，希望每一個教師一方面做人，一方面做學問，一方面做事。雖然有些專門辦事或做學問，但做人是根本，三者要連起來，互相承合。教師是這樣，學生也是這樣；有些辦事能力很強，有些學問方面很好。但撇除學問和能力來說，人還有他可愛的地方，這是他的人格。新亞希望各師生做人、做學問和做事三者都互相爲用，站立起來。進大學就是從文化培養出一種精神，好像孔子所謂：不知老之將至。

二

新亞自從參加中文大學後，有知識有學問的先生增加了，辦事方面也有進步，學生方面，聰明和程度也提高了，但在做人方面卻沒有多大進步，沒有了求學的固定目標：爲教育，爲文化，爲中國的將來；承先繼後的精神差了，也談不上對中國文化的責任。中大的先生，董事會和香港政府中人就各有不同的教育方向和觀念，大致說來有兩個。

第一是香港主義。香港地方主義或以香港的地方本位教育，以香港政府和社會的利益爲第一義，這也不能說完全不對。譬如以往新亞書院的畢業同學的資格不爲香港政府承認，新亞參加中大並不是爲師長待遇增加，而是爲了同學不爲香港社會所承認，出路不如高中畢業生。參加中大主要是爲了同學，新亞要人承認，就必然要部份滿足別人的需要，不然人家怎承認你？

第二個是國際主義的觀念，聘請先生方面，多有在國際取得學位，中大又出席國際大學會議，發展成國際性大學，多聘請訪問教授。中大是新學校，所以必須要人承認其存在。

這兩條路都不能說是中大的眞正目標。從香港主義來說，此地人在地理上雖然是居香港的，但生命上是中國的。國際主義方面，中大在國際上取得地位，這也不能代表中大的特殊性。它要培養中國青年爲香港，爲國家，代表中國文化承先繼後的發展的精神。中文大學之所以用「中文」兩字，應該不只是應用語言方面的意義，它如果沒有意義，我們應賦予它意義：「中文」二字應指「中國文化」。關於中國文化，有三種觀念，一個是純過去的看法，一個是純現在的看法，一個是從過去到現在將來的看法。關於純過去的觀念，是只談孔夫子和中國傳統；純現在的觀念是從現實方面著眼，現在中國有臺灣和大陸，因而存在兩個政治制度，有些人以臺灣爲標準，有些以大陸爲理想。但是就以中國共產黨而論，中國共產黨是學蘇聯的。馬列主義是外來的。中國是個大國，不能以過時的馬列主義爲標準。中蘇分開是件好事。中國文化總要嘗試它自己的道路，從民國初年開始，中國已學遍別人。中國要來個創造，因此稱英美，稱日本，稱蘇聯，我都不贊成。不能因日本欺負你就求英美，過去情形是這樣的。毛澤東也一面倒，說美國要欺負它。客觀來說，中國從前做人，做學問，做事連在一起。共產黨說適應現實，而做學問與做事混淆不分。其實兩者合在一起，應有合理的程度，純學問還是要存在的。中國大陸教育的缺點有很多，譬如說：很多史都不能講，社會史不存在，政治史不存在，英美史也不能講，這是就一般的情形說。大陸提倡理論與實踐相結合，這在原則上沒有大錯誤，但是只准談馬列主義就不成了。分工還是需要的，純學問也該存在。

三

中文大學對中國的將來是有一定的意義的，所以它該有其獨立性，不能只是完全是反映中國現實。因此完全是香港主義，國際主義，純過去，純現在都不好。人文學除了世界性外，還有它的民族性，國家性。學習西方的社會科學和人文學是可以的，最重要的是怎樣用和怎樣做，以為中國民族的未來政治社會和創造文學、哲學之用。中文系和哲學系固然應該是為中國的，英文系的先生和學生讀外國書也可以從事中文的創作。譬如民國以來的小說家，也多唸過英文書，五四以後的小說家也學習外文來幫助創作。香港素來重視英文，那麼英文系可以多介紹或翻譯西方文學。現在中國先生到外國去，以英文介紹中國文化，這也可說是中國人聰明，可以運用別國文字來介紹自己的東西，但是洋人也應該用中文來介紹西方文化。新亞英文系介紹西方文學的貢獻卻不大，所以英文系的同學大可以人家不做我來做。共產黨一向沒有出版自由，思想自由，很多天才因而不能發揮。茅盾沒有創作，巴金不能創作，曹禺不能創作，但以前他們是有創作的。該讓他們看看外國小說。歷史系方面，我們了解西方歷史，便可比較中國的歷史。西方學者專門研究中國的很多，我們卻沒有研究法國大革命的專家。介紹西方歷史，可以幫助我們對西方的通識。再如政治學，社會學，大陸都沒有，我們應該講，最後亦應以幫助我們研究中國的社會文化為目的。

自然科學也不是完全是世界性的，中國也有科學，不要以為談科學就不涉及中國文化。你們可以看看李約瑟的「中國科技史」和大陸的針灸。講科學就應把西方的變為中國人也可以用的，譬如中國大陸及臺灣也有很多中文的科學著作，便是充實中國的科學傳統的做法。

工商管理在香港很有用，但也可以將中國文化精神放進去。中國也有商人，在商學院成立時我提到的陶朱公和子貢便是兩個中國模範商人。子貢賺了錢，卻幫孔子辦學，陶朱公散財。中國古代的商人有他的風格，他們讀過書，貢獻文化，現在中國的商人卻多從買辦出身，風格沒有那麼高。

四

現在的中國是一個過渡，所以教育純粹是反映現實的說法，我是不贊成的。中國大陸以前一面倒，現在卻不一面倒。教育總要為未來的，中大的原則應是中國文化的承先繼後，承先是一個包受，繼後是一個創造。文化是有生命的，如果只是香港主義或國際主義，中大是沒有前途的。中國主義如只重視純過去或純現實都不行。馬列主義是抽象的，但民族主義不是一個抽象的主義，民族是眞實的東西，民族的生命站立起來時，文化便要發展。中國共產黨以前一面倒，學馬列主義，現在是毛澤東思想，將來更會變成另外一個東西。中大裏別的書院國際主義色彩比較濃厚，有些香港主義色彩較濃，新亞中國色彩比較濃，希望新亞的中國氣味可以影響中大。總而言之，香港主義和國際主義的時代是要過去的。

教育最大的成就最主要是出一個好的人格、好的學者、好的文學家、好的辦事人員，這就是教育成就。先生學生數目多固然好，但最大的貢獻應是人格，一個會思想，對事作批評的人，一個好的Character，一個好的Personality，這是教育最高的目標。他是文學家也好，是革命家也好，但他是一個人。

（一九七二年八月十五日香港中文大學「新亞書院學生會」第三期）

註：本篇爲訪問記錄，發表時有編者註曰：「本文記錄未經唐教授過目。」——編者

新亞中學校歌(註)

日日新，又日新。
一日之計在於晨，
一年之計在於春，
一生之計在於勤。
勤於學，敏於事；愼於言，謹於行。
兢兢業業，自強不息。
涓流積至滄溟水，拳石崇成泰華岑；
泰山巖巖滄海深，地博厚兮天高明。
少年的光陰，如流水之悠悠易逝；
少年的心情，如佳木之欣欣向榮。

敬我師長樂我羣，
愛我家庭仁我民，
「天光」不息，「農園」長青；
這裏是綠野神州南海之濱。
我們是中華民族神明子孫。
我們的學業德業和事業，日新又日新，
中華的文明，在新的亞洲、新的世界，萬古常新。

註：本篇乃作者爲新亞中學校歌填寫之歌詞，約作於一九七二年。——編者

新亞研究所之存在意義（註）

一

新亞研究所的存在，簡單地說是爲了研究中國文化，與新亞書院的教育宗旨互相配合。大學部一般的教育注重文化意念的培養，傳授知識，一代傳一代。發掘問題後，作進一步的學術上研究，則是研究所的責任。在這方面大學部與研究所是相互配合，相輔相承。研究所是私人教育機構，學術上發展通常是由於要解決問題，研究所就是負起這個責任，而且它的存在意義並非在文字上看到的，只能從研究工作的成就證實，基本精神就在工作成績背後。

新亞研究所特色主要是研究中國文化，研究有幾個方式，新亞的就是對中國文化作一綜合了解，這表現在這裏的先生對中國文化都有一面的專長，但是他們的眼光並不限於他們的專長，對於學問的各方面如文學，史學都有一個全盤通識，例如一些教文學的對史學有通識，如牟潤孫先生教史學對思想有通識。新亞研究所的同學同樣可專門學習一科，但對文、史、哲其他亦有相當了解或知識，例如學校月會演講，每月兩次的演講，規定同學一定參加，演講題目則包括多方面。又例如對外接觸及演講會，通常研究所同學都要參加。學習亦是如是，學哲學的要選一門文學或史學。如考中大研究院的歷史系，則只考歷史系課程，不用考哲學系課程。新亞研究所取錄新生標準是；考哲學必要有一門歷史或文學，考歷史亦要一門哲學或文學，進來以後可專攻哲學，但所內的先生必要你選一門歷史，研究所的集會、演講會及從前導師的演講，不論研究那一科的學生都必要參加，這方面與中大研究院完全不同；中大不用考其他科，這種制度是要不得的。例如中大研究院的哲學系集會只叫讀哲學的同學參加，絕不會叫歷史的同學參加，訪問我的人只是讀哲學的同學，歷史的絕不會。我相信這代表兩種態度。一種是中國傳統學者的態度，以錢先生爲例，他學歷史的，但他對文學有通識；如胡適之，他學哲學的卻懂歷史，也談文學；如梁任公、王國維都是歷史家又有哲學通識。錢先生他現在著朱子，是講思想；胡適提倡新文學。老一代的學者，康有爲、梁啓超、胡適、王國維都是這一作風。這作風初看起來可能學科分門別類要一個人專長各方面似乎不可能。從另一面說，人文學術有一性質，就是關心到人的本身，人本身的事情就是密切關係着的；行爲表現就是歷史，情感紀錄下來便是文學，思想道理表現出來就是哲學。簡單來說，人就是思想、情感、行爲這三方面。思想發展出來就很複雜，行爲情感表現出來亦很複雜，這三種本是不可分，所以了解起來不可分門別類，分門別類了解不能了解。例如思想有時從行爲情感可去了解，卽可由歷史了解思想，可從文章，詩句了解人的思想，卽從文學了解思想。反過來同樣可從思想了解行爲，情感表現可了解行爲。如陶淵明，從他們的思想了解他爲人，了解他的文學作品，從他的傳記可了解他的思想。從李白、杜甫的傳記了解李杜文學。道理很簡單，人的行爲、思想、情感發展出來很複雜，從三方面了解，以陶淵明爲例，一定比純從他的文學了解他的爲人更高一層。

從三方面來了解一個人，似乎困難，其實更容易，對一個人的思想、行爲、情感照應地了解；比把它割裂了解更方便，故學哲學的人應有文學、歷史知識，這根在人的存在有其統一基礎。學習自然科學就不同；如天文，地質可分別研究，天與地是分開的。人文科學方法與自然科學方法不一樣，這方面中國傳統將這三事合而爲一，孔子有他的思想、史學、文學，中國學者均以他爲模範，這種傳統維持至民國初年。現在趨勢是將人文科學自然科學化，看來似乎是分得更精細，其實卻把人文科學分割，讀文學的成文學專家，讀歷史的成歷史專家。新亞並不取此態度。現在的人假如研究歷史，其他便不理會。新亞所採取的是折衷做法，與中國傳統的合一做法不同，研究歷史的以歷史爲中心，其他爲副。但是理想究竟是理想，實現了多少則不知道，面前的困難很多，但仍依這方向走。以前導師每月演講一次，進入中大後，各導師都得兼職，時間不够，精力分散，故不能實行，每月演講不可能。我本身是哲學系主任，又新亞研究所裏任職，精神上負擔不起。新亞以往有演講必參加的這種學風，現在倒不及過去了。

二

新亞研究所不歸併入中大研究部，因實有基本上衝突。中大承認新亞後，新亞書院與新亞研究所的教育宗旨遇到挑戰，中大研究院最先設立文、史、哲三部，是證明了新亞研究所的成績，臺灣、亞洲各地均公認。中大設立文、史、哲三部，我們當然歡迎，但先生的精力卻分散到大學部，這與我們當初宗旨不相配合。中大設哲學部的人不希望學生懂文學、史學，不要歷史系同學讀文學、哲學。中大裏並不全是新亞的人，但支持中大部份先生都是新亞的，如我、潘先生、牟先生三人。既然加入使到先生精力分散，而新亞的先生亦是中大的先生，何以不合併呢？這就是原則上的基本衝突問題，新亞要獨立辦研究所的原因，第一是對中國人文學問要有一個通識。我雖在中大爲主任，但不能教那裏的學生對中國人文學有通識，這樣理想便會消滅。那裏我可訓練一個哲學專家，精於一門學問，但不能訓練出一個對整個人文學有通識的人，像中國傳統教育的那一類型態的學者，以後不會再有，沒有康南海、梁任公那種人。中國是否不需要這種人呢？中國過去假如沒有康、梁、王國維那種人，中國的文化會變成怎樣子呢？人文學有通識的人都是領導者，沒通識沒領導。例如中共的郭沫若，他爲何能領導中國科學院呢？因爲他懂得自然科學、史學、考古。毛澤東也懂作詞。中國的傳統的教育可出毛澤東、郭沫若，可是共產黨以後再沒有毛、郭這種人。當然維持這傳統是很難，尤其在機械化時代，學問要分門別類。從另一方面看，西方傳統亦有類似中國的傳統，英國十九世紀以前的傳統，所有學生都要讀聖經，讀柏拉圖，故產生偉大的政治家如邱吉爾。現在這老大英帝國開始沒落了，其中一原因就是不能培養出這種人材。要成爲社會領導者必要有人文科學通識，而自然科學卻不一定要有。邱吉爾有他的歷史觀，人生觀，又有他的文學幽默，這一些是傳統教育出來的。十九世紀以前歐洲傳統與中國傳統相似，故出邱吉爾。十九世紀末二十世紀初，任漢學教授的人，他們懂一些文學，歷史，哲學思想。漢學是表示一種綜合研究態度，任何一種書也要看看，不過他們研究的態度與我們不同，他們是客觀研究，而我們是有一種Commitment態度。爲何不入中大，就因爲基本原則上的衝突，基本困難，原則的挑戰。而我們認爲這傳統教育可在文化創造上，政治上產生領導人材，所以這態度存在。不歸併中大研究所是發展中國歷史文化傳統觀念的爭執。這爭執他們雖口裏不說，心裏總覺此觀點不對，難道他們眞的想取消新亞研究所嗎？我想不是，主要因他們不了解此觀點，正如不讀書的人不了解書本。以香港教育爲標準的人自然不了解新亞的宗旨。我們所執的宗旨是配合社會上需要的創造性人物來教育，需人文學通識，假如此類人物社會不需要，反證說毛、郭這種人都不需要，每個人最好都是一口螺絲釘。問題並不是個人有野心做領導性人物，而是社會上需要這類人物，需要能將各方面知識配合的那種人。但有些人自己是如此，而絕不希望別人跟他一樣，例如郭沫若自己有人文學通識，卻不希望人家跟他一樣；毛澤東可作詩，而卻不希望別人也可以，他懂文學，讀資治通鑑，寫些哲學文章，但不想別人做到，這是大自私。我們辦教育的人是希望自己做到人家也做到，這才是教育目的。

假如說將新亞研究所歸併入中大可節省很多金錢，成一系，一個校務長，先生便不用分開，這我不同意。以純粹經濟觀點看，倒不如將中大取消，併入香港大學好。當初爲何中大拼命爭取成立，顯然不是爲經濟利益。港大是香港政府辦的，而中大裏崇基、新亞、聯合都是幾間私立學院及社會上人士爭取奮鬭出來的，所以要成爲獨立大學不併入港大。當初港大一位教授曾主張設立中文部，但大家都要爭取成立中大，從經濟觀點看絕對說不通。而二十年前港大曾請我與錢賓四先生任教，我們都不去。中大存在，經濟觀點看是一種浪費，香港政府必然不希望她存在。中大之所以成立，是不滿港大，她是從社會上生長出來的。我寫過一篇文章談論過，也給他們看過的；新亞研究所存在是一種浪費，則中大存在也是一種浪費。所以從經濟看說不通。而以急功近利眼光看，教育也是一種浪費，教育不是爲這一代人而是爲下一代的人，最最不浪費的是叫所有人做工去，故不可以經濟觀點而取消新亞研究所。以工作計算，新亞先生擔負更多工作，他們拿薪水但工作加倍。新亞只有四位導師：劉述先、潘重規、陳荆和、嚴耕望都是中大研究院，而我應算大學部的，並自願擔負研究所的職位，除此之外，還有其他五六位先生，故新亞研究所並不很大，而且經濟上用最少的錢。

新亞研究所經費的來源分兩方面，一是向外募捐，另一是老師自動捐助。至於出版書籍則數量最大，比學校裏任何機構都要多，新亞學報、中國學人、先生著作都是。先生出版書籍是研究所負費擔用之一半，其餘一半由先生自己負擔。如徐復觀先生最近出版的書，爲了節省出版費便要到臺灣排版，這可省五分之二費用，然後拿回香港印刷，印刷費仍要他出三分之一。謝幼偉、嚴耕望和我的書都要如此，我自己則多拿出一點。我們都是用最經濟的方法出版書的，所以並非不注重經濟方面。例如中國學人，出版費都是同學自己籌得，經濟上務求自主。

將來的發展很難說，中大可能取消津貼，不過我可以說新亞研究所是消滅不了的。關鍵在第二代，不在這一代。我們快要退休了，人們都以爲我們退休後研究所會解散或歸併入中大研究部。但新亞研究所有一特別之處，她的第二代正在成長起來，孫國棟、唐端正，他們都是新亞第二代。重心要由我們移向新亞第二代，例如崇基陳特，將任新亞校長的余英時，他們都要成長起來。我們要有成績表現才可被人承認。

三

從前新亞研究所的方向是通識，以後希望可能有另一發展方向來配合中國，即一種中國文化之整全的研究，來幫助未來中國建設。當然學術與現實有一段距離，但並不表示完全割離。而學術的最大關鍵是「可以用」。完全與現實無關的學術是不成的，學術全投入現實也不成。故學術可以有助於中國未來建設。所謂整全的研究，是把中國山川、地理、民性、歷史、人物、風俗、習慣及文化結合在一起研究。中國地大物博，每一省有不同的山川地理風俗習慣文化，所以中國將來建設不單是籠統的全國建設，而且是地方上的建設，把每一地方的風俗習慣、文化配合一起。舉出每地方之歷史人物爲精神嚮往的中心，對哲學思想了解亦有幫助。各地方諺語、俗語格言，各地方之歌謠、民歌、戲劇，對傳統之藝術文學的了解，亦有幫助。對地理研究，可幫助地方經濟發展。我對將來中國有一藍圖，如歐洲，南方人有他的長處，北方有北方長處，百花齊放。這些建設是以地方上方誌爲基礎，這地理是以中國之歷史人物精神爲中心，所以中國將來之文化應有各地方的特色。南方有南方文學，北方有北方文學。中國應該這樣。中國歷史亦如是。把中國山川、民性、地理、風俗、文化聯合在一起。詳細來說，需要一篇長文章，現在只是作一句話。

（一九七二年「新亞書院學生會」）

註：本篇爲訪問記錄，原題爲「唐君毅教授談新亞研究所哪裏去。」發表後作者略作增删。——編者

談新亞與中大的教育理想

——答「中大學生報」

問：唐先生，您認為新亞的教育理想是甚麼？而中大的教育理想又是甚麼？

答：關於新亞的理想，簡單說來可分兩點。我們是抱着人文教育的理想，主張師生不是職業的關係，而是人格的關係。同時新亞主張尊重全人類文化，而以中國文化為根，然後與世界文化接觸。至於中文大學的理想，我很難答覆。因為中大是由三間成員學院組成，中大理想應是從三院理想融合而成。目前在整個中大中，行政事務很多，似乎同事之間的關係，主要是行政關係。當然在一理想的大學中，同事間之關係更應該是人與人間的道義的關係，其中之辦行政的人，雖不必是經師，然應是人師，然後學校整個成一教育團體，而不單是一行政團體。我贊成聯邦制度，但此制度的三條柱子，必須堅固，強有力，然後能載住屋頂。否則屋頂太重，將三柱壓折，屋頂亦將崩墜。在中大的情形是先有學院，然後有中大，所以，中大當然應以三院的理想為其理想。

問：唐先生，有關新亞研究所被削減經費的事情也希望您能談談您的意見？

答：無可否認，新亞研究所已辦了近二十年。可是有人認爲大學既設有研究院，那麼新亞研究所便屬重複，但我們並不表示贊同。我們以爲研究中國文化的機構越多越好，而新亞研究所之地位，無任何研究所能加以代替的。新亞研究所之經費，我們以前曾誠懇希望政府能繼續幫助，但不繼續補助，我想新亞的同仁亦絕不再作乞求。以後新亞研究所的情形再困苦，亦不過回到新亞書院創辦初期。縱然新亞研究所眞的被迫停辦，它的歷史價值是仍然存在，公道亦自在人心。大家要知，孔子尙有「道不行於中國」的時候，何況我們處在香港的殖民地？

問：請問您對大學統籌人力物力的一般意見？這對新亞的理想是否有阻礙？

答：有關的詳細情形，我也不曉得。但我總覺得中大是需要三個學院的基礎穩固，它才可以成立的，所以每間學院對經費的運用，應有其自主權。如新亞的特色是表現在師生之著作，講演等文化活動方面，在這方面，學院應該能自由運用一些經費以發展它本身的特色。此外，學院亦當有一些經費以聘任一些適合學院需要，短期的教師來講學。現在有情形似乎中大方面出版書籍很容易，聘任訪問教授，可十分自由，但在院校要作一些學術教育文化上的事，則非盡九牛二虎之力，自己找錢不可。

問：唐先生，相信您也知道最近同學對「中大與新亞關係」有很熱烈的討論，希望您也表示意見。

答：同學的意思挺不錯，二種說法均有道理。回想我們當初加入中大時，完全不是因爲求老師的待遇的增加。因創辦新亞的先生們當時很多可到港大或他處去，如港大林仰山時代之中文系之敎師，全是由新亞之文學院的兼任敎師去擔任。當時確是爲了同學在社會上的地位得不到承認，甚至連中學畢業生的地位也比不上，才決定參加中文大學。此決定之是非功罪，當然很難說，但亦難走回頭路。同學壁報中之「不要學位要知識」的話，當然好，此證明「新亞精神」，尚在同學身上表現，但回頭路很難走，所以馬上完全脫離中大而獨立在事實上很難辦到，但是否留在中大便沒有作爲呢？也不是。我們可以盡量本新亞的理想，爲新亞的同學在中文大學求維持其應有的地位。到了無可奈何的時候，再說獨立的話亦不遲。

（一九七三年四月十八日「中大學生報特刊」）

敬告新亞廿二屆大學部及研究所畢業同學書

在十年以前，每當同學畢業之時，我總爲畢業特刊寫一文，對畢業同學表示若干希望，並予以若干鼓勵。但在此十年中，則於畢業特刊上，我卻每年只寫一二句格言，表示祝賀同學畢業之意，而更提不起寫文之興趣。對畢業同學們，似覺很難表示甚麼希望，亦不知說甚麼鼓勵的話。今又逢本屆同學畢業，陶振譽先生屢要我於此新亞將離農圃道，而遷入新校舍之時，對本屆之畢業同學說幾句話。我仍覺無甚麼話可說。但又覺應當多少說一點。然則說甚麼呢？我於是試自己反省，在此十年中，何以在畢業特刊上不再寫告畢業同學的文章之原因說起。

此十年中，我之所以不對畢業同學說甚麼話，其原因自很多。偷懶，當然是一原因；不過我寫其他之文章，並不偷懶。主要的原因，是我覺對整個之畢業同學說話，無多大意義，不如只對少數之同學當面談談。何以我會覺對整個之畢業同學說話無多意義呢？我反省出的結論，是在此十年中，似已無所謂「整個的新亞」，亦似無所謂「整個的畢業同學」。新亞書院與其他二校聯合後，新亞師生的精神，卽好似落在與其他二校及中大本部之「相互關係的夾縫」中，而亦未有一更高的理想，足資嚮往。於是此「相互關係的夾縫」，卽如一「深谷」，新亞師生的精神，卽向此「深谷」陷溺沉墮，而再提不起。新亞師生之間的「相互希望」，亦逐漸轉變成爲「相互失望」；而社會人士，對新亞與中文大學的失望，細細一看，亦皆逐漸在增加。以我個人來說，我亦知道有不少同學同事對我失望；但翻過來說，我亦有對大家失望的地方。此不互相希望，而只互相失望，當然不是好的現象。但是事實俱在，亦不容掩飾；而種種事實之所以成，亦是勢已成，而不可挽。亦不當由任何個人負責。責備任何個人，皆是不應當的。不如直接說出此相互失望之原因，所失望者在何處，再看能否由失望中開出一眞實的希望。同學們對我個人有甚麼失望，或再有甚麼希望，亦可以說。我今天就不客氣先說我十年來對同學的一些失望，再說對大家的一些希望吧。

我十年來對同學的失望，是覺同學們常是入學時程度很好，亦很天眞純潔，但在校數年中之進步，恒不很大。此與以前之同學，入學程度不必好，但在校四年中之進步卻比較大者，不同。又此十年來之同學，因考入不易，而大學畢業後，又有學位爲政府社會所承認，於是似乎恒自以爲要較其他大專同學、香港青年高一等，並自覺其畢業後有若干職業的保障、留學的方便等，而缺乏一獨立、奮鬪、上進的精神。此亦與十年前之同學之情形不同。這不是說十年前的同學，便都有獨立、奮鬪、上進的精神。實際上十年前的同學，初頗有獨立、奮鬪、上進之精神者，亦常在其在社會取得一地位，如得一政府學校之教職，或得一中大之教師的地位，而成家立業後，其精神卽趨於疲緩退墮。這原亦是人所共有的缺點。天之生人，資質亦原不同。如樹木之種子之不同，其生長之高度，亦不同。又環境對人之摧折力量亦很大。孔子嘗慨嘆「苗而不秀者有矣夫，秀而不實者有矣夫」。我們對每一人，都要望其精神以及學問、事業，皆一直向上生長，如松柏之長青，而高摩霄漢，亦似是不可能的。但依新亞書院原來的教育宗旨，卻是希望同學們，都成一精神不斷生長、進步的人格與人物，而不只以得一職業、社會地位、成家立業自足；更當隨時以學問之功力，補天生資質之所不足，以自求其精神之生長進步。則作一新亞的同學，無論畢業了多少年，若我發現其精神已趨於疲緩退墮，皆會同樣的使我失望難過。而在此十年中的同學，則因其畢業後，有若干職業的保障、留學的方便等，其畢業後，實更難有精神之生長進步，而使我更難抱很大的希望。在此十年中，我雖亦多少對若干畢業同學，寫一些介紹信，幫助其覓職業或升學等，但我並不必因此而對這些同學，皆一一抱很大的希望。不客氣的說，我在此十年中，仍自覺有若干進步，我很少浪費我之時間與精力，自安於精神之疲緩與退墮，而以孔子之「發憤忘食，樂以忘憂，不知老之將至」勉強我自己，警惕我自己。但對同學們之希望，卻愈來愈少。同學們聽了這話，會不高興。但我不能不說。亦許同學們由此不高興，而會更去自求進步。我希望同學們，不要責備我何以不能使同學們精神進步。因精神進步，是各人自發、自動、自生、自成、自求、自勉的事，不能「被使」；「被使」者是機械的運動，不是人自己的進步。

究竟人如何能不斷進步，而免於精神之疲緩與退墮？此當然有不同的方法，如靜坐反省，亦是一方法。但是最直接的，是去感受種種問題與困難，而不去逃避。人生的問題與困難很多。但一些純主觀個人的問題與困難，解決了，便無事。如婚姻與職業、地位、名譽之問題與困難，卽此一類。眞能不斷刺激人之心靈生命上進之問題與困難，都是有客觀意義的。如學術文化教育的問題、社會政治民族的問題、個人生命在客觀宇宙之地位的問題等。如果一個人之根本問題，初只是一些純個人主觀的問題，則他縱然讀了大學得了學士、碩士、博士，當了學者名流，他的進步，仍是到一階段而止，以後便是一行屍走肉的人。然而人之有無一些客觀的問題在心，則一般說，要在青年時，由一些感發，而自己培養。二十五歲左右，可能是一初步決定的階段，因此時是人之生理心理確定一方向的時期。過此一時期，當然還要努力。否則二十五歲以後，大皆只是隨環境推推蕩蕩，讓天生的聰明、智慧與精神，一天一天的折損銷磨，最後是孔子所謂「長而無述焉，老而不死是爲賊」，而虛度此一生。所以對於今在大學、研究所畢業的同學，年齡大約在二十五歲的同學，我以上的話，仍是應當說的。世間的事，常是好的話說在前面，而壞的事或會跟着來；反之，則壞的話說在前面，則好的事或會跟着來。則明說出相互失望的話中，卽所以引生相互的希望。

在本屆同學畢業後，下屆同學便要遷往新界，與其他二校同學共同畢業了。對於新亞之遷往新界，我是「一則以喜，一則以懼」。喜的是那裏山高水長，可開人神智，又其他二校仍是許多有志青年可以共學，而大家亦可更多接觸其他二校中之善良的老師；以此一切爲條件，取人之長以補己之短，當可更有一新新不已的新亞精神。懼的是更多的人聚在一起，如共同的教育理想不能形成，而三校原來之教育理想，更互相抵銷；則整個大學變成一香港政府的行政事務的機關，大家的精神提不起，惰性日益增強，更難加以轉動。到那時大家不僅會懷念桂林街時代的新亞，或會更懷念農圃道時代的新亞了。我這些話，仍先說在前面，如大家能加以警覺，則我所懼的不至應驗，只有我所喜的會應驗，則大家不須懷念過去，而只去創造未來。但無論如何，諸位能在原來校址之農圃道畢業，仍然是值得慶賀的。卽此祝諸位前途無量。　一九七三年五月二十五日

（一九七三年六月「新亞生活雙週刊」第十五卷十六期）

新亞的過去、現在與將來

——一九七三年六月十七日新亞道別會演講詞

主席、各位嘉賓、各位老師、各位同學：

今天是新亞書院舉行道別會的日子，這當然是有一番意思的。新亞書院在農圃道前後已經有十七年，與鄰居彼此相處得很好，好像孔子論語中所謂「里仁爲美」、「德不孤必有鄰」，所以梅校長提議於今天舉行一道別會。同學們更要我於今天作一個演講，題目初定爲「農圃道的新亞」；但我後來更改講題爲「新亞的過去、現在與將來」。關於新亞的過去、現在與將來，我也不是比別人的了解爲多。新亞雖然很小，但眞正說起來，要確切的了解新亞，也很不容易。現在新亞的許多同學和老師，我也不認識；卽認識了，也不一定能彼此了解。一個團體中的人，能彼此了解，更都了解整個的團體之特性，也不是容易的。我今只就我所了解的新亞講一講。

一

現在我想先談新亞之過去幾件值得紀念的事及初期之敎育的情形，然後再談新亞的現在已有，與將來可能發生的問題。這些問題或已存於同學的心目中，老師的心目中，以至關心新亞的社會人士的心目中。新亞的問題，是與新亞的師生切身相關，而新亞未來前途，亦繫在新亞師生大家的手裏。

從客觀的觀點來看，新亞是很小的，香港也是很小的。從新亞過去的歷史來看，只有短短的二十四年；以一個人來比喩，不過是個靑年，還沒有完全長成。但新亞雖然很小，歷史很短，其所處的時代變化卻很大。新亞所反映出的時代變動，其意義正是很大的。我今想就二十多年來小小的新亞中之一些事，可以代表它的特性者舉出來談談，這可以分爲四點：

（一）我想很少學校會像新亞書院的情形下辦起來的。新亞的創辦，亦可說是個偶然的無中生有。此卽是說在辦新亞書院之先，並沒有一個人、一個社會團體、或一個機關、一定要辦這一個學校。新亞書院的前身，是「亞洲文商專科學校」，其最初的發起人有崔書琴、張其昀、謝幼偉與錢賓四等六位先生，暫推錢先生爲校長。亞洲文商學校開始時，只大概用了四千塊錢，租了一中學之晚間的敎室做校舍；學生四五十人。但六位先生中之五位後來另有發展，只留下錢賓四先生一人。錢先生遂邀張丕介先生和我先在「亞洲文商專科學校」任敎，後來才再約趙冰、吳士選、楊汝梅先生等參加，並把學校改組，遂名爲「新亞」，意謂新的亞洲文商學校。這個名稱初是偶然定的。後來才把「新的亞洲的中國」之意義加進去。另一方面說，新亞創辦的人之遇會，也可說是偶然的。我和錢賓四先生，是因廣州華僑大學王陶先生邀請我們去講學，才來到南方。如無此邀請，我亦未必有機會來香港。到了廣州，在華僑大學認識趙冰先生，又遇見吳士選、謝幼偉、張丕介、徐復觀先生等。到香港，再遇見程兆熊、楊汝梅先生等。大家分別自天南地北的不同地方來，而偶然會聚於香港，一同參加新亞書院的創辦。初創辦新亞時教師是八人。我曾說笑稱爲「八仙過海」。由八仙過海而有此新亞之創辦，可說是偶然的無中生有。

此新亞書院的創辦，沒有社會團體的支持、教會的支持、政府的支持，或是私人資本家的支持。王岳峯先生曾經以經濟力量支持過新亞，亦是短期的。所以新亞書院的存在，其經濟基礎，初是全然沒有的。這與聯合書院及崇基學院的情形，都不同。聯合書院當時是由五個學校如光夏、廣僑等聯合組成的。而光夏、廣僑等可說以大陸之光華、大夏、廣州大學爲其前身。崇基學院則是以大陸之嶺南大學及其他教會大學原來的經費與若干教師爲基礎的。然而新亞書院可說是完全沒有這種基礎。不只學校無基礎，新亞書院初創時，我們個人手頭上亦非常貧困。記得一九四九年是孔子誕生二千五百年紀念，廣州教育部舉行了孔子的紀念會；當時吳士選先生任教育部次長，邀請錢賓四先生和我作演講，與寫文紀念，教育部送了二百塊錢大洋（約一千元港幣）作演講費稿費。這些錢就是我與錢賓四先生的全部財產。我亦曾說笑，我們只是吃孔子。此外，書籍與其他東西，全都沒有；如我們校歌中所說「手空空，無一物」，是當時大家眞實情形的寫照。然而在此大家手空空之中，竟然會有此新亞之創辦，卻亦是一奇蹟。而其中，亦應有一些不是偶然的東西，此值得大家想一想、猜一猜，究竟是甚麼。

（二）新亞的初創時，經濟非常困難，無法維持。後來錢賓四先生到臺灣去，由國民政府允許每月補助三千塊錢的經費。這新亞書院與臺灣國民政府的關係之歷史事實，是沒法否認的。就靠此每月三千塊錢，使新亞維持了四年。實際上，新亞的幾位創辦人，都不是屬於國民黨的，平日連三民主義亦很少講——因講的人已多了，也沒有在國民政府做過官。當時，我們接受了這每個月三千塊錢的補助，而我們之談學術從事教育工作，只是直接對中國文化負責任；並依我們自己的標準，招收學生；未受任何的干涉，與任何條件的束縛。若果國民政府的幫助要附有其他條件，或有任何的干涉，新亞也就很難辦了。新亞同人自然在一點上與國民政府是一致的，即新亞同人肯定辛亥革命的價值；因爲中國由幾千年的專制政治轉到民主政治，是椿大事情。儒家之「人皆可以爲堯舜」的理想，亦只有在民主政治中才能落實。無論以後的政治怎樣變動，中國政制之由君主到民主，仍是件大事情；如否定辛亥革命的意義，即等於否定民主的意義。所以新亞每年十月十日，都放假一天作紀念，直至今日。臺灣國民政府幫助新亞書院三千塊錢，使學校維持了四年。這筆款項雖然很少，不及今之一個講師的薪資；但我們現在細想想，如果沒有這個幫助，新亞書院亦可能停辦，新亞也不可能存在到今天。對於一歷史事實的存在加以漠視，是不合道義的。

（三）後來雅禮協會幫助新亞若干常年經費，新亞即不再接受臺灣國民政府的幫助。雅禮並幫助新亞校舍建築。雅禮協會本是一向在中國辦教會學校的。當時的盧鼎教授來港，亦可能原是想幫助一間教會學校的；但當時盧鼎教授與錢賓四先生會談，錢先生表示新亞不是教會學校，並且也不願辦教會學校。而盧鼎先生回去竟然建議新亞與雅禮合作，爲雅禮協會所接受，此在雅禮協會乃空前未有之舉。可見盧鼎先生與雅禮協會之識見與度量。而在新亞方面，則雖接受並感謝雅禮的幫助，卻亦仍然堅持自己的教育原則，即對宗教取自由與兼容並包的態度，不讓教師在學校宣傳某一宗教。記得當時雅禮代表郎家恒牧師要在新亞課室講道，張丕介先生不答應，而郎先生亦即改在其家中講道。由此事亦可見新亞與雅禮之合作，本於一互相尊重的君子之風，值得感念。此外還有一事，我記得很清楚，即當時雅禮協會之經濟並不寬裕，想多幫助新亞亦有心無力；有雅禮協會的人曾想：如果新亞是一間教會學校，則他們在美國當比較容易捐款來幫助新亞。此亦是好意。但記得在一九五六年，當時我還任新亞教務長，到美國出席雅禮協會的年會，錢先生托我帶一信表示新亞的態度，其信之內容，是說：「新亞決不成一教會學校，雅禮的幫助能有多少就多少，新亞亦決不作過多要求。」其實新亞成一教會學校，亦莫有甚麼不好。但錢先生此信卻可看見當時新亞同人之決不爲貪求他人之更多的經濟幫助，而委屈教育原則之一作風。

（四）新亞書院參加中文大學，當時主要的原因，是教育司不承認新亞畢業生的大學資格，同學們在社會得不到應有的地位。這絕不是新亞書院要求參加中文大學；也不是新亞書院與崇基、聯合書院先有連繫，定要合辦一中文大學。中文大學的成立，初完全是香港政府作主動的。因當時的學生升學，只有到香港大學、臺灣或中國大陸的大學。很多家長感到其子弟中學畢業無處升學，香港政府教育司乃提議成立中文大學。但當時香港大學之教育系的教授卻不同意，認爲把香港大學擴充，加個中文部就可以了，不必辦另一所大學；因爲第二所大學，在整個英聯邦教育史上是沒有的。每個英聯邦只有一所大學，例如星加坡就只有星加坡大學。香港辦兩間大學，在英國的教育史上是件破天荒的事情。此外，還有許多奇奇怪怪的理由來反對成立第二所大學，例如中文不能教授科學等等。後來終於在社會人士的支持下，成立了中文大學。但其間仍有很多問題，例如以甚麼人當校長呢？錢賓四先生親口對我說，當他訪問倫敦時，在車上，草擬富爾敦報告書之福爾敦先生曾向他建議，第一任校長無妨英國人先做。但錢先生堅決反對以英國人當校長；因爲這樣，仍是個英國的大學。於是後來富爾敦先生亦不再提英國人任校長的事了。

中文大學初辦時，定名也是一個問題。新亞主張用華夏大學或者南海大學，這些名稱之中國的意味比較顯豁；不幸不得他人的支持，而沒有通過。由於大學的名稱定不了，報界方面覺得新大學總是以中文授課的，就稱之爲「中文大學」。所以「中文大學」這名稱，其實是社會人士喊出來的。「中文大學」的名稱可含有三個詞義：㈠用中國語言爲主要教學工具的大學；㈡中國人治理的大學；㈢以中國文化之承繼與發展爲教育目標的大學。新亞書院則特別著重第三個解釋。

以上所說中文大學的成立，是英國教育史上破天荒與史無前例的事。當時的情勢，如果沒有新亞書院的參加，中文大學不會存在。當然，也可以說沒有崇基和聯合書院的參加，中文大學也不會存在。但以當時的情形看，三院對中文大學之意義仍有不同。但崇基是個基督教會學校，當時的規模，較新亞爲大，亦未嘗不重中國文化。但其本質爲國際性的，故崇基式的學校，在香港以外的地方，也照常可以存在。聯合書院初只有極少之師生，若非香港教育司之大力扶持及後來聯合書院之董事會及師生之努力，聯合書院亦不會有今日之與新亞、崇基之鼎立的地位。今試平心客觀的想，假如中文大學當時沒有新亞書院的參加，中文大學，則未必辦得成。所以當時之教育司高詩雅先生才親到新亞徵求新亞的參加，而當時新亞書院提出的意見亦是最被尊重的。例如：錢賓四先生、吳士選先生堅持新亞一定要辦新亞研究所，屬於新亞書院，經費列入預算，堅持以中國人任大學校長等，都爲富爾敦報告團之團員所共同接受。後來此報告書之不爲大家所信守，及許多與報告書相違的事情發生，是我們依中國文化中之道義標準所全想不到，亦不能理解，而令人十分遺憾的。

以上所提出的四件事情，是值得我們紀念的。如果他日香港的教育史，要把新亞書院寫進去，這四件事是特別應該記錄的。此四件之第一件事，是新亞書院是個偶然的存在，是個無中生有，但偶然中有不偶然者在，値得大家思索。第二件事就是新亞曾得臺灣國民政府的幫助，而不要求任何條件。第三件事是雅禮協會的幫助，也是取得相互諒解，不要求我們變成教會學校。第四件事就是香港政府教育司要求新亞書院參加中文大學的創辦，富爾敦報告團並初極尊重新亞書院的意見以擬成報告書，但後來新亞書院發現此中並無充分的信義的保證。這幾件事情，都是過去的，但同學如果不知道的，把它放在心中也是好的。如能從小見大，則由此幾件事亦可認識新亞之教育之原始精神之所在。

下面我想從教育的內容與教育的理想來談談新亞。新亞書院初創時的一些觀念，與這些觀念後來所受到之挫折阻礙與挑戰。

（一）我們當時感到現代大學教育分科，實在分得太多，故新亞書院希望不要因爲分科的關係，而把學問世界割裂，弄得支離破碎；卽是要使各種課程，相互連繫。一人研究任何一種學問，有核心，也有外圍，例如：錢賓四先生的核心學問是歷史，外圍學問是哲學與文學；張丕介先生的核心學問是經濟學，但他的外圍學問亦是文學與哲學——他譯有文學書的「茵夢湖」，亦有文論尼采之哲學。所以我們當時希望新亞每一先生、每一同學的學問，亦各有它的核心；同時有它的外圍。這說起來很簡單，做起來卻不容易，而且有很多困難，阻礙這個理想之實現。

（二）希望生活與學問能連在一起。新亞初期的師生，在做人方面自然亦有不少缺點；在桂林街時期，新亞有三、四位先生住在那裏，大家的脾氣都很大，錢賓四先生嘗說笑謂：這幾個人住在一起算很不容易了。我們師生不是聖賢，當然不免有缺點，但大家仍然希望能把學問與生活打成一片。在做人方面，有過錯的要勇於承認改正，有爭執的要互相諒解；則同事的關係，可多少成爲朋友的關係。至於師生之關係，則中國五倫中無師生一倫，師生之倫依儒家思想說，亦屬朋友，或是「義如朋友，情如父子兄弟」。故師生關係亦是倫理關係，不是社會政治經濟上的職位關係（在師生間，亦不能分爲校方、學生方，顯然對立起來）。照中國傳統，學生稱先生爲老師，老師是沒有職位之等級之分的。這有如家庭裏子弟對父親、哥哥的稱呼一樣，是沒有職位等級的。新亞初期的先生都稱爲老師。至於教授、講師卻只是職位上的名稱，不能成爲一表示師生關係、師生倫理的名稱。我現在講一個小故事：有一位新亞同學到菲律賓大學作交換生，回來後送我一張相片，上面寫著：「君毅教授惠存」；當時我沒有說話，只看了他一下，這個同學馬上感覺到我的意思，改寫爲：「君毅吾師惠存」。老師就是老師，爲甚麼要稱教授或者博士呢？當時的新亞同學了解此意，因爲當時之新亞之教育，確是希望師生關係成爲倫理生活中之關係。

（三）既然希望同事的關係是個朋友的關係，那麼書院的聘人的制度，如待遇、職位當如何規定分配呢？當時大家自然的想法，是同事既然是朋友關係，彼此的待遇就不能夠太懸殊。現在學校裏的職位不同，待遇也有頗大的差別。當時新亞書院不是這樣的，例如：錢賓四先生當校長，他的薪金比其他教師多不了十分之一，兼任教師與在學校的專任教師待遇亦差不多。再其次，既然生活與學問打成一片，則作人、作事與爲學、教學與行政事務，亦不宜全相分離。錢賓四先生從來沒有辦過行政，我自己未到新亞前亦只兼過一兩年的行政的事，都不算會辦行政的事。但當時我們希望教師大家都學習擔任點行政工作，辦行政工作的人也教點書；務求教學與行政、做人、做事、爲學，聯繫起來。直到今天，我仍認爲應當這樣；否則辦行政的人，將只是抱事務主義、技術主義的觀點，而負責教學的人，亦會全不知行政之艱難。而培養出的學生亦因無作人作事爲學打成一片的老師爲模範，將把負責教學的老師作書生看，把負責行政的人當公務員或官僚看。這是很不好的。

（四）新亞的初期，希望學校中教師、學生的生活連在一起。當雅禮協會幫助新亞建校舍時，初曾想在鄉間建校。當時，我與張丕介先生等不過四十多歲，錢先生也不過五十多歲。但我們卻曾想到在學校旁邊設個墳場，老師或學生死後就埋在這裏。又曾想在學校中設一個養老尊賢館，延接一些當時七八十歲的學術界的前輩同住。此兩事當然是一時的幻想，今日連我在一般人看來，亦似乎入了老境，墓木已拱了。今說來似爲自己，其實不然。須知現代文化，確是只有「少懷」而無「老安」，人亦將無其「事業與生命共終始」的意識，則人們的生命由壯而老，卽向莫安頓處走，其事業與生命亦不能打成一片。此乃一客觀的文化問題。這些新亞創辦初期大家的想法，雖然沒有實現，但它仍應該寫在新亞過去的教育理想的歷史裏，或許他日有同學會辦一學校，實現這些想法，亦未可知。

（五）新亞初時只有文學院，後來加設商學院與理學院。中國古代有兩個著名商人——子貢和陶朱公。據說子貢從商獲利，在經濟上曾經幫助孔子講學。陶朱公能賺錢，亦能用之不吝，終隱於五湖。子貢是儒家型的商人，陶朱公是道家型的商人。新亞初辦商學院時，曾經希望商學院的同學都學子貢，畢業後賺了錢來幫助新亞書院；否則當陶朱公式的商人，不要有商人的銅臭氣。至於理學院，我們嘗希望除講西方科學外，能發展對中國科學史的研究，以接到近百年來由西方輸入的西方科學。那時李約瑟的「中國科技史」還未面世。現在，李約瑟的書已經出版了，大家都承認中國有科學了，中國之醫學如針炙全世界都加以注意了，但可研究的應還有許多。新亞早期對商學院與理學院的希望，因為種種原因，到後來都沒有完全實現。我今天來說，亦好似說夢。但仍希望有朝一日，此夢會成為現實。

二

以上所說的都是關於新亞之過去的。今再說到新亞書院的現在階段。此是指新亞以專科學校的資格，加入中文大學以後的十年

（一）新亞成為中大的一員後，莫有經費上的大恐慌，增加很多教師，同學入學程度亦比較好，

當然是進步。但很多制度的實施、人事的安排，卻明與新亞早期不同。就以同事關係而言，以前希望同事關係成爲朋友的關係，其待遇相差不太遠，則情義亦易相通。但在今天，則教師與行政人員之待遇，卻都有六七等之差別，如一金字塔，同事間之關係，純成職位上的關係，而情義亦不易相通。

（二）中文大學的徵聘教師制度，是在報紙上刊登廣告，與以前的禮聘有別。現在只有新亞校長還是禮聘的。當然，通過報紙廣告來徵聘教師有其客觀性，可以公開甄選人材；但卻失去對教師禮聘的意義，而教師亦缺乏尊嚴感。我對這些事，實皆不喜歡；但一時亦想不出更好辦法。

（三）現在七卷學位試的實施，有很多問題出現。如以前之新亞，希望學生之學問，有其核心，亦有其外圍，則一系之學生應兼選其餘二三系的課。以前新亞之規模雖小，但每一系之學生，選他系之課者卻很多。依現在的辦法，學位考試只須主科與輔科，共七卷課程，只要兩年就可以讀完了。對於這點，我要不客氣的問：經過現在的學位考試的新亞學生的程度，是否比未有這種考試制度之前的新亞學生程度爲高呢？此實是十分可疑。我看近年來中文大學的考試，幾乎全都是合格的。但從前的新亞書院，每年都有因成績不及格，而留級以至退學的學生。試問今天有多少學生曾爲考試不及格而留級的呢？對於這個問題，有許多同事已感到，大學會議中亦有人討論過。但試卷制度是英國大學一般制度，中文大學亦很難另創新制。

（四）在英國的大學制度，行政人員與教師是完全分開的。大學中有很多管理整個學校的行政的職位，待遇地位與教授一樣，而任其職者可以完全沒有學術上的地位，莫有教學的經驗。行政人員與教師分開，也許有專職的好處；但亦有使行政與教學分開，使學生對行政人員不視爲老師來尊敬，以至將爲學與作人作事，亦視爲不相干之種種的壞處。以前中國大陸的大學，校長、總務長、秘書長、訓導長、教務長，一定是個好教授；他自己有相當的學術地位、教學的經驗，才以一段時間辦理教育行政，退回來亦還能教學。則在他辦行政時，處處仍以教育爲目標，不致只成事務主義者、技術主義者，學生亦把他當老師來尊敬。若果以一個完全不能當教師的人，當學校的主要行政人員，成了終身職，這與政府與工商業機構中的行政技術人員、事務人員有何分別呢？他又如何能取得學生之尊敬呢？十年前，錢賓四先生要授課，吳士選先生亦上課。此十年中因爲校務行政繁重，校長才不能教書了。新亞中之高級行政人員，亦都不須能當教師者擔任了。這究竟合不合使學校整個成一教育團體的理想，實値得加以研究。新亞書院向來重視把做人、做事、與做學問三者之精神連在一起，所以在教學及行政工作之間，能有輪替的配合，應當是一更合新亞理想的制度。

此外，還有很多問題，在這裏很難詳說。我只再舉一件事來說，例如：專任教員與兼任教員的待遇，相差十分懸殊，但以前大陸的中國不如此，臺灣現在亦不如此。兼任教師的責任感，是否比專任教師爲差呢？其待遇之別，是否眞與其工作之多少成比例呢？我看這也不一定。依我看，專任的先生之教職，如成了鐵飯碗，更可尸位素餐，反不如兼任先生之盡責。新亞初創時，專任、兼任的待遇便不如此懸殊。但現在都只是順英國大學制度照辦。

我以上所說，意在指明新亞書院以前的許多教育觀念與設施，由參加中文大學，而受到了挫折，亦因之而改變。但此不一定是新亞原來的觀念錯了，很可能在香港所行之英國教育制度，本身便應加以改革。其實英國本土在教育上已有許多改革；只是在殖民地的人，才一切奉命惟謹。現在再談一個根本的問題，卽我認爲如果中大的聯邦制度不能眞正維持，則一切有關教育的新觀念，一切新的教學與行政方案，都勢不能由新亞再單獨提出；亦不能由新亞單獨嘗試設施；除非由整個中大來提出來嘗試。但是如果必須由整個中大來嘗試一新的教學與行政方案，必須大學與三間書院之意見，全然一致然後可。但以三間書院各有其歷史的背景，各有其教育觀念，大學當局，亦可能另有想法，其彼此商討，卽必然歷久經時，意見主張互相抵消之結果，仍歸於一切依舊，奉行故事。

我認爲中文大學三間學院之聯邦制度，必須眞正維持，不容破壞。此乃依三院之教育原各有其特色，如崇基學院是基督教大學，著重宗教性的教育，並透過教會，而有更多之國際性的關係。聯合書院辦了許多適合地方需要的學系，如公共行政系和電腦系。新亞書院自開辦以來，就是求多繼承一些中國大陸文化的傳統而更求發展。這三院之各有特色之事實，是有其歷史根源的。我們亦可說崇基天生是國際性多一點，聯合天生是與香港社會關係多一點，新亞天生是與中國文化的關係多一點。當然，每一學院除了發展其特色外，還可以發展其他方面。但此仍不礙各當有其特色。

中大之間學院各有特色，便必需肯定聯合制度，以便各保持其特色。但從經濟的立場來說，似乎統一爲一大學更經濟。從香港社會的觀點來看，中文大學既然用香港納稅人的錢，在香港辦教育，目標亦似應當是服務香港社會，而大學教育亦當統一於此一目標之下。又從另一面而言，當今之學術，皆有國際性與世界性，則中文大學之教育目標，似應統一於辦一國際性之大學之下。此二者說來皆似甚有道理。然則新亞之教育又何必以對中國文化之繼承與發展爲目標呢？但我們有另一種理論：即中文大學雖然是用香港納稅人的錢，但中文大學的「人」與香港的納稅「人」卻是中華民族的人，他們的生命是由中國來的，不是由香港的錢來的。學術雖有世界性、國際性，但講學術的人的生命，自有其民族性，亦有其所屬之國家。若果現在要把「教育」與「學術」配上「人的生命」來看，就不能單從經濟立場，或學術之國際性、世界性來決定一所大學的教育目標與理想。

三

依新亞創辦的教育宗旨說，學術與教育，是重連著中國人的生命講的。生命當然比金錢重要。中國人的現在的生命又是連著中國的過去和未來的。從這個意義去看，新亞書院的教育理想，便應該是對中國之民族與文化負「承先啓後」的責任。新亞初創時，許多老師都希望同學不單是爲滿足香港社會的需要或只是到外國去敎書而做學問；而是希望新亞的師生都終有一天能回到中國大陸去服務。中國大陸有幾億人口，有幾萬里的河山，也有無數文化的古蹟和文物供瞻仰賞玩，還有中國人民各種眞正社會上、政治上、經濟上、文化上的需要，待新亞師生之作出貢獻與服務。但我們已經等待了二十四年，卻仍未能回到中國大陸服務。這當然有多方面的原因，主要是因依現在中國大陸的政治標準所視爲需要的學問，我們不必能供給；於是我們所學的東西，亦卽不能立卽貢獻於現在的中國大陸的人民。但我們對我們所學的東西一時不能用於中國大陸，可自有兩種想法：一種想法是說：我們所學的根本是錯的——如說其是封建的，是資本主義的；故應該捨棄而另學新的，以適合今日中國大陸依政治標準而規定的需要。此當然是一想法。如諸位有此想法，諸位亦可照此想法去做學問。但另一種想法，是我們所學的根本沒有錯，亦不能以封建的資本主義的空洞名辭加以貶斥，而只是不能被中國大陸的人所用。其所以不能被用，只是因大陸的人依其政治標準，尙不能了解承認我們所學的價值。這是此政治標準太狹隘的錯。如我們自謂所學的不錯，則我們尙可以有比較消極與更積極之二種態度：比較消極的態度是努力我們的學問，如學記所謂「夙夜強學以待問，懷忠信以待舉」。此待，卽是等待一新時代。大家知道一新時代的興起，必然出現一批新人物。但新時代的新人物，其實卽是在舊時代的亂世中待時而起的人。如：三國時候的諸葛亮，生於亂世之中，後來卻成爲蜀漢劉備的丞相。人在亂世能「夙夜強學以待問，懷忠信以待舉」，待時而起，便可成治世人物。世間的東西都是先存在而後被認識的。「存在」在「認識」之先，「認識」在「存在」之後；我們的學問亦要先「存在」，再等待其被「認識」以用於世。此是一比較消極的態度。另一種對我們之學問的態度，是更積極的。即如：我自認我之學問是有價值的，而你不認識我，我就要敲開你心靈之門，要你去認識。今如我們自認我們所學者對中國之社會文化有眞價值，而中國大陸對我們所學者加以排斥、加以拒絕，則我們便應對中國大陸的人之政治標準加以批評，對其政治學術文化敎育之政策加以檢討；要他們開放學術思想之自由的天地，使我們之所學有貢獻於一切中國同胞的機會。這就是更積極的態度。如兼依此消極與積極之二態度以做學問，則我們一方面要有等待的耐心，一方面要將自己所視爲有價值的學問思想加以廣泛傳播，使之發生影響。現在中國大陸，尙以馬列主義的政治標準，封鎖學術思想，桎梏生命智慧。當然要打破此封閉桎梏是不容易的，而長期等待亦是痛苦的。但如果只求滿足香港和國際的需要的學問，以免於此痛苦，則我們新亞師生卻不應如此想；因新亞之敎育目標，原是望學以爲中國用。望得用而不得用，當然會痛苦；但我們如不能放棄此目標，我們亦只有承擔此痛苦，才能表現眞正的新亞精神。然而如果中文大學的聯邦制不能保持，我們的新亞精神不能保持，或大家只知有國際與香港，而不知有中國，則我們將連此痛苦亦不能有，而我們的生命將只有化爲痲木無生命的國際游魂，或單純的香港順民。這才眞正成了一絕對的痛苦。

香港政府創辦中文大學，對英國之原有殖民地之敎育政策言，原是一種進步和開放；以港督爲中文大學的監督的敎育宗旨，能做到「中西並重」，已很不錯；我們亦很難對之作過多要求。但中大之下的三間基本學院，卻可以有各自加上的教育宗旨。如：聯合書院可以特別著重香港社會的需要，崇基學院可以特別注重世界性的基督教精神，新亞書院可以保持它一貫以中國文化之承繼與發展之教育目標。對於現在新亞書院與中大的關係，有些同學認為新亞書院加入中大是一錯誤，主張立即退出中大。照我的意思，如今日之新亞尚未加入中文大學，我亦可以贊成不加入；但今已加入再退出，實際上是存在著很多困難的。不退出，當然有所獲得，亦必有所犧牲。今只能希望不要犧牲我們原來之教育目標；此目標不變，就仍可邁步前進，以創造新亞之未來，而未來亦即存在於我們之創造中。我個人仍是相信，新亞之精神，眞能保存發展下去，新亞是可以有其偉大之未來，並使其影響及於全中國，以至全世界的。此可說我們的抱負，我們的眞誠，或說此只是我們的野心或誇大，都可以。就由人們去說吧，做則只有大家自己全力做。

今日我所講的都是個人對新亞之過去、現在與將來，一時所想到的。自不免有掛一漏萬與錯誤的地方。躭誤了大家不少的時間。謝謝各位。

（崔錦鈴記錄・一九七三年九月「新亞學生報」）

校慶、孔子誕、教師節講詞

余校長、各位董事、各位來賓、各位先生、各位同學：

今天是孔子二千五百二十四年誕辰、新亞創校二十四周年紀念日，又是敎師節，再是新亞大學部遷至此山明水秀的新界新址之第一次校慶日；同時是新亞新任校長余英時先生，及許多位本年度新參加爲新亞董事，新到任之敎師，及新同學共同聚會於一堂之一日。今天暫時不說關於新亞之舊校址辦中學，亦可成爲新的新亞的敎育文化事業之另一開始之一面。而只就今日之大家聚會於此新界新址之各種重大的意義，加以連繫起來，向諸位說明，亦覺不易。今只能姑試就個人所見，分爲數點一說。不完備的地方，還望大家指敎，並加以原諒。

第一點，新亞書院之定孔子誕辰爲校慶之日，乃由新亞書院是於孔子二千五百年創辦。依中國傳統之說，世運以五百年爲一運。二千五百年，卽五個五百年。新亞適於此時創辦，亦可以說是躬逢世運轉易之期。但是新亞創校二十四年之中，新亞固然歷盡種種艱難，才至今日。而所謂敎師在中國社會或全人類社會的地位，亦正面臨種種嚴重的考驗。這大家只要把二十餘年至今在中國大陸之敎師的處境，數年前瀰漫全世界的學潮，一加回想，便可明白。而孔子在過去二千五百年一直爲中國之文化教育之象徵的地位，亦有人要加以徹底的推翻。然則新亞之仍以孔子誕辰爲教師節爲校慶之日，是否眞有其必要呢？這是大家難免要發生的一個問題。

對於這個問題，我想先說孔子之被稱爲師，乃中國文化之一大進步所成。在漢唐時人推尊孔子，乃稱之爲素王，或封之爲文宣王。自宋明儒學興起，乃以孔子爲至聖先師。此卽意涵師之位更有高於王者；教育之重要更有大於政治者。而我們亦可說以師道抗衡君道，以道統抗衡政統，爲一千年來中華文敎之精神之所在。但是記得約十年前在一次新亞之同樣的紀念日中，我曾更指出一義，卽孔子不只是一偉大的敎師，而且是一偉大的學生；孔子誕辰不只應定爲敎師節，且應定爲學生節。今天擬更加此義，重複一說作爲第二點。

第二點，記得我十年前的講話，是說世界各宗敎都有其敎主，如耶穌、釋迦、謨罕默德。敎主之敎訓皆說是原於天啓、獨悟、先知。縱然此諸敎主，實際上亦應有其師，但崇拜他的人，亦不加以重視。但是孔子卻明說「我非生而知之者也，好學敏以求之者也」。卽孔子是先爲學生，後爲敎師。大家都知道孔子曾說「學而不厭，誨人不倦」的話，說「三人行，必有我師焉」的話。子貢亦話「夫子焉不學，而亦何常師之有？」這都證明孔子乃只自視爲學生，而未嘗自認爲敎師、敎主。然正因此，而中國後代人之學孔子者，卽主要是學孔子之好學之精神。清儒章實齋亦有「衆人學賢人，賢人學聖人，聖人學衆人」的話。我們中國人可以學釋迦、學耶穌，以至如現代中國人之學一切西方的學問，仍然不離孔子之好學的精神。只從這一點看，我們卽可說孔子是不能反對的；因爲你無論學什麼，都不能不先有此好學的精神，先有一願當學生的態度。教主不必人人能當，人人能學。然孔子之好學的態度，則人人能學；所以人人能學孔子。孔子誕辰不只應爲教師節，亦應爲學生節。此外關於孔子之所學，我們可暫不多講。

第三點，我望大家從好學之一義去了解孔子，學孔子卽學其好學，亦卽學「學」。人只依天賦、興趣、才能所近而學以至成學者，尚未必是能學「學」、眞好學者。而孔子之所以能爲大敎師而敎不厭，卽因其常有所學。可學者無窮，然後以之敎人者亦無窮。學是承先，敎是啓後；學是繼往，敎是開來。承先、繼往是坤道；啓後開來是乾道。學敎相輔爲用，卽一切人生人文事業相續不斷的根源。承先啓後，繼往開來，亦中國文化之生命之所在。但我們尚須知此如何敎人，本身亦需要學，敎人是敎人如何去學，及如何去敎。這樣便可依佛家說法之方式排成四句：㊀學「學」；㊁學「敎」；㊂敎「學」；㊃敎「敎」。必兼有此四句，然後才完成敎學之意義，亦才完滿顯出孔子之「學不厭，敎不倦」的意義。

由此說到第四點，新亞的創校之敎育宗旨，我們卽可說是求形成一共同學敎的敎育團體。在此團體中，我們不希望有不學的敎師，孟子說「人之患在好爲人師」，卽指不學的老師說的。我們亦不希望有不志在爲教爲師的學生。今天我要特提出此義。此後一句話，不是說所有的學生將來都去當教員；此爲師的意義，卽爲世範，爲衆人之範的意義。中國之師字之義，說文說是「衆也」。我們的學問應當使之足爲世範，衆人之範，學要學到可範可師，卽是學爲師的意義，所謂師範。而凡可爲世範者，皆可稱爲師；故工程師、醫師、律師、拳師，皆可稱爲師。大家可以想：應不應當使自己之學問足以爲人之範呢？如果我們的學問不足爲範，是否我們還可說以我們的學問貢獻於社會，以改造社會，使社會進步呢？如果大家說：我希望我的學問能有所貢獻於社會，以改造社會，使社會進步，則大家無論將來在社會擔任何職業，從事何事業而使之可範可師，皆可同時是以師道自任，都是學爲師以成教。反之，如果大家只想成就自己一個人之學問，而不眞想以之貢獻於社會，則只是一純粹的學生學者，這還不算能爲師的學生，亦還不合新亞的教育宗旨。新亞的教育宗旨，是希望學生要學爲師，如佛家教學者要學爲天人師。如果新亞的同學將來在某些方面，不足爲世範爲師，亦不能算眞正的新亞同學。而我們今日之敎師的責任，亦卽要教同學成師，而亦能施教化於世間，此卽是教「敎」。

由此再說到狹義的新亞教育，作爲第五點，則在新亞創校初期，卽希望新亞的若干同學能後來成爲新亞的教師。此猶如一家庭，不只希望生兒子，亦希望兒子再結婚生兒子成父母。必兒子成父母，然後父子之道合一。必同學成教師，然後師生之道合一、教學之道合一。而此亦卽所以體現孔子之道。在新亞創校二十四年後的今天，我個人所引以爲慰的，卽除了新亞畢業的同學在社會上作事的，大體上皆能自立，多少堪爲世範之外，卽新亞之若干同學，亦成爲新亞的敎師。而新任的校長余英時先生，亦正是從前新亞的同學。在此點上，我覺多少應合了孔子之敎學的理想，亦多少對得住孔子在天之靈。這當然不是說新亞的敎育責任，只繫在新亞的同學之爲新亞敎師者身上。新亞的敎師與學生，皆來自天南地北，而聚合於此。只有此希望敎學合一的精神，亦卽孔子之精神，可稱爲能聚合新亞師生之一看不見的力量之泉源。但此精神之本身，亦可說是空的，全靠不斷有自新亞原有之人以外之師生參加新亞之事業，來加以充實發揚。我想卽以此意來表示對新成爲新亞之一分子之一切同人的歡迎。然而我們仍可說，新亞之校長由原來的同學擔任，可以爲此敎學合一的精神的象徵。據我所知，余先生之敎學興趣，原不在學校行政，今乃純本於一犧牲奉獻的精神，而回校擔任此繁難之學校行政之責。所以我個人亦可藉此機會表示我誠懇的希望，大家與余校長密切合作。不過話說回來，最重要的仍是大家眞正體會此敎學合一的意義是學「學」、學「敎」、敎「學」、敎「敎」。我現在重複說一次，此亦卽孔子之學不厭敎不倦的意義，亦卽我們今天紀念孔子誕辰二千五百二十四年、紀念敎師節、紀念新亞創校二十四周年的意義。

（一九七三年十一月「新亞生活月刊」第一卷第三期）

關於「中大發展史」（註）

編輯先生：

頃讀中大學生報「中大發展史」之一文，頗感對此中大改制之事，許多人皆「不見廬山眞面目，只緣身在此山中」，而只在改制之進程中當了過渡的工具。此文中之觀念，雖有不當之處，但對中大改制之策動之歷史，說得十分淸楚，似頗有史料價値。今特影印一份寄上，不知可否於貴刊加以轉載，希酌。

中大改制之事，已成過去。但此事之「是非」，並未過去。無論如何說，香港政府先以聯合制度之名義，邀約新亞崇基參加中文大學之創辦，而終於背信食言，改爲實際上之統一制，是犯了道德上的罪過；亦無異以中文大學爲誘，以求消滅原有之新亞崇基之存在與發展。此中之是非顯然，雖百口莫辯。至於統一制聯合制，各有優劣，原不是問題。政府爲節省經費，儘可縮減預算，亦不是問題。只此背信食言，則應留交歷史作爲見證。中大改爲實際上的統一制之後，我亦望其更有遠大的未來。但我仍希望與未來中大有關係的人，應當知道此未來之中大，乃來自一背信食言的罪惡。

順筆寫下一些臨時的感想，如

貴刊可以刊載中大學生報之文，亦可將我之此信附於後，不附亦可。專此不一　並請

文祺

弟唐君毅上　九月一日

（一九七七年十月「明報月刊」第十二卷第十期）

註：本篇乃作者致「明報月刊」編輯信，刊於「中大發展史——政府奪權的手法」一文之前。——編者